LA LONGUE MARCHE

www.editions-jclattes.fr

Sun Shuyun

LA LONGUE MARCHE

*Traduit de l'anglais (Grande-Bretagne)
par Patrick Sabatier*

JC Lattès
17, rue Jacob 75006 Paris

Titre de l'édition originale
The Long March, publié par HarperPress,
un département de HarperCollinsPublishers, London

Les photos suivantes sont reproduites avec l'aimable autorisation de Chinese Archive Sources : Mao présidant l'ouverture du premier congrès des soviets chinois ; La calligraphie de Mao à l'entrée du musée de Zunyi, Mao et Zhang Guoato, Shaanxi, 1937 ; L'Armée rouge après l'arrivée au Shaanxi, en 1936 ; Bo Gu et autres, Shaanxi, 1936.
Les photos suivantes sont reproduites avec l'aimable autorisation de Hou Bayou : Le fleuve Xiang ; La route de l'Armée rouge à Zunyi ; Le pont de Luding.
Les autres photos ont été prises par l'auteur.

© Sun Shuyun 2006
© 2006, éditions Jean-Claude Lattès pour la traduction française
(première édition septembre 2006)

À tous les hommes et les femmes
de la Longue Marche.

N.D.E. : Toutes les notes sont en fin de volume, p. 371.

Avant-propos

Chaque nation a son mythe fondateur. La Longue Marche est celui de la Chine communiste. Cette histoire est pour nous l'équivalent de celle de Moïse conduisant l'exode de son peuple hors d'Égypte. Tout Chinois sait la raconter. Comment le parti communiste encore balbutiant et ses Armées rouges, 200 000 hommes environ, furent chassés de leurs bases du sud du pays au début des années 30 par le gouvernement nationaliste de Tchang Kaichek*. Comment, poursuivis, encerclés et harcelés par leurs ennemis, ils choisirent la seule issue – se lancer là où personne ne pourrait les suivre, en franchissant des montagnes si élevées qu'aucun oiseau ne les survole, et des rivières où toutes les embarcations avaient été incendiées, traversant des marécages et des prairies qui étaient autant de pièges mortels. Comment Mao maintint le cap de victoire en victoire. Et comment, au terme de deux années d'incroyable endurance, de courage et d'espérance, défiant tous les pronostics, au terme d'une marche de plus de 15 000 kilomètres, les Armées rouges finirent par atteindre le plateau désertique de loess jaune qui couvre le nord-ouest de la Chine. Un cinquième seulement de ceux qui étaient partis y parvint. Épuisés, mal en point,

---

* La transcription utilisée par l'auteur est le *pinyin*, sauf pour certains noms très connus (Tchang Kaichek, Pékin, etc.) dont a été conservée la transcription établie par l'usage.

mais résolus à poursuivre leur combat. En moins de dix ans, ils contre-attaquèrent, battirent Tchang Kaichek, et forgèrent la Chine nouvelle dans la fournaise de la révolution. Comme Mao l'a dit lui-même :

> *L'histoire a-t-elle jamais connu Longue Marche comparable à la nôtre ? Non, jamais. La Longue Marche... a montré au monde que l'Armée rouge est une armée de héros. Cette Longue Marche a semé de nombreuses graines, qui germeront, pousseront, fleuriront et porteront leurs fruits assurant une abondante récolte dans le futur. En un mot, cette Longue Marche a été une victoire pour nous, une défaite pour l'ennemi.*

Le mythe était né. Il demeure à ce jour l'emblème de la Chine. Impossible d'y échapper. La Longue Marche a été exaltée à travers toute la nation par de grands spectacles musicaux, *l'Orient rouge* et *l'Ode à la Longue Marche*. Des longs-métrages centrés sur des batailles de la Marche sont devenus des classiques du cinéma chinois. Ces spectacles se sont emparés de l'idéalisme, de l'optimisme, et de l'héroïsme des participants à la Longue Marche, pour les imprimer dans nos esprits. Le mythe a acquis encore davantage d'éclat à travers deux grands récits en forme d'épopée, tous deux, bizarrement, écrits par des Américains : *Étoile rouge sur la Chine* d'Edgar Snow, en 1936, et *Les Histoires inconnues de la Longue Marche* d'Harrison Salisbury, en 1985. Le parti communiste chinois leur ayant donné son imprimatur, ils ont rendu le mythe quasiment inattaquable.

« Quand vous rencontrez des difficultés, pensez à la Longue Marche ; si vous êtes fatigués, n'oubliez pas vos ancêtres qui ont fait la révolution. » Ce message a été martelé en nous pour nous convaincre que nous pouvions atteindre n'importe quel objectif que nous fixait le parti, puisque aucune difficulté ne pouvait se mesurer à celles qu'ils avaient surmontées. Des décennies après l'originale, nous avons été poussés à des Longues Marches de plus en plus fréquentes : pour industrialiser la Chine, nourrir la plus importante population du monde, rattraper l'Occident, réformer l'économie socialiste, envoyer des hommes dans l'espace, relever les défis du XXIe siècle.

Rares sont ceux qui ont osé contester, ou même réexaminer, ce mythe. Il fait tout simplement partie de notre identité chinoise. Et pourtant, des questions se posent. Le communisme fut-il vraiment l'aimant qui attira en masse les pauvres vers l'Armée rouge ? Comment celle-ci parvint-elle à se ravitailler en nourriture, en armes et en médicaments ? Que devinrent les quatre Marcheurs sur cinq qui n'arrivèrent jamais au bout : furent-ils tués au combat, moururent-ils de faim ou de froid, désertèrent-ils, ou furent-ils exécutés par leurs propres camarades ? Mao était-il vraiment ce grand stratège qui ne subit aucune défaite ? Comment finirent-ils, lui et son armée, par s'en tirer ? Ces questions commencent à être posées par certains. Mais elles sont toujours considérées comme mineures. La Longue Marche continue de briller comme un soleil dans le ciel de la Chine.

Les ouvrages qui lui sont consacrés ont beau remplir les étagères des bibliothèques, ils posent rarement ces questions, et ils y répondent encore moins. En 2004, soixante-dix ans après son début, je me suis mise en route pour retracer la Longue Marche, et mettre au jour la réalité derrière le mythe. Il ne reste pas beaucoup de documents sur le sujet – beaucoup ont été détruits lors de la fuite des armées. Plusieurs généraux ont publié leurs mémoires, mais les véritables recherches historiques ont été rares. Il ne reste qu'environ 500 des 40 000 survivants encore en vie, et ils sont octogénaires ou nonagénaires. La plupart d'entre eux n'en ont été que d'obscurs participants, qui allèrent jusqu'au bout ou furent abandonnés en cours de route. Ils ont pourtant beaucoup à nous apprendre.

J'ai voyagé principalement en train et en bus. C'est un voyage difficile, à travers des régions qui n'ont pas beaucoup changé, inaccessibles, terriblement pauvres et sous-développées. J'en ai vu assez, cependant, pour me convaincre que rien ne peut être comparé aux souffrances qu'endurèrent ceux qui firent la Longue Marche. Le plus dur a été de retrouver ces survivants, et de les faire parler. Il m'a fallu marcher jusqu'aux coins perdus où ils vivent, parcourir parfois 15 ou 20 kilomètres en une seule journée, à des altitudes approchant les 5 000 mètres. Ces âpres contrées m'ont permis de comprendre les épreuves que les véritables Marcheurs avaient affrontées. J'étais pourtant bien nourrie et équipée. Eux ployaient sous un lourd paquetage, et devaient couvrir, jour après jour, mois après mois, d'énormes distances, l'estomac vide, mal chaussés et pauvrement vêtus, dans les embuscades et sous les bombardements aériens, en livrant bataille après bataille contre des armées plus mobiles et mieux équipées.

Je suis parvenue à retrouver plus de quarante de ces anciens combattants, fort heureusement à la mémoire intacte, et encore débordants d'énergie. Dès que je leur ai parlé, ils ont commencé à déverser leurs histoires. J'ai dû fréquemment passer une seconde, voire une troisième, journée avec eux. Ils avaient tant à dire, et tellement envie de le faire ! J'étais à la fois curieuse, étonnée, bouleversée et exaltée. Ils ont conservé l'idéalisme et l'optimisme, mais aussi les doutes, les incertitudes et les peurs, qui avaient été les leurs au départ. Ils parlent de ce qui a été au cœur de la Longue Marche : la bravoure et les sacrifices, les échecs et les souffrances, et les blessures que le parti s'est infligées à lui-même. La raison du soutien de tant d'individus à la cause communiste m'est apparue très clairement. Le rejet de tant d'autres, également.

J'ai enregistré dans ce livre la voix de ces hommes et de ces femmes. Voilà ce qu'a été la Longue Marche, sans les fioritures de la propagande, dans toute son humanité, telle qu'elle a été réellement vécue. Je ne suis pas l'auteur de cette histoire. Elle leur appartient.

1.

Assécher l'étang pour attraper les poissons.

Je t'envoie à l'Armée, mon homme,
Tu sais pourquoi
Cette révolution est la nôtre.
Il nous faudra vaincre ou mourir.

Prends cette serviette, je l'ai brodée
Avec tout mon cœur, pour te dire :
La révolution toujours !
Ne trahis jamais le parti !

La voix s'élevait, brisant le silence du village de Shi, lové au pied d'une colline recouverte d'épais bosquets de bambou. On était à la mi-octobre 1935, dans la province du Jiangxi, au sud de la Chine. La moisson d'automne avait déjà été rentrée, le chaume des tiges de riz jaunissait les terres autour du village. Quelques rizières semblaient à l'abandon, des herbes envahissaient leur sol asséché qui avait pris une couleur brune. Quelques buffles d'eau rentraient lourdement à l'étable, ne s'arrêtant qu'à leur endroit favori, l'étang du village, pour s'y abreuver. Canards et oies y barbotaient, les enfants s'y baignaient, les femmes y lavaient leur linge, et les hommes venaient s'y raconter les événements de la journée. Non loin de là se dressait le camphrier géant, dont les branches étalées faisaient un abri confortable contre la pluie et la chaleur torrides du Sud.

Ce jour-là, les buffles d'eau étaient seuls à l'étang. L'unique signe d'une présence humaine venait du sanctuaire aux ancêtres, qui lui faisait face. Mais le temple ne bruissait pas de la ferveur des prières qui leur étaient adressées, ni de la psalmodie hypnotique qui accompagnait les offrandes. On n'y entendait rien d'autre que ce chant révolutionnaire. Il appelait les jeunes à rejoindre l'Armée rouge. Et des adolescents armés de lances ne cessaient d'en entrer et d'en sortir, le pas pressé, par l'imposante porte aux auvents ornés de tuiles grises. Ils avaient l'air sérieux, comme si on leur avait confié la mission la plus importante de leur vie. Deux jeunes femmes dressaient une table et installaient quelques bancs devant l'entrée. Alors que la chanson s'achevait, d'autres femmes sortirent du temple, serrant contre elles des chaussures de toile qu'elles venaient de confectionner. Elles appelèrent leurs enfants, tandis que d'autres ramassaient du bois sec entreposé devant la porte, puis rentrèrent chez elles préparer le repas du soir.

« On n'est jamais trop fatigué pour chanter ! Continuez à bosser dur ! » lança Wang Quanyuan. La jeune femme sortait d'une maison voisine. Elle était vêtue d'une veste de coton gris, comme tous les soldats en portaient, nouée à la taille par une simple corde. La simplicité de sa mise soulignait encore sa beauté. Elle demanda à une femme d'amener d'autres bancs, puis elle arrêta un des garçons qui passaient en courant, pour lui chuchoter quelque chose à l'oreille ; il acquiesça avec empressement, et prit ses jambes à son cou.

Wang remarqua que les slogans tracés à l'encre noire sur le mur blanc du sanctuaire avaient été légèrement délavés par la pluie d'été. « À bas les propriétaires fonciers et la bourgeoisie malfaisante ! » « Vivent les communistes ! » « Vive le soviet ! » proclamaient-ils. Je dois penser à leur dire de les repeindre, se dit-elle. Elle se rappela en même temps qu'à peine quatre ans auparavant elle n'avait eu aucune notion de ce que pouvait être un soviet. Quelqu'un lui avait dit qu'il s'agissait d'un magasin étranger, d'autres que c'était le frère d'un syndicaliste communiste célèbre. Un des seigneurs de la guerre le croyait lui aussi, de toute évidence : il avait fait placarder dans tous les villages une affiche qui offrait une récompense pour la capture de M. Soviet, mort ou vif. Dans le dialecte du coin, soviet se prononçait *su wei ai*, ce qui signifiait « nous ». Peut-être le soviet était-il *notre* gouvernement, s'était-elle dit un jour. À présent, elle travaillait pour la section de la jeunesse et des femmes du soviet, le gouvernement ouvrier-paysan mis en place par Mao et son Armée rouge en 1931 dans le sud du Jiangxi. Le territoire en était exigu, il ne comptait que trois millions d'habitants dans une demi-douzaine de comtés, et il était entièrement encerclé par les forces nationalistes de Tchang Kaichek. Mais le soviet du Jiangxi avait tous les rouages d'un véritable État. Wang avait compris que le parti communiste voulait transformer toute la Chine en un vaste soviet. Ce sera le jour de gloire, pensa-t-elle en souriant. Puis elle redevint très grave. « Tout dépendra de ce qui se passe ce soir » se murmura-t-elle à elle-même.

Alors que la nuit tombait, la cloche pendue au camphrier se mit à sonner. Quatre torches de bambou géantes illuminèrent l'étang et le portail du sanctuaire. Des femmes, et quelques hommes, jeunes et vieux mêlés, se rassemblèrent, rejoints par plusieurs centaines de personnes venues des villages avoisinants. Les Pionniers rouges de Wang les avaient convoqués. Elle avait aussi fait venir une demi-douzaine de miliciens du bureau du comté du parti. Lorsqu'ils furent tous arrivés, Wang se leva et prit la parole :

« Sœurs et frères, grands-pères et grands-mères, l'Armée rouge est à un point critique. Elle compte de nombreux blessés chaque jour. Mais dans toute guerre, il y a des victoires et des défaites. Si nous cessons le combat parce que nous avons perdu quelques batailles, notre révolution ne triomphera jamais. Nous continuerons d'être exploités par les riches. Vous êtes forts. Voulez-vous être foulés aux pieds pour le restant de vos jours ? Non ? Alors engagez-vous dans l'Armée rouge, maintenant ! »

Il n'y eut aucune réaction.

Wang fit un signe aux miliciens qui se tenaient debout à ses côtés, puis reprit sa harangue : « N'ayez pas peur. Nous vaincrons. Faites marcher votre cervelle. Il y a dans ce village des centaines de pauvres, contre seulement un ou deux propriétaires fonciers. Ne sommes-nous pas plus puissants qu'eux ? Il suffit de nous unir. Mais il y a un traître qui veut nous en empêcher. Il prétend se soucier de votre bien, et vous conseille de garder vos hommes à la maison. Si nous restons tous chez nous, l'ennemi viendra s'emparer de nos terres et violer nos femmes. C'est cela que vous voulez ? »

« Bien sûr que non ! » s'écrièrent les miliciens.

« Alors qu'on amène ce traître. » Wang fit un geste de la main. Deux miliciens sortirent du portail du sanctuaire. Ils tenaient un homme chacun par un bras, et étaient suivis d'un troisième milicien, pistolet à la main. Un silence de mort s'abattit sur l'assemblée, les villageois échangèrent des regards sans un mot. L'accusé n'était autre que le secrétaire du parti du district, M. Liu. Soudain un des Pionniers leva le poing en criant : « À bas le traître ! Mort au traître ! »

« Que voulez-vous qu'on fasse de lui ? Dites-le-moi » demanda Wang, à plusieurs reprises

« Qu'on le tue ! » hurla un milicien.

« Qu'on le tue sur-le-champ ! » reprirent plusieurs voix.

Deux balles tirées à bout portant, et Liu s'effondra. Wang annonça, d'une voix menaçante : « Voilà ce qui attend quiconque ose saboter la révolution. »

J'ai eu du mal, lorsque j'ai rencontré la mère Wang, de croire qu'elle avait pu commettre de tels actes, ou qu'elle avait souffert au-delà de tout ce que je pouvais imaginer. Elle avait été dès le début la quintessence de la militante révolutionnaire. Sa famille était si pauvre qu'elle l'avait vendue, à un mari dont elle ne voulait pas. Rejoindre les communistes lui avait redonné espoir. Elle avait été choisie, avec seulement trente autres femmes, pour accompagner les 86 000 hommes de la 1re Armée dans la Longue Marche. Elle y avait survécu, et avait grimpé en grade jusqu'à commander le seul régiment féminin de l'Armée rouge. Un an plus tard, elle avait été capturée, violée et offerte à un officier nationaliste qui en avait fait sa concubine. « Crime » pour lequel elle avait été dénoncée par le parti, et qui l'avait poursuivie pendant cinquante ans. Et pourtant, elle était restée fidèle au parti. Il lui était plus cher que ses propres parents. Je me souviens avoir pensé, à la lecture de sa biographie, que s'il y avait jamais eu une seule véritable inconditionnelle du parti communiste, ce devait être Wang.

Quelle meilleure manière d'entamer mon périple que d'aller lui parler ? Je me suis mise en route en octobre 2004, soixante-dix ans exactement après que le parti communiste et la 1re Armée ont abandonné leur base du Jiangxi pour échapper aux nationalistes, entamant ce qu'on appellerait plus tard la Longue Marche. J'ai pris le train à Pékin, et fait dix-huit heures de voyage vers le Sud. Puis, après deux heures de bus supplémentaires à travers un paysage de collines et de montagnes verdoyantes, je me suis retrouvée à Tai He, dans le sud du Jiangxi. C'est une grande ville, avec une vaste avenue toute neuve, au revêtement impeccable, dotée d'un éclairage moderne. On n'y voit pas encore beaucoup d'immeubles, mais la cité aspire à la croissance en ce XXIe siècle. Je me demandai si j'aurais du mal à trouver Wang – Tai He compte quand même un demi-million de résidents, et tout ce que je savais d'elle était sa biographie, que je venais de relire dans le train. Je hélai un cyclo-pousse à la gare routière. Hésitante, je lui mentionnai le nom de Wang. À mon grand soulagement, il me répondit qu'il n'y avait aucun problème pour la trouver. « Une femme extraordinaire ! Combien sont-ils partis du Jiangxi pour la Longue Marche ? 80 000 ? Je parie qu'il n'en reste plus beaucoup aujourd'hui. Trois ici, une quarantaine dans toute la province. Si vous revenez l'année prochaine, ils seront probablement tous morts. » Nous descendîmes la grande avenue, jusqu'à la vieille ville poussiéreuse, dont les rues sont étroites et encombrées, exactement comme sur les photos de villes provinciales prises dans les années 30. Il me déposa près d'un restaurant de raviolis devant lequel les clients faisaient la queue. La résidence de Wang se trouvait juste derrière, ombragée par un grenadier aux fruits rouge sombre, mûrs à point. Elle était assise sous l'arbre, l'air doux, sereine et élégante. Loin de paraître ses quatre-vingt-onze ans, son visage ne portait aucune trace de la dureté qui avait dû être celle d'un commandant de l'Armée rouge.

Elle n'avait pas l'air surpris de voir une étrangère entrer de la sorte chez elle, venant de la rue pour l'interroger sur son passé. L'exemplaire de sa biographie que j'avais en main me suffit en guise d'introduction. Elle me fit asseoir, s'exclamant : « Encore un visiteur de Pékin ! » Une femme d'âge moyen sortit de la maison. D'après ce que j'avais lu, ce devait être sa fille adoptive – Wang n'avait pu avoir d'enfants après la Longue Marche. « Ne lui posez pas trop de questions, ça l'excite. La semaine dernière, un journaliste est venu de Pékin, elle a tellement parlé qu'elle s'en est rendue malade. De toute façon, tout est là-dedans » me dit-elle, en indiquant le livre posé sur mes genoux. Wang lui coupa la parole. « Ils pensent que parler c'est gaspiller son souffle. Ils n'y comprennent rien. Tant d'hommes et de femmes sont morts pour que nous ayons la belle vie aujourd'hui, je veux que les gens ne l'oublient pas. » Elle envoya sa fille chercher à l'intérieur de la maison une autre biographie, écrite par un historien local du parti. « Vous ne l'avez peut-être pas lu, celui-là », me dit-elle.

Sa fille ressortit avec le livre en question, et un plateau chargé de tranches de pastèques. « Mangez d'abord, vous lirez plus tard. Je répondrai à toutes vos questions. Cela va vous prendre quelques jours – malheureusement, vous savez, ma vie a été si longue... » Elle avala une bouchée de pastèque avec un grand sourire, comme s'il s'agissait du fruit le plus rare au monde, et qu'elle y goûtait pour la première fois de sa vie. Elle aimait parler, pour sûr. Elle était vive, chaleureuse, et pendant les trois jours qui suivirent, elle s'ouvrit à moi comme les grenades de sa cour – détaillant l'idéalisme, l'espoir, les souffrances, les sacrifices, la dureté et le courage qui avaient marqué sa vie comme celles de beaucoup d'autres. Mais elle ajouta quelques ombres au tableau, des choses dont elle ne parlait qu'en se faisant violence. Et qui étaient en contradiction manifeste avec les glorieux récits de la Longue Marche dont ma jeunesse avait été nourrie.

Elle était née en 1913, dans le village de Lufu, pas très loin de son domicile actuel. Après avoir payé au propriétaire foncier un loyer exorbitant, il restait à sa famille à peine assez de riz pour vivre six mois. Dès l'âge de cinq ans, elle avait dû parcourir la montagne avec sa sœur pour aller à la cueillette de plantes sauvages comestibles. À l'âge de onze ans, ses parents lui avaient trouvé un mari, qui avait promis de rembourser la dette familiale, soit 200 kilos de riz. Elle n'avait rien su de ce contrat jusqu'au jour du mariage, quand sa mère l'avait habillée de rouge vif, et fait monter dans un palanquin que son époux avait envoyé. Cet homme était un débile léger, de seize ans plus âgé qu'elle. Son visage criblé de cicatrices de variole lui valait le sobriquet de Grand Vérolé. Les villageois disaient qu'on avait planté une fleur dans une bouse de vache. En le voyant, elle s'était évanouie. Sa mère lui avait expliqué que le vin était tiré, et qu'il lui fallait le boire, jusqu'à la lie.

La seule exigence de ses parents avait été que le mariage ne soit pas consommé avant les dix-huit ans de

Wang. En attendant, elle servirait son mari comme une esclave. Mais le Grand Vérolé avait été incapable d'attendre sept longues années. Il s'était mis à coucher à droite et à gauche, et il avait eu un fils de la femme d'un aveugle qui disait la bonne aventure. Les commérages allaient bon train dans le village, et Wang, humiliée, avait décidé de rentrer chez ses parents, espérant qu'ils auraient pitié d'elle, et feraient annuler le mariage. Pas question, lui avait répondu sa mère, tu dois retourner là-bas. « Quand on épouse un poulet, on vit avec un poulet. Quand on épouse un chien, on vit avec un chien », c'est le destin.

Quand l'Armée rouge était entrée dans son village, au printemps 1930, elle avait compris que le destin n'y était pour rien. « Pourquoi les propriétaires ont-ils tant de terres, alors que vous n'en avez pas ? » avait demandé un officier aux villageois. « Pourquoi peuvent-ils manger du porc bien gras tous les jours, alors que vous n'avez même pas droit à une goutte d'huile tout au long de l'année ? Pourquoi s'habillent-ils de soie, et vous de haillons ? C'est injuste ! Pour chacun d'entre eux, nous sommes dix. Si nous nous unissons, nous sommes sûrs de l'emporter. Qu'en dites-vous ? Rejoignez-nous ! Participez à la révolution ! » Elle s'était engagée sur-le-champ, et sa famille avait reçu un lopin de terre, du sel, du riz, du jambon et des outils, confisqués à leur propriétaire.

Elle s'était mise à vanter partout les bienfaits de la révolution communiste, s'en présentant, elle et sa famille, comme le meilleur exemple. Elle le faisait de la manière la plus efficace qui puisse être dans les campagnes du Jiangxi : en chantant. Wang chantait si bien qu'on se mit à l'appeler « la Voix d'Or ». Elle mettait de nouvelles paroles sur des airs traditionnels. Les chansons ne célébraient plus, comme d'ordinaire, l'amour. Elles étaient pleines d'enthousiasme pour la révolution. Les paroles d'une de ses chansons préférées disaient :

Protégeons la montagne, nous aurons du bois.
Protégeons la rivière, nous aurons du poisson.
Protégeons la révolution, et nous aurons notre terre.
Protégeons le soviet, et le drapeau rouge flottera.

En décembre 1933, Wang reçut une nouvelle à laquelle elle ne s'attendait pas. Son dévouement et sa réussite dans son travail de mobilisation des femmes et des jeunes lui valurent de faire le voyage à Ruijin, la capitale de la zone Rouge, en tant que déléguée au Second Congrès national du soviet.

« Es-tu déjà allée à Ruijin ? » me demanda-t-elle. Elle espérait visiblement une réponse positive. Je lui avouai que je ne m'y rendrais qu'après en avoir fini avec elle.

« Tu aurais dû aller d'abord là-bas. C'était la capitale ! Une vieille comme moi, ça peut toujours attendre. À l'époque, tu sais, on disait : au Nord il y a Pékin ; au Sud, Ruijin. »

Elle admit par la suite, mais de très mauvaise grâce, que Ruijin ne supportait pas vraiment la comparaison avec Pékin. C'était une ville méridionale typique, et le *feng shui** y était favorable. Elle s'étendait dans un méandre du fleuve Mian, une chaîne de montagnes serpentait et la protégeait à l'Ouest, une pagode blanche la surplombait d'une colline à l'Est. Elle n'était pas plus grande qu'une ville provinciale ordinaire, 7 000 habitants vivant dans l'enceinte de ses murailles. Quatre portes ouvraient sur quatre avenues qui se croisaient en son centre. Tchang Kaichek en faisait le blocus depuis le début de sa Cinquième offensive, et un grand nombre de commerces avaient baissé leur rideau. On ne pouvait plus exporter les produits de la montagne, bambou, papier, noix et légumes secs, ni importer le sel, l'huile,

---

* *Feng shui* : géomancie, l'art chinois « de l'eau et des monts » d'orienter les lieux selon les flux de l'énergie tellurique de manière à en assurer la prospérité.

l'essence, les textiles et autres nécessités de la vie quotidienne. Toute violation de l'embargo était punie, parfois d'exécution. Les membres du Corps spécial des transports chargés de faire respecter le blocus nationaliste étaient extrêmement motivés, car ils gardaient pour eux la moitié de toute marchandise qu'ils confisquaient aux contrevenants arrêtés.

Mais partout où il y a des profits à faire, on trouve des contrebandiers. Ceux-ci transportaient du sel, des médicaments, de la poudre à canon et autres produits très recherchés, en les cachant dans des cercueils, au fond de tinettes, ou à l'intérieur de tiges de bambou. Ils étaient même parvenus à faire passer une machine à rayons X à l'intérieur d'un cercueil accompagné d'une quarantaine d'hommes et de femmes qui pleuraient à chaudes larmes, dans le rôle de la famille éplorée. Le seigneur de la guerre qui contrôlait la province du Guangdong brisait lui-même le blocus, en achetant en secret le minerai de tungstène qu'on extrayait en abondance des mines du soviet. Mais tous ces efforts n'étaient pas plus efficaces qu'un verre d'eau qu'on jette sur un feu de bois pour l'éteindre. Ruijin souffrait. Le sel était la denrée la plus rare ; Wang en fut privée du goût des mois durant. Par pur désespoir, elle et ses amis en étaient arrivés à gratter le salpêtre sur le mur des toilettes, et jusque dans les cimetières, pour le faire bouillir.

Elle ne pouvait plus se passer de sel depuis lors. « Je pense que c'est en réaction à toutes ces années de privation. Tu ne sais pas ce que c'est, d'avoir l'impression que ton corps est en coton, ou que tu marches dans les nuages. Je trébuchais souvent. » J'ai pu constater à quel point elle était accro quand elle m'a invitée à déjeuner avec sa fille et ses deux petits-enfants. Si elle ne m'avait pas prévenue, j'aurais cru que la cuisinière avait vidé la salière dans la marmite. Poulet, tofu, haricots et soupe étaient tellement salés que j'ai à peine pu les avaler. Il m'a fallu boire un litre de thé pour faire passer ce repas.

Wang oublia toutes les difficultés de la vie quotidienne à Ruijin quand arriva enfin le jour du Congrès, le 22 janvier 1934. Elle eut le souffle coupé en découvrant le Palais des Ouvriers et Paysans, spécialement édifié pour l'occasion. Elle n'avait jamais rien vu de pareil. Il ne ressemblait ni à un temple bouddhiste, ni à un palais, ni à un sanctuaire aux ancêtres, les constructions les plus impressionnantes qu'on puisse voir dans les villes et villages du Sud. Le bâtiment en était immense, octogonal, ressemblant un peu à une casquette. Une énorme étoile rouge frappée d'une faucille et d'un marteau, l'emblème de l'Armée rouge, en surmontait l'entrée principale. L'intérieur était à la même échelle que l'extérieur, massif, sur deux étages, qui pouvaient accueillir 2 000 personnes. Wang ne comprenait pas comment ils avaient pu faire tenir le toit de cet édifice sans aucun pilier central. Il était brillamment illuminé par des lampes étranges, qui n'avaient pas besoin d'huile. Il suffisait que quelqu'un baisse un levier noir fixé au mur pour que la salle soit inondée de flots de lumière éclatante.

Les 776 délégués, parmi lesquels Wang, écoutèrent debout un orchestre jouer un chant très martial, intitulé *l'Internationale*. Puis un homme mince et de haute taille, avec de grands yeux, était monté à la tribune, debout devant le drapeau rouge. Sa voisine chuchota à Wang que c'était le camarade Mao, celui qui avait organisé le soviet. Elle venait de comprendre qui il était quand Mao avait commencé avec un fort accent du Hunan : « Camarades, au nom du Comité central exécutif, je déclare le Second Congrès national du soviet ouvert. Je transmets à toute l'assemblée des délégués le salut révolutionnaire du Comité central ! » Un tonnerre d'applaudissements avait accueilli ces paroles. Wang s'en était fait mal aux mains.

Mao, fondateur du gouvernement du soviet du Jiangxi, Zhu De, commandant en chef de l'Armée rouge et d'autres hauts dirigeants du parti prononcèrent tous des discours durant le Congrès. Ce qu'ils avaient dit lui était pour l'essentiel passé par-dessus la tête. Elle ne savait pas, par exemple, où se trouvait le Tibet, et encore moins pourquoi Mao en parlait dans son rapport au soviet. Mais elle avait trouvé la conclusion de son discours vraiment enthousiasmante :

> *Notre Congrès est l'organe suprême du pouvoir étatique dans l'ensemble du pays... Notre Congrès mettra en déroute totale la Cinquième campagne, développera la révolution dans l'ensemble de la Chine, étendra le territoire du soviet à toutes les régions contrôlées par le gouvernement de Tchang Kaichek, et déploiera le drapeau rouge sur tout le pays. Alors, crions : Vive le Second Congrès national du soviet ! Vive la Chine nouvelle soviétique !*

Elle ne s'était jamais remise de ce bouleversement dans sa vie, comme si le ciel et l'enfer avaient changé de place. La veille encore, elle n'était qu'une pauvre paysanne ; soudain elle faisait partie de l'organe dirigeant suprême du soviet. Une chanson populaire des plus simples lui vint à l'esprit, elle reflétait parfaitement ce qu'elle ressentait :

> *La lumière des lampes n'a aucun éclat*
> *Quand on la compare à celui du soleil ;*
> *Mon père et ma mère me sont chers*
> *Mais le parti communiste l'est bien davantage.*

Le 17 avril 1934 avait été le jour le plus important de sa vie. Bras droit levé face au drapeau rouge, elle avait fait un serment solennel au parti communiste : « Je me sacrifierai ; je tiendrai promesse ; je lutterai contre nos ennemis ; je me battrai pour la révolution ; j'obéirai aux ordres, et je ne trahirai jamais le parti. » Elle saurait respecter ce serment, elle en était sûre. Elle était même prête à mourir ; sans le parti, sa vie n'aurait pas valu d'être vécue. Dans son cœur étaient gravées à jamais ces paroles de Mao sur le monument aux martyrs de l'Armée rouge, érigé à Ruijin en 1932 :

> *Dans le grand combat contre l'impérialisme et pour la réforme agraire, nombre de camarades ont glorieusement sacrifié leur vie. Leur sacrifice démontre le courage invincible du prolétariat, et jette les fondations de la République soviétique chinoise. Les masses laborieuses des ouvriers et paysans de toute la Chine avancent, marchant dans le sang versé par ces camarades, pour abattre l'impérialisme et le gouvernement réactionnaire de Tchang Kaichek, et faire triompher le soviet dans la Chine entière.*

Wang partit pour l'école du parti, qui formait les futurs cadres. À peine y était-elle arrivée, on la mobilisa pour la tâche urgente du moment : la campagne de recrutement. Depuis octobre 1930, au cours des quatre dernières années, Tchang Kaichek avait lancé cinq campagnes successives pour détruire la base communiste du Jiangxi. Il avait mobilisé 100 000 soldats pour sa première campagne, pensant n'avoir aucun mal à venir à bout de 9 000 guérilleros communistes appuyés par moins de deux millions d'habitants dans une région d'à peine 200 kilomètres carrés. Les communistes, qu'il qualifiait de « bandits rouges », n'étaient à ses yeux qu'une sauterelle qui tentait de bloquer une charrette. Ils rêvent éveillés, disait-il. Il fit l'expérience de leur férocité et de leur aptitude à la guérilla : en deux mois 15 000 de ses soldats avaient été faits prisonniers.

Furieux, il avait dépêché davantage d'hommes et d'armes. Il avait lui-même pris l'avion pour Nanchang, la capitale du Jiangxi, et s'était proclamé commandant en chef des opérations. Il avait subi des défaites encore plus désastreuses et humiliantes, perdant près de 50 000 hommes face à l'Armée rouge pour la seule année 1931, et 30 000 de plus début 1933. Il jura alors d'éliminer une fois pour toutes les « bandits rouges », qui étaient à l'évidence plus qu'une simple gêne. Il avait lancé en juillet 1933 sa Cinquième campagne, la plus importante. 500 000 hommes marchèrent sur le Jiangxi, de trois directions différentes. Ils étaient équipés des armements les plus modernes, livrés par l'Allemagne, la Grande-Bretagne et les États-Unis, et appuyés par 200 avions que pilotaient 150 Américains et Canadiens.

Dix mois après le début de cette Cinquième campagne d'annihilation, l'Armée rouge avait déjà perdu plus de 50 000 hommes. Le 20 mai 1934, le Comité central lança un appel pour que davantage de soldats s'engagent et montent au front :

> *Les batailles décisives de ces prochains mois décideront de notre vie ou de notre mort. Le moment ultime, crucial est venu d'anéantir l'ennemi. La guerre est totale. Chaque militant du Parti communiste, chaque ouvrier, et chaque membre des classes laborieuses doivent être prêts à se battre jusqu'à la dernière goutte de sang*[1].

Le parti avait besoin de 50 000 nouvelles recrues dans les trois mois. Mais cela ne fut pas suffisant. Une nouvelle campagne de recrutement urgente fut lancée en septembre. L'objectif était de 30 000 hommes. Chaque village, chaque district et chaque comté se virent fixer un quota. Wang reçut l'ordre de se rendre dans le comté de Gangxi. À plusieurs reprises, il n'avait pas rempli son quota.

Pourquoi lui avait-on attribué un cas aussi difficile ? lui demandai-je.

« C'était un test. Pour me mettre à l'épreuve. Et m'encourager. Il faut un métal pur pour forger une lame, comme dit le proverbe. » J'eus envie de lui dire que le parti avait fait le bon choix.

Elle se rendit de village en village, en compagnie du secrétaire local du parti, Liu, qu'elle devait aider. Elle avait été choquée par ce qu'elle découvrait : des villages fantômes. On y voyait peu de signes de vie, les hommes jeunes y étaient très rares ; certains villages avaient été complètement abandonnés. Les paysans en avaient fui, pour se réfugier dans les zones contrôlées par le gouvernement de Tchang Kaichek. Un jour, comme elle s'approchait d'un vieillard dans un champ avec qui elle voulait discuter, il se mit à hurler : « Vous voulez assécher l'étang pour en attraper les poissons. Est-ce que vous ne voyez pas qu'il n'y a plus de poissons dans l'étang ! » Liu la prit de côté, et lui expliqua que deux de ses fils avaient rejoint l'Armée rouge cinq ans auparavant, et qu'il n'avait plus aucune nouvelle d'eux depuis. Tout le monde faisait ce qu'il pouvait, comme ce vieillard, lui assura Liu. Le district ne comptait pas plus de 1 300 hommes âgés de 16 à 45 ans, et plus de 1 000 d'entre eux étaient déjà à l'armée, ou travaillaient pour elle comme porteurs et manœuvres ; les autres étaient malades, ou appartenaient à des familles de propriétaires fonciers et de paysans riches. On ne pouvait pas leur faire confiance pour lutter en faveur des pauvres. Il ne savait pas où trouver encore quarante-cinq hommes à recruter dans le district. Mais il ferait tout son possible.

La date butoir avait été fixée au 27 septembre. Le quota fixé pour Gangxi était de 4 000 recrues, elle en avait trouvé à peine 700. Le district de Liu n'en avait fourni que douze. Le 28, un message urgent lui parvint du département des Femmes et de la Jeunesse de Ruijin. Elle avait jusqu'au 5 octobre. « C'est le tout dernier délai. Il ne sera toléré ni une minute de retard, ni une recrue en moins. »

Que serait-il arrivé si elle n'avait pas atteint l'objectif ? lui demandai-je. Aurait-elle perdu la face, ou, pire que cela, son poste ?

Elle se tourna vers moi, et me fixa. Elle était réellement surprise, presque choquée, par ma question.

« La face ? Qu'est-ce que tu crois ? C'est notre vie qu'on risquait de perdre. » Une de ses amies avait eu un quota de quinze lors d'une précédente campagne de recrutement. Elle n'en avait trouvé que douze. Elle avait été jetée en prison, accusée de saboter la révolution. Ses proches étaient certains qu'elle allait être exécutée, ils avaient même préparé son linceul. Elle avait été libérée après quinze jours de détention, mais à la seule condition d'expier son crime en remplissant le double de son quota à la prochaine campagne.

Ne trouvait-elle pas la punition un peu sévère ? Après tout, la malheureuse avait dû faire ce qu'elle pouvait.

« Essayer ne suffisait pas. Il fallait réussir » me reprit-elle vivement. « Le parti disait qu'échouer dans le recrutement revenait à aider l'ennemi ! Au début, je ne le comprenais pas, mais très vite j'ai pigé. Ce n'est que si l'Armée rouge avait plus de soldats que nous pourrions défendre notre base. »

Les responsables locaux n'hésitaient devant rien pour remplir leur quota. Dans le comté de Shengli, tous les cadres du parti avaient reçu l'ordre de s'engager. Beaucoup s'étaient enfuis dans la montagne, quelques-uns s'étaient suicidés, et la région avait sombré dans le chaos. Dans les quartiers les plus durs de Ruijin quiconque refusait de s'engager était enfermé dans un cachot sans lumière, les mains liées dans le dos, et ne recevait aucune nourriture : celle-ci était réservée aux soldats sur le front, lui expliquait-on. Le département de Wang recevait pas mal de lettres d'associations de villageoises qui se plaignaient de la brutalité avec laquelle on traitait leurs hommes. Une de ces lettres faisait le récit suivant : « Le secrétaire du parti a convoqué une réunion dans la salle des fêtes pour discuter du problème des terres, beaucoup de gens sont venus. Tout d'un coup, deux gaillards ont fermé la porte, et ordonné : "Engagez-vous dans l'armée, ou personne ne sort." Il nous a fallu attendre l'aube avant que quelques hommes finissent par accepter. Ils ont été aussitôt emmenés. » Encore plus choquant pour Wang, certaines militantes promettaient de coucher avec tout homme qui s'engagerait. Elles remplissaient leur quota sans problème, mais Wang se demandait combien de temps ces hommes resteraient dans l'armée.

J'avais toujours cru que les paysans se bousculaient pour s'enrôler dans l'Armée rouge. Il s'agissait quand même de défendre leurs terres, leurs maisons, leurs enfants. Toute notre littérature, notre art, notre cinéma et nos manuels scolaires étaient remplis de parents qui amenaient leur fils au bureau de recrutement, d'épouses qui suppliaient leur mari de partir au combat, de sœurs qui confectionnaient l'uniforme de leur frère, et de jeunes filles qui accompagnaient leur fiancé au front. Je me souvenais bien sûr de l'image de l'Armée rouge qui est comme un poisson dans l'eau, l'eau représentant les paysans. Hors de l'eau, le poisson meurt, sans le poisson, l'eau est plus pauvre. Le soutien des paysans était l'arme secrète qui avait assuré le succès des communistes. La conscription forcée n'avait été utilisée que par l'armée de Tchang, m'avait-on toujours raconté.

Wang éclata de rire quand je le lui rappelai. Elle leva les mains, et m'expliqua : « Les gens sont aussi différents que les dix doigts de ma main. Beaucoup, qui avaient souffert comme moi, ne rêvaient que de révolution. Lors des premières campagnes, recruter n'avait pas été un problème. Mais quand la guerre a continué, c'est devenu de plus en plus dur. Il n'y avait pas assez d'hommes disponibles. En plus, les gens pensaient que nous allions perdre. Ils ne voulaient pas mourir pour rien. Alors il nous a fallu les travailler au corps... »

Elle avait raison, bien sûr. Au fil des cinq campagnes lancées en cinq ans par les forces de Tchang, la population et la superficie de la base du Jiangxi s'étaient réduites comme peau de chagrin. Un officier de l'Armée rouge avait même déclaré qu'elle ne s'étendait pas plus loin que la portée d'une flèche. Il avait fallu mobiliser plus de

160 000 hommes dans l'Armée rouge en une seule année pour résister à la Cinquième campagne. Pratiquement tous les hommes en état de combattre avaient en réalité déjà été enrôlés. Mao avait mené sa propre enquête, fin 1933, dans le district de Changgang. De ses 407 habitants masculins âgés de 16 à 45 ans, 79 % étaient dans l'Armée rouge, exactement la proportion qu'avait donnée le secrétaire Liu concernant son propre district[2]. Le vieillard du comté de Gangxi avait peut-être eu raison : le parti vidait l'étang pour en attraper les poissons.

Wang n'en démordait pourtant pas : « Nous devions défendre notre base à n'importe quel prix. La survie du parti était en jeu. »

Ordre lui avait été donné de remplir son quota de quarante-cinq hommes en octobre 1934. Elle n'en dormait plus, pour la première fois de sa vie. Mais « rien ne sert de se lamenter quand il faut aller pisser », comme le dit un autre proverbe. Une idée lui vint à l'esprit.

Un soir, elle enfila sa veste, et sortit. Une pluie fine tombait dans la nuit sombre et silencieuse. On n'entendait pas un chien aboyer. Ils avaient tous été tués, parce qu'ils pouvaient trahir les déplacements de l'armée. Elle alla de maison en maison sur la pointe des pieds, à l'affût des conversations. Soudain, elle entendit une vieille paysanne qui gémissait :

« Aïe, aïe, aïe, quelle sale journée ! Je me demande bien comment ils s'en sortent tous les trois, là-haut dans la montagne ? Tu devrais peut-être leur apporter leurs chapeaux de bambou. »

« À quoi bon ? Ils sont certainement déjà trempés » répondit à la vieille une voix qui devait être celle de sa bru.

Wang écouta encore quelque temps, puis se faufila sans bruit sous une autre fenêtre.

« Le secrétaire Liu joue double jeu. En présence de la camarade Wang, il est tout feu tout flamme, mais dès qu'elle a le dos tourné, il dit pis que pendre de l'Armée rouge. Qu'est-ce qu'il veut en fait ? » demandait une fillette.

« Petite idiote ! Liu fait tout ça pour nous. L'Armée rouge va de défaite en défaite depuis six mois. Chaque jour, elle perd un grand nombre de soldats. Si ton frère n'avait pas déserté pour se cacher, il aurait déjà servi de chair à canon » lui répondit la voix bourrue d'un homme qui devait être le père.

Elle comprenait ce qui se passait, à présent. Il y avait encore des poissons dans l'étang, des oiseaux dans la montagne. Elle n'avait qu'à les faire sortir de leur cachette pour remplir son quota, et expédier au front ces hommes dont on manquait tant. Il y avait néanmoins le problème de Liu. Elle y réfléchit, puis envoya un messager au QG du parti pour le comté. Maintenant, elle pouvait agir.

Dès l'aube, Wang dépêcha une douzaine de Pionniers dans les villages avoisinants, pour convoquer tout le monde à une réunion d'urgence le soir même au village de Shi. Puis elle se dirigea vers la maison des trois déserteurs. La vieille et sa belle-fille semblaient avoir passé une mauvaise nuit. Wang les interrogea au sujet des hommes de la famille. La vieille lui répondit que son fils était parti comme porteur de l'Armée rouge, et que ses deux petits-fils combattaient au front. « Chacun à son poste » ajouta-t-elle, sans sourciller.

« Même caché dans la montagne, grand-mère ? » lui demanda Wang.

La vieille craqua aussitôt, se mettant à bafouiller. « Vous nous avez donné une terre, c'est vrai. Mais à quoi ça sert, s'il n'y a pas d'hommes à la maison ? » Puis elle se mit à crier, montrant ses pieds bandés et ceux de sa belle-fille. « La foudre frappe les femmes qui travaillent à la rizière ! Quand vos camarades ont demandé à nos maris et à nos fils de s'enrôler, ils nous ont promis des bras pour nous aider à cultiver la terre. Au début, on a eu un peu d'aide, mais ça nous coûtait plus que ça ne rapportait, parce qu'il fallait les nourrir et les prendre en charge. Très vite, plus personne n'est venu. La récolte n'a pas bien été faite cette année. On s'en est plaint au secrétaire Liu. Il nous a répondu que nous n'avions qu'à aller piller, ou nous débrouiller pour faire revenir nos hommes. »

Wang aurait compati, si elle n'avait pas exhibé ses pieds bandés. Le meilleur moyen pour la mettre en colère. En zone communiste, il était interdit aux femmes de se marier sans avoir d'abord débandé leurs pieds. Mais ce genre de femmes-là refusait de se libérer. Avec d'autres militantes, elle avait un jour essayé de débander de force certaines d'entre elles. Elles avaient aussitôt recommencé. Wang considérait ces femmes comme autant de parasites, qui attendaient chez elles que leurs hommes travaillent la terre. Elles n'avaient qu'à s'en prendre à elles-mêmes.

Elle ne comprenait pas que des femmes puissent ne pas soutenir la révolution. Elles en étaient pourtant les premières bénéficiaires : plus de bandage des pieds, mariages forcés abolis, interdiction des violences domestiques, et globalement une plus grande place dans la société. Leur bonheur était lié à l'existence du soviet. Quand on avait promulgué la nouvelle loi sur le mariage, des dizaines de milliers de femmes avaient aussitôt demandé le divorce. Elles s'étaient remariées, puis avaient de nouveau divorcé. La paperasse avait submergé les cadres locaux. Du coup, le parti avait décrété qu'on n'aurait pas le droit de se marier plus de trois fois, et qu'il fallait avoir vécu ensemble pendant au moins deux mois avant de pouvoir demander le divorce.

Je m'étonnais que Wang, elle, n'ait pas mis fin à son propre mariage forcé, alors qu'elle avait poussé nombre d'autres femmes à le faire. Tout au contraire, elle avait promis à son mari qu'elle remplirait son devoir conjugal s'il s'engageait dans l'Armée rouge. Dès le lendemain, c'était chose faite. Son bonheur avait été doublé quand elle l'avait autorisé à coucher avec elle sans attendre les deux années qu'exigeait sa mère. Pourquoi avait-elle agi de la sorte ?

« Et pourquoi pas ? L'Armée rouge avait besoin de tous ceux qu'elle pouvait enrôler » me rétorqua-t-elle le plus sérieusement du monde.

« Mais vous n'étiez pas heureuse avec lui » osai-je lui rappeler.

« Rien à voir avec le bonheur ! Comment aurais-je pu être heureuse au milieu de tant de souffrances ? Impossible » me dit-elle avant d'aller faire un autre thé, sa fille étant partie au marché faire ses achats pour le dîner.

Une pensée m'effleura l'esprit. N'avait-elle pas poussé son mari à s'enrôler parce que c'était sûrement le meilleur moyen de se débarrasser de lui ? Les balles ne font pas de détail. Mais j'avais tort. Il était mort de tuberculose pendant qu'elle faisait du recrutement à Gangxi, me dit-elle en revenant avec le thé et des biscuits. Il avait voulu lui prouver à tout prix qu'il était digne d'elle, et avait présumé de ses forces en jouant les éclaireurs pour l'Armée rouge. Ses dernières paroles avaient été pour elle : « Je ne peux fermer les yeux et mourir sans l'avoir revue » avait-il dit.

J'eus un peu honte de ce que j'avais osé imaginer. Wang n'était absolument pas comme cela. Son engagement était si total qu'il m'était difficile de le concevoir. Bonheur individuel et plaisir physique lui étaient complètement indifférents, comme à bien d'autres femmes de sa génération. Toutes avaient partagé la même passion révolutionnaire. Elle avait enrôlé une nouvelle recrue, et elle en avait été félicitée. Mais sa motivation première avait été le dévouement à des hommes et des idées qui lui promettaient d'en finir avec l'oppression qu'elle voyait tout autour d'elle, et dont elle avait été victime. Ce qui me ramena aux slogans et exhortations qui remplissaient mes manuels scolaires : « Le communisme dépasse les cieux. Il faut tout lui sacrifier. » Pour moi, ces mots n'avaient été que propagande. Pour elle, ils avaient été son credo.

Mon respect pour elle grandit encore après que j'ai reconstitué ce qu'elle avait dû affronter, en lisant des mémoires, en multipliant les entretiens, et en fouillant dans les archives officielles des années 30, une époque où le parti communiste admettait encore assez facilement ses faiblesses tout autant que sa force. Il semble en fait avoir été fréquent que des femmes menacent leur mari de divorce s'ils s'engageaient dans l'Armée rouge. D'autres étaient allées plus loin. Il y avait à Ruijin un hôpital pour invalides blessés de guerre. C'était un des terrains de chasse favoris des femmes en quête d'époux. La raison en était simple : elles étaient certaines qu'ainsi leurs maris resteraient à la maison. Et quand elles avaient épuisé tous leurs stratagèmes, que leurs maris étaient finalement partis au front, elles couchaient avec le premier homme qui leur tombait sous la main. Les associations féminines locales ne cessaient de bombarder le centre de rapports sur le problème des « voleuses d'hommes ». On peut lire dans l'un d'eux :

> *Un grand nombre de femmes de soldats n'ont pas eu de nouvelles de leur époux depuis qu'ils se sont engagés dans l'armée de Mao et Zhu, il y a déjà six ans. Bon nombre demandent le divorce, et si nous ne l'accordons pas, elles menacent de faire un scandale, et nous traitent de tous les noms. Certaines couchent tout simplement avec d'autres hommes, et leur font des enfants illégitimes. Que nous conseillez-vous*[3] *?*

Wang était en faveur de mesures sévères. Sinon, tous les hommes finiraient par vouloir rester chez eux. Elle avait été très déçue quand le parti avait amendé la loi sur le mariage : les femmes auraient le droit de demander le divorce si elles n'avaient plus de nouvelles de leur mari depuis trois ans, au lieu de six précédemment. Les enfants qu'elles auraient en attendant seraient reconnus légitimes « car ils sont les futurs maîtres de la société nouvelle ».

Au village de Shi, Wang avait choisi de ne faire aucun compromis dans sa campagne de recrutement. Elle ordonna à la vieille et à sa bru de faire sortir leurs hommes de leur cachette dans la montagne, sinon elles le regretteraient. Elle ne leur laissa aucune illusion sur la sanction qui serait prise. « Vous serez critiquées publiquement à la réunion de ce soir. On placardera des affiches sur votre porte, sur vos fenêtres et sur votre portail, pour vous dénoncer comme traîtres et déserteurs. Tout ce que le gouvernement vous a donné, la nourriture, les couvertures, les vêtements et l'huile, vous sera confisqué. Et vos hommes seront condamnés à un an de travaux forcés, ou à travailler les terres des soldats. Réfléchissez. »

Ce soir-là, la grand-mère s'était assise au premier rang pour assister à l'exécution de Liu. Le sang du secrétaire, abattu d'une balle dans la nuque, avait serpenté sur le sol en direction de ses pieds. Elle tremblait comme une feuille morte, mais elle s'était levée, et avait offert à l'armée ses deux petits-fils. Beaucoup d'autres avaient suivi son exemple, y compris deux femmes, qui s'étaient engagées elles-mêmes. Wang avait dépassé son quota. Elle avait pu sourire, pour la première fois depuis des mois.

J'eus l'impression de retrouver ce sourire au moment où Wang acheva son récit. Elle se voyait de nouveau face à la foule, l'exhortant, la travaillant et la jugeant. Sans pitié, sans regret, ni la moindre excuse. Sa conviction d'être dans le vrai était totale. La révolution était faite au nom des masses, le parti voyait en celles-ci une mine inépuisable, qui devait lui fournir tout ce dont il avait besoin. Il ne venait pas à l'esprit de ses dirigeants que les paysans n'en puissent plus. Puisque la révolution dépendait de leur soutien, comme on ne cessait de le répéter, leur résistance, voire leur hostilité, avait peut-être été une des raisons qui avaient obligé le parti et l'Armée rouge à abandonner leur base du Jiangxi, pour entamer la Longue Marche dans l'espoir de trouver une nouvelle base. Je ne crois pas que Wang ait jamais vu les choses de cette manière, bien sûr. Elle avait fait ce que le parti lui ordonnait, et elle l'avait très bien fait.

Elle n'avait d'ailleurs même pas eu le temps de savourer sa victoire ni d'en rendre compte au parti. Le soir du 15 octobre, un message urgent lui était parvenu de Ruijin. « Événement important. Retour immédiat. »

Elle avait aussitôt pris la route avec le messager. Heureusement, la lune était presque pleine, et éclairait leurs pas tandis qu'elle s'interrogeait sur ce rappel aussi mystérieux que soudain. Était-ce en raison du délai qui avait dû lui être accordé pour qu'elle remplisse le quota ? Elle n'avait eu aucun message de son chef, comme si on l'avait oubliée. Elle craignait d'être jetée en prison, comme son amie l'avait été. Ou pire, d'être exécutée.

« Quitte à mourir, mieux valait être tuée au combat, en emmenant quelques ennemis avec moi. Ça en aurait valu le coup, au moins. » Elle n'avait plus la tête qu'aux combats. Soudain, une idée lui était venue : et si une grande bataille était en préparation ? Depuis le début de l'été, outre la campagne de recrutement, le gouvernement avait entrepris d'emprunter, ou d'extorquer, des céréales aux paysans. L'objectif fixé était d'un million de *dan** de riz, ce qui représentait à peu près toute la récolte d'automne sur le territoire du soviet. Il avait été atteint en trois mois, grâce aux mêmes méthodes que celles qui étaient employées pour recruter.

En même temps, un appel à une levée de fonds avait été lancé : des bons du gouvernement avaient été émis, pour un montant de 800 000 dollars d'argent. Tout le monde était obligé de souscrire, ou de faire une donation. Le département des Femmes avait mis en œuvre toutes ses ressources pour pousser celles-ci à faire don de leurs bijoux d'argent. Il s'était peut-être inspiré de Mao, qui avait remarqué cette tradition dans le sud du Jiangxi. « Toutes les femmes, même les plus pauvres, à moins qu'elles meurent de faim, possèdent des boucles d'oreille et des épingles à cheveux en

---

* Mesure de volume.

argent, ainsi que des bracelets et des bagues[4]. » Les associations féminines avaient donc mis sur pied à tous les niveaux des équipes de propagande et des commissions spéciales pour harceler celles « qui arborent encore des symboles du féodalisme et de la décadence bourgeoise ». Elles avaient fini par ramasser de cette manière 220 000 onces d'argent.

Par-dessus le marché, peu avant qu'elle parte pour Gangxi, une circulaire avait été envoyée à tous les comtés, pour la collecte de 200 000 paires de sandales à semelle de paille renforcée, et de 100 000 sacs à riz, le tout devant être parvenu à l'Armée rouge avant le 10 octobre. Il n'y avait pas eu beaucoup de résistance de la part des paysans, ce qui l'avait étonnée ; peut-être étaient-ils prêts à faire n'importe quoi plutôt que s'enrôler. Certaines femmes avaient écrit des poèmes sur des feuilles de papier qu'elles avaient glissées dans les sandales. Sur l'un d'eux, on lisait : « Avec ces sandales, vous pourrez marcher 10 000 *li**. Aussi hautes soient les montagnes, aussi profondes les rivières, vous ne vous arrêterez jamais sur la route de la révolution. »

Après tout, une grande bataille était peut-être bien en préparation. Pourquoi l'Armée rouge aurait-elle eu besoin de tant de soldats, de tant de paires de chaussures, de tant d'argent et de riz, et tout cela pour octobre ? « Ça doit être ça ! » se dit-elle en claquant des mains, ce qui fit sursauter son compagnon. « Comme le disait papa, le poisson va être pris dans les filets, ou il le déchirera et la barque sombrera. »

Elle était arrivée à Ruijin au petit matin du 16 octobre. Elle s'était rendue tout droit chez Liu Ying, la responsable du département de la Jeunesse, qui l'avait convoquée. « Tu as fait vite. Je n'espérais pas te voir avant ce soir », lui dit-elle, en lui tendant une serviette pour essuyer la sueur dégoulinant sur son visage. Elle lui parlait comme une grande sœur pleine d'attention. Ses craintes étaient

---

* Mesure de distance.

infondées. Elle s'excusa quand même d'avoir pris du retard dans son opération de recrutement. « Ne t'en fais pas. Nous sommes dans la même galère » lui dit Liu en lui tapotant la nuque. Elle non plus n'avait pas rempli son quota, mais elle avait été rappelée trois jours auparavant, et avait reçu ordre de choisir six de ses camarades pour une opération de grande envergure. « Il y a donc bien une grande opération en préparation ! » s'écria Wang, toute joyeuse. « On verra si tu peux en être. Cela dépendra de ton examen médical demain matin. Tu dois être à l'Hôpital Général à neuf heures. »

En arrivant à l'hôpital, elle avait eu un choc. Les gens couraient en tous sens. Ils démontaient et empaquetaient les équipement médicaux lourds, et chargeaient de médicaments des paniers qu'ils portaient à l'épaule. Des blessés gémissaient, abandonnés sur leur lit, transportés sur des brancards ou assistés dans leur évacuation claudicante. « Pourquoi démonte-t-on tout ? » se demanda-t-elle. Une centaine d'autres filles attendaient comme elle de passer un examen. Leurs conversations et leurs rires nerveux d'hirondelles babillardes ajoutaient au chaos général. Les médecins leur firent une prise de sang, auscultèrent leur poitrine avec leur stéthoscope, leur frappèrent les genoux avec un maillet en bois, et leur demandèrent de soulever au-dessus de leur tête un sac de 20 kilos. Son cœur battait à tout rompre, elle avait peur d'être tombée malade, ce qui ne lui était jamais arrivé de sa vie. Ce qui l'effrayait le plus, c'était cette grosse machine qui, disait-on, permettait de voir l'intérieur de son corps. En chinois, son nom se prononçait *Ai-ke-si*, ce qui signifie « S'en approcher, c'est mourir ». Elle avait été grandement soulagée d'en ressortir entière, et de s'entendre dire qu'elle avait une santé de cheval, donc qu'elle était bonne pour le service. Elle devait tout de suite aller chercher son paquetage, puis se présenter dans l'après-midi au Bataillon d'encadrement du département général de la Santé de la Colonne centrale. Quelle Colonne centrale ? Elle n'en avait pas la moindre idée, mais on lui avait donné l'adresse.

Elle avait certainement été folle de joie d'être une des seulement quinze filles à avoir été choisies parmi les 100 convoquées à l'hôpital, sans parler de milliers d'autres qui n'avaient même pas eu cet espoir.

« Pourquoi prenaient-ils si peu de filles ? Et pourquoi moi ? J'ai dû me poser cette question des milliers de fois » reconnut Wang. J'attendais sa réponse.

« Ils devaient craindre que nous ne soyons un fardeau. Mais j'étais en bonne santé, et robuste » finit-elle par expliquer, sans grande conviction. La vérité est peut-être différente. Tous les dirigeants du parti et de l'Armée étaient accompagnés de leur femme pendant la Longue Marche. Ils voulaient qu'un nombre égal d'autres femmes les accompagnent. Wang, de plus, était membre du parti. Elle avait toujours accompli ce qu'on attendait d'elle, voire davantage. On la savait capable de tirer au pistolet des deux mains à la fois, et d'atteindre le cœur des deux cibles. La seule chose qu'elle ne savait pas, à ce moment-là, c'est que l'Armée rouge s'apprêtait à abandonner le Jiangxi, pour tenter de créer une nouvelle base ailleurs.

À cinq heures de l'après-midi précises, en ce 16 octobre, on entendit la sonnerie du clairon, au moment où le soleil couchant rosissait le ciel. Wang sortit de Ruijin avec le Service général de Santé. Tout était clair à présent : la Colonne centrale était en fait le gouvernement en marche, plus de 10 000 personnes, y compris des cadres du parti de tous niveaux de l'administration du Soviet du Jiangxi. Elle portait la veste bleu sombre qu'on lui avait remise le jour même, avec des pantalons de même couleur serrés dans les chaussettes, et une paire de sandales neuves. Son sac à dos contenait une couverture légère, une seconde paire de sandales, sept kilos de céréales, et une bassine en émail pendait à une des courroies du sac. Un chapeau de bambou renforcé surmontait le tout. Il lui serait utile quand les pluies d'automne viendraient. Maintenant, elle se sentait une vraie combattante, prête pour la bataille. Sauf qu'elle n'avait pas de fusil. Elle avait la charge de six brancards. La 1re Armée avait exigé que tous ses officiers blessés au-dessus du grade de général de brigade soient emmenés. Elle avait déjà vu pas mal de combats, mais c'était là quelque chose d'inédit. On amenait des blessés sur le front ? Elle avait appris cependant à ne pas poser trop de questions.

2.

La stratégie de la tortue.

Le soldat Huang renforçait fébrilement sa position, rajoutant des pierres sur la double rangée de rondins, et des branches de pin par-dessus les pierres. Tout était détrempé. L'eau dégoulinait des arbres, ses chaussures étaient couvertes de boue. Chaque fois qu'il jetait un regard nerveux au-dehors, il voyait un des blockhaus des nationalistes, à 600 mètres. On les avait baptisés les « carapaces de tortue ». L'édifice de brique, qui ressemblait à un grenier rond à meurtrières, avait l'air solide, plus solide que tout ce qu'il avait pu voir dans les villages. Les préparatifs duraient depuis une semaine, il se demandait quand le combat allait enfin commencer. Comme il n'avait pas trop envie d'y réfléchir, il tenta de fredonner un air qu'il venait tout juste d'apprendre :

Camarades ! Armez vos fusils !
À l'assaut, d'un seul cœur,
Luttons et combattons pour tuer !
Camarades ! Battons-nous pour la liberté !
Battons-nous pour les soviets !

Il avait encore du mal à se souvenir de la dernière phrase. Une lumière pâle filtrait à l'horizon à travers la pluie qui n'avait pas cessé de tomber depuis qu'ils étaient arrivés sur le front. Les oiseaux se mirent enfin à chanter avec l'aube. Puis ils se turent d'un coup. Un grondement sourd remplaça leur chant. Il plongea dans son réduit. Bientôt le ciel se couvrit d'avions, qui ressemblaient à un vol immense de corbeaux. Le martèlement du bombardement commença. Le vacarme devint assourdissant. Une bombe explosa à proximité, son réduit s'effondra, l'enterrant jusqu'au cou. Il parvint à s'extraire des décombres, et regarda autour de lui : les deux tiers des positions creusées par sa compagnie avaient été écrasées, la tranchée avait disparu.

Le capitaine leur donna l'ordre de reprendre leurs positions. Huang s'aplatit près de son fusil dans le sol humide de ce qui restait de tranchée. Il regardait à droite et à gauche, constatant qu'il y avait eu pas mal de pertes. Après que le bombardement aérien avait prélevé son tribut, l'artillerie avait pris le relais. Le sol tremblait, la terre s'élevait comme une fleur avant de lui retomber dessus, l'ensevelissant à moitié. En dix minutes, un quart de la compagnie avait été tué ou blessé.

Quand le pilonnage cessa, le soldat Huang était agenouillé sur le sol boueux. Quelqu'un se rua sur lui et le releva, lui criant que l'infanterie ennemie allait bientôt avancer sur eux. Il n'avait que cinq balles. Le capitaine hurla de « ne pas ouvrir le feu à plus de trois mètres ». Huang voyait à présent l'écusson blanc des casquettes nationalistes, et le flash de leurs tirs. Ils ouvrirent le feu, il manqua sa cible. Quelques ennemis s'effondrèrent, mais en quelques secondes ils étaient sur eux.

Baïonnette contre baïonnette, tuer ou être tué. Il en compta deux de chute. Il se rendait à peine compte de ce qui se passait, il n'avait même plus peur tellement il était hébété. Il criait comme un fou pour se libérer de la terreur accumulée dans sa poitrine. Très vite, les nationalistes battirent en retraite. Le capitaine donna l'ordre de faire de même. Le pilonnage reprit pendant qu'ils titubaient vers l'arrière, pataugeant dans la terre argileuse. La routine.

Le calme revint au crépuscule. Des cadavres étaient entassés à moins de 70 mètres de leur tranchée, assez nombreux pour en faire une barricade humaine. Il frémit à la vue d'un officier qui faisait sa tournée, achevant les blessés qui gémissaient encore. On lui avait expliqué que c'était pour les empêcher de se rendre, et de livrer des renseignements à l'ennemi. Après avoir enterré les morts, ils se rassemblèrent autour de la tente qui abritait la cantine. Il n'avait pas très faim, bien qu'il n'ait rien mangé de la journée. Le cuistot avait préparé de quoi nourrir 100 hommes, mais ils n'étaient plus que 30 dans la compagnie. Le repas terminé, ils se replièrent sur cinq kilomètres de plus, et creusèrent une nouvelle tranchée. La bataille de Guangchang, en avril 1934, dura dix-huit jours. L'Armée rouge y perdit 6 000 hommes, et 20 000 blessés. Elle n'avait jamais auparavant souffert d'aussi lourde défaite. Cette bataille fut un tournant dans la campagne lancée par Tchang Kaichek.

J'avais trouvé Huang grâce au Bureau des retraites du comté de Ruijin. Comme il est de tradition chez les communistes, ils avaient des dossiers très complets sur les survivants de la Longue Marche, comme sur quiconque qu'ils voulaient garder à l'œil. « Je ne suis pas sûr qu'il puisse vous apporter grand-chose » m'avait prévenue le fonctionnaire, non sans avoir pris le temps de finir le journal qu'il était en train de lire. « Ce n'est qu'un paysan. Vous devriez plutôt parler au vieux Wu. Il a été le garde du corps du Premier ministre. Il en sait, des choses. Malheureusement, il est à l'hôpital. L'an dernier, nous en avions encore une douzaine. Ils ne sont plus que huit. » Deux d'entre eux vivaient dans la montagne, et la route la plus proche passait à cinq kilomètres de chez eux. Trois étaient à l'hôpital. Un d'eux était parti rendre visite à des parents. « Alors pourquoi pas le vieux Huang ? Si ça ne vous va pas, revenez me voir. »

J'aurais pu me décourager, mais au contraire. Je savais ce qu'il pensait : seuls les héros et les dirigeants étaient intéressants. Sauf que leur histoire est déjà dans tous les livres, et qu'elle a été racontée si souvent qu'ils ne sont plus que des symboles. Vieux refrain. À ses yeux, Huang n'était peut-être pas un révolutionnaire assez exemplaire. Sa vie banale de fantassin de la Longue Marche était pourtant tout ce qui me manquait. Avec un peu de chance, j'apprendrais par lui la vérité sans fard sur ce que la base rouge avait réellement vécu.

Il n'y avait pas de taxis. Je sautai dans un cyclo-pousse pour me rendre dans le village où habite Huang, dans la banlieue de Ruijin. Nous dépassâmes le marché fermier, avançant entre les maisons de la vieille ville aux toits de tuiles au faîte incurvé, jusqu'au pont de grès qui traverse la rivière Mian, plongée dans la brume. Le paysage était serein et délicat. Puis nous prîmes un virage au coin d'une rue, et l'illusion se dissipa brutalement. Nous nous trouvions sur une vaste place bordée de maisons et de boutiques en béton peintes d'un rose incongru. Au beau milieu, une fontaine était formée d'une tour surmontée d'une bille d'acier monumentale. Le cyclo, se retournant vers moi, m'informa avec fierté : « Le nouveau centre-ville. Le secrétaire du parti a été promu après l'avoir fait construire. »

C'est avec soulagement que je laissai derrière moi cette place aux airs de parc d'attractions, pour retrouver la campagne verdoyante de rizières sans fin. Le village de Huang se trouvait près de l'une d'elles. Ses mille habitants portaient tous le nom Huang, et le temple aux ancêtres du clan se dressait au beau milieu du village. On m'indiqua où le trouver. Il était au milieu d'une foule rassemblée, non pour recevoir les instructions les plus récentes du parti de la bouche du chef de village, mais pour écouter le boniment d'un vendeur qui vantait les vertus d'Heart K, un produit censé augmenter le nombre de globules rouges. Huang s'était laissé convaincre. Il en avalait deux ampoules par jour. « Je veux vivre aussi longtemps que possible » m'expliqua-t-il, en me montrant la petite boîte de potion magique qu'il venait d'acheter. Il n'avait pourtant pas l'air d'en avoir besoin du tout. Il était de petite taille, mince et noueux, et son regard était perçant. Il se tenait droit, et marchait trop vite pour que je puisse le suivre sans effort. Sur le chemin de sa maison, il me présenta à ses cousins, neveux et nièces, petits-neveux, arrière-petites-nièces, ainsi que trois de ses frères et deux de ses belles-sœurs. Le clan était resté très soudé.

Sa maison se dressait au milieu d'une cour. Le bâtiment de devant était occupé par son fils aîné, celui de derrière par le plus jeune de ses frères, et celles de droite et de gauche par deux neveux, les fils de son troisième frère. Il n'y avait rien d'autre dans cette maison qu'un lit à moustiquaire, une petite télé noir et blanc posée sur une table, quelques bancs, et le poêle. Il m'avoua que les visiteurs étaient rares, et qu'il passait ses journées à écouter des opéras locaux. « Ma vue n'est pas bonne depuis que j'ai été aveuglé par la neige durant la Longue Marche » me confia-t-il en allumant le récepteur. « Mais la voix de cette actrice est si douce. Est-elle vraiment aussi moche que ce qu'en dit ma femme ? » Il avait posé la question avec un sourire coquin. Mais sa femme avait raison : l'actrice était si laide que je fus contente pour lui qu'il ne puisse la voir distinctement.

« Donc, tout le plaisir sera pour moi seul » reprit-il en éclatant de rire, et il éteignit le téléviseur, et proposa que nous nous asseyions dehors, pour profiter du soleil automnal. Il me tendit un tabouret, et un bonbon, puis en glissa un dans sa bouche édentée. « Je ne peux pas me plaindre, vraiment. La vie est belle » commenta-t-il, en suçant bruyamment son bonbon. En le voyant, le proverbe me vint à l'esprit : « Une femme, des enfants, un bout de terre et un bon lit, il n'en faut pas plus pour le bonheur du paysan. » Huang me parut l'incarnation de cette philosophie. Pourtant le Bureau des retraites m'avait dit qu'il était entré dans l'Armée rouge dès l'âge de 14 ans. De quel enthousiasme avait-il pu être animé ?

« Ils m'ont enlevé » me répondit-il, en haussant la voix.

« Enlevé ? » J'entendais pour la première fois ce mot employé dans ce contexte.

« Que je sois foudroyé si je vous dis un seul mensonge » s'exclama-t-il. « Au début, ils ne voulaient que les jeunes les plus forts et les plus beaux. L'Armée rouge ne prenait que les meilleurs. Ensuite, il leur a fallu accepter les vieux, les malades, et même quelques opiomanes. À la fin, ils ont pris même les enfants. Le secrétaire du parti de notre village forçait tous les hommes à s'enrôler, qu'ils aient quinze ans ou cinquante. Les nationalistes, eux, ne forçaient pas les enfants à s'enrôler, mais l'Armée rouge le faisait. » Il secoua la tête.

Il était l'aîné de cinq garçons et deux filles. En 1934, il avait quatorze ans, trois ans en dessous de l'âge minimum d'enrôlement. Une activiste venait tous les jours dans sa famille, pour convaincre sa mère. « Mes garçons font encore pipi au lit, ils ne sont pas plus grands qu'un fusil. Comment pourraient-ils partir à la guerre ? » plaidait-elle. « Ne te fais pas de souci, ma sœur » lui répondait l'autre. « Ils seront ordonnances, ou sonneront le clairon. Il y a plein de choses à faire à l'armée. On les nourrit, et ils sont habillés en plus. Ça te soulagera d'autant. »

Sa mère ne s'était pas laissé convaincre. Trop d'hommes partis au front n'en étaient jamais revenus. Comme on dit en Chine, un homme valable n'est pas plus fait pour l'armée qu'un fer de qualité n'est destiné à fabriquer des clous. Elle expédia Huang dans la montagne pour qu'il s'y cache avec son oncle et vingt autres villageois. Trois jours plus tard, elle le rappela. Le village devait fournir 300 recrues, et le secrétaire du parti irait en prison si le quota n'était pas rempli. Il avait fait arrêter le père de

Huang, et ne le libérerait que si lui ou un de ses fils s'engageait. Sa mère n'avait pas dormi de la nuit. Elle s'était résignée à désigner son fils aîné. Il y avait trop de bouches à nourrir dans la famille pour qu'on puisse se passer du père. Elle avait fourré dans son bagage les gâteaux de riz au jambon dont il raffolait, ainsi qu'une veste molletonnée qui appartenait à son père. « Prends bien soin de toi » lui avait-elle conseillé. « Sois vif comme un rat, vigilant comme un renard. » Telles avaient été ses dernières paroles à Huang.

La formation avait duré une semaine à peine, sur une aire de vannage. Il s'entraîna au tir avec un bout de bois ; on avait besoin de toutes les armes sur le front. Il ne comprenait pas pourquoi l'instructeur leur disait de viser un peu au-dessus de la cible. « C'est comme quand vous pissez. Même principe. » C'était plus clair. Ce qui ne l'empêcha pas de gâcher trois de ses cinq précieuses balles lors de son premier combat. Comme de manquer se tuer en regardant la grenade qu'il venait de dégoupiller grésiller comme un pétard. Son voisin, qui l'avait heureusement vu faire, la lui arracha des mains, pour la lancer hors de la tranchée. Quelques secondes après, elle avait explosé.

Il avait eu de la chance de survivre à son baptême du feu. Près de la moitié des pertes de l'Armée rouge était la conséquence du manque de formation. Le problème était si sérieux que Liu Bocheng, chef d'état-major de l'Armée rouge et commandant de l'Académie militaire, s'était senti obligé de l'aborder dans une série d'articles pour sa revue *Guerre et Révolution*. Un bidasse de l'Académie avait reçu l'ordre d'exécuter un prisonnier. Ne sachant pas se servir d'une arme, il s'était tiré une balle qui l'avait tué. « Ce soldat était incapable de viser juste sur un ennemi ligoté !... Les Blancs ont moins de pertes que l'Armée rouge. Pourquoi ? Certes, nous subissons un feu plus nourri de l'ennemi. Mais nous sommes aussi responsables : trop de nos combattants ne savent ni tirer, ni se servir d'une baïonnette[1]. »

Huang aurait aimé avoir davantage de munitions pour se battre. Il aurait ainsi plus de chances de s'en sortir, pensait-il. On ne lui donnait que cinq balles, et trois grenades, avant chaque engagement. Ces balles étaient fabriquées dans une pagode désaffectée transformée en atelier par l'Armée rouge. Des artisans du coin, aidés de quelques ingénieurs faits prisonniers dans les rangs nationalistes, y recyclaient des douilles d'obus, et fondaient des pièces de monnaie ou du fil de cuivre. Ils moulaient les cartouches, les filetaient à la main, puis les bourraient d'explosifs artisanaux. Les fusils étaient difficiles à charger, les munitions mettaient une minute à exploser, et la portée était des plus limitées. Les balles tombaient souvent à ses pieds, à peine sorties du canon du fusil. Le commissaire politique du 3e Corps d'armée, Liu Shaoqi, qui devint par la suite président de la République, avait demandé à l'arsenal d'améliorer sa production. « Les munitions fournies ne servent à rien. Plus de 30 000 balles n'ont pas explosé. Les fusils ont dû être réparés, mais ils étaient hors d'usage dès la première utilisation[2]. »

Un meilleur fusil aurait aussi été le bienvenu, mais Huang savait que plus d'un soldat n'en avait même pas, voire qu'une section entière devait en partager un seul. Le sien était un fusil de chasse de fabrication locale, qui marchait quand il le voulait. La gâchette n'arrêtait pas de coincer, il utilisa de plus en plus sa baïonnette. Cette arme avait quand même plus de valeur que sa propre vie, du moins aux yeux de son capitaine. Lors d'une retraite de nuit sous l'averse, il avait glissé et s'était étalé dans une flaque. Au bruit de sa chute, le capitaine lui avait instantanément demandé si le fusil était sauf. Ça l'avait vraiment mis en rogne. Donc, un fusil était plus précieux que sa propre vie ? Il avait eu envie de le briser en morceaux, mais il savait qu'il risquait la cour martiale pour ce genre de bêtises.

Il n'arrêtait pas de demander au capitaine quand il aurait enfin droit à un fusil valable. « À notre prochaine victoire » lui avait répondu l'officier. « Prends ce que tu trouves. On a toujours fait comme ça. Tu connais le surnom que nous donnons à Tchang Kaichek ? L'intendant en chef. » Le capitaine avait ensuite évoqué le passé. Il se souvenait encore de ce que Mao avait déclaré, juste avant que Tchang ne lance sa Première campagne d'anéantissement contre eux : « Camarades ! Nous nous armerons des fusils pris à l'ennemi. Nous défendrons le soviet grâce à l'artillerie ennemie que nous capturerons ! Nous les anéantirons avec leurs propres armes, et s'ils nous font la guerre assez longtemps, nous pourrons équiper une armée d'un million d'ouvriers et paysans ! Nous leur prendrons jusqu'à leur dernier fusil, leur dernière balle[3]. »

La tactique était d'attirer les forces de Tchang loin à l'intérieur de la zone, après en avoir fait évacuer les villageois et tous leurs biens. « Nous avions besoin de porteurs, mais impossible d'en trouver ; nous cherchions des guides, mais il n'y avait plus personne ; nous envoyions nos éclaireurs en avant, mais ils ne ramenaient pas la moindre information. Nous avancions dans le noir » constata un des généraux nationalistes qui dirigeaient la campagne[4]. Le commandant des troupes de première ligne, le général Zhang Huizang, voulant impressionner Tchang, avait foncé en avant, se coupant de ses ailes. Au Nouvel An, il était tombé dans une embuscade que lui avait tendue l'Armée rouge. Il avait été capturé avec 15 000 de ses hommes, et un butin énorme : 12 000 fusils, des mitraillettes et mitrailleuses, des mortiers, des téléphones de campagne, un émetteur radio et ses techniciens, sans compter des sacs de riz, de farine, de jambon et de lard fumé, plus les fonds qu'il avait emmenés pour couvrir les frais de toute la campagne. Il y avait assez de médicaments pour fournir l'hôpital pendant plusieurs mois. On avait ramené ce butin vers les bases de l'Armée rouge à dos de chevaux et de sept chameaux eux aussi capturés chez les nationalistes. Tchang avait mis fin à sa Première campagne trois semaines plus tard.

L'Armée rouge continua de s'équiper des armes les plus modernes au gré des défaites infligées à Tchang : 20 000 fusils durant la Seconde campagne ; toutes sortes de matériel à l'occasion de la Troisième et Quatrième. En 1933 et 1934, Tchang importa pour près de 60 millions de dollars d'argent de fusils, de pièces d'artillerie et d'avions dernier cri d'Amérique et d'Europe. La plus grande partie de ce matériel finit aux mains des communistes.

Tous ces récits de victoires passées commençaient à intriguer Huang. Il n'avait pas quitté ses tranchées depuis des semaines, les bombes pleuvaient, les obus sifflaient au-dessus de sa tête, et les cadavres s'empilaient sous ses yeux. Il se demandait si tout cela n'était pas pure invention du capitaine pour soutenir leur moral. À moins que l'ennemi ait complètement changé. Les nationalistes se comportaient comme des tortues. Ils ne sortaient la tête de leurs blockhaus que pour évaluer le danger. S'il y en avait, ils rentraient dans leur carapace. Quand on les attaquait, ils ne bougeaient pas, et attendaient des renforts.

Tchang avait adopté une nouvelle tactique, confirma le capitaine. « Il a appris sa leçon. Au lieu de nous courir après, et de tomber dans nos pièges, il nous prend au piège. Il tisse sa toile en multipliant ses carapaces de tortue, et espère nous prendre dedans, comme une araignée attrape sa proie. Mais nous allons déchirer sa toile, et nous échapper. » Huang n'y croyait pas. « Nous avions ordre de lancer des attaques rapides et ponctuelles sur les blockhaus dès qu'ils sortaient de terre » dit-il, en faisant des gestes de ses deux bras comme pour désigner l'objectif. « Ils n'étaient pas loin, quelques centaines de mètres au maximum. On entendait même les conversations de leurs occupants. Mais à chacun de nos assauts, l'artillerie nous repoussait, et nous laissions derrière nous des champs couverts des cadavres des nôtres. Notre appui feu était trop faible. »

Ces blockhaus étaient au centre de la stratégie nationaliste. « La seule mission des troupes engagées dans la campagne d'extermination est de construire des blockhaus » avait dit Tchang Kaichek à ses commandants. « Nous renforçons nos positions pas à pas, et nous retranchons partout dans les blockhaus. Cela peut paraître un système défensif, mais c'est en réalité une offensive » écrivit-il dans son journal de bord. « Quand l'ennemi attaque, nous nous défendons ; quand il bat en retraite, nous avançons... Nous les épuiserons de la sorte, avant de les détruire[5]. » Il avait renversé la tactique de guérilla mise en œuvre par Mao, et contraignait l'Armée rouge à affronter son armée dans une guerre de tranchées classique. Il savait que les Rouges ne pourraient l'emporter dans un conflit de longue durée, ils n'avaient ni assez de moyens, ni assez d'hommes. « Leur zone ne couvre pas plus de 250 kilomètres carrés. Si nous avancions d'un kilomètre par jour, nous en aurions fini avec eux en moins d'un an » conclut-il avec assurance[6].

Tchang exigea que chaque bataillon construise au moins un blockhaus par semaine. D'abord un tous les cinq kilomètres puis, quand il apparut que l'Armée rouge pouvait passer au travers, il ordonna que la distance séparant deux blockhaus ne dépasse pas le kilomètre. Il fit savoir que « tout manquement à cet ordre sera puni sans pitié par la cour martiale ». À mi-chemin de la Cinquième campagne, 5 873 blockhaus avaient été édifiés. Fin 1934, on en comptait 14 000. Tchang fit construire un réseau serré de routes pour les relier. Alors qu'en 1928 le Jiangxi, province de 110 000 kilomètres carrés, comptait à peine 500 kilomètres de routes, elle devint une des régions les mieux desservies du pays, avec 8 000 kilomètres de routes, un millier de kilomètres en construction, et trois aéroports importants[7]. Le seul problème était la rareté des voitures dans la province chinoise des années 30. Ce vaste réseau routier n'était en outre pas relié à la Xian et à la Gan, les rivières qui étaient les artères vitales du transport au Jiangxi. Tchang n'en avait cure : pour lui, l'important était que toutes ces routes mènent à Ruijin.

Un jour, Huang et son capitaine avaient vu apparaître sur la route quelque chose de nouveau : des chars. « C'étaient des machines énormes qui rampaient dans notre direction comme autant de scorpions, crachant le feu. » Huang s'en souvenait encore comme si c'était hier. « Quand nous vîmes l'un d'eux venir sur nous, nous étions tellement terrifiés que nous ne savions que faire. Nous avons pris nos jambes à notre cou pour fuir. Ceux qui sont restés en arrière ont été écrabouillés. » Cependant les ordres qui arrivaient jour après jour du QG étaient de tenir bon sans céder un pouce de terrain afin d'exterminer l'ennemi par de puissantes contre-attaques, et des tirs bien dirigés. « C'était loufoque, ils voulaient que nous lancions des œufs contre des rochers », s'indigna le vieux Huang, levant les bras au ciel. « Nous n'étions que de la chair à canon, poussés sans répit, vague après vague, vers l'avant et la mort. Eux installaient de nouvelles carapaces de tortue sur nos cadavres, et ils avançaient quand nous battions en retraite. »

J'avais vu des ruines de ces blockhaus, perchées sur les collines, dans le bus qui m'avait amenée à Ruijin. Il était surprenant que les paysans ne les aient pas détruites pour construire leurs propres maisons ou leurs porcheries. « Il y en avait vraiment beaucoup » m'expliqua Huang. « Et ils étaient vraiment très solides. Il faut les faire sauter à la dynamite. L'Armée rouge n'en avait pas à l'époque, et nous n'en avons pas davantage aujourd'hui. Faut-il les conserver ? Je ne sais pas. C'est un peu comme des cimetières. Chaque fois que j'en vois un, j'ai l'impression qu'un lézard me pisse dans le dos. »

Il avait dû avoir très peur. Il avait à peine quatorze ans.

« Peur ? J'étais terrifié ! Je pissais dans mon froc tous les jours » reprit-il sans une trace d'hésitation. Il avait amèrement regretté ne pas s'être échappé pendant la formation, ou sur la route du front. Un homme plus âgé de son village avait réussi à s'éclipser sous prétexte d'aller faire ses besoins dans un bois. Après ça, tout le monde avait été obligé de se soulager en public, ce qui n'avait pas empêché les fuites de continuer. Des 800 qui avaient suivi la formation, à peine un tiers était arrivé jusqu'au front.

Par la suite, il était devenu plus difficile de s'échapper. Un homme dans chaque section avait pour mission de repérer les « trouillards ». Dans la sienne, ce rôle était dévolu au vieux Liu. Un grand gaillard, toujours la plaisanterie à la bouche, devenu comme un père pour lui, s'inquiétant constamment de sa santé. Une nuit, alors qu'il était de garde, Liu était venu s'asseoir à ses côtés, et lui avait demandé si ses parents lui manquaient. Il avait fondu en larmes. « Personne ne t'a proposé de porter chez toi un message de ta part ? » lui avait-il demandé l'air de rien, en lui tenant la main. Huang avait mentionné en sanglotant que l'oncle Huang, un parent éloigné qui appartenait à une autre compagnie, lui en avait parlé quelques jours auparavant. « T'es un brave garçon » lui avait dit Liu en lui tapotant la joue en guise d'au revoir. Il n'avait jamais revu l'oncle Huang. Il l'avait cru mort dans un bombardement jusqu'au jour où quelqu'un l'avait prévenu : « Qui parle trop s'attire des ennuis. » C'est alors seulement qu'il avait compris ce qui s'était passé.

Il mourait d'envie de rentrer à la maison. Seule la peur de se faire prendre l'en empêchait. Il était sûr qu'on l'arrêterait, que sa famille et lui-même seraient cloués au pilori, et qu'on le renverrait au front. Il n'avait pas la moindre idée d'où étaient passés les autres, et personne ne le lui disait. « Ils s'étaient envolés, tout comme des oiseaux, personne n'avait pu les en empêcher » soupira Huang. « Parfois, quelques-uns étaient rattrapés, et fusillés pour l'exemple en public, mais les disparitions continuaient, et elles étaient massives. »

Les archives et les publications du parti de l'époque confirment le tableau dressé par Huang. En novembre et décembre 1933, il y eut 28 000 désertions, sur une armée de plus de 60 000 hommes, dans le Soviet du Jiangxi, dont

4 300 pour la seule ville de Ruijin[8]. Le commissaire politique du 5e Corps rapporta dans son journal qu'en septembre 1934 la 13e Division avait perdu 1 800 hommes, soit le tiers de ses effectifs, du fait des désertions et des maladies[9]. Les milices, qu'on forçait à creuser les tranchées, transporter les munitions et évacuer les blessés, étaient encore plus affectées par cette hémorragie. Une circulaire diffusée en urgence au mois d'août 1934 à toutes les administrations de comtés donne la mesure du problème :

> *Les trois quarts des effectifs des milices engagées dans les batailles récentes sur l'ensemble des fronts du soviet ont déserté dès les tout premiers jours. Il ne s'agissait pas que de simples miliciens, mais aussi de cadres et de responsables du parti... L'efficacité de l'armée en a été clairement réduite et ses opérations handicapées. Cela équivaut à aider l'ennemi. C'est intolérable*[10].

« Vous savez, je n'ai jamais voulu être soldat » me répéta Huang à plusieurs reprises comme nous transportions nos tabourets à l'intérieur de la maison. Midi approchait, c'était l'heure pour lui de sa longue sieste de la mi-journée. « Il faut monter la garde la nuit. Mieux vaut cultiver la terre, se lever avec le soleil, et se reposer la nuit venue. Et mieux vaut encore pouvoir dormir à la mi-journée. Ce que je fais ne regarde personne. »

Sur le chemin du retour à Ruijin, je repensai au soldat Huang et à ce qu'il m'avait révélé. Il avait parlé clairement, avec simplicité et honnêteté, sans chercher à exagérer ses exploits, ni à s'excuser de ses insuffisances. C'était un vrai paysan, qui ne cache pas ses faiblesses, ses doutes et ses hésitations, tout à fait imperméable à la propagande qui a imprégné notre existence. Un homme en chair et en os, à l'opposé des personnages sans peur et sans reproche des livres sur la Longue Marche, beaucoup moins crédibles.

Huang avait quatorze ans quand il l'a entamée, un gamin. Au cours de sa première bataille, si effroyable, il avait subi l'épreuve du feu et du sang sans implorer son père ou sa mère, et il ne s'était pas enfui, malgré son jeune âge. Il avait tenu fermement son fusil, et ne l'avait plus lâché jusqu'au terme de la Longue Marche. Ses peurs et ses doutes étaient tout à fait naturels. Après tout, c'était un homme, un simple combattant.

Je ne parvenais pas à comprendre pourquoi les chefs de l'Armée rouge n'avaient pas vu, comme Huang et ses camarades, l'inutilité de leur faire défendre des tranchées. Pourquoi avaient-ils livré ce type de guerre, au lieu de suivre les tactiques de guérilla dont Mao avait prouvé l'efficacité ? N'avaient-ils pu concevoir une autre stratégie, ou bien était-ce que le conseiller envoyé par le Komintern auprès de l'Armée rouge, Braun, était tout simplement un idéologue dogmatique, indifférent à la situation sur le terrain ?

Heureusement, j'avais quelqu'un sous la main, qui pouvait répondre à ces questions. Je me rendis chez un autre Huang, un jeune chercheur qui avait étudié l'Armée rouge au Jiangxi. J'avais lu ses articles sur la Cinquième campagne, et ils m'avaient intéressée. Trop de ses collègues, comme l'a reconnu un célèbre historien chinois, ont confondu recherche et propagande en étudiant l'Histoire. Depuis cinquante ans, ils se sont fixé pour tâche de célébrer les succès glorieux du parti, de rendre hommage à Mao, et de rédiger l'histoire du parti communiste en ne consultant pas d'autre source que ses écrits. Ils n'avaient pas toujours travaillé comme cela, mais leurs efforts n'avaient alors guère été reconnus, certains d'entre eux avaient été victimes de la répression, voire torturés. À force, ils étaient devenus si circonspects qu'ils avaient perdu toute liberté d'esprit. Les choses sont aujourd'hui en train de changer. Lentement, une nouvelle génération d'historiens s'est libérée des vieux carcans pour étudier l'Histoire. Huang est de ceux-là. Il menait à Ruijin des recherches de terrain.

Je lui parlai du soldat Huang – simple coïncidence de patronyme me dit-il. « Les Huang sont nombreux au Jiangxi. Peut-être avons-nous eu un ancêtre commun, il y a 500 ans. »

Nous décidâmes d'avaler un bol de nouilles en vitesse, puis de filer au village de Shazhou à l'heure du déjeuner. Situé juste à la sortie de Ruijin, ce village a accueilli le siège du parti et le quartier général de l'Armée rouge juste avant la Longue Marche. Enchâssé dans un paysage luxuriant de collines verdoyantes et d'arbres vénérables, il est comme hors du temps, en dehors de deux ou trois boutiques qui vendent de la musique révolutionnaire, des portraits et des timbres de Mao, des dizaines d'ouvrages vantant son génie en matière de stratégie, de poésie, de direction politique, de relations humaines et de calligraphie. On y trouve même sa biographie en DVD. De jolies filles en uniformes de l'Armée rouge proposent leurs services comme guides.

Le temple des ancêtres s'impose au centre du village, flanqué d'une longue rangée de riches demeures qui ont jadis appartenu aux membres les plus influents du clan. Des panneaux indiquent qui les ont occupées, le Bureau politique, le Comité exécutif national, divers ministères, et tous les principaux dirigeants. Mao s'était installé dans celle du chef de village, qu'un immense camphrier protégeait.

Il y avait là tant de monde qu'on se serait cru à une foire de province. De tout temps, Ruijin a été une des villes saintes de la révolution chinoise. Maintenant que les cadres du parti combinent tourisme et pèlerinage aux sites révolutionnaires, Ruijin est devenu une destination très populaire. On vient y voir d'où la Longue Marche est partie, s'asseoir sous l'arbre qui a abrité des débats cruciaux entre les plus hauts dirigeants, s'y bercer des hommages rendus par les masses au parti, du moins à en croire les chants révolutionnaires. Les visiteurs espèrent qu'un peu de la chance qui a été celle de tant de personnages historiques du parti communiste chinois rejaillira sur eux. Leur but dans la vie est après tout de grimper aussi haut que possible dans la hiérarchie du parti.

En compagnie du jeune Huang, et d'un groupe de cadres venus de Pékin, nous nous entassâmes dans ce qui avait été la chambre de Mao. Elle est austère, nue, seulement meublée d'un lit à moustiquaire, d'un bureau et d'une chaise. Une photo de lui trône sur le bureau, la seule à avoir été prise à Ruijin, assura la guide, ce que j'ai du mal à croire. Il y semble mal à l'aise, presque absent, le visage dépourvu d'expression. « Vous ne remarquez rien ? » demanda la guide à la cantonade. « Ça ne ressemble pas à Mao » remarqua un homme grassouillet. « Pourquoi ? » « Je ne sais pas. Peut-être parce qu'il n'a pas l'air aussi sûr de lui que d'ordinaire. » « Bravo ! » le félicita-t-elle avec un petit sourire condescendant. « Vous êtes très observateur. Vous irez loin dans votre carrière. » L'homme rougit de plaisir, et la guide poursuivit. « À Ruijin, il était tombé en disgrâce. Il avait été mis sur la touche, et le commandement de l'Armée rouge avait été confié à un jeune Allemand arrogant, Otto Braun. Braun avait l'appui du Komintern, donc un pouvoir absolu. Mais c'était un incapable. C'est à cause de lui que l'Armée rouge se fit battre lors de la Cinquième campagne, et qu'elle dut quitter le Jiangxi. »

Les Chinois n'aiment pas Braun. Ce Bavarois aux yeux bleus et à l'air compassé ne parlait pas un mot de chinois, et ne connaissait pas grand-chose au pays. Il préférait le café au thé, mangeait du pain, qu'il devait faire lui-même, plutôt que du riz, et se nourrissait de saucisses au lieu de plats sautés. Néanmoins, il avait un passé militaire, pour avoir combattu pendant la Première Guerre mondiale avant d'adhérer au parti communiste allemand. Il avait été arrêté et emprisonné en 1920, s'était évadé après huit années de détention, avait gagné l'Union soviétique, où il avait suivi les cours de l'Académie militaire Frounze à Moscou. Dès leur première rencontre, il s'était heurté à Mao, dont il avait rejeté les idées. Mao ne l'avait pas supporté. Comment un barbare ignorant et autoritaire pouvait-il oser lui dire comment diriger son peuple ? Ils n'étaient d'accord sur rien, en dehors de leur passion commune pour la nicotine et les femmes. Mao n'avait pas été le seul à s'énerver. Le chef d'état-major, Liu Bocheng, lui aussi passé par l'Académie Frounze, avait bien plus d'expérience au combat que Braun. Il irritait son chef plus jeune, car il osait exprimer ses désaccords. « Vous ne me paraissez pas plus compétent que n'importe quel autre officier d'état-major » lui avait asséné Braun. « Vous avez perdu votre temps en Union soviétique[11]. »

Les Chinois n'en traitaient pas moins Braun avec respect. Ils l'avaient même surnommé Tai Shanghung, c'est-à-dire « l'Empereur suprême ». Il était quand même l'émissaire de Staline, et le soutien de Moscou était vital pour les communistes chinois du point de vue idéologique, politique, financier, et militaire. Zhou Enlai, le puissant mandarin du parti, avait eu la tâche délicate de trouver une femme assez robuste pour satisfaire les appétits de Braun. Il avait déniché une jeune paysanne, qui avait accepté après avoir compris qu'elle devait accomplir son « devoir révolutionnaire ». Enfermé dans la maison qu'on avait édifiée spécialement pour lui, surnommé la Maison solitaire, et assisté d'un traducteur et de deux paquets de cigarettes par jour qu'il fallait amener rien que pour lui de la zone nationaliste, il lisait les rapports qui remontaient du terrain, puis décidait des plans de bataille de l'Armée rouge. Sa stratégie de base combinait défense et attaque : les tranchées servant de remparts face aux blockhaus, des détachements mobiles placés en retrait ou sur les ailes devaient lancer contre l'ennemi « des assauts brefs et violents ».

Je me demandais ce qu'était devenue la Maison solitaire de Braun. Détruite depuis longtemps, me répondit la guide. « Pourquoi la conserver, avec tous les malheurs qu'il nous a apportés ? S'il n'avait pas été là, si Mao avait dirigé, l'Armée rouge n'aurait pas été obligée de partir pour la

Longue Marche » conclut-elle, visiblement irritée par ma question. Elle entraîna ensuite le groupe vers un autre lieu sacré, le puits que Mao avait aidé les villageois à creuser, histoire que nous avons tous apprise à l'école. Tout le monde tenait à s'y recueillir, et à en boire une gorgée d'eau, histoire d'avoir autant de chance que Mao.

Nous regardâmes la foule s'éloigner. Je remarquais une moue de mépris sur le visage du jeune Huang. « Comment peut-on être aussi ignorant et irresponsable ! » s'exclamat-il avec colère. « Tout ça n'est que vulgaire superstition. Nous sommes au XXIe siècle ! Et cette manie de tout mettre sur le dos de Braun ! Alors qu'il n'a pas été vraiment responsable de ce qui s'est passé. Il a commis beaucoup d'erreurs, c'est vrai. Il avait trente-quatre ans à peine, et devait se prendre pour un nouveau Napoléon. Quand il donnait des ordres, il voulait être obéi. Il disait même où placer les canons, sur des cartes qui étaient fausses. Et il se mettait en colère quand on le reprenait. Mais il ne pouvait pas grand-chose pour renverser le cours des choses. Il n'est pas responsable des échecs de l'Armée rouge. Ce n'est pas lui qui a imposé une guerre de tranchées, comme on le dit tout le temps. Il n'était plus possible de mener une guérilla à base d'attaques surprise par des unités mobiles. Nous étions pris au piège, comme des mouches dans une toile d'araignée. »

« L'Armée rouge a longtemps été clouée dans les tranchées. » Je lui rapportai l'histoire du soldat Huang, que j'avais interrogé en détail sur son expérience. Dans l'histoire que j'avais apprise, l'Armée rouge l'avait emporté durant les quatre premières campagnes, grâce à la stratégie de Mao, et elle avait été battue dans la cinquième, à cause de celle de Braun, ce qui l'avait forcé à entamer la Longue Marche. Logique, cette version était rarement contestée, et je la tenais pour vraie. Je me rendais compte qu'inconsciemment, je cherchais toujours des preuves à l'appui de cette version officielle.

Nous sortîmes de la chambre de Mao pour aller nous asseoir sous le grand camphrier dans la cour. Il me rappela dans quelle situation se trouvait Tchang Kaichek à l'époque : il dirigeait le gouvernement nationaliste, mais ne contrôlait pas vraiment le pays, dont une grande partie était aux mains de seigneurs de la guerre qui le haïssaient au moins autant que les communistes. Chacun occupait un territoire où il prélevait des impôts sur les paysans, parfois sur les vingt années de récoltes à venir. Ils organisaient la culture et le trafic d'opium, dont les recettes leur permettaient de payer leurs troupes. Tchang n'était pour eux qu'un seigneur de la guerre parmi d'autres, à la différence qu'il avait essayé d'unifier le pays en s'appuyant sur les communistes, en 1927. Il ne s'était retourné contre ces derniers que lorsqu'il s'était rendu compte qu'ils devenaient des rivaux. Les seigneurs de la guerre ne lui faisaient allégeance que contre la promesse de millions de dollars en subventions mensuelles. Ils changeaient de camp chaque fois qu'ils jugeaient que cela pouvait servir leurs intérêts.

Les conflits incessants qui opposaient ces seigneurs de la guerre les uns aux autres, leur mépris de toute morale et leur absence de tout idéal autre que la préservation de leur propre pouvoir et la ruine qu'ils provoquaient avaient été une des plaies de la Chine au XXe siècle. J'avais appris tout cela à l'école, mais sans faire de rapport avec l'apparition et l'essor du communisme. Pendant que Tchang les combattait, et la bataille la plus importante qu'il leur eût livrée avait duré cinq mois, coûté 200 millions de dollars argent et fait un million de réfugiés, les communistes en avaient profité pour étendre progressivement leur influence. L'Armée rouge avait agrandi le territoire du Soviet du Jiangxi qui, à son apogée, couvrait 21 comtés peuplés de plus de trois millions d'habitants. Une guérilla de 9 000 maquisards était devenue une armée de 100 000 hommes. Ils avaient créé un État dans l'État. Les seigneurs de la guerre étaient pain bénit pour Mao, qui a admis leur aide précieuse pour la révolution : ils limitaient considérablement l'énergie et les moyens que Tchang était en mesure de déployer contre le Soviet du Jiangxi. Il avait par exemple dû annuler une de ses offensives quand les seigneurs de la guerre du Guangdong et du Guangxi s'étaient rebellés, parvenant presque à le renverser.

Tchang n'avait en outre pas que des ennemis intérieurs. Les Japonais étaient un autre de ses soucis. Le Japon considérait la Chine comme son dû, et voulait en faire partie intégrante de son empire. Le 18 septembre 1931, il s'était emparé des trois provinces du Nord-Est. Le mois suivant, Tchang avait dû couper court à sa Troisième campagne d'anéantissement contre les communistes parce que les Japonais menaçaient Beiping, le Pékin d'aujourd'hui. La même chose s'était reproduite dix-huit mois plus tard. Tchang avait décidé de négocier avec eux, pour gagner du temps. Le pays n'était pas en mesure de se lancer dans une guerre. De plus, il considérait que les Japonais n'étaient qu'une maladie de peau, alors que les communistes affectaient le cœur du pays. « Si nous ne faisons pas la paix entre nous, comment pourrons-nous résister à l'agression étrangère ? » plaidait-il. Il céda donc au Japon le contrôle de tout le territoire au-delà de la Grande Muraille, s'attirant l'opprobre de tous les Chinois. Il ne pouvait peut-être pas agir autrement, mais il avait dressé le peuple contre lui. Il manqua y perdre la vie, et, au bout du compte, il y perdit la Chine.

Pour l'heure, cette décision lui avait permis de concentrer tous ses efforts pour mener une Cinquième, et ultime, campagne contre les communistes au Jiangxi. Il y avait engagé 200 000 hommes, ses meilleures troupes. Il avait convoqué ses 7 500 officiers supérieurs à Lushan, dans les montagnes du nord du Jiangxi, et leur avait expliqué : « Le seul objectif de cette opération est l'extermination des bandits rouges. Ils doivent être votre seule cible, et tous vos préparatifs stratégiques, tactiques et opérationnels doivent l'atteindre[12]. » Il avait fait distribuer à chacun des participants des manuels intitulés *L'extermination des bandits rouges, Comment en finir avec les bandits rouges*, et *les Principes d'entraînement pour les troupes engagées dans la Campagne d'extermination*.

La stratégie des blockhaus était la clé de voûte de cette campagne, comme le soldat Huang avait pu le constater. Pourquoi ne pas l'avoir mise en œuvre plus tôt ? Il aurait ainsi gagné quatre ans, et économisé beaucoup de vies et d'argent. « L'idée des blockhaus n'était pas de lui. Tchang a reconnu que cette stratégie était ancienne, et qu'un général chinois l'avait déjà utilisée pour écraser une rébellion paysanne au XIXe siècle » m'expliqua le jeune Huang. « Mais pour qu'elle réussisse, Tchang avait besoin de temps et de stabilité sur les autres fronts, ce qu'il n'avait jamais eu jusque-là.

« Braun de son côté, contrairement à ce qu'on lui reproche, n'a pas commis l'erreur de cantonner l'Armée rouge dans ses tranchées en attendant que l'ennemi attaque » poursuivit-il, reprenant la thèse qu'il avait défendue de manière convaincante dans les articles iconoclastes qui avaient attiré mon attention. Le Komintern avait en réalité conseillé à l'Armée rouge d'exploiter sa supériorité dans la guerre de mouvements et la guérilla.

> *L'expérience passée a montré que l'Armée rouge a remporté de nombreuses victoires en menant une guerre de mouvement, mais qu'elle a subi de lourdes pertes en lançant des attaques frontales contre les zones où l'ennemi a construit des réseaux de blockhaus... Ne menez pas une guerre de positions, pénétrez derrière les lignes ennemies*[13].

Braun avait suivi ces instructions à la lettre. « La guerre de positions, quelle que soit sa forme, ne nous convenait pas. Nous étions tous absolument clairs sur ce point[14]. »

Il voulait attirer l'ennemi hors de ses carapaces de tortue, pour le détruire avec des attaques éclairs ponctuelles. Le problème était que l'adversaire ne s'aventurait pas à découvert sans un appui feu massif, terrestre et aérien, et rassemblait souvent trois ou quatre divisions sur un front d'à peine 10 kilomètres. L'Armée rouge, en dépit de tous ses efforts, ne pouvait pas concentrer de forces suffisantes pour leur porter un coup fatal. Tchang lui-même s'en aperçut : « Les bandits ne nous affrontent plus à présent dans des batailles frontales. Ils mènent contre nous de plus en plus souvent des opérations de guérilla[15]. »

La bataille d'avril 1934 à Guangchang, durant laquelle le soldat Huang avait été cloué un mois durant dans les tranchées face aux blockhaus, comme presque toute l'Armée rouge, avait en fait été une exception. Cela ne s'était jamais produit auparavant, et cette bataille n'avait pas été voulue par Braun, comme il l'a écrit noir sur blanc dans ses Mémoires :

> *La direction du parti jugea que cette position était d'une importance stratégique vitale, car elle commandait l'accès au cœur du territoire du soviet. Elle estima également qu'une reddition pure et simple serait inacceptable d'un point de vue politique*[16].

Zhou Enlai a confirmé ce que dit Braun :

> *Chaque camarade doit prendre conscience que le plan de l'ennemi de s'emparer de Guangchang est différent de ses quatre campagnes précédentes. C'est une offensive stratégique pour pénétrer au cœur même de la zone du soviet, la clé de voûte de toute leur campagne. Nous devons défendre Guangchang à tout prix*[17].

Les anciens combattants et l'expert que j'avais interrogés avaient compris les raisons de la défaite. Ce qui n'a pas empêché tous les ouvrages publiés sur le sujet depuis soixante-dix ans de ressasser le même argument : si Mao n'en avait pas pris la direction, la révolution aurait échoué. À l'appui de cette thèse, l'Histoire devait céder le pas à la théorie. Pourtant, Mao lui-même a admis avoir tiré la leçon des erreurs qu'il avait commises, du moins dans le domaine militaire. Il n'y a qu'à lire ses propres écrits. La vérité est que le parti n'avait pas douze ans d'existence, l'Armée rouge n'en avait pas la moitié, et le soviet n'existait que depuis trois ans. Les instructions du Komintern méconnaissaient souvent les réalités chinoises. Les erreurs étaient inévitables. Mais on préfère désigner un bouc émissaire et lui attribuer toutes les raisons de la défaite de la Cinquième campagne.

Peu de temps après la bataille de Guangchang, le parti prit la décision d'engager la Longue Marche. La direction comprenait qu'il lui était impossible de défendre plus longtemps la base du Jiangxi. Elle en avait prévenu Moscou dès le mois de mai 1934. Il fallait néanmoins des forces pour tenir le front, le temps de préparer la Longue Marche. « Déménager est une affaire de semaines » me fit remarquer le jeune Huang. « Mais là, c'est un État entier qui devait se mettre en route, avec tout ce que cela implique. Il fallait reconstituer les unités, trouver des refuges pour les blessés et les malades, rassembler des provisions, de l'argent et toutes sortes de fournitures. Et puis, où aller ? Personne n'en savait rien. Ils envoyèrent le 6e Corps d'armée en éclaireur, pendant que le 7e devait contrer l'offensive nationaliste. »

La décision d'abandonner le Soviet du Jiangxi fut prise dans le secret le plus absolu. Seuls les principaux dirigeants et chefs de l'armée étaient au courant. Mao lui-même ne l'apprit qu'en août, à deux mois à peine du départ. Il y avait deux choses à craindre : que le moral s'effondre, et que les nationalistes soient informés. Le 3 octobre, quinze jours avant que la Longue Marche commence, le chef du gouvernement du soviet, Zhang Wentian, exhortait encore le peuple à défendre ce dernier jusqu'au bout :

> *Défendons notre gouvernement, et nos vies, nos enfants et nouveau-nés, nos terres et nos récoltes, nos vaches, nos porcs, poulets et canards ! Résistons aux massacres de l'ennemi, aux destructions, aux pillages et aux viols ! Sortons nos poignards, nos fusils de chasse, nos carabines et toutes nos armes, anciennes ou nouvelles... Que les masses ouvrières et paysannes s'arment pour devenir une force indestructible et combattre aux côtés de l'invincible Armée rouge. Nous allons écraser totalement l'assaut ennemi. Nous remporterons la victoire finale ! Levons haut le drapeau du soviet ! Vive le soviet[18] !*

La tactique de la cigale est aussi vieille que la Chine. Elle s'envole à l'automne après s'être débarrassée de sa peau. Elle trompe son monde, car en voyant sa mue, on la croit toujours là.

Les soldats de base tels que Huang étaient-ils au courant ? Avait-il été impliqué dans les préparatifs, et que savait-il de ce qu'ils signifiaient ? me demandais-je. Il m'attendait dans sa cour, cet après-midi-là, comme si quelqu'un l'avait prévenu de ma visite. Il avait endossé un uniforme de l'Armée rouge, y compris la casquette octogonale. Cela lui allait bien. « J'ai pensé que ça vous ferait plaisir. On nous l'a offert, il y a dix ans, à l'occasion du soixantième anniversaire de la Longue Marche. Le plus drôle, c'est que je n'ai jamais porté d'uniforme avant qu'elle ait pris fin ! »

Quand donc avait-il su qu'ils partaient ? « Jamais. Si j'avais su que ce serait aussi long, je serais rentré chez moi dare-dare, et à n'importe quel prix » me répondit-il, sans l'ombre d'une hésitation. Ne s'était-il vraiment douté de rien ? Il souleva sa casquette et se gratta la nuque. « Maintenant que vous me le demandez, je crois avoir compris quand j'ai vu apparaître pour la première fois des uniformes neufs. On avait déjà fini la moisson d'automne, il me semble. »

Fin septembre 1934, son unité avait été retirée des tranchées, et envoyée à Yudu, à 60 kilomètres de Ruijin. De nouvelles recrues étaient venues combler les rangs décimés de sa compagnie, il y avait là des hommes plus âgés que son père. On avait distribué à tout le monde des uniformes et des chaussures neuves. Il ressemblait enfin à un soldat plus qu'à un mendiant. La veste qu'il enfila était doublée, et si douillette qu'il avait l'impression d'être au coin du feu. Il n'en avait jamais possédé de semblable. Il est vrai que dans le Sud, on n'en avait pas besoin, même l'hiver. « Pourquoi nous font-ils mettre ça ? Est-ce qu'on doit aller vers le froid ? » demanda quelqu'un, sans obtenir de réponse. Huang n'avait qu'une seule préoccupation, dénicher quelque chose à sa taille. Hélas, les vestes sur lui devenaient des manteaux, et il pataugeait dans les chaussures. Ces uniformes avaient été faits pour des adultes. Les larmes lui montaient aux yeux, quand le capitaine, qui s'en était aperçu, l'emmena dans une pièce voisine. Il resta bouche bée devant l'énorme stock de munitions qui y avait été entreposé. Jamais de sa vie il n'avait vu autant de balles. Il avait l'impression d'être au Nouvel An, quand on lui offrait des pétards. « Elles sont toutes à toi. Sers-toi, prends-en autant que tu voudras » plaisanta le capitaine. Il s'en bourra toutes les poches, mais l'officier ne lui laissa finalement prendre qu'une bandoulière et plusieurs grenades. « Tu n'iras pas loin si tu te charges plus que ça, fils ! » lui expliqua-t-il.

Il avait déjà sur le dos son fusil, un sac de cinq kilos de riz, un bol, la veste rapiécée que sa mère lui avait donnée, et une paire de sandales de paille de rechange que le capitaine avait fait confectionner spécialement pour lui. Il avait glissé une paire de baguettes dans ses bandes molletières. « On s'en va quelque part, hein ? » s'était-il enquis auprès d'un des soldats parmi les plus âgés. « Peut-être allons-nous derrière les lignes ennemies pour prendre des grandes villes. C'est ce qu'on a fait après chaque campagne précédente » répondit-il. Tous les autres soldats se mirent à parler en même temps. « Enfin, on va manger de la viande ! », « À nous les jolies filles ! », « On reviendra avec assez d'argent pour passer l'hiver… », l'excitation était générale, le désespoir de la vie dans les tranchées s'était dissipé.

C'est en début de soirée que Huang et sa compagnie se mirent en marche en suivant la rivière Yudu, calme et large sous la pleine lune toute ronde. Des gens étaient sortis de chez eux pour leur dire au revoir. De jeunes mariées se dressaient sur la pointe des pieds, cherchant désespérément leur mari. Quand elles le repéraient, leurs cris de joie déclenchaient aussitôt des plaisanteries grivoises des autres soldats de l'unité. Elles rougissaient, leur tournaient le dos, puis continuaient de regarder d'un peu plus loin. D'autres, peut-être mobilisées par les associations féminines, faisaient preuve de plus de hardiesse. Elles marchaient à côté des soldats, en leur demandant leur nom, d'où ils étaient, et les défiant de revenir en héros décoré. Les hommes restaient muets. C'étaient eux qui rougissaient, sous les rires des filles, qui chantaient :

Soldat modèle,
C'est ce que je veux que tu sois.
J'attendrai de tes nouvelles jour et nuit,
Mon frère, soldat de l'Armée rouge.
Attrape quelques généraux, fais-moi plaisir !

Huang remarqua dans la foule la mère de la famille chez qui il avait logé. Elle s'était occupée de lui comme s'il avait été son propre fils. Elle se précipita vers lui, pour lui donner deux œufs. « Prends bien soin de toi, fils » lui dit-elle, les larmes aux yeux. Il fut bouleversé par le souvenir douloureux de ce qu'il avait appris quelques jours plus tôt. Elle n'avait aucune nouvelle de son fils, entré dans l'Armée rouge deux ans auparavant. « Ne vous faites pas de souci, mère » lui assura-t-il. « Nous serons bientôt de retour. »

3.

Quand l'eau remonte vers la source.

En octobre fraîchit le vent d'automne ;
Rapide, l'Armée rouge s'éclipse.
Comme un souffle dans la nuit, à travers la Yudu,
Terre ancestrale, sang juvénile – elle s'envole,
Vers la victoire.

À Yudu, je refis le chemin de la retraite de l'Armée rouge en suivant la rivière à la sortie de la ville. Des collines couvertes de forêts s'étendaient à perte de vue de l'autre côté de son large cours paisible. De loin en loin on apercevait quelques villages et, au bord de la rive, de vieilles barques amarrées à des pieux. Le paysage en amont est le même que ce jour où l'Armée rouge traversa la rivière en ce point précis, il y a soixante-dix ans. Les barges qui avaient porté les pontons tanguent encore sur l'eau verdâtre. Droit devant moi se dressait une construction neuve : un obélisque blanc d'une taille incongrue, soulignée par celle des petits arbustes coniques plantés de part et d'autre des allées d'accès. Ses flancs galbés s'élèvent jusqu'à la pointe sur laquelle une grande étoile rouge sur fond d'or est fichée, au-dessus d'une inscription gravée célébrant « La première traversée de la Longue Marche ». En aval, peu après ce monument, un pont majestueux à quatre voies enjambe le fleuve. Il est surmonté d'une arche immense sur laquelle des idéogrammes géants proclament qu'on franchit « Le Pont de la Longue Marche ». On apprend, en caractères plus modestes, qu'il a été inauguré en 1996, pour le soixantième anniversaire.

Comme la plupart des visiteurs, j'étais venue là voir le point de départ de la Longue Marche. Mais sa glorification incessante, ce monument, ce pont, et tous les autres sites commémoratifs en ville, commençaient à m'agacer. Le départ de l'Armée rouge avait quand même scellé la fin de la République soviétique du Jiangxi. Le premier gouvernement communiste chinois s'était effondré. N'y avait-il rien de plus à en dire ? La puissance militaire de Tchang Kaï-chek avait été l'une des causes de l'échec du soviet. Celui-ci avait aussi été à bout d'hommes et de moyens. De plus, il y avait peut-être des raisons plus profondes à cet échec. Avant de partir sur la trace des Marcheurs, je voulais en avoir le cœur net.

Je commençai par me diriger vers la maison dans laquelle Mao avait résidé. Le guide indiquait qu'elle était proche de la rivière, dans la vieille ville. Je demandai mon chemin à un jeune homme. Sa réponse m'étonna : « Quelle maison ? » Il avait l'air de ne jamais en avoir entendu parler, alors que les résidences de Mao sont en général bien connues, partout où il s'est arrêté. Il ne devait pas être du coin, pensai-je. Je fis quelques pas, et interrogeai une vieille dame. Elle m'indiqua le chemin, mais je faillis quand même manquer le site. La maison se trouvait dans une ruelle de traverse, et l'entrée ne payait pas de mine. Seule une pancarte rouge confirmait qu'elle avait bien été la « Résidence du Président Mao, juillet-octobre 1934 ».

La porte était close. Je frappai avec vigueur pendant un bon moment, attirant l'attention des passants, jusqu'à ce que quelqu'un crie de l'intérieur : « C'est fermé. Partez. » Voilà qui était nouveau. Je n'avais pas oublié les foules qui font la queue pour visiter la maison de Mao à Ruijin. J'expliquai en haussant la voix que je venais de très loin, et que je voulais simplement jeter un œil. Il y eut un long silence, suivi d'un cliquetis de clés. La porte s'entrouvrit en grinçant, un vieil homme pointa le bout de son nez dans l'embrasure, puis me laissa entrer.

La maison, dont la cour est minuscule, est orientée à l'Ouest. En Chine, on construit plutôt face au Sud, pour avoir du soleil. Les façades tournées vers l'Est ou l'Ouest sont les moins prisées. Dans une résidence traditionnelle, on y loge en principe les enfants, ou les parents les plus éloignés. Pas d'arbre dans cette cour, contrairement aux autres résidences de Mao, qui adorait les arbres. À Ruijin, le vieux camphrier devant sa maison porte un panneau où il est précisé qu'il aimait s'asseoir sous cet arbre pour discuter. Un seul portrait de lui, couvert de poussière, était accroché sur le mur du salon. Quelques panneaux d'information donnaient un très bref résumé de sa vie et de ses activités à Yudu. Un escalier branlant menait à l'étage où il avait dormi. Ce site était très différent de Ruijin.

J'avouai au vieil homme être un peu déçue. « Et vous vous attendiez à quoi ? » répliqua-t-il, en tirant une bouffée de la cigarette qu'il venait d'allumer. « Mao est resté ici peu de temps. À l'époque, ça n'allait vraiment pas pour lui. Dans ces moments-là, même les chiens vous évitent... » Il rentra chercher un tabouret pour fumer au soleil.

Il m'apprit que Mao avait passé une grande partie de son temps ici à lire, à réfléchir et à faire les cent pas dans la cour. De temps en temps, il allait jusqu'à la rivière pour voir où en était la construction des pontons, ou faire un brin de causette avec les gens du coin. Il devait ruminer sur sa situation, sur ce qui avait entraîné son exclusion du pouvoir, et sa mise à l'écart, pendant les préparatifs de la Longue Marche. Sa résidence était si calme, m'assura le gardien, que les hirondelles venaient s'y poser, pendant que Yudu connaissait une agitation fiévreuse, plus intense qu'un jour de foire. Des régiments entiers entraient et sortaient par les portes de la ville au pas cadencé, les mules braillaient sous leurs énormes charges, des messagers couraient en tous sens sans une minute de répit, et des paysans charriaient bambou et planches vers les pontons en construction sur la rivière.

Zhou Enlai n'avait informé Mao qu'en août de la décision d'abandonner la base, décision prise dès le mois de mai. Il n'avait même pas été consulté, on ne lui avait pas demandé son avis sur ce qu'il fallait emmener ou laisser sur place, ni sur qui devait partir ou rester, sur quelle voie suivre pour percer les lignes ennemies, sur ce qu'il adviendrait du Soviet du Jiangxi, et s'il fallait envisager d'y revenir. Tout ce qu'il savait, c'est que l'Armée rouge partirait de Yudu, la ville la plus méridionale de la base, et qu'elle marcherait vers l'Ouest pour faire sa jonction avec la 2e Armée, commandée par He Long, qui se trouvait sur la frontière entre le Hunan et le Hubei. On lui montra la liste des dirigeants du parti participant au voyage. Il la parcourut l'air sombre. Un grand nombre de ses proches collaborateurs en avaient été exclus, y compris un de ses frères. La troïka qui avait rédigé cette liste, comme elle avait décidé de tout le reste, se composait de Zhou Enlai, commissaire politique de l'Armée rouge, Bo Gu, premier secrétaire du parti et Braun, le représentant du Komintern.

Dirigeants du parti et chefs militaires étaient nombreux à passer par Yudu pour vérifier l'avancement des préparatifs, mais rares étaient ceux qui rendaient visite à Mao. Gong Chu l'avait vu plus souvent que quiconque. Il commandait la garnison locale de l'Armée rouge, ainsi que les forces qui formeraient l'arrière-garde et défendraient le Jiangxi une fois que la Longue Marche aurait commencé. Il a laissé une description révélatrice de l'état de Mao dans les journées qui précédèrent le grand départ. Il souffrait de malaria, ce qui l'avait amaigri et lui donnait un teint pâle. Quand Gong lui avait demandé comment il se sentait, il lui avait répondu : « Ça ne va pas très fort ces derniers temps, mais le plus dur c'est que je n'ai pas du tout le moral[1]. »

Il avait invité Gong à lui rendre visite : « J'espère que vous trouverez un peu de temps pour venir causer avec moi le soir. » Gong avait accepté. L'épouse de Mao, qui se joignait à eux, « cuisinait des dîners succulents. Nous devisions en buvant et en fumant, tous les trois, parfois... jusqu'à minuit... Je n'ai pas eu l'impression qu'à part moi il ait eu des visiteurs... Il semblait vraiment très seul et déprimé. »

Lors d'une autre de ses visites, il le trouva encore plus sombre. Mao se plaignait amèrement d'avoir été écarté des décisions, de ce qu'on éliminât ceux qui avaient combattu avec lui dans les montagnes de Jinggang, et de la manière dont ses adversaires dans le parti accaparaient tout le pouvoir. Il s'était mis à pleurer quand il avait évoqué la punition qui lui avait été imposée. « Des larmes coulaient sur ses joues. Il toussait de temps à autre, et ses traits paraissaient tirés, creusés, vidés. À la lumière flageolante de la minuscule lampe à huile, il était l'image même de l'abattement[2]. »

C'était compréhensible. Il avait sauvé le parti de l'écrasement, et créé la base du Jiangxi. Il en avait été récompensé par un limogeage. Dans les années 20, les communistes débutants suivaient comme article de foi la moindre instruction venue de Moscou. Quand il leur avait été conseillé de collaborer avec les nationalistes, ils l'avaient fait – jusqu'à ce que Tchang s'avise qu'ils devenaient une trop grande menace pour lui. La Purge blanche de 1927 avait été une horrible boucherie, et avait pratiquement exterminé les communistes. Le parti ne s'était reconstitué que petit à petit. Moscou avait alors sorti des cartons un plan d'insurrections armées pour s'emparer des grands centres urbains, comme cela s'était passé pendant la révolution russe. Ils en lancèrent à Nanchang, Wuhan et Canton. Toutes échouèrent lamentablement.

Mao avait reçu l'ordre d'attaquer Changsha, une ville puissamment fortifiée. Il avait préféré emmener ses hommes dans les montagnes de Jinggang, sur la frontière entre le

Hunan et le Hubei, une région sur laquelle Tchang n'exerçait à peu près aucun contrôle. Il avait sans doute été inspiré par les récits des grandes rébellions paysannes du passé immortalisées, entre autres, par *Au bord de l'eau,* son roman favori. Les héros de ce classique sont un groupe de rebelles qui se soulèvent contre l'Empereur, et deviennent si puissants que ce dernier doit satisfaire leurs exigences. Peu importait à Mao de n'avoir que 600 hommes sous ses ordres. Comme il l'avait dit lui-même, « une étincelle peut mettre le feu à la plaine ». Il était parvenu à créer une base dans les Jinggang en s'y alliant à deux chefs de bande locaux.

Sa réputation était faite. En mai 1928, Zhu De, un général de brigade nationaliste rallié aux communistes, l'avait rejoint avec ce qui lui restait de troupes après l'échec du soulèvement de Nanchang. Six mois plus tard, c'était au tour de Peng Dehuai, autre transfuge nationaliste, d'arriver à la tête de 1 500 hommes. Les 5 000 combattants ainsi rassemblés avaient formé le noyau de l'Armée rouge, et Mao était leur chef. Cette armée était devenue trop nombreuse pour pouvoir continuer de vivre dans la montagne. Mao avait décidé de se tailler une nouvelle base dans les collines qui entouraient Ruijin.

La base rouge du Jiangxi n'avait cessé de s'étendre, débordant même sur la province voisine du Fujian. Les communistes y proclamèrent la république soviétique de Chine le 7 novembre 1931, portant Mao à sa tête. Il estimait avoir mérité ce poste, puisqu'il avait enfin donné à la révolution chinoise un territoire, une vision stratégique, et un espoir. Il revint vite de ses illusions. Le responsable des renseignements du parti ayant fait défection, Tchang avait pu anéantir la direction à Shanghai. La plupart des dirigeants qui en étaient réchappés s'étaient résolus à rejoindre Mao dans le Jiangxi, qui était devenu la plus grande base communiste de tout le pays. Zhou Enlai était arrivé à Ruijin en août 1931, bientôt suivi par tous les principaux dirigeants. Il ne resta à Shanghai qu'un petit noyau chargé des liaisons avec Moscou.

Très vite, Mao se retrouva sous la pression des gros bonnets du parti. « Après l'arrivée de ces gens, qui n'avaient jusque-là vécu que dans de belles villas étrangères, je fus mis au rancart... Honnêtement, j'eus l'impression de devoir creuser ma propre tombe[3]. » Zhou, en qui Moscou avait confiance pour exécuter ses ordres, le remplaça à la tête de la base. Zhang Wentian, alias le Professeur rouge, prit en main le gouvernement du soviet. Un an après son arrivée à Ruijin, il n'avait même pas encore trouvé le temps de rendre visite à Mao. Plus tard, il avoua : « Je n'avais pas la moindre idée de quel genre de type était ce Mao, de ce qu'il pensait, ou de ses talents. D'ailleurs je n'avais aucune envie de le connaître[4]. » Un étudiant tout frais émoulu de Moscou et âgé de vingt-cinq ans, Wang Jiaxiang, fut promu chef du Département politique de l'Armée rouge. Pour finir, et c'était le bouquet, Bo Gu, qui n'avait rien fait d'autre que trois ans d'études à Moscou, mais y était devenu le protégé du représentant du parti au Komintern, devint premier secrétaire, à tout juste vingt-cinq ans. Aux yeux de Mao, il était totalement dépourvu d'expérience. Ce dernier n'avait pas davantage de respect pour Mao. « Le marxisme ne descend pas des collines arriérées » avait-il déclaré. Otto Braun, qui les avait précédés dans le Jiangxi, ne s'était jamais entendu avec Mao. Il jeta tout son poids derrière les « Bolcheviques » venus de Moscou.

On a toujours expliqué la perte du pouvoir de Mao par la volonté des dirigeants du parti de se débarrasser de lui. En octobre 1932, il fut relevé de sa fonction de commissaire politique de l'Armée rouge, et ne conserva que le titre honorifique de président du Comité populaire de la base du Jiangxi. À compter de cette date, et jusqu'au début de la Longue Marche, en octobre 1934, il n'exerça plus aucune autorité. Comment avait-il pu perdre tout pouvoir, si vite, et de manière si complète, alors que le parti lui devait tant, à commencer par sa survie ? J'avais du mal à comprendre.

Le vieux gardien de la maison de Mao me suggéra de visiter le Musée des martyrs révolutionnaires de Yudu. « Tant de gens d'ici sont morts pour la révolution. C'est un musée magnifique, l'orgueil de notre ville » m'assura-t-il, s'animant pour la première fois depuis mon arrivée. « Vous ne serez pas déçue là-bas. »

Le musée était facile à trouver, car il donnait directement sur la principale artère de la ville, l'avenue de la Longue Marche. Trois statues en gardaient l'entrée. Elles étaient du plus pur style réaliste socialiste, représentant un soldat, un officier et une paysanne dans des poses héroïques. On pouvait penser avoir pénétré dans un salon funéraire, vu l'amoncellement de couronnes dédiées aux martyrs. L'exposition, très bien conçue, présentait en ordre chronologique une longue succession de fresques, tableaux, cartes, graphiques et sculptures. Tous les martyrs étaient là, des fondateurs du parti communiste local à ceux qui avaient trouvé la mort lors de la révolution culturelle.

Seules m'intéressaient les premières salles, consacrées à la période qui avait précédé la Longue Marche. Le comté de Yudu avait toujours été considéré comme plutôt conservateur sur le plan politique. Il avait été à la traîne en termes de recrutement et de fournitures, et n'était pas parvenu à enrayer la fuite de ses habitants vers la zone nationaliste. Rien qu'en 1932-33, il avait fallu changer à deux reprises les autorités locales. On est d'autant plus surpris d'apprendre que Yudu a fourni 68 519 hommes à l'Armée rouge entre 1929 et 1934, dont 28 069 dans les cinq mois qui ont précédé le départ de la Marche. Un graphique détaille ces contributions en colonnes, district par district, comme s'il s'agissait du palmarès d'une compétition sportive, catégorie ferveur révolutionnaire. Le plus impressionnant reste les fresques monumentales, toutes de rouge et d'or, qui ont pour sujet des scènes de batailles héroïques, et des manifestations enthousiastes exaltant la mémoire des chers disparus. Elles compensent largement l'absence de tout objet d'époque, et leurs rouges dégoulinants paraissent avoir été étalés de sorte que nul n'oublie le sang versé pour la révolution.

L'extrême jeunesse des premiers révolutionnaires était surprenante. Tous étaient des adolescents, ou tout au plus âgés d'une vingtaine d'années. Leur détermination était perceptible dans leurs photos et portraits, leur engagement total transparaissait dans leurs regards farouches. L'optimisme et l'espoir d'un avenir meilleur flottaient dans l'atmosphère. Et, bizarrement, presque tous étaient morts la même année, en 1931.

Je cherchai en vain dans ma mémoire dans quelles grandes batailles tant de responsables locaux du parti avaient bien pu trouver la mort. Il ne pouvait s'agir des Seconde et Troisième campagnes de Tchang, bien que lancées en 1931. L'une et l'autre avaient été de courte durée, et avaient eu pour champ de bataille le nord du Jiangxi, loin de Yudu. De plus, ces premiers martyrs étaient presque tous des chefs locaux du parti, qui n'auraient en principe pas été mobilisés dans ces batailles. Je me décidai à poser la question à une gardienne.

« Oh, eux ? Ils sont morts pendant la purge. »

« La purge ? »

« Oui, celle que le Président Mao avait lancée au Jiangxi », me précisa-t-elle, irritée par mon ignorance. Elle me désigna un bronze, posé sur un piédestal à part. C'était un buste à la Rodin d'un homme jeune. Il avait l'air démoralisé, voire un peu perdu. La seule indication fournie était son nom, et le fait qu'il avait été tué « par erreur ». « Xiao Dapeng. Il commandait le 20e Corps. Ce sont ses hommes qui ont provoqué l'Incident de Futian. »

Tout s'expliquait soudain. J'avais entendu parler de Futian et de la purge, mais sans savoir que son responsable venait de Yudu. « Très courageux, et mort trop jeune » commenta-t-elle fièrement. « S'il avait vécu plus longtemps, il serait certainement devenu célèbre, à coup sûr général. À vingt ans, plus jeune que moi, il commandait déjà un corps d'armée. Quel gâchis ! »

Il avait donc été victime de la première purge au sein du parti. Quand Mao était descendu des monts Jinggang, au printemps de 1929, il y avait déjà au Jiangxi un comité du parti bien structuré, qui avait pour siège le village de Futian, à environ 250 kilomètres au nord de Ruijin. Les communistes locaux étaient pour la plupart des jeunes qui avaient fait des études. Ils suivaient une ligne modérée, pour éviter d'effrayer leurs familles, leurs parents et leurs clans. Mao les accusa d'être trop conservateurs. « Faire preuve de faiblesse à l'encontre de l'ennemi est un crime contre-révolutionnaire » déclara-t-il dans une formule restée célèbre. Il chargea son beau-frère de les surveiller. De leur point de vue à eux, l'enjeu du conflit était le pouvoir, et non la ligne politique. La tension avait monté entre les deux factions. Il ne peut y avoir deux tigres sur la même montagne, dit-on. Les dirigeants locaux finirent par chasser son beau-frère. Mao riposta. Il écrivit en octobre 1930 au quartier général de Shanghai une lettre dans laquelle il dénonçait le comité provincial du Jiangxi. « Le parti tout entier [y] est tombé entre les mains de paysans riches... Tant qu'on n'aura pas éliminé l'ensemble de la direction... le parti sera en danger. »

Le 7 décembre 1930, Mao dépêcha à Futian Li Shaojiu, qui présidait le comité des purges mis sur pied dans son armée. Li mit la quasi-totalité du comité provincial du Jiangxi, 120 personnes au total, en état d'arrestation. Il les accusa d'appartenance à la Clique anti-bolchevique, une vieille organisation nationaliste. Puis il les soumit cinq jours durant à la torture pour leur extorquer des confessions. Ses méthodes étaient barbares : brûlures à l'aide de bâtonnets d'encens, lacérations à coups de baguettes de bambous alors qu'ils étaient suspendus au plafond par les poignets, fragments de bambou sous les ongles, mains clouées aux tables d'interrogatoire, empalements à l'aide de fers portés au rouge. Ils passèrent tous aux aveux, ce qui n'empêcha pas quarante d'entre eux d'être exécutés sur-le-champ.

Deux jours plus tard, Li Shaojiu lança un raid contre le QG du 20ᵉ Corps, une unité de guérilla locale. Il l'accusa de cacher en son sein des membres de l'AB (la Clique anti-bolchevique), et annonça qu'il fallait les démasquer. Le commissaire politique, Liu Di, qui était visé, résolut de s'y opposer. Il raconta plus tard à la direction de Shanghai : « J'avais la conviction absolue que tout cela n'avait rien à voir avec l'AB. C'était un coup fourré de Mao Zedong, qui avait lâché son chien courant, Li Shaojiu, avec ordre de massacrer les camarades du Jiangxi. » Liu et ses soldats remplacèrent le chef du 20ᵉ Corps, jugé trop mou, par Xiao Dapeng. Puis ils marchèrent sur Futian, pour libérer les membres du comité du parti qui n'avaient pas été tués. Enfin, Xiao et ses miliciens prirent le maquis, non sans avoir au préalable organisé un rassemblement avec pour mots d'ordre « À bas Mao Zedong ! » et « Vive Zhu De, vive Peng Dehuai ! ». Ils avaient dressé ce portrait de Mao :

> *C'est un homme extrêmement fourbe et comploteur. Égoïste et mégalomane. Il tyrannise les autres, les accuse pour leur faire peur, et les agresse. Il accepte rarement de discuter des affaires du parti... Quand il exprime une idée, tout le monde doit opiner. Sinon, il manipule l'appareil pour faire taire les opposants, ou porte contre eux de fausses accusations pour leur rendre la vie impossible... Ce n'est ni un dirigeant révolutionnaire, ni même... un véritable bolchevik*[6].

Xiao et ses hommes rentrèrent à Yudu six mois plus tard, après qu'un message l'avait informé que leur appel avait été entendu à Shanghai. C'était une ruse. En juin 1931, l'année de la mort de la plupart des martyrs, comme je l'avais noté, Mao convoqua une réunion de tous les officiers du 20ᵉ Corps dans un hameau du comté de Yudu. Plus de 200 d'entre eux s'y présentèrent, des commandants de compagnie à leur commandant en chef, Xiao. Tout juste avaient-ils eu le temps de s'installer dans le sanctuaire des ancêtres, des soldats les encerclèrent, les désarmèrent, et les exécutèrent sur-le-champ. Le 20ᵉ Corps fut dissous, ses 3 000 hommes tués ou versés dans d'autres unités. Avant leur mise à mort, Xiao et ses officiers avaient été paradés à travers toute la base rouge, en manière d'avertissement. Mao avait expliqué aux masses, à l'occasion d'un grand rassemblement :

> *Voilà ceux que vous suiviez en aveugles ! Les chefs à qui vous faisiez confiance. Ils vivaient parmi nous, et se prétendaient communistes en attendant d'être assez forts pour nous trahir ! Ils prononçaient des phrases révolutionnaires afin de vous aveugler, mais ils étaient comme le léopard qui imite la nuit les cris de l'homme pour attirer des sauveteurs qu'on ne voit jamais revenir[7] !*

Les avait-il vraiment convaincus ? La purge avait-elle renforcé la base ? Avait-elle mobilisé le peuple, renforcé sa détermination à affronter Tchang pour défendre le soviet ? Est-ce que l'Armée rouge en était sortie plus forte, ou bien le parti avait-il oublié que ses actions auraient des conséquences contraires à ses objectifs ? Il me fallait aller à Futian pour en apprendre davantage. J'avais à peine entendu parler de ce village avant de préparer ma visite. Je n'arrivais même pas à le localiser sur la carte. Mais la purge sanglante dont il avait été le théâtre en avait annoncé beaucoup d'autres. C'est là qu'avait commencé la malédiction de la révolution.

Il me fallut une demi-journée de bus pour aller de Yudu à Futian. Le paysage tranquille que je traversais avait été le théâtre de nombreuses et intenses batailles durant les cinq campagnes de Tchang. Je pris une moto-cyclo de l'arrêt de bus au village. Les grandes maisons traditionnelles respiraient la grandeur déchue. Le nom du village signifie « Riche Terre », et renvoie à sa prospérité d'antan. Mais les bâtiments n'y sont plus entretenus, les rues sont remplies de nids-de-poule. Dans le Jiangxi, la plupart des villes et des villages que j'avais traversés jusqu'ici témoignaient de la croissance générale de l'économie, sans être encore très riches. On sentait qu'il y avait de l'argent dans les constructions nouvelles, les magasins, les motos et les camionnettes, qu'il y avait de l'espoir dans l'air, et les fruits du labeur étaient visibles. Rien de tout cela à Futian. Le temps s'y était apparemment arrêté, l'Histoire voulait oublier ce lieu.

Je m'arrêtai un long moment devant le sanctuaire qui avait servi de QG au comité du parti communiste du Jiangxi. Ce temple traditionnel avait eu son heure de splendeur, mais il était tout décrépi, couvert de plusieurs couches d'affiches très anciennes. Les portes en étaient fermées. Vu ce qui s'était passé à l'intérieur, je n'étais pas sûre de vouloir y entrer. Voir l'endroit, et trouver des gens avec lesquels discuter me suffisait. Je m'assis contre le mur qui faisait face au temple. Un quinquagénaire vêtu d'une veste Mao et de pantalons larges en toile bleue délavée, à la mode du Sud, ne tarda pas à s'approcher. « Depuis que j'ai allumé ma pipe, je vous vois assise là. Vous cherchez quelque chose ? » me demanda-t-il. Je lui demandai s'il connaissait des familles dont des membres avaient eu à souffrir de l'Incident. « Toutes en ont été victimes. Entrez dans n'importe laquelle de ces maisons, vous verrez. Cela a été pire qu'une épidémie. »

L'Incident de Futian avait entraîné une vaste purge, qui avait très vite échappé à tout contrôle. On avait exécuté au moindre prétexte. Le père de mon interlocuteur avait été mis à mort. Son crime ? « Il disait bonjour à des membres du comité du Jiangxi. Comme tout le monde ici. Ce n'est pas un gros village. On vous entend à l'autre bout quand vous pétez. Saluer les gens, c'est le minimum, non ? Mais ils ne voyaient pas les choses sous cet angle. Il suffisait de s'être parlé, de s'être salué, d'avoir fumé une pipe ensemble, ou de posséder des rizières voisines pour être suspect, et arrêté. On tuait comme on fauchait. Et vous savez comment ça s'est terminé ? » Sans attendre ma réponse, il continua de s'épancher comme la rivière au bout du village. « Plus personne ne voulait avoir affaire au parti. Quand on nommait quelqu'un à un poste de responsabilité, il se lamentait et suppliait qu'on l'épargne. Vous imaginez ? Les gens des villages voisins qui devaient venir ici n'osaient plus entrer chez personne. Ils criaient de loin ce qu'ils avaient à dire, par crainte d'attraper la peste. »

Pendant qu'il parlait ainsi, deux autres villageois étaient venus s'accroupir près de nous et engager la conversation. « De la folie ! De la folie pure ! » interjeta un d'eux. « Plus personne ne comprenait ce qui se passait. L'Armée rouge combattait l'Armée rouge ! Les communistes abattaient les communistes ! Comment pouvait-il y avoir autant d'ennemis ? Si les miliciens du 20e Corps et les cadres du comité du Jiangxi étaient des traîtres, pourquoi ne s'étaient-ils pas réfugiés auprès de Tchang Kaichek ? Seulement, personne n'osait le faire remarquer à Mao. Tout le monde était terrorisé. Tout le monde était muet comme une sauterelle en hiver. »

« À mon avis, ce n'était que pure paranoïa » poursuivit son compagnon tout en fouillant ses poches pour en sortir sa pipe et tabac. « Tchang Kaichek était trop puissant, et Mao était mort de trouille. Notez bien, la purge a été lancée juste au moment où Tchang lançait la première de ses campagnes contre nous. »

Il n'avait peut-être pas tort de parler de paranoïa. La purge avait effectivement eu lieu au moment où la tension était la plus forte. Tchang combinait ses préparatifs d'offensive militaire et l'action psychologique. Ses avions larguaient des tracts, promettant une rançon de 100 000 $ à qui capturerait Mao et Zhu De. Pour encourager les troupes de l'Armée rouge à faire défection, chaque fusil remis était payé 20 $[8]. Des émissaires et des espions envoyés dans la zone rouge tentaient de convaincre des généraux de l'Armée rouge de tourner casaque. Et il y eut effectivement des défections à un haut niveau. Le chef du parti communiste dans le Fujian fut un des premiers à passer à l'ennemi. Un autre officier supérieur, un des favoris de Mao, s'était rendu aux nationalistes, et leur avait livré des informations sur les lieux de résidence des dirigeants du parti. Ils avaient aussitôt été bombardés. Tout cela avait aggravé le sentiment d'insécurité, déjà chronique chez Mao.

Celui-ci ne s'était pas inspiré de Moscou pour lancer cette purge, car elle avait été bien antérieure à celles que Staline mit en œuvre par la suite. On estime à plus de 20 000 le nombre de ceux, dans l'armée, le parti, et l'administration du soviet, qui périrent en une année de purge. Un chiffre très supérieur aux pertes subies par l'Armée rouge au cours des trois premières campagnes de Tchang. La purge saigna le parti alors qu'il était le plus vulnérable, et elle ébranla la confiance de la population en celui qu'elle considérait comme son chef. Huang Kecheng, un des généraux de l'Armée rouge qui y participèrent avant d'en être luimême victime, a osé briser le tabou cinquante ans plus tard dans ses Mémoires, dont les historiens ont applaudi la franchise. « Comment expliquer que le Comité central [à Ruijin] ait pu retirer le pouvoir à Mao aussi vite ? Certes, les camarades de la zone rouge faisaient confiance au parti. Mais n'est-ce pas aussi parce que Mao avait perdu tout soutien populaire ? Sinon, il leur aurait été très difficile de se débarrasser de lui[9]... » À Futian, devant le sanctuaire en ruine, j'ai compris pourquoi Mao avait perdu le pouvoir : il en avait lui-même détruit les bases.

Futian fut aussi le premier défi ouvertement lancé à Mao. Il ne l'avait jamais oublié, ni pardonné. Les trois vieillards me racontèrent qu'après 1949 Pékin avait répandu ses bienfaits sur un grand nombre de comtés et de villages du Jiangxi, en raison des sacrifices consentis par la province pendant la révolution. Mais Futian, considéré comme « nid réactionnaire » depuis l'Incident, n'en avait jamais profité. La colère de Mao avait poursuivi de longues années durant les descendants des victimes de la purge. Ils étaient devenus des cibles faciles à chaque nouvelle campagne de lutte initiée par Mao. Ils n'étaient pas admis au parti, ni dans l'armée. Ils ne pouvaient même pas entrer à l'université, ni obtenir un emploi en usine. Pendant plus d'un demi-siècle, les villageois avaient demandé leur réhabilitation. De hauts responsables étaient venus de Pékin enquêter. Un des historiens du parti les plus réputés du Jiangxi plaida en leur faveur une décennie durant, mais il mourut avant de pouvoir lire le verdict officiel, publié en 1991, soixante ans après l'Incident, dans l'*Histoire du parti communiste* : « Il n'y eut jamais au sein du parti de soi-disant clique AB. Les aveux des prétendus membres de l'AB avaient été extorqués sous la torture. » Pourtant, à ce jour, les victimes n'ont jamais reçu la moindre excuse officielle, et le sanctuaire a été laissé à l'abandon. Les villageois n'ont pas été autorisés à rendre hommage à leurs morts. Ils ne les ont jamais oubliés. On peut espérer qu'un jour, le sanctuaire de Futian sera visité comme le sont les sites révolutionnaires de Ruijin, et qu'on racontera l'histoire des martyrs comme me l'ont racontée les trois vieux du village. Les victimes de l'Incident de Futian ne seront alors peut-être pas mortes en vain.

C'est aussi à Futian que j'ai pu évaluer plus précisément l'impact de ces purges. Mao avait voulu les limiter aux rangs du parti et de l'armée, mais elles s'étaient propagées dans toute la société, et avaient érodé le soutien populaire au Soviet du Jiangxi. Les trois villageois m'en avaient décrit les effets par une métaphore : la première purge avait amputé un bras, ensuite la gangrène s'était répandue jusqu'au cœur. Zhou Enlai, dès son arrivée à Ruijin, avait tenté de réparer les dégâts commis par Mao, et de retisser des liens avec la population. Il avait organisé des réunions publiques dans chaque comté, et organisé le procès de dizaines de cadres supérieurs responsables des purges. Ils avaient été accusés à leur tour d'être des espions à la solde des nationalistes, infiltrés dans la base pour y déclencher une Terreur rouge[10]. Ils furent mis à mort, leurs victimes réhabilitées. Ce qui n'empêcha pas les purges de recommencer quelques mois plus tard, cette fois contre les propriétaires fonciers, les paysans riches, les commerçants en gros et autres soi-disant « ennemis de classe ». Les communistes semblaient avoir contracté le virus de la purge, conséquence de leur principe fondamental, la lutte des classes.

Le centre de la révolution chinoise était la question paysanne : tout ce qui importait aux paysans, c'était la terre. Les communistes s'assuraient leur soutien en prenant la terre aux riches pour la distribuer aux pauvres. Dans la base rouge du Jiangxi, les paysans riches se voyaient attribuer les plus mauvaises terres, à flanc de collines ou dans les marécages, et les anciens propriétaires fonciers n'avaient pas le droit d'en posséder. Il leur fallait survivre en louant leurs bras. Le parti décidait seul de qui était classé comme propriétaire ou paysan riche. En février 1932, des cadres furent dépêchés dans les villages pour y enquêter sur les problèmes fonciers, en fait pour débusquer les « nouveaux ennemis du peuple ». Futian fut évidemment une des premières cibles de la campagne. Je m'étonnai auprès des trois hommes assis avec moi devant le sanctuaire qu'après le nettoyage fait par Mao, on avait trouvé ici encore beaucoup de grands propriétaires.

« Peut-être ont-ils trouvé leur fantôme » ironisa l'un d'eux. « Ils avaient tous été tués. Même leurs enfants étaient partis. »

« Pourtant, ils en ont trouvé » le corrigea un autre.

« Tu appelles ça des propriétaires ? » s'exclama le troisième. « Pas un ne possédait plus de dix *dan* de riz, à peine de quoi éviter la famine à une famille de cinq personnes. Tout était prétexte à classer quelqu'un dans la catégorie des propriétaires fonciers, un cochon à l'étable, un journalier employé, un peu d'argent liquide, ou une bonne récolte obtenue à la sueur de son front. Tout ça n'était qu'une comédie. »

En les écoutant et les regardant, j'avais l'impression d'avoir en face de moi un trio à cordes. Chacun jouait sa partition, l'ensemble était parfaitement harmonieux. J'étais abasourdie qu'ils mettent tant de passion à discuter de faits datant de soixante-treize ans auparavant. Ils avaient dû, il est vrai, les tourner et les retourner dans leur tête pendant si longtemps, comme l'avaient fait avant eux leurs parents et leurs grands-parents.

Pourquoi étaient-ils si convaincus que les accusations alors portées par le parti étaient fausses ? J'avais cru jusque-là que les propriétaires fonciers étaient tous des exploiteurs, et qu'ils avaient bien mérité leur châtiment. Je n'avais jamais imaginé qu'on puisse fabriquer des ennemis de toutes pièces.

« Ils voulaient nous maintenir sous pression. Des campagnes, des campagnes, encore des campagnes. À chaque fois que quelqu'un y passait, les autres se disaient qu'il valait mieux marcher droit si on ne voulait pas que son tour vienne à la prochaine campagne. On vivait dans la peur, et c'est exactement ce qu'ils voulaient. »

Je découvris par la suite qu'au cours des cinq premiers mois de la campagne d'enquête foncière, on avait déniché 5 680 « nouveaux ennemis de classe » dans la base rouge. Ils avaient été mis à l'amende, emprisonnés, condamnés aux travaux forcés ou à mort[11]. À l'été 1933, quand la campagne avait atteint son paroxysme, au moment où Tchang s'apprêtait à lancer sa Cinquième campagne, en trois mois à peine, 13 620 grands propriétaires et paysans riches avaient encore été découverts. Le Département politique de l'Armée rouge avait précisé dans une circulaire le sort qui devait leur être réservé :

> *Outre la confiscation immédiate de leurs céréales, bétail, cochons et autres biens... nous leur imposons des amendes pour qu'ils approvisionnent la révolution ouvrière et paysanne et prouvent la sincérité de leur repentir et de leur obéissance... On leur fait également rédiger une déclaration de repentir. S'ils ne payent pas leur amende dans le délai imparti, et ne prennent pas contact avec nous, ils seront considérés comme réactionnaires impénitents. Leurs résidences seront alors incendiées, les tombes de leurs ancêtres profanées et détruites, et ordre sera donné de les arrêter. Eux et leur famille seront punis de mort*[12].

À l'époque, propriétaires fonciers et paysans riches représentaient plus de 10 % des trois millions d'habitants de la base rouge du Jiangxi, 300 000 personnes, auxquelles s'ajoutaient les prétendus membres de l'AB et autres traîtres dont on suspectait qu'ils avaient infiltré le parti. Tous savaient le sort qui les attendait, et que leur seule issue était la fuite. Les trois vieillards employèrent à ce propos une expression que j'avais déjà entendue, sans en comprendre le sens : « L'eau remonta vers la source. » Elle décrivait en fait l'exode de ceux qui quittaient la zone rouge pour se réfugier dans les territoires sous contrôle des nationalistes. On nous avait toujours affirmé que la population était prête à tout pour aider l'Armée rouge et le soviet, les fresques du Musée des martyrs de Yudu en étaient l'illustration. En réalité, à partir de l'été 1933, des centaines de milliers d'habitants avaient commencé à fuir. À Futian, rares furent ceux qui avaient pu s'échapper, en raison de l'attention que le parti portait au village. Mais ailleurs, celui-ci avait été impuissant à empêcher l'exode.

Les grands propriétaires furent les premiers, bientôt suivis par les paysans les plus riches, puis des villages entiers, voire des districts, se dépeuplèrent. « Des 6 000 habitants du district de Shangtang, plus de 2 000 ont gagné la zone blanche, et ils ont emmené leurs cochons, leur volaille, leurs instruments, leur vaisselle et même leurs chiens. Comment les en empêcher ? » se lamenta à Ruijin le secrétaire du parti pour le comté[13]. La guide du Musée des martyrs me confirma que des dizaines de milliers d'habitants avaient également fui le comté de Yudu, ce qui avait provoqué le limogeage des cadres du comté et du district pour n'avoir pas su les en empêcher. La plupart avaient été exécutés, et leurs cadavres jetés à la rivière pendant la nuit. Au matin, ils flottaient toujours dans les remous du courant.

Très vite des cadres et des miliciens, pris de peur, avaient fui eux aussi, entraînant d'autres habitants, et emmenant leurs armes avec eux. Pire, certains servaient de guides, d'éclaireurs et d'espions aux nationalistes qui avançaient. L'énorme supériorité des forces blanches était à elle seule écrasante, mais les chances de l'Armée rouge étaient encore plus réduites par les renseignements dont Tchang disposait désormais. La base du Jiangxi était à bout de ressource, les communistes avaient perdu à cause de leurs purges le peu de soutien qu'ils avaient encore. Ils ne pouvaient plus résister. Il leur fallait fuir, ils n'avaient plus d'autre choix que la Longue Marche.

Aussi incroyable que cela paraisse, le parti lança pourtant, juste avant le départ, une nouvelle purge. Le but proclamé était cette fois d'éradiquer les « ennemis de classe » encore présents dans l'armée, d'y renforcer la discipline pour empêcher de nouvelles désertions, et de s'assurer de la loyauté de ceux qui resteraient en arrière. Plusieurs milliers de personnes, intellectuels communistes, officiers de l'Armée rouge et cadres nationalistes qui avaient été faits prisonniers furent rassemblés dans une douzaine de centres de détention à Ruijin. Après les y avoir interrogés, on les amena devant un tribunal militaire au fin fond de la montagne, où le verdict suivant leur fut lu : « Vous avez commis de graves crimes contre-révolutionnaires. Nous ne pouvons nous encombrer de gens de votre espèce. Nous allons vous renvoyer chez vous[14]. » Puis on les fit marcher jusqu'à une grande fosse commune voisine où des bourreaux qui les attendaient les décapitèrent, et poussèrent leurs cadavres dans la fosse. Ces massacres continuèrent pendant deux mois après le début de la Longue Marche.

L'histoire sanglante de cette dernière purge, comme tout ce qui s'était passé dans le Soviet du Jiangxi avant elle, a été racontée dans tous ses détails les plus terribles par Gong Chu, dont j'avais lu le récit, *L'Armée rouge et moi*, peu de temps auparavant. Je m'en méfiais sachant qu'il l'avait écrit après avoir quitté le parti et l'armée en 1934. Quel crédit donner aux affirmations d'un « traître » obligé de se justifier ? Son livre était un véritable catalogue d'horreurs : les pillages et les exactions commises par l'Armée rouge pour se ravitailler, la manière dont les officiers achevaient les blessés après chaque bataille, la destitution d'un officier de haut rang, dénoncé pour avoir mangé de la viande et joué au poker, la terreur dans laquelle tout le monde vivait au Jiangxi. Je ne pouvais me résoudre à attribuer ces faits au parti. J'avais été formatée par vingt ans d'endoctrinement communiste, et n'avais appris, lu, et étudié que ce que le parti avait fait de bien.

Mes conversations avec les survivants, ma visite des lieux historiques, la découverte d'événements dont les manuels scolaires ne disent rien, les récits faits par des gens qui n'oublieront jamais ce qui s'est passé aussi longtemps qu'ils seront vivants, tout m'a convaincue de la véracité de ces faits. D'ailleurs, dans les années 80, le Président Yang Shangkun, qui avait lui-même été témoin des purges du Jiangxi, ordonna une enquête, dont les auteurs lui confirmèrent que le livre de Gong était « pour l'essentiel conforme à la réalité ». En le relisant pendant mon voyage, j'ai compris pourquoi Gong avait tourné le dos au communisme. Il s'en explique lui-même :

> *Tous les jours je faisais des cauchemars. Des dizaines de milliers de corps flottaient sous mes yeux. Gémissant, sanglotant, hurlant, se débattant, et se rebellant. Ce n'était pas un cauchemar. Je les avais vus*[15].

Je suis rentrée à Yudu le lendemain en début de soirée. Le soleil avait perdu son mordant, il ne brûlait plus comme pendant la journée. Je suis repassée devant la résidence de Mao en descendant vers la rivière. Je comprenais maintenant pourquoi il avait dû se réfugier dans cette maison minuscule. On ne l'abandonnerait probablement pas en arrière, mais il ne voulait prendre aucun risque. Dès qu'il avait su que l'Armée rouge partirait de Yudu, il s'y était installé, plutôt qu'attendre à Ruijin. Et il n'y avait aucune maison plus proche du point où la traversée allait avoir lieu. Il ne pouvait survivre loin de l'armée qu'il avait créée, et de la révolution qu'il avait dirigée. Il était certain que son heure viendrait, qu'il reviendrait au pouvoir en s'appuyant sur cette armée, et qu'il réaliserait ses ambitions.

Vers six heures, le soir du 18 octobre 1934, Mao quitta sa maison. Il marchait au côté de la litière qu'il s'était confectionnée – deux longues perches en bambou tendues de corde de chanvre, surmontées de branches souples qui formaient un toit recouvert de toile bâchée pour le protéger du soleil comme de la pluie[16]. Il allait en avoir besoin, car il n'était pas tout à fait guéri de sa malaria, en dépit des efforts du meilleur médecin venu de Ruijin qui l'avait suffisamment remis sur pied pour le voyage.

Il rejoignit la Colonne centrale, entouré de ses gardes du corps, de ses secrétaires et d'un cuisinier, sans oublier les porteurs de sa litière. Son épouse, enceinte de sept mois, avait été affectée à l'unité des convalescents. Elle allait faire toute la Marche sur une litière. Il avait dû confier aux soins de son frère et de sa belle-sœur son fils âgé de 2 ans, aucun enfant n'ayant été autorisé à suivre l'armée. Il avait déjà dû en abandonner un autre, et il ne les revit jamais ni l'un ni l'autre. Il laissait aussi derrière lui la base qu'il avait créée et pour laquelle il avait combattu, où il avait successivement conquis, puis perdu, le pouvoir suprême. Il marcha sans se retourner vers la rivière, et se fondit dans le crépuscule.

4.

Les brumes de la rivière Xiang.

L'avion de Tchang Kaichek s'élevait dans les airs au-desssus de Nanchang, la capitale du Jiangxi. En ce 15 octobre 1934, le quotidien *Central Daily* annonçait à la une : « Tchang confiant. La victoire sur les Rouges est proche. » L'article comparait les communistes à une flèche arrivée en bout de course. En contemplant par le hublot les vertes collines et les rivières toutes en méandres du Jiangxi, Tchang se laissa gagner par le soulagement, et même une certaine satisfaction. Il venait de passer près d'un an à Nanchang, où il avait pris le commandement direct de la Cinquième campagne d'anéantissement, pour en finir une fois pour toutes avec les communistes. Il était libre à présent de partir en tournée dans le nord du pays pour y exposer comment il entendait gouverner la Chine. Il n'avait pas la moindre idée qu'au même moment, Mao et les siens étaient en train de lui filer sous le nez. Et encore moins que les 86 000 hommes et femmes de l'Armée rouge n'avaient pas eu la moindre difficulté à briser leur encerclement.

Le coupable principal en était Chen Jitang, le seigneur de la guerre du Guangdong, la première province que l'Armée rouge devait traverser. Il violait le blocus de la zone rouge imposé par Tchang en faisant le commerce du tungstène avec les communistes. Il n'avait aucune sympathie pour eux, et en avait même tué plus de 10 000 à Canton entre 1931 et 1935 après qu'ils s'étaient soulevés contre lui. Mais il détestait au moins autant Tchang Kaichek. Il savait que l'objectif ultime de ce dernier était de se débarrasser de tous ses semblables. Chen organisait pour ses officiers des cérémonies anti-Tchang, au cours desquelles ils prêtaient serment en buvant un mélange de vin et de sang de poulet tout en criant « À bas le dictateur ! » Puis ils s'acharnaient sur des mannequins de paille ou des silhouettes en bois à l'effigie du généralissime. Le 6 octobre 1934, juste avant que commence la Longue Marche, il avait conclu avec les communistes un accord secret qui prévoyait un cessez-le-feu, l'échange de renseignements, la liberté du commerce, et un droit de passage pour l'Armée rouge. Il avait promis de retirer ses troupes sur une profondeur de 20 kilomètres tout le long de l'itinéraire que devait emprunter la Marche. Il fit même aux communistes un cadeau de départ sous la forme de 1 200 caisses de munitions, qui lui avaient été parachutées par Tchang pour l'aider à les combattre. Son propre neveu s'en était offusqué : « Bon sang, tu les laisses s'échapper sous ton nez. Je croyais que tu les détestais[1] ! »

Ses voisins Li et Bai, les seigneurs de la guerre du Guangxi, haïssaient encore plus Tchang Kaichek. Ils avaient tenté de le renverser dès 1929, mais avaient été trahis par leurs alliés, qui s'étaient laissé acheter par Tchang pour quelques millions de dollars. En Chine, on dit que celui qui a de l'argent peut faire travailler pour son compte même les fantômes. Aucun problème par conséquent avec des seigneurs de la guerre sans scrupule. Li et Bai ne cachaient pas leur calcul : « Tchang nous déteste encore plus qu'il ne déteste Mao et Zhu. Tant que ces deux-là existent, nous survivrons ; s'il en vient à bout, ç'en sera fini de nous. Pourquoi lui mâcher le travail ? Laissons tranquilles Mao et Zhu, et tout ira bien pour nous[2]. » Tchang avait nommé Li commandant de la Force Sud chargée de poursuivre l'Armée rouge. Il lui avait fait un premier versement de trois quarts de million de *yuan**, et lui en avait promis un demi-million de plus par mois pour le défraiement de son armée, plus la livraison de 100 mitrailleuses lourdes, de 40 canons et de 1 000 caisses de munitions. Li avait accepté cette offre par retour du courrier, et empoché son salaire. Il ne leva bien sûr pas le petit doigt pour se lancer à la poursuite de l'Armée rouge.

Tchang enragea, puis conçut un plan qu'il croyait sans faille. Les seigneurs de la guerre venaient de lui fournir le prétexte qu'il cherchait pour envahir et s'emparer de leur territoire. La partie méridionale de la Chine, du Guangdong au Sud au Guizhou et au Yunnan au Sud-ouest, y compris la pièce maîtresse qu'était le Sichuan, finirait ainsi par passer sous son contrôle. Il détailla son projet : « Pas besoin de faire la guerre pour nous emparer du Guizhou... À partir de là, si nous agissons comme il faut... nous aurons réunifié le pays tout entier[3]. » Si Tchang et les seigneurs de la guerre partageaient le même lit, ils ne faisaient pas les mêmes rêves. Tchang était pressé d'envahir leurs fiefs, pour pouvoir du même coup attaquer l'Armée rouge. Ses adversaires, au contraire, faisaient tout pour hâter le passage des communistes, de manière à ôter tout prétexte à l'intervention projetée par Tchang.

Mais l'Armée rouge ne pouvait pas aller très vite. Liu Bocheng, le chef d'état-major que Braun avait limogé, comparait sa progression à celle d'un cortège impérial. Les 1er et 3e Corps d'armée ouvraient la marche, suivis des 8e et 9e, le 5e formant l'arrière-garde. La Colonne centrale et la Commission militaire étaient au centre de cette procession. La Commission regroupait les 4 000 hommes des unités de communications, de la logistique, du génie, de l'artillerie, des services sanitaires, et les cadets de l'Académie militaire. La Colonne centrale comprenait les services du

---

* La monnaie chinoise.

gouvernement du Jiangxi, décimé mais dont la structure restait intacte, qu'accompagnaient 7 000 réservistes et porteurs. Ces derniers trimballaient des meubles remplis de dossiers, tous les livres de la bibliothèque de Ruijin, les réserves d'or et d'argent du gouvernement cachées dans 200 vieux fûts d'essence, des machines à coudre, des presses à imprimer, et même une volumineuse machine à rayons X soigneusement emballée dans une caisse aussi grande qu'un cercueil qui mobilisait à elle seule deux douzaines de bras. Pour reprendre l'image d'Edgar Snow, une nation entière s'était mise en marche, 86 000 hommes et femmes qui emportaient tout ce dont ils pourraient avoir besoin pour créer une nouvelle base. Les pluies d'automne, incessantes à cette époque de l'année, n'arrangeaient évidemment pas les choses. Le premier jour, on ne fit pas plus de trois kilomètres.

Cette progression à vitesse d'escargot sous la pluie battante ne plombait pas le moral du soldat Huang. Cette première excursion dans le vaste monde l'excitait. On dormait le jour, et l'on marchait la nuit, pour ne pas être repérés par les avions nationalistes, même si on n'en voyait pas un seul dans le ciel. Les premiers temps furent un peu difficiles pour lui. Il somnolait et trébuchait. Une nuit, il se brûla même les cheveux avec sa torche de bambou, mais il prit rapidement le coup. Cette marche le changeait agréablement des combats, des bombardements et des obus, sans compter des terribles tortues. « L'ennemi s'était évaporé. C'était à se demander pourquoi nos dirigeants ne nous avaient pas sortis de là plus tôt. On n'aurait pas perdu autant de monde » m'avoua-t-il.

Au bout de quelques jours de marche, il nota que l'accent des habitants des villes et des villages qu'ils traversaient avait changé. Il commença à se poser des questions. Où allaient-ils ? Pour combien de temps étaient-ils partis ? Reviendraient-ils jamais chez eux ? Personne n'en savait rien. Le commissaire politique de son unité leur avait simplement rappelé : « Nous appartenons au parti. Nous allons là où le parti nous l'ordonne. » Bientôt, le dialecte des habitants devint complètement incompréhensible, ce qu'il trouva franchement inquiétant. Il ne savait pas qu'ils avaient déjà quitté le Jiangxi et pénétré au Guangdong. Il s'arrêtait sans cesse pour jeter un coup d'œil en arrière – sans trop savoir si c'était dans l'espoir de retrouver son chemin pour le retour, ou seulement parce qu'il languissait de son village. Il fallait le pousser à reprendre sa place dans la colonne en marche. Cinq semaines plus tard, ils se retrouvèrent dans une contrée étrange où des pains de sucre, tout verts et enveloppés de brume, surgissaient des rivières éblouissantes. Aux yeux des Chinois, Guilin, Guangxi, dans le sud-ouest du pays, était, et reste à ce jour, une vision de paradis terrestre. Mais elle se trouvait bien trop loin de la maison de Huang et de celles de ses camarades. Maintenant, ils voulaient rentrer chez eux.

Les désertions s'étaient multipliées dès les premiers jours. La mère Wang se souvenait avoir été avertie avant même leur départ par le commissaire politique de son unité dans la Colonne centrale. « Camarades, nous allons traverser les zones blanches… Soyez très prudents. Ne traînez pas en arrière. Ne vous laissez pas prendre par la propagande ennemie. Ouvrez l'œil pour arrêter les déserteurs[4]. » Ces mises en garde étaient sans effet sur les porteurs et les réservistes. Ils avaient été les premiers à disparaître. Du coup, il avait fallu abandonner des caisses de documents du parti, des meubles, les costumes et décors du théâtre, et une partie des ustensiles de cuisine. Les équipements lourds, les presses par exemple, qui avaient été portés au départ par huit hommes, ne le furent plus que par six, puis par quatre. Il fallut pour finir les abandonner, ou les enterrer. Il n'y eut plus assez de porteurs pour la machine à rayons X, l'objet le plus précieux de l'hôpital. Mao dut convaincre les médecins qu'il valait mieux l'enterrer. « Quand nous contrôlerons tout le pays, vous aurez autant de ces machines que vous en voudrez. Tchang les aura achetées pour vous. Ne vous en faites pas. »

Wang ne pouvait envisager d'abandonner un seul des blessés dont elle était chargée. Elle n'avait que douze porteurs, pour ses six officiers sur leur brancard. Elle discutait avec eux comme avec des frères et sœurs, leur offrait sa propre ration de riz, faisait bouillir de l'eau en fin de journée pour qu'ils y reposent leurs pieds meurtris. Malgré cela, trois jours après le départ, un d'eux avait imploré qu'on le laisse partir. Il voulait revoir sa femme et ses enfants. Wang avait eu beau lui rappeler l'importance de ce qu'il accomplissait pour la révolution, il n'avait rien voulu entendre.

« Quelle révolution ? » lui avait-il répliqué. « Comment pourrais-je protéger ma femme et mes enfants si je les abandonne ? » Il s'était plaint un soir d'avoir mal au ventre, et s'était évaporé dans la nature.

« Je l'avais à l'œil, mais je ne pouvais quand même pas l'empêcher d'aller faire ses besoins. Dieu merci, il n'avait fait aucun mal à l'officier qu'il transportait. Sinon, je l'aurais payé cher. » Huit de ses porteurs s'enfuirent le premier mois. Les remplacer était un vrai casse-tête. Rares étaient ceux qui acceptaient de s'engager pour plus de deux jours. Ils voulaient pouvoir rentrer chez eux sans problème. Elle trouva finalement une solution. « Dans un grand nombre de provinces, les gens fumaient l'opium. Quand je sollicitais leur aide, ils me demandaient en bâillant si nous en avions. Dès que je leur disais oui, ils se réveillaient. Après avoir fumé leur pipe, ils trouvaient le brancard aussi léger qu'une plume. »

Souvent, les larmes lui montaient aux yeux. Le jour où deux des porteurs s'étaient enfuis, elle n'avait remarqué qu'il manquait un des brancards qu'alors que la nuit était déjà tombée. Elle avait retrouvé le blessé abandonné non loin de là d'où ils étaient partis ce matin-là. Elle avait dû le ramener au campement sur son dos, et n'y était parvenue qu'à l'aube. « Je ne sais pas comment j'ai tenu le coup.

À plus d'une reprise, j'ai cru que je ne serais pas capable d'affronter une nouvelle journée » m'avoua-t-elle. « Mais le parti m'avait confié ces hommes. Jusqu'à mon dernier souffle, je m'assurerai de leur sécurité et de leur bien-être. » Des soldats des unités combattantes étaient heureusement venus à son aide.

Cependant, ils se mirent eux aussi à déserter. Chen Bojun, commissaire politique du 5ᵉ Corps, a tenu un des journaux les plus détaillés et factuels de la Longue Marche. Il y fait état à de multiples reprises de sa préoccupation à ce sujet. « Aujourd'hui, une centaine de soldats sont restés à la traîne » y écrit-il un jour. Et, un autre jour : « Aujourd'hui deux hommes ont disparu avec leurs fusils, ce qui est très inquiétant. Il faut à tout prix que nos cellules de dix organisent la surveillance, pour empêcher que cela ne se reproduise[5]. »

Les membres les plus sûrs du parti se regroupaient en effet en cellules de dix, un homme par section. Ils avaient pour mission d'encadrer les nouvelles recrues, et tous ceux dont l'engagement était jugé vacillant, de faire la chasse aux traînards, et d'empêcher les désertions et les ralliements à l'ennemi, au besoin en tuant ceux qu'ils ne parviendraient pas à arrêter. Ils n'avaient pas besoin d'en référer à leurs officiers. Ils n'étaient responsables que devant le Bureau de la Sécurité politique, c'est-à-dire la police secrète. Le pouvoir du chef de celle-ci était absolu, et il n'avait de comptes à rendre qu'au Comité central. Il avait droit de vie et de mort, sans aucun appel possible aux commissaires politiques ou tout autre autorité. Il convoqua une réunion de toutes les cellules de dix pour leur transmettre ses directives :

> *Ça ne peut plus durer. L'armée risque de se désintégrer. L'activité des cellules de dix doit être renforcée... En général, les déserteurs commencent par se dire malades, ou trop affaiblis pour marcher. Puis ils*

se laissent distancer, et quittent leur unité. Pour finir, ils se glissent chez un habitant du coin, et s'y cachent avant de retourner chez eux. Il faut les en empêcher[6].

Le Département politique donna lui aussi un ordre urgent :

> *Nous devons faire un exemple de ceux qui désertent, mettent en danger la sécurité des masses, ou refusent de rejoindre leur unité. Nous devons mener au sein de l'armée une lutte de grande ampleur sur ce point. Ils doivent être sévèrement punis. Les plus coupables seront exécutés*[7].

Les unités de propagande se mirent aussitôt au travail :

> *Camarades, tenez bon malgré toutes les difficultés. Bientôt nous nous emparerons de grandes villes, et nous mettrons la main sur toutes sortes de butins et de trésors. Courage, ne traînez pas, soyez résolus, marchez !*

L'hémorragie des désertions n'en continua pas moins. L'évolution des effectifs de la 2de Armée est révélatrice, telle que la révèle le journal, très complet et honnête, tenu par son commissaire politique. Ils étaient au départ de 10 068 hommes. Dans les six mois qui suivirent, 698 d'entre eux furent tués au combat, 300 blessés intransportables durent être abandonnés, 137 hommes furent portés disparus, 208 passèrent chez les nationalistes, et 4 000 désertèrent. Parmi ces derniers, 1 012 furent rattrapés et condamnés pour divers crimes, et 857 passés par les armes[8]. Dans la compagnie de Huang, ils furent une douzaine à s'enfuir. Un récidiviste capturé avait été obligé de passer aux aveux devant tous les autres, puis forcé à s'agenouiller. On lui avait tiré une balle dans la nuque. Huang se souvenait encore de la cervelle qui avait giclé un peu partout. S'il lui arriva encore de rêver de désertion après cet épisode, il ne fit jamais aucune tentative.

Huang admettait très franchement qu'il avait souvent eu envie de tout laisser tomber. Les désertions avaient tout autant été une des réalités de la Longue Marche que les bombardements et la traque par les nationalistes, mais l'histoire officielle n'en fait évidemment aucune mention. Les soldats de l'Armée rouge y sont décrits comme des hommes d'acier. Comment auraient-ils pu songer à déserter ? Seuls les partisans de Tchang pouvaient agir de la sorte. On préfère expliquer la fonte vertigineuse des effectifs de la 1re Armée, tombée de 86 000 hommes à moins de 30 000 au cours des six premières semaines de la Marche, par la bataille de la Xiang, le premier combat de grande envergure qu'elle avait eu à livrer. La version officielle est que « la bataille de la Xiang fut la plus longue et la plus héroïque de la Longue Marche. Un nombre record de soldats prirent part à des combats sans merci, et l'Armée rouge y subit ses pertes les plus lourdes, près de 50 000 hommes en cinq jours à peine[9]. » On attribue cette tragédie aux erreurs de Braun et de ses partisans, bien entendu.

Je me souviens avoir regardé cette bataille dans la série documentaire *La Longue Marche* diffusée par la Télévision centrale de Chine (CCTV). Le réalisateur et deux de ses collaborateurs s'étaient allongés sur la berge du fleuve en expliquant à la caméra que pour aligner les 50 000 corps dans cette position, il aurait fallu 20 kilomètres. J'étais époustouflée. Une rivière pouvait-elle vraiment avoir englouti 50 000 cadavres ? Je décidais d'aller y voir par moi-même.

La Xiang, un affluent du Yangze, serpente à travers le Hunan et le Guangxi pour se jeter dans la mer de Chine du Sud. Je l'atteignis à Xingan, où se dresse le Monument aux martyrs de la Xiang. Édifié en 1996, c'est le monument révolutionnaire le plus imposant de tout le pays. Je restai sans voix devant les sculptures géantes qui accueillent le visiteur. Trois visages immenses, 11 mètres de haut, cinq fois la taille d'un homme, sont taillés dans un granit sombre : un soldat à l'air déterminé, une jeune femme au sourire serein, et un vieillard. Puis une frise représente l'Armée rouge, avec les paysans et les ouvriers qui viennent à son aide. Le tout est d'un effet puissant. On peut croire qu'on entend gémir les âmes des dizaines de milliers d'hommes morts sur ce champ de bataille. On accède au site par un escalier long et raide, qui semble avoir été conçu pour que son ascension évoque les souffrances de la Longue Marche. Le monument lui-même consiste en trois immenses fusils de béton posés en faisceau. Ils semblent vouloir percer le ciel, comme pour illustrer le slogan de Mao, « le pouvoir est au bout du fusil ». En y grimpant, je croisai un groupe de cadets de l'armée. Bras levé devant un drapeau rouge tenu par deux personnes, ils prêtaient serment : « Nous devons notre vie actuelle aux millions de martyrs qui, comme ici, ont sacrifié leur vie. Nous marcherons sur la voie sanglante qu'ils nous ont tracée, drapeau rouge levé, et poursuivrons la révolution. »

La crypte située sous les trois fusils sert de salle d'exposition. Elle me laissa sur ma faim après l'extérieur grandiose. Il n'y a pas grand-chose à voir dans l'unique pièce de dimension modeste : les clichés habituels des principaux dirigeants, deux vitrines poussiéreuses contenant un pistolet et un uniforme d'une couleur grisâtre, et une maquette sommaire de la bataille. Les explications étaient on ne peut plus brèves, quelques lignes de résumé des manuels scolaires. En sortant, je frappai à la porte de l'accueil pour demander à un jeune homme portant de grosses lunettes rondes s'il y avait un guide qui pourrait m'en dire davantage. Il me fit asseoir. D'abord, m'étonnai-je, où est la rivière ? On ne la voit nulle part.

« C'est vrai. Le site véritable de la bataille est à quinze kilomètres d'ici. Mais personne n'irait là-bas. Ici, on est sur la route de Guilin, tout le monde s'arrête. »

Peut-être avait-il raison. Je n'avais moi-même pas su grand-chose de cette bataille quand j'avais commencé mon périple.

« Moi non plus, je ne savais pas qu'il y avait eu une bataille ici » m'avoua-t-il. « Je ne l'ai appris qu'en décrochant ce boulot, en 1991. Pourtant je suis né ici, et j'ai étudié comme tout le monde la Longue Marche à l'école. Mais je ne me doutais pas que l'Armée rouge était passée par mon village. Et qu'elle avait livré une de ses batailles les plus dures pratiquement sur le pas de ma porte. »

Il n'était pas seul dans son ignorance. Lorsque le ministère de la Propagande avait décidé de commémorer le cinquantième anniversaire de la Longue Marche en tournant un film, il avait confié la réalisation de l'épisode de la bataille de la Xiang aux studios du Hunan, province voisine du Jiangxi. Ils avaient décliné la proposition, n'ayant jamais entendu parler de cette bataille. Il s'était attiré la même réponse des historiens du Guangxi. Il avait fallu interroger des experts à Pékin pour obtenir des informations. Je demandai au jeune homme comment il expliquait pareille méconnaissance.

« Il y a eu tant de morts ici, 50 000 » suggéra-t-il après un moment de réflexion. « Ce fut une lourde défaite pour nous. Nous préférons parler de nos victoires. Personne ne donne beaucoup de publicité à ses échecs. »

Il continua en m'expliquant les raisons qui avaient présidé à l'érection de ce monument. « L'Armée rouge comptait 86 000 hommes en partant du Jiangxi. Il n'en restait plus que 30 000 après qu'elle a franchi la Xiang. 50 000 tués. Il faut bien expliquer au peuple ce qui est arrivé. On doit respecter la réalité historique, mais d'un autre côté il faut du temps avant d'admettre pareille tragédie. Ce monument est le dernier à avoir été construit pour commémorer la Longue

Marche, bien qu'il soit le plus grand. Sa taille devait être à la mesure des 50 000 martyrs. »

Pourquoi alors y donnait-on si peu d'informations sur la bataille ? lui demandai-je.

« Vous êtes trop curieuse » s'irrita-t-il brusquement. « Qu'est-ce que vous cherchez ? Cette bataille a eu lieu il y a soixante-dix ans. La plupart des participants sont morts. Ce musée est récent, et on ne trouve plus beaucoup d'objets de l'époque. On en cherche encore. »

Après mon expérience au Jiangxi, je savais qu'il me fallait remettre en question tout ce que j'entendais ou lisais, car rien n'était conforme aux apparences, ni à ce qu'on m'avait enseigné. J'avais peu de chances d'obtenir d'autres réponses ici. Avant de m'en aller, je mentionnai les cadets que j'avais croisés en montant, lui demandant ce qu'ils retireraient de leur visite.

« Trois choses » dit-il sèchement. « Que l'Armée rouge a protégé le parti, en dépit du fait que Tchang était dix fois plus puissant. Que la défaite sur la rivière Xiang a permis le retour de Mao, car Braun avait commandé la dernière campagne au Jiangxi et la bataille de la Xiang, et il avait perdu à deux reprises. La seule voie vers la victoire était bien la stratégie de Mao. »

C'était une bonne chose d'avoir édifié un monument en hommage aux martyrs, et qu'on y reconnaisse la défaite subie. C'était un pas en avant, et même un grand pas dans l'histoire du parti communiste. Mais pourquoi cette absence totale d'explications, et de ce qu'on avait tiré comme leçons de cette bataille, alors que le monument est si massif, si impressionnant, et qu'il a certainement coûté beaucoup d'argent et de matière grise ? On n'y trouve qu'une seule phrase à ce sujet : « ...à la suite des erreurs du commandement militaire, et de la politique suivie par Braun et Bo Gu, les effectifs de l'Armée rouge passèrent de 86 000 à seulement 30 000 après la bataille de la Xiang. » Mais était-ce bien la vérité ? Je repensai aux désertions dont Huang et

Wang avaient mentionné qu'elles avaient commencé dès le début de la Marche. Ces chiffres tenaient-ils compte des déserteurs ? Ceux-ci ne faisaient-ils pas partie des dizaines de milliers de disparus ? Il est vrai que les choses pouvaient avoir été beaucoup plus compliquées. Quoi qu'il en soit, cette phrase isolée me semblait bien trop courte pour rendre compte d'une telle tragédie. Un auteur anglais n'a-t-il pas fort justement fait remarquer que le meilleur moyen d'oublier un événement est de le commémorer[10] ?

En prenant congé, je lui demandai s'il y avait encore des survivants de la bataille dans les environs. « Oh oui, il y a un vieux du nom de Liu qui vit dans un village du coin. Il est originaire du Jiangxi, mais il est resté ici après la bataille. C'est un bon conteur, et il a toute sa tête, ce qui n'est pas le cas des autres. Pas le genre de la maison, hélas, si vous voyez ce que je veux dire. Mais ça vous intéressera peut-être de lui parler. »

Je préférais aller voir d'abord la rivière. J'étais impatiente. J'arrivai à Jieshou alors que la nuit tombait déjà. La ville avait abrité le quartier général, et c'est là pour l'essentiel que la Commission militaire et la Colonne centrale avaient franchi la Xiang. Les rues étaient sombres, sans lumière autre que celle, ténue, qui filtrait de quelques maisons. Les deux ou trois restaurants ouverts servaient les animaux autant que les hommes : chiens et poules entraient et sortaient, en quête de détritus à chaparder. Je préférai acheter un paquet de biscuits dans une échoppe, m'apercevant trop tard que la date de péremption en était dépassée de dix-huit mois. L'unique hôtel de la ville était fermé. Au bout d'une demi-heure d'attente, un type sortit du café Internet voisin pour m'ouvrir. L'accueil était vraiment charmant : « On ne fournit pas de serviettes, ni de papier hygiénique, il n'y a pas d'eau chaude, et on ne sert pas de petit déjeuner » me prévint-il, avant de retourner au cybercafé après m'avoir enfermée en sortant. Je n'avais plus qu'à me coucher et dormir.

Quand je sortis le lendemain matin, l'air était vif et lumineux, sur un fond de douceur. La brume dévoilait en se levant une eau tranquille qui coulait imperceptiblement. Les seuls rides à sa surface provenaient d'une femme affairée à sa lessive matinale. La rivière était beaucoup moins large que je l'avais imaginée, une cinquantaine de mètres à peu près. Sur l'autre rive, on ne voyait qu'arbres et rizières. La vieille ville se trouvait de ce côté : elle se réduit à une rue pavée d'un kilomètre et demi, le long de laquelle s'alignent maisons anciennes et boutiques. Tout au bout de la rue, isolé au bord de la rivière, s'élève un charmant petit temple dédié aux « Trois Divinités, le Ciel, la Terre et l'Eau ». L'Armée rouge l'avait réquisitionné pour en faire son quartier général.

Un peu plus loin, je tombai sur un restaurant de rue. Un vieux couple attisait son four tout en sortant bols et baguettes pour les clients du petit déjeuner. On pouvait y consommer de la bouillie de riz, du lait de soja, des petits pains fourrés cuits à la vapeur, et de la soupe aux raviolis. Je leur commandai deux petits pains, et demandai s'ils avaient toujours vécu là. « Oui, nous sommes nés ici, et y avons grandi » répondit la femme. « Je n'ai jamais été à plus de dix kilomètres d'ici. »

Je leur demandai si la rivière était toujours aussi étroite.

« On est à la saison sèche. En été, il y a plus d'eau, le courant est plus fort. » Nous étions en novembre, et la traversée par l'Armée rouge avait eu lieu le même mois, en 1934. Je leur demandai s'ils se souvenaient encore de la grande bataille qui avait eu lieu ici même soixante-dix ans auparavant. « Vous voulez dire quand les Japonais ont bombardé, et que le village a été réduit en poussière ? Sûr que c'était une grande bataille » me répondirent-ils en chœur.

Mais avant cela, pendant l'hiver 1934 ? insistai-je. Ils se regardèrent perplexes, puis se retournèrent vers moi. « Quelle autre bataille ? » Se pouvait-il qu'ils l'aient oubliée ? Je pris le temps de finir mon second pain à la vapeur. « Prenez-en encore quelques-uns. Je vais vous chercher quelqu'un qui est au courant de tout » me proposa le vieux commerçant.

Il partit en trottinant dans une allée, et revint au bout de quelques minutes avec un homme beaucoup plus âgé que lui. Ses sourcils blancs en bataille lui donnaient un air de maître de Kung Fu. Il s'adressa au couple. « Je pense qu'elle veut parler de l'Armée rouge. Vous deux, vous tétiez encore le sein de vos mères, vous ne pouvez pas vous en souvenir. La plupart des habitants avaient eu peur et s'étaient enfuis. Ma famille fabriquait des couvertures en coton. Comme nous ne pouvions pas les emmener avec nous en fuyant, nous sommes restés. J'avais douze ans à l'époque. Quand l'Armée rouge est entrée dans le village, on les a trouvés très gentils. Ils nous ont avertis qu'une grande bataille allait avoir lieu. »

Je lui demandai ce qu'il avait vu.

« Oh, c'était le chaos absolu ! » dit-il vivement, en s'emparant d'un tabouret pour s'installer tout à son aise. « La panique générale. Au début, ça n'a pas été si terrible. Mais après quelques jours, le tumulte a gagné, et nous nous sommes retrouvés comme dans une ruche en folie, après que quelqu'un l'a renversée. C'était incroyable. Ils jetaient des ponts flottants pour traverser la rivière, mais les gens qui voulaient passer s'agglutinaient toujours plus nombreux. Les chevaux effrayés refusaient de monter sur les pontons. Les hommes qui tentaient de les y pousser tombaient à l'eau. Ils abandonnaient des choses un peu partout. Je me souviens avoir trouvé un stylo. »

Ce que racontait ce vieillard confirmait ce que m'avaient dit Huang et Wang de leur propre passage de la rivière Xiang. Celui de Huang avait eu lieu le soir du 27 novembre 1934, sans aucun problème. Ni combat, ni poursuite par l'ennemi. « On avait l'impression d'être entré dans un no man's land » se souvenait-il. « Nous étions seuls sur la rivière. » Il ne pouvait évidemment pas savoir que les seigneurs de la guerre du Guangxi avaient retiré leurs troupes vers le Sud pour éviter le contact avec l'Armée rouge, et que les unités d'élite de Tchang étaient encore à 300 kilomètres derrière elle. Cinq jours durant, la rivière était restée sans aucune défense sur plus de 60 kilomètres. Mais l'énorme Colonne centrale, avec tous ses cadres dirigeants, n'avançait pas assez vite. Elle couvrait moins de 10 kilomètres par jour. Cela avait laissé le temps à Tchang de se rendre compte que les seigneurs de la guerre n'avaient pas obéi à ses ordres. Il fit pression sur eux, en même temps qu'il ordonnait à ses troupes d'élite d'accélérer leur mouvement, et à son aviation d'intervenir.

Lorsque Wang était parvenue à son tour à Jieshou avec la Colonne centrale, quatre jours après Huang, la situation avait changé. Les appareils de reconnaissance nationalistes avaient repéré les pontons, et commençaient à les bombarder. Wang avait vu beaucoup de matériel abandonné au beau milieu de la route. Les blessés gémissaient de douleur sur leurs civières. Des mules, qui avaient échappé à leurs conducteurs, renversaient et piétinaient des marcheurs. Des soldats hébétés cherchaient leur unité. « Plus personne n'obéissait aux ordres. Les officiers devaient tirer en l'air pour ramener un peu d'ordre » reconnut piteusement Wang. « Les unités qui arrivaient nous poussaient ; ceux qui étaient devant nous avançaient à peine. Un de mes porteurs trébucha, et laissa tomber par terre celui dont il avait la charge. J'ai eu toutes les peines du monde à faire passer tous mes brancards sur les pontons. »

En amont, un commissaire politique tomba sur une scène qu'il n'oublierait jamais. « Le sol était jonché de livres et de documents, de manuels d'instruction militaire, de cartes, d'ouvrages de stratégie, sur la question agraire, sur les problèmes de la révolution chinoise, l'économie politique ou le marxisme-léninisme, et de livres en anglais, en français et en allemand. Toute la bibliothèque sous le poids de laquelle les porteurs avaient ployé depuis Ruijin était là, les livres déchirés, leurs pages maculées de boue, les couvertures arrachées. Tout notre arsenal idéologique, toute notre littérature militaire, jetés aux orties[11]. »

Le vieillard m'assura qu'il n'y avait eu aucun combat dans la ville, et que les pertes avaient été dues principalement aux bombardements aériens. Il avait entendu dire qu'à 30 kilomètres plus au nord, l'Armée rouge avait dû livrer de vrais combats, mais il n'en savait pas davantage. La division du soldat Huang, la 2e du 1er Corps, avait justement participé à ces combats. Après avoir franchi la rivière, ils avaient pris position au nord de Jieshou. Leur mission était de bloquer les forces du seigneur de la guerre du Hunan, qui faisaient tout ce qu'elles pouvaient pour empêcher l'Armée rouge de pénétrer dans leur province. Trois jours plus tard, la queue de l'Armée rouge était toujours sur la rive orientale de la rivière. Il était minuit passé, le 30 novembre, quand Huang et ses camarades avaient été réveillés pour écouter le nouvel ordre du quartier général :

> *De l'issue de la bataille en cours dépend le sort de l'armée tout entière. Réussir la percée vers l'Ouest nous ouvrira de nouvelles perspectives. Tout retard permettrait à l'ennemi de couper nos lignes. Les chefs et officiers des 1er et 3e Corps doivent motiver leurs compagnies pour la bataille, et en expliquer l'enjeu. C'est notre victoire ou notre défaite qui se jouent aujourd'hui*[12].

À l'aube, une brume si épaisse recouvrait la rivière qu'elle semblait l'avoir engloutie. Huang songea que c'était un atout pour les défenseurs. On entendait des coups de feu ici et là, mais l'ennemi ne pouvait pas vraiment cibler ses tirs. Très vite, hélas, le grondement des canons commença, dispersant peu à peu la brume qui laissa bientôt apparaître les montagnes, les champs, les soldats et leurs étendards. Une vraie bataille commençait.

« Les bombardiers étaient ce que nous redoutions le plus. Le ciel en était couvert. Tout ce que nous pouvions faire contre eux était de transformer en tranchées les cratères laissés par leurs bombes » se souvenait Huang, qui en frissonnait encore. Une bombe s'abattit à cent mètres de lui, et le souffle le projeta en l'air comme un fétu de paille, tandis que la terre tremblait comme dans un séisme. Une fumée épaisse enveloppa la scène, puis se dissipa, lui laissant voir une trentaine de corps, et des membres déchiquetés, dispersés autour du cratère. Les arbres avaient été dénudés, le vent paraissait avoir été chauffé à blanc par la chaleur de la bombe, l'air puait la chair brûlée et le sang. C'est à ce moment-là que Huang avait perdu en partie son ouïe. Le bombardement avait été suivi par des vagues d'assaut de l'ennemi. Ils s'étaient battus avec férocité, parfois au corps à corps. Peu à peu, l'ennemi s'était replié, mais Huang avait vu mourir un grand nombre de ses camarades.

Le coucher du soleil, au soir de cette bataille, avait été étrange. Les montagnes pourpres qui, dans le lointain, fermaient l'horizon absorbaient les derniers feux du soleil. Le paysage était devenu de plus en plus écarlate, et ciel et montagnes n'avaient fait plus qu'un. L'ordonnance Liu était arrivé à la rivière à cet instant précis. Des coups de feu éclataient dans son dos comme du pop-corn en train de griller. L'arrière-garde livrait un baroud d'honneur contre les troupes de Tchang qui avançaient. Les pontons avaient disparu. Les soldats restaient plantés là, en état de choc devant les cadavres qui flottaient et la couleur de la rivière. Il avait si peur qu'il avait fondu en larmes, et voulu faire demi-tour pour s'enfuir. Son commandant leur avait ordonné de sauter dans l'eau, s'ils ne voulaient pas tous y laisser leur peau. Il avait fermé les yeux et plongé. Il avait été un des derniers soldats de la 1re Armée à franchir la Xiang.

J'avais déniché Liu dans un village à une quinzaine de kilomètres de là, dans un paysage de verdure, juste en face des montagnes, des forêts touffues de bambou, et des habitations entourées d'orangers et de pamplemoussiers, tout à fait comme dans un tableau. Il était difficile d'imaginer la bataille sanglante qui avait eu lieu dans ce coin pour protéger le passage de la rivière. Le village était vide. La moisson avait été rentrée, et les villageois étaient partis en ville en quête de travail. La maison de Liu était blottie au pied de la montagne, on ne pouvait pas aller plus loin. Comme s'il ne voulait pas qu'on puisse le trouver, pensai-je. Canards et poulets se dandinaient dans la cour, la porcherie était pleine de cochons, et de beaux arbres donnaient de l'ombre. Des outils agricoles pendaient aux murs, à côté de guirlandes de piments séchés rouge vif. L'image même de l'autosubsistance.

Liu faisait beaucoup plus jeune que ses quatre-vingt-six ans, dans son sweat-shirt jaune et orange. Le travail des champs l'avait gardé en forme, il était mince et vif. Il me rappelait Huang le soldat. Lui aussi venait du Jiangxi. Je l'informai que le gardien du Monument m'avait donné son adresse, ce qui l'étonna. « Bizarre. Autrefois j'étais invité à y donner des conférences, mais plus maintenant. Je débutais toujours mon exposé en avertissant que la Longue Marche avait été très différente de ce qu'on en apprend à l'école. Moi, par exemple, je ne voulais pas du tout en être. C'est le parti qui m'y a forcé. Ça devait les embêter. »

Il n'était certainement pas le genre d'ancien combattant susceptible de stimuler le sens du devoir et du sacrifice de jeunes cadets. Lui-même niait avoir jamais eu une conduite exemplaire, pas plus jadis qu'aujourd'hui. Quand on l'avait enrôlé dans l'Armée rouge, il y était devenu clairon, parce qu'il était trop frêle pour faire quoi que ce soit d'autre. Il avait quand même fait des pieds et des mains pour en sortir. « Au village, c'est comme ça qu'on saluait les morts, en soufflant de la trompette et du clairon » m'expliqua-t-il d'un air sombre. « Du coup, j'avais l'impression que les tués l'avaient un peu été par ma faute. Ça ne me gênait pas du tout de me lever à l'aurore pour m'exercer. Et je n'avais aucun mal à assimiler les diverses sonneries, bien qu'il y en avait plusieurs dizaines, toutes différentes. Mais l'idée que des gars soient morts à cause de moi, ça m'était insupportable. Alors je n'arrêtais pas de râler constamment. Ils ne savaient plus du tout que faire de moi. Pour finir on m'a nommé ordonnance. »

Liu affirmait qu'il ne se souvenait plus du régiment, ni de la division ni même du Corps d'armée dans lequel il avait servi. Tout était confus dans sa tête, disait-il, à l'exception d'une chose : la bataille qui avait changé son existence, la première – et la dernière – à laquelle il ait participé, celle de la Xiang. « Je n'en croyais pas mes yeux. La rivière était rouge de sang. Elle était couverte de cadavres qui flottaient dans l'eau comme des sauterelles. » Il essuya une larme au coin de l'œil. « J'ai laissé tomber mon fusil. Il était trop lourd, et il me fallait mes deux mains pour nager en poussant les cadavres de côté. J'étais tellement crevé que j'ai bien failli me noyer. J'aurais pu y rester, et personne n'en aurait jamais rien su, mais je me suis accroché à un corps qui flottait, en m'en servant comme d'une bouée. Après quelques minutes de repos, j'ai recommencé à avancer. Ça m'a pris une éternité. »

Une fois arrivé sur l'autre rive, il n'était pas parvenu à retrouver l'officier qui commandait son bataillon. « J'avais peut-être mis trop de temps, il était parti en me donnant pour mort » suggéra-t-il avec un hochement de tête. Ses vêtements étaient gorgés de sang. Il se changea après avoir déshabillé un mort, et récupéré un fusil abandonné. Il fallait qu'il décide où aller, mais il restait là, planté, perdu au milieu d'hommes qui couraient en tous sens. Il avait fini par suivre un groupe, et ils avaient marché dans la nuit jusqu'à un village où ils s'étaient arrêtés pour dormir. Une énorme explosion les avait réveillés. Ils avaient décampé dans toutes les directions, mais des mitrailleuses ouvraient le feu de tous côtés. Lui aussi s'était mis à courir. Le soldat qui le précédait avait été fauché par un tir, il était tombé sur lui à la renverse, et avait perdu connaissance. Quand il était revenu à lui, un nationaliste debout le tenait en joue. « J'étais mort de peur. Il n'y avait rien d'autre à faire que de me rendre en lui remettant mon fusil. » Il pensait être un des seuls combattants de l'Armée rouge à avoir été capturé. En arrivant dans la ville voisine, où les nationalistes l'avaient emmené, il y avait trouvé des centaines, voire des milliers, d'autres prisonniers. Ils avaient été détenus dans une école, avec deux repas par jour. « Nous étions si nombreux que les nationalistes ne pouvaient plus nous nourrir. Alors ils nous ont remis en liberté » termina-t-il avec un grand sourire. Certains étaient rentrés au Jiangxi, mais il avait oublié jusqu'au nom de son village natal. Il avait préféré rester sur place, survivant tant bien que mal en se louant comme berger.

Combien y avait-il eu de tués dans la bataille de la Xiang ? lui demandai-je.

« À mon avis, il y a eu bien plus de fugitifs que de tués » répliqua-t-il sans l'ombre d'une hésitation. « Prenez mon bataillon par exemple. Tout au long de la Marche, nos rangs n'avaient cessé de s'éclaircir. Je ne sais pas trop si ceux qui avaient disparu s'étaient égarés, étaient restés en arrière, ou s'ils avaient vraiment déserté. Dans chaque village que nous traversions, il y en avait qui se planquaient chez l'habitant, et on ne les revoyait plus. Si j'avais été moi aussi simple soldat, au lieu d'être ordonnance, et d'être très lié à mon chef de bataillon, moi aussi j'aurais peut-être pris la fuite » reconnut-il en baissant la voix. En arrivant à la rivière, son bataillon ne comptait déjà plus qu'une trentaine de combattants. Il n'avait aucune idée du nombre de ceux qui avaient traversé la rivière, et de ceux qui avaient fait demi-tour.

Le nombre réel des morts pendant cette bataille est devenu l'enjeu d'une bataille de statistiques. Les rares comptes rendus qui ont été publiés parlent de deux jours de combat, le 30 novembre et le 1er décembre 1934. Les unités engagées avaient été pour l'essentiel les 1er et 3e Corps. La version officielle affirme que l'Armée rouge y avait perdu les deux tiers de ses 86 000 hommes, chiffre invraisemblable pour les morts au combat. Harrison Salisbury, quoiqu'il ait eu accès à toutes les sources disponibles, avoue ne pas être en mesure de citer un chiffre exact. Il estime que tout au plus 15 000 hommes ont trouvé la mort sur la rivière Xiang, et que le 1er Corps, celui auquel Huang appartenait, a subi le plus gros de ces pertes, avec 6 000 tués. Ce qui signifie plus de 30 000 hommes perdus dans le brouillard. Personne ne veut l'admettre, mais la plupart d'entre eux ont évidemment déserté.

Pour autant qu'on puisse en juger d'après ses rares souvenirs précis, Liu faisait partie du 8e Corps, formé à la hâte, juste avant le début de la Longue Marche, en incorporant 11 000 nouvelles recrues. On l'avait placé en sandwich entre les durs du 1er Corps et le 5e. Liu ne se rappelait aucun combat avant d'arriver sur la Xiang, et même là son unité fuyait bien plus qu'elle ne se battait. Sur les 11 000 hommes des deux divisions du 8e Corps, il n'y en eut pas plus de 600 à parvenir de l'autre côté de la rivière. Le commandant du Corps passa en cour martiale[13]. Trois autres divisions, les 15e, 22e, et 34e, qui appartenaient à d'autres Corps d'armée, se désintégrèrent pareillement sur la rive Est, avant même d'avoir franchi la rivière. Elles aussi étaient entièrement constituées de nouvelles recrues. Braun fit remarquer que les 25 000 soldats de ces cinq divisions avaient été incorporés dans les mois qui avaient précédé la Longue Marche. Elles avaient eu très peu d'entraînement, ce qui peut avoir contribué à un taux de pertes très élevé. Mais il nous apprend aussi qu'on ne les utilisait guère qu'en couverture, ou à l'arrière-garde, et qu'elles n'étaient en principe jamais engagées dans les affrontements importants[14]. Leur disparition s'explique plutôt, comme celle des porteurs et des

7 000 réservistes de la Colonne centrale, par les désertions, les abandons, et les maladies.

J'interrogeai Liu, avant de prendre congé de lui, au sujet de la photo d'un jeune homme en uniforme qui trônait sur un autel dans le salon. Elle aurait pu être lui dans sa jeunesse. Une grande affiche de Mao était épinglée au mur juste derrière elle. Il me répondit que c'était son petit-fils. Pourquoi s'était-il engagé ? « Oh, c'est une autre histoire » fit-il, en vidant une tasse d'eau fraîche tirée d'un tonneau. Puis il reprit, s'essuyant les lèvres. « Aujourd'hui, être militaire est un bon job. Pas de guerre, aucun risque, des munitions en pagaille, et tout ce qu'il y a de plus moderne comme matériel. Avec un salaire régulier, par-dessus le marché ! C'est un cadeau tombé du ciel. Les jeunes sont trop gâtés. Mais si l'armée était comme celle de mon temps, j'aurais tout fait pour l'empêcher de s'engager. » On lisait dans ses yeux fierté et regret à parts égales. Regret que sa brève carrière militaire, quoique forcée, se soit terminée par une capture humiliante. Mais aussi fierté que son petit-fils ait renoué avec la tradition et l'Armée rouge. Peut-être finirait-il officier, et reviendrait-il vivre au village dans le confort et entouré de respect, comme Liu l'avait probablement rêvé pour lui-même.

Je me rendis de nouveau au bord de la rivière pour y faire une longue promenade, et admirer les maisons qui se reflétaient dans l'eau claire et paisible. La soirée était magnifique. Lentement les brumes se sont levées, et ont effacé la rivière. Je ne pouvais plus en deviner ni la largeur, ni la profondeur. C'était vraiment comme le mystère entourant cette bataille de la Xiang, dont je n'avais jamais entendu parler à l'école, dans laquelle avaient pourtant été anéantis les deux tiers de la 1re Armée selon la version officielle, mais qui selon certains n'a jamais eu lieu. Certes, il y avait eu ici des combats violents, et la rivière avait bien été rougie par le sang des victimes, mais il n'y avait certainement pas eu 50 000 morts. On demandait trop à cette rivière.

Avant de l'atteindre, je n'avais pas beaucoup pensé au problème des désertions. Elles ne cadraient pas avec l'image que j'avais de l'Armée rouge. Pour les anciens combattants que j'avais rencontrés au contraire, elles faisaient naturellement partie de l'histoire de la Longue Marche. La plupart d'entre eux avaient eux-mêmes envisagé de déserter. En repensant à tout le mal que la mère Wang avait eu à remplir son quota de recrues, il m'était facile de voir que la motivation de beaucoup de soldats était très faible. Seule une discipline de fer avait poussé les autres à persévérer sur tant de milliers de kilomètres malgré la souffrance. La Longue Marche avait été une sorte de sélection naturelle, ou plutôt d'orpaillage. L'eau et le sable avaient été éliminés, et seul l'or était resté. Il y avait eu bien sûr beaucoup d'hommes courageux et valeureux parmi les morts, et parmi ceux qui avaient été abandonnés pour cause de blessure ou de maladie. Mais les survivants qui étaient arrivés au terme de cette Marche qu'ils avaient été des dizaines de milliers à entreprendre avaient certainement fait preuve d'un véritable héroïsme. Ils avaient tout subi, et avaient surmonté toutes les épreuves. Ils étaient devenus invincibles, et avaient ouvert la voie à la révolution. Tous étaient fiers de ce qu'ils avaient fait. Et on ne peut qu'éprouver du respect, et même de l'admiration, pour eux.

5.

Nourritures spirituelles.

« Les Rouges arrivent ! Ils sont là ! » hurla le colporteur en se précipitant en direction de Shiqian. Son apparition provoqua une panique générale sur le marché qui se tenait sous les murs de la ville. Tous les marchands saisirent leurs affaires et décampèrent. Une fois à l'intérieur, ils baissèrent le rideau de leurs échoppes et barricadèrent la porte de leurs maisons. Certains rassemblèrent quelques vêtements, envahirent la rue et se précipitèrent vers la porte Sud. Trop tard. L'avant-garde, qui y avait déjà pris position, leur ordonna de faire demi-tour. Deux des missionnaires allemands de l'église locale prirent la direction de la porte Nord, tandis qu'un troisième insista sur sa mule pour gagner celle du Sud. Il parvint à la franchir, mais un groupe de soldats le désarçonnèrent, lui lièrent les mains dans le dos, et l'emmenèrent.

Chaque unité avait immédiatement choisi sa cible : le *yamen*, siège du tribunal, l'église catholique, le temple confucéen, la Chambre de commerce, la poste, les résidences les plus luxueuses, et les magasins les plus chics. Les soldats qui avaient investi la résidence du juge en avaient enfoncé le portail, et s'étaient mis en quête de butin à piller : de l'argent, des vêtements, des céréales, de l'opium, tout ce qui avait de la valeur était bon à prendre. Ils emportèrent tout, en même temps qu'ils emmenaient le juge et sa famille. La moisson était encore plus fructueuse dans les magasins. On voyait des hommes en sortir les bras chargés de rouleaux de tissu, de cartons de cigarettes, de boîtes de médicaments, de sacs de riz et de sucre, de piles de feuilles de papier, de barils d'opium, et de jambons... Le produit de ce pillage était acheminé vers l'église réquisitionnée pour abriter le quartier général de l'armée, où siégeait le Comité de confiscation. Les riches qui n'étaient pas parvenus à s'échapper, et ils étaient nombreux, étaient détenus comme otages dans la prison municipale.

L'infirmier Chen placardait des affiches sur les magasins qui avaient été vidés de leur contenu ; il avait déjà marqué un chausseur, une maison de thé, une épicerie. Il avait l'eau à la bouche, et l'esprit bouillonnant d'impatience. Son détachement se verrait attribuer une part des dépouilles par le Comité de confiscation. La chance était avec eux. La Fête du printemps étant proche, de nombreuses maisonnées avaient économisé toute l'année et stocké des provisions pour la préparer. Les cochons qu'on entendait hurler en étaient la preuve. Il aurait peut-être droit à des chaussures neuves, rêva-t-il, en contemplant ses pieds nus. En plus, il allait pouvoir s'installer confortablement dans une belle demeure, et y prendre quelques jours de repos, à ne rien faire d'autre que dormir et manger, trois repas par jour, avec du porc, ou au moins des légumes, à chaque repas. Il en était ainsi chaque fois qu'ils prenaient une ville.

Quand il m'a raconté la prise de Shiqian, un bonheur enfantin illuminait encore le regard de Chen. À quatre-vingt-trois ans, il était un des plus jeunes parmi les témoins que j'ai pu retrouver. Il habitait dans une maison de repos réservée aux officiers supérieurs, mais faisait beaucoup plus jeune que les autres pensionnaires de l'établissement. Le sourire éclairait fréquemment son visage au teint rose ; il s'exprimait d'une voix douce, souvent nouée par l'émotion. Il éclatait aussi fréquemment en sanglots durant nos conversations, à tel point que j'hésitais à les poursuivre. Je craignais pour sa santé, d'autant qu'il sortait de l'hôpital. Après avoir fait la Marche comme infirmier, il avait toujours travaillé dans les services de santé, et avait dirigé un grand hôpital jusqu'à sa retraite. Le fait d'avoir beaucoup fréquenté la mort lui faisait apprécier encore davantage la vie qu'il avait vécue. Il avait conservé des notes sur tous les camarades qu'il avait vus mourir, souvent dans ses bras, sans pouvoir faire grand-chose pour eux. Les médicaments étaient une denrée rare, surtout pendant la Longue Marche. « Il m'aurait suffi d'avoir assez de bandage, de pouvoir simplement leur faire des injections de quinine, ou même de disposer d'un peu de sel pour désinfecter leurs blessures, et je les aurais sauvés » m'assura-t-il d'une voix brisée. Mais quand je le faisais parler de choses comme la prise de Shiqian, il redevenait aussi volubile que le gamin de treize ans qu'il était à l'époque. « C'étaient les moments les plus excitants, bien plus que les combats. On savait qu'on allait enfin avoir à manger. Vous imaginez ? Des médicaments, du sel, du sucre, de la viande, du tissu, des chaussures, du papier. Que demander de plus ? » J'imaginais tout à fait comment un gamin qui avait vécu toute son enfance dans la misère avait pu réagir devant pareils trésors.

Je lui demandai comment il repérait les propriétaires fonciers.

« Le Département politique nous avait donné des instructions très claires, et très habiles, sur la manière de les débusquer, et de les faire cracher autant que possible. Il existait dans chaque régiment une unité dont la fonction était d'identifier les grands propriétaires et les familles riches. Les gens qui possédaient de grandes maisons, ceux qui avaient une boîte aux lettres, ou les chiens de garde les plus agressifs. Vous connaissez le dicton qui dit que les chiens ressemblent à leurs maîtres. On interrogeait aussi les gens du lieu. Sans leur poser de questions directes, parce qu'ils ne nous auraient rien dit. Mais il suffisait de leur demander à qui on pouvait emprunter un peu d'argent quand on en avait besoin. En répondant, ils nous indiquaient qui étaient les riches. »

Ces riches ne fuyaient-ils pas ?

« Le proverbe dit que même quand les moines s'en vont, il reste toujours le monastère, n'est-ce pas ? Ils ne pouvaient pas emmener grand-chose avec eux, et certainement pas leurs dollars d'argent, qui pesaient très lourd. Souvent, ils les enterraient. Nous allions fouiller dans les endroits les plus sales, la porcherie par exemple. Nous versions de l'eau sur le sol et les murs, pour voir où elle séchait le plus vite, car c'est toujours là qu'il y a eu les travaux les plus récents. Voilà comment nous nous y prenions. Et comment nous nous sommes ravitaillés pendant la Longue Marche. La propagande nationaliste nous traitait de bandits, et nous accusait de tuer et de piller. Des mensonges. Nous ne prenions qu'aux riches. C'est ce qui nous a permis de survivre et de vaincre. » Puis il avoua, sur un ton d'excuses : « Parfois, on s'est trompé. »

Chen appartenait au 2ᵉ Corps, que commandait le légendaire He Long. Celui-ci s'était taillé sa réputation et avait fait fortune en rançonnant les caravanes d'opium qui remontaient la vallée du Yangzi. Il jouait les Robin des bois en aidant les pauvres. Lui-même ne tirait pas sur la pipe, mais il ne manquait jamais d'offrir de l'opium à ses hôtes à la fin des banquets somptueux qu'il organisait et dont les plats, chinois et occidentaux, étaient composés par son très réputé chef particulier. Les nationalistes comme les communistes l'avaient longtemps courtisé en vain. Il avait fini par rejoindre les nationalistes, mais avait été vite convaincu que ceux-ci ne valaient pas mieux que les seigneurs de la guerre. Il était alors passé dans le camp communiste, et était même devenu le commandant en chef de leurs forces lors de l'insurrection armée qu'ils avaient déclenchée contre Tchang Kaichek le 1ᵉʳ août 1927 à Nanchang. Ce soulèvement avait été un échec complet, les communistes l'ayant insuffisamment préparé, et la supériorité des forces de Tchang s'étant révélée écrasante. He Long s'était alors replié dans son fief du Hunan, et avait rallié ses fidèles. Quelques semaines plus tard, il était de nouveau à la tête de plusieurs milliers de combattants, dont bon nombre de ses anciens compagnons. Il avait été par la suite renforcé par une autre bande de guérilleros, et sa légende n'avait cessé de s'étendre.

La réputation formidable de He fascinait Chen. On racontait que les balles ne pouvaient le frapper, qu'il était insaisissable, et qu'il était capable, par ses discours tonitruants, de « faire se lever les morts pour prendre les armes ». Lorsque les troupes de He Long étaient entrées dans son village, elles avaient tué un grand propriétaire en même temps que ses cochons. Elles les avaient fait bouillir dans une marmite géante installée au centre du village, et les effluves du festin s'étaient répandus dans toutes les maisons. Quand il s'était engagé dans l'Armée rouge, on lui avait promis qu'il mangerait du porc tous les jours. Il n'avait que treize ans, mais il avait menti, prétendant en avoir quinze pour qu'on l'accepte. Il l'avait fait sans prévenir ses parents. Comme il était de trop petite taille pour s'encombrer d'un fusil, il avait été désigné comme estafette. Puis, au terme de quatre semaines de formation, il était devenu infirmier. Il m'avoua avoir été surpris de constater que l'Armée rouge n'était pas si nombreuse que cela. « Je me suis enrôlé alors qu'elle était au plus mal » me fit-il remarquer avec fierté.

Il avait découvert tout aussi vite une autre chose, bien plus terrible : les purges étaient incessantes dans l'Armée rouge comme dans les zones communistes. L'armée de He Long avait été sévèrement affaiblie par les plus sanglantes d'entre elles. Le responsable du parti de la zone n'avait eu aucune confiance dans ces bandits passés successivement aux nationalistes, puis à l'Armée rouge. « Le parti [local] a été infiltré par le KMT [le parti nationaliste]. L'Armée rouge ici n'est pas différente de celle du KMT » avait-il déclaré dans un rapport au Comité central. Il avait fait exécuter 90 % des officiers du 2ᵉ Corps au-dessus du niveau de la compagnie, après les avoir accusés d'être des espions à la solde des nationalistes, et des membres de la Clique antibolchevique. Ces purges ne s'étaient pas limitées à l'armée. En un mois, on avait exécuté plus de 10 000 personnes dans un district de la base de Honghu, au minimum. Les massacres étaient devenus une routine, et tellement arbitraires qu'un officier pouvait dire de son supérieur : « Quand on avait tué des gens sans son ordre, il bougonnait, en nous reprochant d'être complètement idiots. C'est seulement quand nous égorgions un cochon sans sa permission qu'il nous abreuvait d'insultes du genre "Nique ta mère !" et qu'il nous infligeait des sanctions[1]. »

Les purges avaient fait tant de victimes que Tchang n'avait même pas eu besoin de lancer une offensive contre l'Armée rouge. Ils avaient été contraints d'abandonner leur base dès 1932, deux ans avant le début de la Longue Marche, parce qu'ils avaient perdu tout soutien dans la population locale. Cette fuite n'avait même pas mis fin aux purges au sein du 2ᵉ Corps. Les victimes, pour la plupart des officiers qui avaient échappé aux purges précédentes, étaient liquidées avec une cruauté raffinée. Ils étaient versés dans des escadrons suicide, et envoyés en première ligne dans les combats les plus durs et les plus meurtriers avec seulement trois balles chacun. Ceux qui y laissaient la vie, c'est-à-dire plus de la moitié d'entre eux, étaient immédiatement remplacés par de nouveaux condamnés pour la bataille suivante. Quant à ceux qui s'en tiraient indemnes, on ne leur faisait pas confiance pour autant. « Ces réactionnaires n'ont fait preuve de courage que dans l'intention de tromper le parti afin de pouvoir continuer leurs menées contre-révolutionnaires » avait décrété le responsable[2]. « Ils avaient l'air d'être en transes, ou drogués » se souvenait Chen, encore incrédule. Quand le 2ᵉ Corps était enfin parvenu dans le Guizhou, il ne restait que 3 000 des

30 000 combattants qui s'étaient mis en marche, et les membres du parti n'étaient plus que cinq. Quand il leur avait fallu remplacer le chef du Département politique, un poste-clé dans l'Armée rouge, ils n'avaient trouvé personne qui sache lire ou écrire. Le responsable du ravitaillement avait dû prendre le poste.

Telle était l'armée sur laquelle reposaient tous les espoirs de l'Armée rouge après que celle-ci avait été obligée d'évacuer le Jiangxi. Le plan de marche visait à rejoindre l'armée de He Long dans sa nouvelle base, aux confins des provinces du Hubei, du Hunan, du Sichuan et du Guizhou. Mais il n'y avait plus eu le moindre contact entre le Jiangxi et He Long depuis deux ans. Ce n'est qu'en août 1934, deux mois à peine avant le début de la Longue Marche, que le 6e Corps partit à la recherche de He Long, et pour reconnaître la route que l'armée principale devrait suivre.

Xiao Ke, un Hunanais comme He Long, âgé d'à peine vingt-six ans, commandait le 6e Corps. Il avait étudié à l'Académie militaire de Whampoa, et était devenu un des plus jeunes généraux de l'Armée rouge. Sur ses photos, on est frappé par sa jeunesse, et son sourire plein d'assurance. L'âge de tous ces officiers ne cesse de m'étonner, il devait tourner en moyenne autour de vingt-cinq ans. Quand je compare mes vingt-six ans avec eux, j'ai du mal à croire ce qu'ils ont accompli, et je comprends mieux les erreurs qu'ils ont pu commettre. Xiao Ke venait d'une famille de lettrés aisés de la campagne. Mais quelle qu'ait été leur origine, une passion, un idéal et un engagement incontestables les poussaient à se sacrifier à la cause du communisme. Xiao était réputé pour sa prudence et son caractère méticuleux, mais aussi pour sa grande détermination. Ces qualités l'avaient fait choisir pour la tâche redoutable de diriger le 6e Corps dans cette mission cruciale. Il devait aller du Jiangxi au Guizhou sans autre carte que celle qu'il avait déchirée dans un manuel de géographie. N'y apparaissaient que les capitales provinciales, les principales chaînes de montagnes, et les fleuves les plus importants.

Parvenu dans le chaos montagneux du Guizhou, Xiao Ke n'avait pas la moindre idée où aller chercher le 2ᵉ Corps de He Long. Il ne savait d'ailleurs même pas où il se trouvait exactement lui-même. Il se mit à tourner en rond, revenant parfois à son point de départ. Les habitants ne savaient en général rien du monde au-delà de leur propre vallée, et même de la vallée voisine. De toute manière, ils ne trouvaient la plupart du temps personne à interroger, les gens fuyant dans la montagne à la nouvelle de leur approche. Il leur fallut même un jour porter à dos d'homme une vieille femme aux pieds bandés pour qu'elle leur montre le chemin en faisant des gestes. Un autre jour, ils durent s'en remettre à un opiomane en manque qui ne tenait plus debout. On lui promit sa drogue, mais, pour ne pas avoir à attendre que sa dose ait fait son effet, les soldats le portèrent pendant qu'il mâchonnait sa chique d'opium tout en leur indiquant le chemin à suivre. Ils finirent par tomber dans une embuscade tendue par les nationalistes, et perdirent la moitié de leur effectif. Ils étaient au bout du rouleau quand ils tombèrent dans une petite ville sur un journal nationaliste local qui titrait sur la menace que faisaient peser sur la région « les bandits rouges de He Long ». Au moins, il était toujours vivant ! Il ne restait plus qu'à mettre la main dessus.

Moi, je savais où je voulais aller, mais m'y rendre se révéla plus difficile que je l'avais imaginé. Mon but était Shiqian, ville proche du site de la jonction entre le 2ᵉ et le 6ᵉ Corps, qui avait été le siège de la base qu'ils avaient voulu créer au Guizhou. Les quatorze heures de train, puis d'autobus, qu'il m'a fallu pour m'y rendre ont été les pires de tout mon voyage. Avant le départ, le chauffeur avait conseillé à tous les passagers d'acheter de quoi manger pour le trajet. « Le Guizhou est une région misérable. Sur la route, vous ne trouverez que quelques restaurants malpropres. Je n'ai pas envie de vous voir malades en train de vomir partout dans mon bus. » À la vue de l'appareil photo qui était pendu à mon cou, il m'avait conseillé de le cacher dans mon sac à dos, ou dans sa boîte à outils. « Il y a des gangs sur la route. Ils se font chaque jour quelques bus » m'avait-il expliqué. Ils pouvaient attaquer son bus ? m'inquiétai-je. « Et pourquoi pas ? Je suis comme les autres. Jusqu'à présent, heureusement, il n'y a jamais eu de sang versé. Tout ce qu'ils veulent, c'est de l'argent et des objets de luxe, comme votre appareil. Nous sommes la province la plus pauvre de tout le pays, 70 % des gens sont sans boulot. Il y a beaucoup de drogués, qui ont absolument besoin d'argent. Ils sont contents quand ils sont arrêtés par la police, car elle leur donne au moins un lit et un repas. Mais les prisons sont surpeuplées. Du coup, ils sont de nouveau sur la route le lendemain. »

Il m'avait sérieusement inquiétée, et je serrai contre moi mon sac contenant mon appareil pendant tout le trajet. Les panneaux « En cas de problème » plantés le long de la route, qui indiquaient les numéros d'appel d'urgence de la police et de l'hôpital en gros chiffres rouges, ne me rassuraient guère. Ils ne sont pas là pour les accidents de la route, ne pouvais-je m'empêcher de penser. J'oubliai quand même assez vite ces gangs. On dit qu'au Guizhou, il n'y a pas un mètre carré sans relief, ni trois jours de suite sans pluie. Je pouvais vérifier l'exactitude du dicton. Des montagnes abruptes, couvertes de végétation, se succédaient sans fin. Les habitants étaient réputés pour leur chant, talent qu'ils devaient sans doute à leur habitude de se passer des messages d'une cime à une autre en s'époumonant. La route, étroite, non goudronnée, serpentait comme une corde emmêlée, sous une pluie incessante bien entendu. Nous étions brinquebalés d'un côté de l'autre comme des marionnettes. Je m'agrippai au siège du chauffeur, tout en me disant que la moindre faute d'attention de sa part nous précipiterait à coup sûr dans le ravin, et ferait du Guizhou l'ultime étape de mon voyage. Heureusement, il faisait cette route tous les jours. Je le félicitai pour son courage.

« Il n'y a pas eu de problème aujourd'hui » me répondit-il l'air blasé. « Il y a quinze ans, il n'y avait même pas de vraie route. Je me souviens que lorsqu'il y avait du brouillard, il fallait que quelqu'un marche devant le bus avec une lanterne pour lui indiquer le chemin. »

En ce temps-là, il était probablement moins dangereux de faire la route à pied. Dans les montagnes du Guizhou, l'Armée rouge avait en tout cas trouvé la sécurité. Les forêts primaires qui couvraient la province étaient si denses que personne ne pouvait vous retrouver une fois que vous y aviez pénétré. La déforestation a fait ses ravages, mais la région est encore très boisée. Le chauffeur m'avait dit que des tigres descendaient encore sur la route dans les années 60. On imagine ce qu'il devait en être dans les années 30. Je me demandai comment diable Xiao Ke et ses hommes avaient fait pour avancer sans cartes ni guides.

Ils avaient finalement eu la chance de découvrir une grande carte de Chine dans l'église d'une petite ville qu'ils venaient d'investir. Xiao Ke avait failli sauter de joie, avant de se rendre compte que cette carte était rédigée dans une langue qu'il ne connaissait pas. Ses aides de camp lui firent remarquer que le missionnaire qu'ils avaient fait prisonnier le jour même pourrait peut-être les aider. Xiao Ke invita le prêtre à dîner après quoi, à la lumière d'une bougie, ce dernier lui lut les noms sur la carte, et ils en établirent de concert les équivalences en chinois. C'est alors que Xiao Ke se rendit compte qu'il n'était guère qu'à 150 kilomètres de celui qu'il cherchait. Le 2e Corps et le 6e firent leur jonction trois semaines plus tard, le 22 octobre 1934. L'Armée rouge s'était mise à son tour en marche une semaine auparavant, pour les rejoindre.

Le missionnaire qui avait sauvé Xiao Ke s'appelait Rudolf Bosshardt et appartenait à la Mission de la Chine intérieure, une organisation basée à Londres. Il avait été arrêté le 1ᵉʳ octobre, en même temps que deux autres missionnaires, un homme et une femme, leurs épouses, et leurs deux enfants. Ils avaient été accusés d'être des espions à la solde de l'impérialisme, et condamnés à dix-huit mois de prison. Une rançon de 100 000 $ par personne avait été demandée pour leur libération. Les femmes, les enfants et l'autre missionnaire avaient été relâchés les uns après les autres, mais Bosshardt resta 560 jours prisonnier, le temps qu'il fallut à l'Armée rouge pour échapper aux nationalistes qui étaient à ses basques et trouver où créer une nouvelle base.

Le récit qu'a fait Bosshardt de sa captivité au jour le jour, *Prisonniers des soldats rouges*[3], est probablement le compte rendu le plus honnête et le plus complet de ce qu'a réellement été la Longue Marche. Son récit est factuel, détaillé et dépassionné, aux antipodes des contes de fées officiels. Il y parle de la vie quotidienne, de ce qu'on mangeait et d'où on se logeait, de l'alternance des marches et des périodes de repos, des combats et des retraites, de la discipline imposée et des entraînements constants, des pillages et des massacres, des otages et des rançons extorquées. Tous les moments d'exaltation, mais aussi de désespoir, que connut l'Armée rouge y figurent. Les négociations complexes engagées pour la libération des missionnaires mettent en lumière l'ingéniosité et la cruauté des méthodes employées par l'Armée rouge pour assurer son intendance. Bosshardt ne manque pas non plus de mettre en avant les qualités exceptionnelles de ses ravisseurs, leur idéalisme, leur dynamisme, et la confiance en soi qui leur permettaient de surmonter les incroyables difficultés qu'ils rencontraient dans leur Longue Marche.

Toute ma fatigue se dissipa une fois arrivée à Shiqian. Je n'avais jamais entendu parler de cette ville avant de m'y rendre. J'y découvris une des cités les mieux préservées qu'il m'ait été donné de voir en Chine. Les échoppes en bois de deux étages qui bordent la grande rue pavée sont les mêmes depuis des siècles. En levant le nez, on voit vivre les familles sur leur balcon, où les femmes étendent le linge, donnent le sein aux nouveau-nés, et se consacrent à la broderie. La rue est encombrée de porteurs de palanches qui trottinent de biais, balançant dans leurs deux paniers en osier des céréales en gerbes, des sacs de légumes et quantité de poissons fraîchement pêchés. La pétarade d'une moto est le seul élément de modernité venant brouiller de temps à autre ce spectacle ancestral. On passe devant des vieillards assis par petits groupes de deux ou trois, qui sourient en vous saluant. Les hommes portent turban, les femmes nouent des foulards bleus et blancs dans leurs chignons. Au centre de la ville, le superbe Palais de la Longévité de Dix Mille Ans domine tous les autres bâtiments, y compris l'église catholique dont la nef s'élance sur fond verdoyant de collines et de rizières. La Congrégation allemande du Sacré-Cœur, qui l'a bâtie en 1909, lui a donné une façade blanche, mélange curieux de fenêtres en ogives et d'auvents relevés à la chinoise. Elle abrite à présent un musée de l'Armée rouge.

Chen avait gardé un bon souvenir de Shiqian. On aurait pu y établir une base remarquable, si la ville n'avait été trop petite pour la 2e Armée, qui venait de voir le jour par la fusion des 2e et 6e Corps. Elle s'y était reposée quand même une semaine entière, pour la première fois depuis plusieurs mois. Il se souvenait avoir festoyé de porc et de canard presque tous les jours. Il s'était baigné dans les fameuses sources thermales qui surgissent au milieu des rochers à la sortie de la ville, une des attractions de Shiqian selon Bosshardt. Et on lui avait donné une nouvelle paire de chaussures, confisquée dans un magasin. « Des chaussures, vous vous rendez compte ! » s'exclama-t-il, soixante-dix ans plus tard, avec un émerveillement intact. « Mon rêve le plus cher ! » Sa première paire de sandales n'avait pas duré une semaine, et il prenait soin de sa paire de rechange comme de la prunelle de ses yeux. Sans chaussures, on pouvait aisément décrocher de la colonne, et risquer d'être abattu par les poursuivants nationalistes. Il ne les enfilait que pour escalader, ou en terrain très difficile. Même alors, il les protégeait de l'usure en les entortillant dans ses bandes molletières. La paille dont elles étaient faites partait quand même en morceaux, et il avait dû souvent chausser son « cuir privé ». « La peau est une sorte de cuir, n'est-ce pas ? » s'amusa-t-il devant mon air perplexe. Néanmoins, chaque fois qu'il trouvait un bout de tissu il s'en bandait les pieds.

Bosshardt nota que le besoin de se chausser poussait les soldats à faire preuve d'une imagination très développée. « Leur très grande expérience leur avait appris à repérer tout ce qui pouvait être récupéré pour confectionner des sandales. Tout leur était bon, laine, soie, vêtements de prix ou vieux chiffon. » Certains missionnaires, quand ils avaient regagné le poste dont ils avaient été évacués, n'avaient plus trouvé chez eux le moindre rideau, drap ou chasuble. Les soldats prenant souvent plus de tissus qu'ils ne pouvaient en utiliser, les routes à la sortie des villes occupées étaient jonchées de vêtements, comme si tout le linge sale avait été jeté sur la chaussée. Dès qu'ils se remettaient en route, les soldats se débarrassaient des draps et des tissus qu'ils savaient ne pas pouvoir transporter.

C'est à Shiqian que le missionnaire avait repris espoir. Il était otage depuis plus d'un an déjà, et suivait les pérégrinations de l'Armée rouge qui tentait de semer les nationalistes dans les montagnes du Guizhou oriental. Il avait vu passer à cheval He Long en personne, qui lui avait lancé : « S'ils ne payent pas rapidement ta rançon, je vais te couper la tête. Et ne crois pas que ta barbe te protège ! J'ai tué un curé dont la barbe était bien plus longue que la tienne[4]. » Mais on lui avait indiqué que le montant de la rançon serait considérablement baissé s'ils pouvaient obtenir des canons anti-aériens, des pièces électriques pour leur radio de campagne, et toute une liste de médicaments d'importation. La Mission avait dépêché une demi-douzaine d'intermédiaires, chacun accompagnant un chargement de médicaments, de cartes, d'émetteurs radio, de semi-conducteurs, ainsi que 200 dollars d'argent, condition préalable fixée pour l'ouverture de toute négociation. Plusieurs de ces émissaires avaient été détroussés en chemin. L'un d'eux, qui s'était déguisé en ressemeleur itinérant, avait été jugé suspect par les Rouges, qui ne l'avaient pas laissé franchir leurs lignes. Ting, intermédiaire attitré des communistes qui avait gagné leur confiance lors de négociations avec un riche propriétaire, s'était finalement présenté. Il avait obtenu la libération du second missionnaire contre 20 000 dollars d'argent. Maintenant c'était au tour de Bosshardt.

Les deux négociateurs qui avaient accompagné Ting à Shiqian conclurent un marché avec l'Armée rouge. Bosshardt serait libéré contre 10 000 $. Mais la Mission devait présenter ses excuses aux communistes, faire passer des messages vers l'autre base rouge, et acheter pour eux encore davantage de médicaments et d'équipements électriques. Un détachement de 2 000 hommes fut envoyé pour récupérer ce butin. Ils se heurtèrent aux nationalistes et eurent quatre tués lors de l'accrochage. Trop impatients, ils étaient arrivés au point de rendez-vous deux jours avant la date convenue. Bosshardt repartit pour deux mois de détention supplémentaires, durant lesquels il faillit mourir d'une mauvaise fièvre. Les intermédiaires parvinrent quand même à retrouver l'Armée rouge, à présent à 1 000 kilomètres plus à l'Ouest, dans les montagnes frontalières du Sichuan. Le dimanche de Pâques 1936, 18 mois jour pour jour après sa capture, Bosshardt recouvra la liberté.

Xiao Ke organisa un banquet en son honneur, et lui servit vin et café, pour la première fois en dix-huit mois. Le café avait tellement manqué au missionnaire qu'il avait pris l'habitude de mélanger du riz calciné dans de l'eau pour concocter un breuvage qui en avait au moins l'apparence. Le jeune général rouge lui répéta l'opinion qu'il avait de Dieu : « Je n'arrive pas à comprendre que quelqu'un qui a eu votre éducation à l'étranger puisse encore croire en Dieu. Vous devez bien savoir que nous descendons du singe, non ? Quiconque possède un cerveau sait quand même que l'évolution est un fait scientifique établi[5] ! » Malgré ces railleries, l'Armée rouge le libéra sur ces mots : « Lorsque vous raconterez aux journaux ce que vous avez vécu, n'oubliez pas notre amitié. Vous avez pu constater à quel point nous prenons soin des pauvres, que nous avons des principes, et que nous n'avons rien de bandits de grands chemins comme on nous en accuse pour nous salir[6]. »

Il faut dire que la plupart des otages n'eurent pas autant de chance. Bosshardt en avait vu des centaines, voire des milliers, pendant sa captivité, grands propriétaires, notables fortunés, juges, boutiquiers, négociants, médecins, enseignants, accompagnés de leurs épouses, concubines et enfants. Il en arrivait de nouveaux chaque fois que l'Armée rouge entrait dans une localité. Quand elle approchait d'une ville prospère comme Shiqian, où elle espérait faire de grosses prises, elle en relâchait certains, pour faire de la place à la nouvelle livraison. Ils étaient détenus de trois jours à trois mois. Quand leur famille refusait de payer la rançon exigée, bon nombre étaient abattus au bord de la route, sous les yeux de la colonne en marche. Cela arrivait presque chaque jour.

Bosshardt tint un compte méticuleux des otages et des exécutions. Il avait été particulièrement révolté par le sort d'un vieillard de soixante-quinze ans, qui ne venait pas d'une famille très riche. Celle-ci était venue négocier, mais ne pouvait payer la rançon demandée. Un soir, on l'avait emmené, pieds et mains attachés à une perche, comme un cochon au marché. « Nous entendîmes les femmes de la famille supplier le capitaine de garde de leur remettre le corps pour qu'elles puissent au moins lui donner une sépulture décente chez eux » raconte le missionnaire, le cœur brisé. « Impitoyable, il leur demanda ce que cela pouvait bien leur faire, et rejeta leur prière. Trois ou quatre de ses hommes se disputèrent l'honneur de jouer les bourreaux. Le plus âgé, un garçon d'à peine 20 ans, l'emporta. Il emprunta un sabre effilé, et s'éloigna en tirant le vieillard, suivi d'un de ses camarades, armé d'une houe, pour lui servir d'assistant. On les vit reparaître peu après, aussi souriants, et décontractés, que s'ils n'avaient rien fait de plus qu'égorger un poulet pour le dîner[7]. »

C'est dans le récit de Bosshardt que j'ai découvert, dans ses détails les plus brutaux, la politique de prises d'otages et de rançonnages systématiques pratiqués par l'Armée rouge. C'est peu dire que j'en ai été profondément choquée. Je savais que la confiscation des biens des riches et des puissants était la règle, c'était même une des trois missions principales de l'Armée rouge, avec le combat et la propagation des idéaux communistes. Mais l'enlèvement contre rançon, surtout s'agissant de femmes, d'enfants et de vieillards, est tout à fait différent. Xiao Ke a reconnu, des années plus tard, que la quête désespérée pour trouver de quoi nourrir une armée aussi nombreuse dans une région aussi pauvre l'avait obligé à prendre des mesures radicales : « Pour être franc, il y avait cinquante jours que nous marchions sous une chaleur accablante. Il y avait chaque jour de nouveaux blessés et malades, et nous n'avions plus de médicaments. Nous savions que les missionnaires pourraient nous en procurer, ainsi que de l'argent[8]. »

Chen, quand je l'interrogeai sur les rançons et les otages, n'eut pas la moindre hésitation : « C'était une des meilleures idées que nous ayons eues pendant la Marche. Surtout dans le Hunan, où les propriétaires fonciers étaient très riches. Il nous est arrivé de ramasser plus de 40 000 dollars d'argent en trois semaines. De quoi tenir pendant un bon bout de temps. Après ça, on pouvait manger du riz à la vapeur à tous les repas, et de la viande et des légumes une fois par jour » se rappelait-il, le visage radieux. Le Guizhou par contre n'avait pas été terrible. « La misère y était telle que les pauvres y avaient un dicton selon lequel celui qui veut manger du riz doit attendre sa prochaine existence. Les fillettes se baladaient les fesses à l'air parce que leurs parents n'avaient rien à leur mettre. Les propriétaires fonciers de là-bas étaient encore plus pauvres que bien des villageois pauvres de ma région » ajouta-t-il, comme s'il avait encore du mal à le croire. « Mais ils possédaient quand même plus que les autres, donc nous devions les cibler. Il fallait bien que quelqu'un paye pour la révolution. Sinon, comment aurions-nous continué ? »

Les médicaments, l'opium, le sel, le sucre, la viande, la farine, le riz et autres produits de valeur qui étaient saisis, ou obtenus en tant que rançon, n'avaient pas de prix pour lui. « Dans pas mal des régions que nous traversions, on ne pouvait rien acheter du tout, même avec de l'argent » expliqua-t-il. On ne trouvait en particulier ni médicaments, ni pièces électriques de rechange en vente. C'est pourquoi l'Armée rouge acceptait ces deux denrées en lieu et place de rançon. Bosshardt lui-même avait été informé que si la valeur marchande de ces produits fournis par la Mission excédait la rançon demandée, l'Armée rouge rembourserait la différence. Quand elle s'emparait d'une ville, les pharmacies et les magasins d'électricité étaient interdits aux simples soldats. Une unité spéciale était chargée d'en saisir les stocks. Le meilleur souvenir de toute la Marche, pour Chen, avait été le sac d'une grande ville sur le Yangzi. Les nationalistes ne s'étant pas tout de suite rendu compte qu'elle avait changé de mains, ils avaient continué d'y parachuter pendant trois jours de la nourriture, des vêtements et des médicaments. « Ça nous tombait littéralement du ciel. Je n'avais jamais vu autant de médicaments de ma vie. »

Lors de cette opération, ils avaient fait un prisonnier qui devint par la suite un des plus grands médecins de l'Armée rouge, et qui sauva Bosshardt. « Les Rouges n'hésitèrent pas à mettre son savoir à contribution. Il me fit une piqûre, et me prescrivit plusieurs médicaments qui s'avérèrent des plus efficaces. À partir de là, ma santé s'améliora rapidement. » Bosshardt s'intéressait, comme moi, à cette volonté de l'Armée rouge de convaincre les techniciens qu'elle capturait de travailler pour elle. Il avait été détenu avec deux médecins, un ingénieur, un opérateur radio, un général, plusieurs officiers supérieurs et une vingtaine de sous-officiers. Ils étaient traités humainement, et on leur réservait les logis les plus confortables, et la meilleure nourriture. « Ces prisonniers étaient des hôtes de grande valeur » confirma Chen. « Par exemple, ce docteur capturé dans le camp nationaliste, si gentil et si brillant, qui parlait anglais et allemand. C'est lui qui nous renseignait sur les médicaments étrangers sur lesquels nous mettions la main. Sans lui, nous n'aurions pas su qu'en faire. Il a aidé à former un grand nombre des médecins, des infirmiers et des travailleurs médicaux de l'Armée rouge. Moi-même, je lui dois tout ce que j'ai appris. S'il y avait eu plus d'otages comme lui, nous aurions certainement sauvé bien plus de vies. »

Au fur et à mesure que l'Armée rouge pénétrait dans des régions inhabitées, le problème de l'approvisionnement médical devint plus sérieux. Il fallut rationner l'iode, le bleu de méthylène et la Vaseline. Chen ne les appliquait plus que chichement. Les piqûres étaient réservées aux officiers supérieurs, même si Bosshardt, en raison de la rançon très importante qu'on espérait obtenir pour sa libération, bénéficia lui aussi de ce privilège. La pharmacopée traditionnelle chinoise était plus facile d'accès, puisqu'on trouve parmi ses ingrédients de base écorces d'arbres, pissenlits, pelures d'oranges, lychees, mues de cigales, carapaces de tortue, venin de serpent et scorpions séchés. Les maux de ventre de Bosshardt furent soignés par une mixture d'écorces d'oranges, d'herbes et de racines, de réglisse et de dattes séchées, sous forme de petits sachets qu'il fallait faire bouillir cinq ou six heures. La médecine traditionnelle n'était pas aussi pratique que l'occidentale pour une armée nombreuse et en mouvement constant, mais de nombreux médecins traditionnels suivirent la Marche après leur capture. Un des compagnons de captivité de Bosshardt éprouvant des douleurs sévères en raison de l'humidité, on l'avait soigné par l'acupuncture, avec succès.

Selon Chen, la panacée était l'Eau de Charité, *jiuji shui* en chinois. Je doutai que ce produit ait mérité son nom, jusqu'à ce qu'il m'en détaille la composition : il s'agissait d'opium dissous dans de l'eau. La drogue était utilisée pour traiter les diarrhées, les toux, les insolations, les maux de tête, les fièvres, les vomissements, les indigestions, les rhumatismes, la fièvre typhoïde, le paludisme et la peste. On s'en servait aussi contre les refroidissements, et pour redonner du tonus. Et c'était le seul remède dont on ne manquait jamais. Durant sa Marche du Guizhou au Sichuan, la 2de Armée saisit près de 6 tonnes d'opium[9]. Chen en prescrivait à quiconque se plaignait qu'il n'allait pas bien, même s'il n'avait pas été blessé. « Tout le monde en avait un peu sur soi. Il servait de médicaments, d'instrument de troc, de monnaie d'échange. Et même s'il ne guérissait pas les malades, au moins soulageait-il leur douleur. On en donnait des doses massives lors d'opérations majeures comme les amputations, mais il fallait faire attention de ne pas trop forcer » précisa Chen. On racontait l'histoire du tigre qui avait tué un cheval, le moyen de transport le plus prisé au Guizhou, et l'avait à moitié dévoré. Le paysan à qui le cheval appartenait était tellement en colère qu'il décida de bourrer la carcasse d'opium. Le lendemain matin, le tigre venu terminer son repas avait crevé d'une surdose d'opium.

On trouvait aussi en abondance au Guizhou la religion, l'autre opium qui « empoisonnait les esprits ». Cette contrée montagneuse et difficile d'accès avait attiré les missionnaires dès la fin du XIXe siècle. La Mission à laquelle appartenait Bosshardt avait été la plus performante dans la conversion des habitants, tout particulièrement dans les tribus des minorités ethniques. Elle avait été créée en 1865 par un jeune Anglais, dans le dessein d'évangéliser les parties les plus reculées et les plus déshéritées de la Chine.

Durant ses trente premières années d'existence, elle n'avait converti en tout et pour tout que 100 Chinois. Ceux-ci étaient terrorisés par les missionnaires, qui étaient à leurs yeux des démons, dont le teint pâle et les yeux clairs prouvaient qu'ils manquaient de substance vitale. On les accusait de se nourrir des yeux des enfants chinois, on les lapidait, on brûlait leurs presbytères, et on envoyait des pétitions aux autorités locales pour obtenir leur expulsion. Beaucoup mouraient du choléra ou de la peste. L'un d'eux était décédé au Hunan après huit années d'errances, sans jamais être parvenu à s'établir quelque part. Échecs et rejet n'avaient pourtant fait que renforcer leur détermination. Tout avait changé au début des années 10 grâce aux tribus Miao, qui vivent au Yunnan et au Guizhou. Les Miao, de même que les diables étrangers, étaient en butte au mépris des Chinois d'ethnie Han pour ceux qu'ils traitent de « barbares ». Au début des années 30, la Mission intérieure chinoise comptait plus de 1 300 religieux, une centaine de missions, et 95 000 convertis, essentiellement dans le Guizhou et le Yunnan. Son rapport annuel constatait avec fierté que « des membres des professions libérales et des sociétés secrètes, des espions, des opiomanes, des prostituées, des riches comme des pauvres, des bandits aussi bien que des lettrés ont découvert le Christ[10]. » Leurs hôpitaux, leurs écoles, leurs refuges pour toxicomanes et leurs léproseries leur assuraient une popularité croissante dans la population. D'autres missionnaires les avaient rejoints.

Quand la 2e Armée entra dans Shiqian, petite ville de province, elle y trouva une église catholique assez imposante, trois prêtres allemands et plusieurs religieuses qui s'occupaient d'une importante communauté catholique. L'armée installa son QG dans l'église, plutôt que dans le Palais de la Longévité voisin, pourtant plus vaste et plus somptueux. Le christianisme était perçu comme le poison le plus toxique de tous, puisqu'il avait entraîné l'humiliation de la Chine dans les guerres de l'opium. L'Armée rouge expliqua à Bosshardt que la raison principale de son arrestation n'était pas l'espoir de l'échanger contre rançon. « Leur but est de montrer à l'étranger qu'ils ne veulent pas que la doctrine chrétienne soit enseignée en Chine. À leurs yeux, la religion est l'opium du peuple. Ils veulent manifester qu'ils ne toléreront pas sur leur sol une doctrine étrangère qui est en outre hostile à la leur[11]. » Deux des prêtres allemands de Shiqian parvinrent à fuir quand l'Armée rouge y entra, mais le troisième, le père Kellner, capturé, connut une fin horrible. On le laissa mourir de faim en captivité, et son cercueil fut simplement déposé à flanc de colline. Les loups dévorèrent son cadavre.

L'église catholique de Shiqian est toujours debout. Pas besoin de demander où elle se trouve, son clocher fait signe aux croyants de tous les coins de la ville. Il y a un siècle, quand toutes les maisons de cette région montagneuse isolée étaient basses et couvertes de toits de chaume, cet édifice devait certainement impressionner autant par sa taille imposante que par son esthétique exotique. J'eus une pensée pour Bosshardt et les prêtres allemands, ces jeunes gens aux visages pâles, paisibles et éduqués, qui avaient quitté le confort de leur pays natal pour aller prêcher l'Évangile à l'autre bout du monde. Il avait fallu une foi d'acier pour les pousser jusque dans ce coin perdu de Chine, vivre dans la compagnie des lépreux, prendre soin des drogués et voyager des journées entières vers des hameaux perdus dans l'espoir d'y convertir une seule âme.

L'église était vaste, lumineuse et sans ornement, à l'exception d'un tableau représentant le Christ qui trônait au-dessus de l'autel. Elle ressemblait à une église de village occidentale. Deux ou trois fidèles étaient en train d'y prier. À l'extérieur, l'ancien presbytère abritait une exposition sur la 2e Armée à Shiqian et alentour. Un groupe de touristes écoutait une guide qui s'efforçait d'accrocher leur attention en leur racontant de temps à autre une anecdote.

« La population de Shiqian soutenait l'Armée rouge. Plus de 800 habitants s'y enrôlèrent, et plus d'un millier s'engagèrent dans la milice de guérilla locale. Même les étrangers en furent impressionnés. » Elle s'éclaircit la gorge, sûre de son petit effet. Tout le groupe attendait la suite avec intérêt. Visiblement satisfaite de ses talents d'oratrice, elle reprit : « Quand le missionnaire Bosshardt constata le courage et la discipline dont nos soldats faisaient preuve, il sympathisa avec eux, et résolut de les aider... Il écrivit à Shanghai et Nankin pour qu'on achète des médicaments et qu'on lève des fonds pour l'Armée rouge. Une fois rentré en Angleterre, il rédigea des articles vantant la bravoure et la discipline de fer de notre Armée rouge. » Les hochements de tête approbateurs du groupe avaient accompagné ce conte. Elle avait caché la capture de Bosshardt par l'Armée rouge, évidemment. Il faudrait encore du temps avant qu'une guide raconte l'histoire véritable.

J'en avais assez de n'entendre que des semi-vérités, et préférai retourner à l'église. Les fidèles avaient achevé de prier, et ils prenaient le soleil à l'extérieur. Je m'approchai d'eux pour demander à l'un d'eux s'il avait entendu parler du père Kellner. « Comment le connaissez-vous ? » me dit-il avec surprise. Je lui expliquai l'avoir lu dans un récit de missionnaire. « Vous pouvez interroger tous les vieux de cette ville, ils vous raconteront son histoire. Une vraie tragédie. » Il était âgé d'une soixantaine d'années, donc bien trop jeune pour l'avoir connu en personne. « Mes parents l'ont entendu prêcher. Il parlait le chinois mieux que vous ou moi. Un cœur d'or, qui s'occupait des lépreux que leur famille elle-même rejetait. »

Il n'y avait plus de prêtres à Shiqian, et l'église était pratiquement fermée depuis 1949. Pendant la révolution culturelle, la statue du Christ qui s'y trouvait encore avait été abattue, et les croyants avaient été contraints de la fouler aux pieds. Mon interlocuteur n'évoqua cette période qu'avec peine. « Nous récitons une prière d'action de grâce avant chaque repas, pour remercier de la nourriture qui est sur notre table. Mais même faire cela était devenu un crime. Les cadres accusaient Jésus d'être le Dieu des impérialistes, les prêtres d'être des espions, et nous tous d'être des laquais de l'Amérique. Ils sommèrent mes parents de dire s'ils faisaient confiance à Mao ou au Christ. Ils répondirent aux deux. Sur Terre, ils suivaient le Président Mao, pour ce qui était du Ciel, ils comptaient sur Dieu. Les cadres les avaient giflés et insultés. Pourtant, quel mal y avait-il à cela ? Encore aujourd'hui, je ne comprends pas ce qu'on avait pu leur reprocher. Tout ce que les gens veulent, c'est être heureux, non ? Le parti veut apporter le bonheur aux pauvres, et le catholicisme s'efforce, lui aussi, de soulager les souffrances. »

Il doit quand même y avoir de grandes différences entre les deux, lui suggérai-je.

Il réfléchit, puis poursuivit : « Nous, chrétiens, nous ne parlons que d'amour, jamais de haine. Alors qu'en Chine on n'a pas cessé depuis 1949 de mener des campagnes de lutte. Contre les propriétaires terriens, contre les féodaux, les impérialistes, les capitalistes, les réactionnaires, les opportunistes, les conservateurs de droite, les gauchistes extrémistes, les tenants de la voie capitaliste au sein du parti, les libéraux, et j'en oublie. À chaque nouvelle campagne, il y a eu des milliers, des centaines de milliers, et même des millions de morts. Je me souviens très bien que mon père, comme beaucoup d'autres chrétiens, refusait de dénoncer de soi-disant ennemis du peuple. Il finit par être accusé à son tour d'être "un espion à la solde de l'impérialisme" sous prétexte qu'il avait appris à lire et à écrire auprès des missionnaires. Et il fut jeté en prison, avec beaucoup d'autres chrétiens. Mais il n'a pas craqué. Le Seigneur nous a enseigné l'amour et le pardon. Pourquoi ne pourrait-on pas pardonner à son ennemi ? À quoi sert la haine ? À rien, sinon à alourdir le poids de nos péchés. »

Ce qu'il me confiait ressemblait à la réaction de Bosshardt aux persécutions infligées par les soldats de l'Armée rouge. Chaque fois qu'ils s'emparaient d'une ville, on le forçait à s'asseoir sur une chaise en public, sous une pancarte qui le dénonçait comme impérialiste. Toute la population était invitée au spectacle par haut-parleurs, comme quand un cirque arrive. La longueur de son nez était ce qu'il avait de plus monstrueux aux yeux des Chinois. Les soldats lui proposaient souvent, pour se moquer de lui, de lui en couper la moitié, comme cela il en aurait deux au lieu d'un seul. Indifférent à ces humiliations, Bosshardt regardait droit dans les yeux le soldat qui le provoquait, en se répétant : « Le Seigneur t'aime, il est mort pour toi. Pourquoi ne pourrais-je moi aussi t'aimer ? »

Il n'était pas conforté que par la pitié. Il semble bien qu'il avait trouvé le zèle et l'enthousiasme de ses geôliers guère éloignés des siens. « Leur ferveur révolutionnaire, leurs aspirations et leur espoir de faire naître un monde nouveau, tout comme la solidité de leur foi, sont sans précédent, et bouleversants... » écrivit-il. « Ils sont très jeunes, et mettent toute leur vitalité et leur courage au service de la cause pour laquelle ils se battent. » Dès qu'ils avaient une journée de repos, ils en profitaient pour se laver, chanter, assister à des spectacles et jouer au basket-ball avec un ballon en cuir bourré de tissu. Mais ils assistaient aussi à des conférences sur les bases du communisme, apprenaient à lire, et rédigeaient leur journal de bord ou des commentaires sur leur compréhension de l'idéologie communiste. Le jeu, passe-temps le plus populaire des Chinois, était en revanche totalement banni. Et les réunions politiques du soir rappelaient à Bosshardt les assemblées religieuses qu'il avait connues. Quand elles prenaient fin, un officier supérieur proposait souvent de terminer par des chants. À son extrême surprise, il nota qu'« un ou deux de leurs chants sont des hymnes religieux dont les paroles ont été modifiées. Sur l'air de *Jésus aime les petits enfants*, ils entonnent par exemple *Tue, tue, tue, jusqu'à ce que le sang couvre le monde*[12]. »

Cela ne l'empêchait pas de les trouver en même temps exemplaires. « Des multitudes ont été exposées à la doctrine communiste, ses slogans sont visibles absolument partout, sur les murs des fermes les plus éloignées de la route comme des marchés les plus fréquentés. Tout le monde les a lus, ou a lus des tracts diffusés par des équipes de propagande omniprésentes. On aimerait voir des groupes de jeunes chrétiens suivre leur exemple, et saisir l'occasion de sillonner en tous sens ce malheureux Guizhou, et la Chine tout entière, avec autant de zèle, et des méthodes aussi efficaces ! Ah, si une semblable armée pouvait se lever et se mettre au service de la volonté du Christ[13] ! »

De même que le moral des soldats de l'Armée rouge était nourri de l'étude du communisme, Bosshardt voyait dans sa foi ce qui lui avait permis de supporter sa longue captivité. « Une foi qui permet de vaincre alors que la défaite paraît certaine. Une foi qui triomphe sous les vivats, une foi glorieuse qui ne connaît ni la peur, ni la défaite » se récitait-il intérieurement tous les jours. Il s'efforçait d'apprendre par cœur tous les psaumes dans l'ordre alphabétique, y compris après qu'on lui avait fait cadeau d'une Bible récupérée dans le pillage d'une église. Au Noël 1935, il se consola en se disant que Jésus avait vu le jour sous un toit encore plus misérable que celui qui lui servait de prison. Il n'avait failli craquer qu'une seule fois, par désespoir de ne jamais s'en sortir, la rançon exigée étant bien trop élevée pour son organisation. Durant la seule année 1932, huit des trente étrangers pris en otages avaient été tués, leur rançon n'ayant pu être versée. Si tel devait être son destin, se dit-il, mieux valait en finir au plus vite. Ce n'est qu'en réfléchissant qu'il avait repris le dessus. « Les missionnaires se plaignent si souvent de ne pas être capables de vivre dans leur chair la misère et les souffrances de leurs ouailles » avait-il remarqué. « Et voilà que le Seigneur m'a donné la chance de vivre au plus près des Chinois, de partager leurs peines, leurs angoisses et leurs difficultés, sans compter la possibilité d'observer de première main leur misère et leurs défauts[14]. »

Les soldats l'avaient pris en affection. Ils étaient aux petits soins avec lui, lui réservaient la meilleure nourriture disponible, que ce soit du porc, du bœuf, du poulet cuit à la vapeur ou des œufs, des pamplemousses ou des oranges, du sucre en cubes, et même, quand ils en trouvaient en pillant une mission, du fromage et du lait en poudre. Quand ses chaussures avaient rendu l'âme, un soldat lui avait donné les siennes, et avait marché pieds nus une journée entière. Quand ils montaient leur campement le soir venu, ou qu'ils avaient quelques jours de repos, ils s'attroupaient autour de lui pour l'interroger, sur le nombre de pays qu'il y avait dans le monde par exemple. Bosshardt leur retournait la question, et ils s'écriaient : « Cinq ! La Chine, l'impérialiste, l'étranger, l'autre et le Japon. » Quand ils s'aperçurent qu'il tricotait des gants, des chaussettes, et des chandails à l'aide de baguettes taillées et de laine confisquée, ils le submergèrent de commandes. Il confectionna même une tunique pour la fille de He Long, âgée de six ans. Comme ils étaient devenus de vrais amis, les soldats commencèrent à l'interroger sur sa foi. Un infirmier lui demanda un jour quel avantage l'Angleterre pouvait bien trouver dans les Évangiles. Il lui répondit par des formules qui devaient lui être familières : « S'occuper des pauvres et des malades, éduquer les masses, protéger les droits des femmes, et assurer les droits de l'individu, voilà ce que nous apporte l'Évangile[15]. » Ils lui demandèrent ensuite de leur lire des psaumes, ce qu'il fit avec plaisir. Ils l'écoutèrent religieusement, mais il ne se faisait aucune illusion. À leurs yeux, les psaumes et l'histoire du Christ étaient comme des contes de fées. Ils avaient leurs propres idées.

J'interrogeai Chen, comme tous les autres anciens combattants que j'ai rencontrés, pour savoir si les jeunes soldats savaient réellement ce qu'était le communisme. Il prit une minute pour réfléchir avant de me répondre : « Le commissaire politique de mon unité m'a un jour posé la même question. Je n'ai pas trop su lui répondre. "L'Union soviétique" lui ai-je suggéré. Il m'a demandé ce qu'était l'Union soviétique. Je n'en avais pas la moindre idée. Tout ce que je savais, c'est que nous devions renverser Tchang, chasser les Japonais, prendre le pouvoir, supprimer les propriétaires fonciers, et distribuer leurs terres. Je ne voyais pas ce qu'on pouvait faire de plus. »

L'aveu de Chen me rappelait celui d'un des plus hauts généraux de l'armée chinoise, lui aussi un ancien de la Longue Marche, à qui j'avais posé la question de ce qu'était pour lui le communisme. « Vous le savez, vous ? Moi je ne le sais pas aujourd'hui, et je le savais encore moins à l'époque. À mon avis, Mao ne le savait pas davantage. Qui peut le dire ? À mes yeux, ce n'est qu'un rêve, un beau rêve qui nous a permis de tenir. » Tous avaient connu la plus extrême pauvreté et une grande oppression. L'idéal du communisme nourrissait leur espoir d'une société plus juste et équitable, il leur donnait le courage d'affronter les difficultés, et la force de continuer coûte que coûte. Aucun d'entre eux ne savait, ni même n'aurait pu deviner, quelles souffrances il leur faudrait endurer en chemin, de quelle ampleur seraient les sacrifices exigés, ni surtout le gouffre qui se creuserait entre leur idéal et la réalité.

Tous les participants à la Marche n'étaient pourtant pas aussi ignorants du communisme. Les fondateurs du parti avaient tous fait des études, beaucoup d'entre eux à l'étranger, et leurs chefs, Chen Duxiu et Li Dazhao, comptaient parmi les intellectuels les plus connus du pays. Plusieurs d'entre eux venaient de familles riches, contre lesquelles ils s'étaient rebellés. Ils croyaient en leur destin, et avaient la conviction que le communisme était la seule réponse possible aux problèmes de la Chine, comme il l'avait été à ceux de la Russie. Ils étaient cependant fort peu nombreux. La révolution dépendait tellement de leur savoir, de leur habileté, et de leur dévouement qu'ils en étaient naturellement devenus aussitôt les chefs. Dans l'Armée rouge, par contraste, quelques années à l'école primaire suffisaient pour être promu officier, mais les risques étaient plus élevés. Les victimes des purges étaient nombreuses parce que l'origine de ces officiers n'était pas assez « prolétarienne », ou parce que les intrigues politiques entraînaient leur chute après les avoir propulsés à des postes de commandement. Tous ces cadres étaient plus vieux d'une dizaine d'années que mes anciens combattants, qui n'avaient été que des adolescents au début de la Longue Marche. Très peu de dirigeants étaient encore en vie, et ils étaient d'un accès autrement difficile que devait l'être mon périple sur la route de la Longue Marche.

Je quittai l'église et rentrai à l'hôtel. J'avais encore en tête les paroles du vieil homme : « Croire en quelque chose est une nécessité, pas un luxe. Si on ne croit en rien, la vie perd tout sens. Elle devient aussi insipide que de mâcher de la cire. » Je m'arrêtai pour jeter un regard en arrière. Le clocher de l'église était toujours là. Deux dogmes aussi incompatibles dans la nouvelle Chine que l'eau et le feu coexistaient sous sa toiture jaillissante. Il y a soixante-dix ans, dans ce coin perdu de Chine, deux groupes de jeunes également ardents s'étaient affrontés au nom de leur foi, et beaucoup d'entre eux y avaient laissé leur vie. Ses épreuves ne découragèrent jamais Bosshardt. Il continua d'évangéliser, d'enseigner aux pauvres, et de soigner les malades. Il était convaincu que l'Évangile apporterait consolation et salut aux Chinois. Les jeunes soldats rouges qui l'avaient enlevé ne faisaient pas moins confiance au communisme pour sauver la Chine. Ils luttèrent dans ce but, jusqu'à ce que leur révolution triomphe.

Pendant sa captivité, Bosshardt avait souvent défendu devant ses geôliers son droit à croire en sa religion tout autant que le leur de croire en la révolution. Il s'attirait invariablement la même réponse : « Si tu dis encore un mot en faveur de la religion, nous te fusillerons. » Ils se contentèrent de l'expulser, et il fut le dernier prêtre étranger à quitter le Guizhou après que les communistes se sont emparés de la province. Plus tard, il eut des paroles compréhensives pour ceux qui l'avaient détenu : « Je comprends leur point de vue » écrivit-il. « Si tous les communistes étaient comme les soldats de l'Armée rouge que j'ai connus, il n'y aurait rien à craindre. »

Un demi-siècle plus tard, en 1985, le général Xiao Ke, celui qui avait pris Bosshardt en otage quand il était jeune, s'enquit du missionnaire. Celui-ci vivait en Angleterre, et était en pleine forme malgré ses quatre-vingt-huit ans. Xiao Ke lui envoya une lettre, dans laquelle il regrettait qu'ils soient tous deux trop âgés pour se rendre visite, et lui transmettait ses vœux de longévité. Il écrivit ensuite la préface de la traduction chinoise de l'ouvrage dans lequel Bosshardt avait décrit sa vie avec l'Armée rouge : « Bosshardt a été notre prisonnier, mais il nous l'a pardonné. On ne peut avoir qu'une immense admiration pour sa magnanimité et sa tolérance[16]. » Il y avait quelque chose d'émouvant à constater que ces deux hommes, que leurs convictions avaient dressés l'un contre l'autre dans leur jeunesse, étaient apparemment parvenus à s'accepter mutuellement. L'explication en est-elle que la vieillesse rend plus sage ? Ou que la Chine accepte maintenant qu'elle peut abriter plus d'une seule foi ?

6.

Repartir de zéro.

Le soldat Huang faisait de son mieux pour laver ses pantalons maculés de boue dans le ruisseau. Il y avait plus de trois semaines qu'il n'avait pu se nettoyer. La 1re Armée se préparait à prendre Zunyi, la deuxième ville du Guizhou, pour y créer une nouvelle base, et tout le monde avait reçu l'ordre de se donner l'air présentable. « Vous ne pouvez imaginer dans quel état nous étions » se souvint Huang. Il en souriait encore. « Nombre d'entre nous n'avaient même pas d'uniforme, et n'étaient vêtus que de ce qu'ils avaient récupéré chez des propriétaires, des paysans riches, des moines, voire sur les cadavres de nationalistes. Une vraie bande de pirates. Il fallait au moins que nous soyons propres, pour faire bonne impression sur les habitants. »

Le commissaire politique d'une autre unité avait insisté pour que ses soldats enfilent leurs chaussures. Ils n'avaient absolument pas compris pourquoi. Ils préféraient nettement aller nu-pieds plutôt que salir leurs chaussures dans la boue. « Bon sang, vous êtes de vraies têtes de mule ! Nous allons entrer dans une grande ville. Vous ne pouvez pas rester comme ça » s'était énervé le commissaire. Quelqu'un avait plaisanté : « Faut se mettre sur son trente et un. Y a plein de jolies filles là-bas, et elles n'aiment pas les va-nu-pieds qui sortent de leur cambrousse. » Tous avaient fini par enfiler leurs chaussures, et ils s'étaient mis en marche, d'un pas de plus en plus alerte, vers Zunyi, la grande ville civilisée. Ils étaient tellement surexcités qu'ils en avaient oublié leur mal aux jambes et aux pieds[1].

Ils s'étaient emparés de la ville sans tirer le moindre coup de feu. Le Guizhou était hors d'atteinte des forces de Tchang. Il ne le serait plus très longtemps, le seigneur de la guerre local, Wang Jialie, ayant rassemblé ses troupes dans la capitale provinciale, Guiyang, à 150 kilomètres de là à peine. Les éclaireurs de l'Armée rouge avaient capturé un groupe de miliciens locaux à la périphérie de Zunyi. Ils les avaient subornés, pour qu'ils aillent se faire ouvrir les portes de la cité par ses défenseurs. Pour la première fois depuis qu'ils avaient quitté le Jiangxi trois mois plus tôt, ils pouvaient enfin se reposer sans crainte d'être attaqués. Ils allaient jouir de tout ce qu'avait à leur offrir la plus grande ville qu'ils prendraient au cours de la Longue Marche. Leur progression avait été si rapide que les commerçants et les notables n'avaient pas eu le temps de fuir. Ils saisirent chez un propriétaire plusieurs centaines de citrouilles, une demi-tonne d'opium, et énormément de soieries et de fourrures. Chez un autre, ils mirent la main sur une réserve inépuisable de sel et de cigarettes. Les soldats purent se servir à loisir, et l'on revendit ce qui restait aux résidents. Ce jour-là, la mère Wang fuma sa première cigarette. Les petites boutiques, obligées à rester ouvertes, écoulèrent en un rien de temps leur stock complet d'à peu près tous leurs produits – dentifrice, savon, serviettes, bottes en caoutchouc, crayons, encre, carnets... Bien des soldats qui avaient encore en poche quelques pièces de monnaie se cotisèrent et s'offrirent le premier plat de leur vie dans un restaurant : fondue, poulet aux piments, porc gras caramélisé, poisson sauce aigre-douce, soupe au sang de canard, ou condiments du Sichuan...

Huang se vit attribuer les quartiers les plus luxueux de toute sa Longue Marche, dans une grande maison de la vieille ville. Il n'y resta hélas qu'une seule nuit. Le lendemain, sa division reçut l'ordre de tenir les défenses nord de la cité. Pour la première fois de sa vie, il vit des adolescentes en jupe, mais l'étonnement suscité par cette découverte ne fut rien comparé à celle des ampoules électriques. « Celle de notre chambre brillait plus que la Lune » se rappelait-il, encore aussi émerveillé qu'un gamin. « Nous n'avons pas arrêté de la fixer. Quand est venue l'heure de dormir, personne ne savait comment l'éteindre. On pensait qu'elle disparaîtrait naturellement le matin venu, comme la Lune. Nous n'en revenions pas qu'on puisse éclairer une pièce sans utiliser d'huile. Certains essayèrent d'y allumer leur cigarette, comme on le faisait avec les lampes à huile, en vain. Vexés, ils frappèrent l'ampoule, qui se brisa en mille morceaux, ce qui déclencha une vraie panique. Le lendemain, nous avons pris celles qui restaient, pensant que nous pourrions les utiliser pendant la Marche. »

À Zunyi, les dirigeants prirent connaissance, dans les journaux nationalistes, du sort de ceux qu'ils avaient laissés derrière eux, dans le Soviet du Jiangxi. Ruijin était tombée un mois à peine après leur départ, le 10 novembre, sans grande résistance. Des régiments entiers avaient fui en jetant leurs armes, dans le chaos le plus total. Tchang avait voulu une victoire pacifique au Jiangxi, pour faire de cette province « un creuset de la Chine nouvelle ». Il en alla tout autrement. La vengeance fut terrible, pas tant celle de l'armée nationaliste, que celle des grands propriétaires qui avaient dû fuir. Des hommes furent décapités, d'autres sciés en deux à la taille, d'autres encore éviscérés vivants, et leurs organes servis à table. Les cadavres jonchaient le bord des rivières. Un grand nombre de femmes furent vendues dans les bordels de Canton après avoir été violées, ou finirent comme concubines d'officiers et de soldats du KMT. « On ne trouve plus un hameau qui n'ait été incendié » constata un rapport officiel du gouvernement, « pas un arbre qui soit encore debout, pas une poule ni un chien vivant, pas un homme valide au travail. On ne voit plus dans les ruelles et les venelles la moindre fumée s'élever des cheminées. Dans la campagne, on n'entend plus que le gémissement des fantômes[2]. »

Zunyi allait être leur nouvelle base. Les sinistres nouvelles du Jiangxi rappelaient à l'Armée rouge qu'elle devait tout faire pour se rallier les habitants si elle ne voulait pas être rejetée ici comme elle l'avait été là-bas. Wang s'y attacha, avec son enthousiasme et son ingéniosité habituelles. Lors d'un rassemblement public, elle se déguisa en Wang Jialie – chapeau melon, lunettes noires, robe longue traditionnelle, une canne dans une main, un fouet dans l'autre. « J'ai été nommé par Tchang Kaichek. Vous me devez les impôts pour l'année 1998 ! » La mère Wang reprit devant moi en riant ce qui avait été, à son avis, son meilleur rôle de toute la Marche. « Le public était mort de rire. » Quand elle ôta son chapeau et la fausse moustache qu'elle s'était confectionnée à l'aide de coton trempé dans l'encre, elle invita tous les hommes présents à s'engager dans l'Armée rouge. « Ils ont été tellement surpris que je sois une femme que 500 d'entre eux se sont enrôlés sur-le-champ » conclut-elle fièrement.

Quelqu'un d'autre l'avait remarquée : Wang Shoudao, secrétaire particulier de longue date de Mao, un Hunanais comme lui, âgé de vingt-neuf ans. Il dirigeait le Comité de liaison pour la mobilisation en faveur de l'Armée rouge, auquel Wang avait été transférée. Ce même soir, il la fit venir dans sa chambre pour lui déclarer sa flamme. En guise d'anneau nuptial, il lui offrit un pistolet, pour se protéger. « J'aurais pu refuser » m'assura Wang, mais elle n'avait pas l'air très sûre d'elle. « N'oublie pas que nous n'étions que trente femmes dans la 1re Armée, et beaucoup de cadres dirigeants cherchaient une femme. Il était en disgrâce, puisqu'il appartenait au clan de Mao. Mais le secrétaire du parti de mon unité m'encouragea à l'épouser, en m'assurant qu'il était compétent et sérieux. Alors je lui ai dit oui. » Elle ne pouvait imaginer que son mari allait bientôt connaître un retournement spectaculaire de statut, dans le sillage de celui de Mao. Elle ne l'apprendrait qu'un mois plus tard, quand la base fut informée des décisions qui avaient été prises par la Conférence de Zunyi.

Si la Longue Marche est l'événement central de l'histoire moderne de la Chine, cette Conférence, qui se déroula du 15 au 17 janvier 1935, est l'épisode le plus important de la Marche. Les manuels scolaires la présentent comme « le moment où se décida le succès ou l'échec de la révolution chinoise ». Harrison Salisbury a entériné ce jugement, affirmant qu'« on y verra certainement dans l'avenir l'événement le plus important de toute la révolution chinoise[3] ». Braun et Bo Gu, le jeune premier secrétaire du parti, y furent tenus pour responsables des échecs qui avaient forcé l'Armée rouge à entamer la Longue Marche, ainsi que du gâchis sur la rivière Xiang. Ils furent destitués et Mao, depuis deux ans à l'écart, reprit le pouvoir. Il sortit l'Armée rouge, le parti et la révolution du désespoir, leur redonna espoir, les entraîna de la défaite à la victoire, et de celle-ci au but ultime, la révolution.

En arrivant à Zunyi, je compris mieux les descriptions élogieuses que les anciens combattants avaient faites de la ville dans leurs mémoires, ou lors de nos rencontres. Pleine de charme, elle s'étale le long d'un méandre paresseux sur les rives de la Wu. La vieille ville, sur la rive occidentale, qui date du XIIe siècle, abrite le siège administratif, les bureaux, les écoles et autres centres intellectuels, et les églises. Un grand nombre de ses rues sont toujours bordées de maisons traditionnelles et de magasins à deux étages, aux vantaux de bois sculpté laqué de rouge. Le poisson est abondant dans la rivière, les rizières et les montagnes avoisinantes fertiles en nourriture. C'est une cité calme, propre et bien ordonnée, car, avec son demi-million d'habitants, elle n'est pas surpeuplée. C'est le genre de lieu dont les Chinois disent qu'on y vit le ventre plein, et l'âme en paix. La « ville nouvelle », qui remonte au XVIIIe siècle, n'est qu'à un jet de pierre, sur l'autre rive. Le trait distinctif en est la rue commerçante qui la traverse de bout en bout. Magasins et restaurants donnent le sentiment d'être des affaires familiales établies là de longue date. Des mamies assises devant leurs devantures devisent avec leurs voisines tout en nourrissant leurs petits-enfants, certaines de la fidélité de leur clientèle comme ne peuvent l'être que les commerçants établis, qui n'ont pas besoin de pousser à l'achat.

La maison dans laquelle Mao, Zhang Wentian et Wang Jiaxiang avaient élu résidence, un petit bâtiment de deux étages précédé d'une cour minuscule, se trouve dans une rue perpendiculaire. Le choix de cette résidence pouvait sembler a priori étrange, car elle était éloignée de celles des autres dirigeants, qui habitaient dans la vieille ville. Mais je compris vite que cette maison sans prétention en disait long sur la reconquête du pouvoir par Mao. Zhang était un des cinq membres du secrétariat permanents du Bureau politique, et Wang l'un de ses suppléants. Leur influence était considérable au sein du parti comme de l'Armée rouge. Mao se moquait de ce que Zhang l'avait superbement ignoré pendant une année entière après son arrivée à Ruijin, ou que Wang n'ait pas fait preuve de beaucoup de respect pour sa maîtrise de la doctrine marxiste et sa conception du communisme. Maintenant, il avait besoin d'eux. Des bolcheviques formés à Moscou avaient pris le contrôle du parti. Le fait qu'eux aussi soient des bolcheviques issus du sérail donnait d'autant plus de poids à leurs prises de position. Mao détenait en outre une information stratégique : il savait qu'ils jalousaient Bo Gu, le jeune premier secrétaire, leur ancien condisciple à Moscou. Zhang reconnut par la suite que c'était bel et bien le cas : « J'avais l'impression d'avoir été dépossédé de tout pouvoir, et j'en étais très amer... Je me rappelle avoir eu une conversation avec le camarade Mao Zedong avant le départ, et m'être ouvert à lui de mon ressentiment. C'est à compter de ce jour-là que nous devînmes proches. Il me demanda de faire bloc avec lui et le camarade Wang Jiaxiang, et bientôt nous formâmes un vrai trio, dont Mao était le chef[4]. » Il s'était débrouillé pour que tous trois voyagent de concert pendant la Marche.

Leur rapprochement avec Mao n'était pas le fruit de son seul pouvoir de conviction. La situation était grave. Ils avaient entamé la Marche dans le but de faire la jonction avec He Long et son armée. Quand le 6e Corps était parvenu à la faire, ce plan avait paru tenir la route, et ils avaient espéré pouvoir se regrouper. Mais le seigneur de la guerre du Hunan avait tout fait dérailler en leur bloquant le passage. Il avait déployé 100 000 hommes pour empêcher qu'ils concentrent leurs forces et puissent menacer son fief. Pour ne rien arranger, ils n'avaient plus aucun contact avec Moscou, depuis que la cellule de communications avait été détruite par la police secrète de Tchang à Shanghai en octobre 1934. La panique avait commencé à gagner les rangs après la vague de désertions et la lourde défaite subie sur la Xiang. L'imperturbable Zhou Enlai lui-même avait perdu patience, et conseillé à Braun de laisser tomber ses plans et d'accepter de foncer sur le Guizhou, comme Mao l'avait proposé[5].

Ce dernier avait senti le vent tourner. Tout au long de la Marche, il n'avait cessé de remonter et de descendre la colonne, discutant avec les simples soldats comme avec les officiers, compatissant à leurs problèmes, et s'enquérant de ce qu'ils pensaient. Braun s'en était d'ailleurs inquiété. Quand Mao avait proposé d'établir leur nouvelle base autour de Zunyi, personne ne s'y était opposé, bien que le Guizhou soit une des provinces les plus misérables du pays, et que la 2e Armée n'ait pas réussi à s'y implanter. Après tout, il était le seul dirigeant à ne porter aucune responsabilité dans la retraite du Jiangxi, ni dans la débâcle sur la Xiang. Il était peut-être capable de les sortir de l'ornière, comme il y était déjà parvenu par le passé. Comme personne ne savait plus que faire, de toute manière, autant lui laisser le champ libre. Il savait leur donner confiance, au moins en vers, comme dans ce poème composé en entrant au Guizhou :

> *Mensonge que de décrire la mauvaise passe*
> *Comme une muraille d'acier.*
> *D'un pas décidé, reprenons la route.*
> *Quand on repart de zéro,*
> *Les collines ondulent comme le bleu de l'océan,*
> *Le soleil meurt dans le rouge de son sang.*

Ils l'avaient suivi jusqu'à Zunyi, et accepté qu'on y examine, comme il le demandait, les raisons de l'échec au Jiangxi, et les moyens d'en éviter un autre. Ces questions formeraient l'ordre du jour de cette Conférence historique.

Elle se tint au QG de l'armée, au cœur de la vieille ville, le bâtiment le plus imposant de la place centrale. Un potentat local en avait fait sa résidence, après s'être enrichi en trafiquant l'opium aussi bien que des produits ordinaires. Les photos de l'époque montrent l'édifice flanqué de boutiques dont les enseignes font de la publicité pour de la « sauce de soja », des « condiments », ou de l'« encre et papier ». Il est bâti en briques grises traditionnelles, avec des piliers de bois sculptés, et des vérandas aux arches courbées qui courent tout autour des deux étages, lui donnant un petit air d'hacienda espagnole. Zhou Enlai et Zhu De avaient leurs chambres au rez-de-chaussée. Au premier étage, sur le palier, s'ouvrait une salle de réunion au plancher de bois sombre, éclairée par une lampe à kérosène suspendue au plafond. Le soir du 15 janvier 1935, une semaine après la prise de Zunyi, les membres du Bureau politique, et les commandants et commissaires politiques du principal Corps d'armée s'y assirent autour d'une table massive sur une vingtaine de chaises en rotin. La Conférence se prolongea les trois soirs qui suivirent.

La discussion s'engagea aussitôt sur les raisons de la perte de la base du Jiangxi. Bo Gu prit la parole en premier. Il attribua la défaite à la supériorité militaire écrasante de Tchang. Zhou Enlai suivit. Il analysa les erreurs tactiques de l'Armée rouge pendant la Cinquième campagne. C'est lors que Zhang Wentian lâcha sa bombe, sous la forme d'une intervention qu'il avait préparée avec Mao. Il fit d'abord remarquer que l'Armée rouge était parvenue à briser la Première, la Seconde, la Troisième et la Quatrième des campagnes lancées par Tchang, et ce en dépit de la supériorité massive, en hommes et en armements, des troupes nationalistes. Mais durant la Cinquième, Braun et Bo Gu avaient commis l'erreur d'adopter une tactique purement défensive, blockhaus contre blockhaus. Cette intervention est à l'origine de la présentation des échecs au Jiangxi et des raisons de la Longue Marche qui est colportée aujourd'hui encore. Zhang s'en prit également à la manière dont la Marche avait été préparée, et à la lenteur avec laquelle elle avait commencé, qui avait facilité la poursuite de Tchang. Les principaux chefs militaires en rajoutèrent dans ces critiques.

Mao, en politicien consommé, intervint alors, insistant lourdement sur le fait qu'il s'agissait d'un échec militaire, et non pas politique. Prétendre autre chose aurait risqué d'impliquer Zhang Wentian et Wang Jiaxiang qui avaient occupé des postes-clé dans le gouvernement du Soviet du Jiangxi. Plus tard, Zhang devait avouer : « La Conférence de Zunyi ne dit pas un mot des erreurs politiques commises par le parti. Elle affirma au contraire que la ligne avait été correcte... Mais le camarade Mao ne pouvait pas dire autre chose. Sinon notre alliance aurait été impossible, et nous n'aurions pas réussi la Conférence[6]. » L'attitude de Mao a toujours été mise au compte de sa générosité, de sa capacité à avoir une vision d'ensemble, et de sa volonté de préserver l'unité du parti dans un moment de crise. Comble de l'ironie, dix ans plus tard, après que Mao eut consolidé son pouvoir, Zhang fut l'un des tout premiers hauts dirigeants du parti critiqués par Mao, qui lui reprocha ses erreurs politiques aussi bien avant qu'après la Conférence de Zunyi. La confession extorquée à Zhang, un texte de plusieurs dizaines de milliers de mots, fut distribuée sur l'ordre de Mao à tous les membres du Comité central pour qu'ils en tirent la leçon.

Il n'y eut, pendant toute la durée de la Conférence, qu'un seul homme, le responsable de la Ligue de la jeunesse communiste, pour prendre la défense de Braun et Bo Gu, et s'en prendre à Mao. « Tu ne comprends rien au marxisme-léninisme » lui jeta-t-il à la figure. « Ta seule lecture est l'*Art de la guerre* de Sun Zi. » « Et toi, tu ne sais même pas combien l'*Art de la guerre* comporte de chapitres » lui rétorqua Mao. Braun, assis près de la porte, comme s'il n'était pas sûr d'être encore le bienvenu, n'était guère rassuré. Son interprète, débordé, ne pouvait lui traduire qu'une phrase de temps en temps. Mais il comprenait parfaitement le message. « Sa colère se voyait à la couleur de son visage. Il rougit quand il écouta Bo Gu, et devint pâle comme un linge quand Mao se mit à l'attaquer. Il ne perdit à aucun moment le contrôle de lui-même, mais il fumait cigarette sur cigarette... Son visage s'assombrissait, en même temps qu'il avait l'air de plus en plus abattu[7]. »

Je serais probablement tombée d'accord avec l'analyse de Mao, comme aujourd'hui la plupart des gens, sans tout ce que j'avais appris au cours de mon enquête. La perte du Jiangxi était une défaite, il fallait désigner un coupable, et Braun en était un tout désigné. Edgar Snow, après avoir rencontré Mao et Braun, ne pensa pas autrement : « Il y a quelque chose de consolant à pouvoir faire ainsi porter la plus grande part de l'échec à cet étranger arrogant, un mouton noir servant de bouc émissaire. Mais en réalité, personne ne peut croire que les Rouges auraient pu sortir vainqueurs avec les handicaps vertigineux qui étaient les leurs, quelqu'ait été le génie de leur chef[8] » écrit-il.

Pour ce qui est de la critique faite par Mao de la désorganisation et de la lenteur de la Marche à ses débuts, tout le monde était bien conscient qu'il fallait aller aussi vite que possible. Mais l'Armée rouge avait moins pour mission de se battre, que de porter et protéger « la chaise à porteurs impériale » qu'étaient les deux immenses colonnes centrales. Aurait-on pu laisser tomber cette chaise ? Et qui avait eu l'idée de mobiliser les cinq Corps d'armée pour la porter sinon Mao, qui avait défendu la nécessité de préserver les cadres du parti et du gouvernement, sans lesquels la révolution ne pourrait jamais retrouver un second souffle. Et de fait, ils allaient jouer par la suite un rôle central dans l'édification de la Chine nouvelle, et la 1re Armée avait assuré leur survie. Zhang Wentian le reconnut, des années plus tard, expliquant : « Avant notre départ, la troïka [Bo Gu, Braun et Zhou Enlaï] pensaient intégrer [les cadres du parti et du gouvernement] dans l'armée. C'est Mao qui suggéra de ne pas le faire, et nous ne fûmes pas dispersés dans les unités[9]. » Mais cette fois encore, on préféra accuser Braun d'avoir commis une erreur.

Je quittai la salle de réunion un peu abattue. Le musée ressassait la même vieille rengaine, connue de tous, alors qu'il y aurait eu tant à dire. Partout où je me rendais, je cherchais à rencontrer des historiens et des experts locaux. Un historien de Pékin m'avait soufflé le nom de Fei Peiru, un ancien conservateur du musée. Je n'étais pas parvenue à le joindre au téléphone avant mon arrivée, mais je demandai à la caissière du musée où il habitait. « Juste derrière » m'indiqua-t-elle. Il ne refuserait sans doute pas de recevoir une étrangère venue de si loin, ajouta-t-elle pour me rassurer : « C'est un monsieur adorable, je suis sûre que vous pouvez aller chez lui. Mais vous devriez d'abord jeter un œil sur le livre qu'il a écrit. » Elle me fit passer un exemplaire de *Journal quotidien de la 1re Armée* qui s'ajouta à la pile d'ouvrages que j'avais achetés en chemin ; ils commençaient à me coûter cher et à m'encombrer, mais ils m'étaient indispensables. Les auteurs locaux sont souvent des chercheurs très compétents, et ils profitent de ce qu'en province, comme le proverbe le dit, « le ciel est haut, et l'Empereur lointain ». L'ouvrage de Fei était un récit factuel, voire aride, mais il avait été à l'évidence rédigé à partir d'une énorme somme de connaissances. Je l'achetai, et partis en rencontrer l'auteur.

« Entrez » me dit-il dès que j'eus frappé à sa porte, en m'invitant dans son bureau. Les murs en étaient tapissés de livres du sol au plafond, des mémoires de dirigeants politiques ou militaires, leurs biographies, des documents du parti, des archives locales, des récits recueillis auprès de simples soldats, des monographies sur des aspects particuliers, aussi bien que des histoires générales de la Longue Marche, et de chacune des armées qui y avaient pris part. Malgré ses cheveux blancs, il paraissait plus jeune que ses soixante-dix ans, et il était aussi chaleureux qu'animé. « Je n'ose prétendre que je possède tout ce qui a été publié dans ce pays sur la Longue Marche » commenta-t-il avec une fierté visible, en me voyant lorgner ses étagères avec l'avidité d'un voyageur affamé qui découvre un banquet. « Mais presque, et j'ai tous ceux qui comptent. J'ai commencé ma collection avant votre naissance. »

« Je ne m'étonne plus de la quantité de détails pertinents qu'on trouve dans votre livre » lui dis-je en sortant mon exemplaire. « Je n'ai pas mâché tous ces détails » me répondit-il en souriant. « Mais je crois les avoir quand même bien digérés. »

Il avait fait des études d'ingénieur, d'où peut-être son attention méticuleuse aux moindres détails, et son approche très scientifique de l'Histoire. Après avoir été embauché par le musée, il avait été témoin pendant la révolution culturelle de la ferveur dont les gardes rouges entouraient Zunyi. La ville était un des cinq sites rouges les plus sacrés, avec Shaoshan, le village natal de Mao, les montagnes de Jinggang, où Mao s'était fait connaître, Yanan, où il avait rebâti son armée, et Pékin, siège de son pouvoir, où il était mort. « Le musée était devenu un véritable sanctuaire » se souvenait Fei, non sans plaisir. « Des centaines, des milliers de jeunes affluaient quotidiennement de tout le pays. Ils avaient fait le voyage entier à pied, sac au dos, brandissant des drapeaux rouges et des portraits de Mao. Ils voulaient être les nouveaux Marcheurs, et ils faisaient ici le serment de poursuivre la révolution jusqu'à leur propre mort. »

En dépit de toute l'adoration et de l'exaltation qui entourent Mao en ce lieu sacré, me fit remarquer Fei, la Conférence de Zunyi demeure pourtant très mal connue. À ce jour, les données les plus fondamentales, tels le nom des participants, l'organisation des débats, et la teneur exacte de la résolution adoptée, ne sont même pas établies avec certitude. Fei lui-même avait changé les dates de la Conférence, qui s'était déroulée du 15 au 17 janvier, et non du 7 au 9, comme on l'avait cru et commémoré cinquante années durant sur la base des souvenirs erronés d'un haut dirigeant. Cette révélation fut un choc pour moi. Comment était-il possible d'ignorer encore presque tout d'un événement historique aussi prééminent ?

« Il faut bien comprendre qu'en réalité cette Conférence n'a pas eu à l'époque l'importance qu'on lui a attribuée par la suite. Autrement, nous aurions évidemment les réponses à nos questions » m'expliqua Fei. Première nouvelle, du moins pour moi. Je le pressai d'en dire plus. « La Longue Marche n'a été qu'une longue succession de batailles et de réunions. Zunyi n'en a été qu'une parmi d'autres. Pour Mao, ce ne fut qu'une étape. Il ne fut pas porté à la tête du parti ou de l'armée lors de cette réunion, même s'il entra au secrétariat du Bureau politique. Edgar Snow a recueilli la plus longue interview que Mao a jamais accordée, et c'était juste après la Longue Marche. Il n'y mentionna pas une seule fois Zunyi. Ce qui prouve bien qu'à l'époque il ne voyait pas cette Conférence comme ayant marqué un tournant décisif dans sa carrière, et encore moins dans l'histoire révolutionnaire de la Chine. Les documents du parti n'ont commencé à faire référence à Zunyi que bien après 1949. »

Fei venait de m'aider à saisir quelque chose qui m'avait échappé jusqu'à ce moment-là. En lisant l'histoire de la Longue Marche, puis en avançant dans mon périple, les explications qui m'étaient données me semblaient souvent absurdes. Je ne comprenais pas pourquoi des faits essentiels étaient oubliés, ou cachés. Dès qu'on étudiait les choses en détail, comme Fei s'y était attaché concernant la date et la composition de la réunion de Zunyi, on avait parfois des surprises. C'est sans doute pourquoi ce genre de recherches historiques était plutôt découragé. Yang Shangkun, un survivant de la Longue Marche qui était devenu président de la République populaire, l'avait dit sans fard aux historiens officiels du parti à la veille du cinquantenaire de l'événement : « Il faut aborder les problèmes historiques avec une vision globale, et non pas s'arrêter aux détails... Il convient d'insister uniquement sur l'importance fondamentale de la Longue Marche, et sur le rôle essentiel qu'y joua l'Armée rouge... Si nous entrons dans les détails, des problèmes surgiront, qu'il ne sera pas facile de résoudre[10]. »

Quoi qu'il en soit, la Conférence de Zunyi prit fin de manière abrupte le soir du 17 janvier 1935. Les forces de Tchang avaient bousculé le seigneur de la guerre local, et marchaient sur la ville. L'Armée rouge devait l'évacuer dès le lendemain. Il fallut abandonner le projet de Mao d'y créer une nouvelle base rouge. La 1re Armée savait heureusement où aller : au Sichuan. Un grand nombre de chefs militaires de l'Armée rouge en étaient originaires. Ils étaient convaincus que les terres fertiles de la province pourraient nourrir une armée nombreuse, et que son importante population fournirait facilement de nouvelles recrues. De plus, une autre unité communiste, la 4e Armée, dirigée par Zhang Guotao y avait déjà établi une base, dans le nord de la province. Les deux armées allaient pouvoir fusionner, et lancer une nouvelle étape de la révolution dans la nouvelle base. La perspective était séduisante.

La suite des événements a toujours été présentée comme la meilleure illustration du génie militaire de Mao. Lui-même s'en vantait comme d'un *tour de force*. Quatre mois durant, il entraîna l'Armée rouge dans une marche forcée en zigzag du Guizhou au Sichuan, lui faisant traverser la rivière Chi, qui sépare les deux provinces, à quatre reprises, dans le but de semer les 200 000 poursuivants lancés par Tchang à ses trousses. La manœuvre a été le sujet d'un film à grand spectacle dont je n'ai pas oublié la bande-son.

Je me rendis de Zunyi sur la célèbre rivière Chi. Une route étroite et pleine d'embûches serpentait en montagnes russes, sous une pluie fine qui la rendait glissante. Un ancien de la Marche avait rapporté qu'elle en avait été un des pires tronçons. Il avait vu Mao qui grimpait la colline à l'aide d'un bâton de marche, s'enfonçant jusqu'aux genoux dans la boue dont il était couvert de la tête aux pieds, et avançant péniblement en direction de Tucheng, le gros bourg de la rive orientale de la Chi[11]. De là, il n'y avait plus qu'un jour de marche pour atteindre le Yangzi, qu'il suffirait de remonter en direction du nord pour faire la jonction avec la 4ᵉ Armée. Je parvins moi-même à Tucheng après six heures de bus si pénibles que j'envisageais avec horreur le voyage retour. La ville, plongée dans la brume descendue des montagnes, n'était guère différente des clichés d'époque que j'avais pu voir dans des livres. On apercevait encore sur les collines les maisons de bois traditionnelles dissimulées parmi les arbres. La Chi était une rivière paisible, peu profonde, boueuse et d'une largeur modeste.

Il fallait faire preuve de pas mal d'imagination pour voir dans ce petit bourg assoupi le site d'une des batailles les plus rudes de toute la Longue Marche, qui fit plus de 3 000 morts dans les rangs de l'Armée rouge. Harrison

Salisbury l'a racontée, pour la première fois croyait-il. Mais il en existe un récit bien antérieur, fait par un chercheur du coin[12], que j'avais pu lire. Les livres d'histoire n'en font toujours pas mention. Les propos d'un ancien combattant rencontré au Jiangxi prenaient à présent tout leur sens pour moi.

J'étais allée voir Zhong Fazhen dans son village. C'est un homme de quatre-vingt-cinq ans, un peu dur de la feuille, mais toujours alerte. Il marchait d'un pas si décidé que j'avais du mal à le suivre. Il avait été enrôlé à l'âge de quatorze ans. Tous les jeunes du village y avaient été contraints, après une visite de Mao qui y était resté une semaine entière pour enquêter auprès des paysans sur la situation dans les campagnes afin de rédiger ensuite un rapport. Cette visite était commémorée par un petit musée que Zhong me fit visiter, car il en est encore très fier. Il avait étudié pendant deux ans, et avait donc intégré l'équipe de propagande. Par la suite sa vivacité d'esprit, son caractère discipliné et sa rapidité d'exécution lui avaient valu d'être promu opérateur TSF. Il m'avait décrit avec force une bataille à laquelle il avait participé dans le Guizhou, mais sans pouvoir me la situer précisément. Je me rendais compte à présent que c'était celle de la Chi.

Le 28 janvier 1935, dix jours après avoir quitté Zunyi, la 1re Armée s'était retrouvée face aux meilleures troupes du seigneur de la guerre du Sichuan devant Tucheng. « J'avais participé à la bataille de la Xiang, mais pas en première ligne » m'avait raconté Zhang. « Je n'avais jamais rien vécu de semblable. Les combats commencèrent avant l'aube, et ils se prolongèrent toute la matinée. Nous étions dans une vallée étroite. Nos artilleurs avaient dû cesser le feu après quelques salves, faute d'obus. Les autres n'arrêtaient pas de nous pilonner. Et ils étaient un paquet, je me demandais d'où ils pouvaient bien venir. On s'est battu de très près, je pouvais distinguer leurs visages, et sans merci. »

Les renseignements que Mao avait obtenus étaient manifestement faux. Il croyait avoir affaire à deux régiments, au lieu de quoi il s'était heurté à deux brigades, soit quatre régiments, et quatre autres étaient arrivés quand la bataille était déjà engagée. Dans l'après-midi, les pertes de l'Armée rouge ne cessant de s'alourdir, Mao avait été contraint d'appeler à la rescousse le 1er Corps, qui se trouvait à trente kilomètres de là, et ne pourrait pas arriver avant la nuit tombée. À trois heures de l'après-midi, les combats s'étaient intensifiés. La femme de Zhu De manqua d'être capturée au cours d'une attaque surprise lancée sur le QG, juste au-dessus de la ville. Des ennemis l'avaient saisie par le fusil et son sac à dos, qu'elle avait dû leur laisser entre les mains pour s'enfuir. La Commission militaire se réunit d'urgence, ce qui n'arrivait pratiquement jamais en pleine bataille. La garde rapprochée de la direction, le régiment des cadres, fut engagée à son tour, sans succès. La Commission militaire ordonna de décrocher au crépuscule, et de jeter des ponts sur la Chi.

« Ils percèrent nos lignes, s'emparèrent d'une colline, et coupèrent notre Corps en plusieurs unités » poursuivit Zhong. « Leur fusillade était intense. Nous étions impuissants, c'était affreux. Nous avons battu en retraite vers la ville. Les combats ne cessèrent qu'une fois la nuit venue. Nous étions à l'arrière-garde, et nous n'atteignîmes pas le pont avant les premières heures du lendemain. Nous avons eu beaucoup de chance de nous en sortir. »

Tucheng avait été la première bataille livrée par Mao après avoir repris le contrôle, au moins partiel, de l'Armée rouge. Il avait espéré remporter un succès éclatant, pour montrer qu'il saurait la mener jusqu'à la victoire. Il voulait aussi infliger aux seigneurs de la guerre de la région une leçon telle qu'ils ne s'en prendraient plus à l'Armée rouge, et s'emparer du même coup de stocks de ravitaillement dont il avait grand besoin. Au beau milieu de la bataille, quand il avait fini par comprendre que l'adversaire était beaucoup plus puissant que ce que ses renseignements lui avaient fait croire, il avait refusé de battre en retraite. Au final, il avait subi une défaite cinglante : non seulement les pertes avaient été élevées, mais la 1re Armée avait dû renoncer à franchir le Yangzi. Celui-ci était trop solidement défendu pour que l'opération puisse être envisagée.

Le fiasco fut entièrement porté au compte d'une faillite du renseignement. Je demandai à Zhong, l'opérateur TSF, quel sort lui aurait été réservé s'il avait commis pareille erreur. « Le peloton d'exécution, c'est sûr » fut sa réponse immédiate. « Des milliers de soldats ont trouvé la mort à cause de celui, quel qu'il soit, qui a fourni ces faux renseignements. Nous étions pourtant extrêmement prudents, d'ordinaire. La responsabilité qui pesait sur nos épaules était énorme. C'est pourquoi j'avais été désigné à mon poste, bien que je n'y eusse pas postulé. Rappelez-vous, je n'avais fait que deux années d'études. Mon chinois n'était pas extraordinaire, et il me fallait apprendre par-dessus le marché ce charabia qu'on appelle l'anglais. J'avais prévenu mon commissaire politique des risques qu'il prenait avec moi, mais il m'avait répondu que c'était un poste politique, et que je devais l'accepter, quoi que j'en pense. » Il s'arrêta un instant, puis, baissant la voix, reprit : « Nous étions mieux nourris que les officiers, vous savez. Notre capitaine était mieux payé que les chefs de corps. »

L'attention apportée à la TSF et au renseignement par l'Armée rouge était la conséquence d'une erreur qui lui avait coûté très cher. Lors de la Première campagne lancée contre le Soviet du Jiangxi, le commandant des forces nationalistes, le général Zhang Huizang, un proche de Tchang, avait été fait prisonnier. Son épouse était intervenue auprès de Tchang pour qu'il obtienne sa libération, et des émissaires avaient pris contact avec la direction du parti à Shanghai pour engager des négociations. Les nationalistes avaient offert d'abandonner à l'Armée rouge ce qui restait de la division du général Zhang, soit 4 000 hommes, une rançon de 200 000 dollars garantie par trois banques étrangères, vingt caisses de médicaments d'importation, assez de munitions pour deux bataillons, et la libération de 100 détenus communistes. La direction du parti avait accepté cette offre, et dépêché des messagers au Jiangxi. Mais quand ils y étaient parvenus, Mao avait déjà fait décapiter Zhang, et avait fait déposer sa tête dans un panier de bambou attaché à un radeau qu'il avait envoyé au fil de la rivière vers les lignes nationalistes.

L'Armée rouge avait obtenu sa première radio en 1930, en la prenant aux nationalistes lors de la Première campagne, mais les soldats, qui ne savaient pas à quoi elle pouvait bien servir, l'avaient détruite. À partir de ce moment-là, elle mit sur pied son propre service de télécommunications, et son école des transmissions finit par enrôler des centaines d'élèves. Le noyau du corps enseignant était constitué d'officiers nationalistes capturés. Ils connaissaient tous les codes employés par les nationalistes, et pouvaient donc déchiffrer tous les messages échangés entre Tchang et ses commandants sur le terrain, même si le code en était changé chaque jour. Quand ils avaient repoussé la Seconde campagne de Tchang, Mao et Zhu De avaient offert trois dollars d'argent en récompense à l'opérateur radio qui avait intercepté les messages ennemis. Celui-ci avait pu offrir à ses amis un vrai banquet où l'on avait servi de la viande et du poulet. Avant de se lancer dans la Longue Marche, Mao s'était enquis personnellement du composant le plus important de l'émetteur-récepteur. Quand on lui avait expliqué que c'était la valve, il avait décidé qu'il la porterait sur lui-même pendant toute la Marche. Mais cette pièce était si fragile qu'il avait dû se contenter de se charger du clavier, qu'il avait confié à son garde du corps personnel, pour s'assurer qu'aucune information à son sujet ne filtre.

L'Armée rouge imposait un secret total à ses opérateurs TSF. Quiconque était soupçonné de l'avoir violé était exécuté sur-le-champ. Des vingt et un opérateurs du

6ᵉ Corps, quatre furent fusillés, et cinq disparurent sans explications[13]. Quand je voulus poser des questions à l'opérateur Zhong sur son travail, il refusa tout net de me répondre. Il ne voulut pas davantage me décrire sa formation, ou comment il avait appris à déchiffrer les codes. « Secret défense » me répondit-il sèchement. J'avais lu un ouvrage sur les services d'interception et transmission de l'Armée rouge, il devait donc être possible d'en parler, lui fis-je remarquer. « Je ne mange pas de ce pain-là » fut sa seule réaction. Son sens de la discipline était frustrant, mais compréhensible. Le parti ne l'avait pas sélectionné par hasard.

Zhong pensait n'avoir survécu à la Longue Marche qu'en raison de la protection très efficace dont lui et ses camarades avaient bénéficié. Ils marchaient de concert avec le QG et la direction du parti. Chacun d'eux disposait de deux gardes armés, qui portaient les batteries et tout le barda, tout en les surveillant, car il y avait parmi eux plusieurs prisonniers nationalistes. Lorsqu'ils tombaient malades, ils avaient droit à une civière, alors que les simples soldats étaient abandonnés sur le bord de la route. À la fin de la bataille de Tucheng, le 5ᵉ Corps avait dû abandonner un de ses opérateurs blessés, faute de porteurs pour l'emmener. Ils lui avaient remis un peu d'argent et de l'opium. Quand un des commandants de l'unité s'en était aperçu, il avait donné l'ordre à un bataillon de faire demi-tour, pour briser les lignes ennemies et aller le récupérer[14].

Battue à Tucheng, la 1ʳᵉ Armée avait dû abandonner provisoirement son plan d'origine, la traversée du Yangzi ; il lui fallait essayer de créer une nouvelle base dans le nord du Guizhou. Mao n'en était pas mécontent à vrai dire, car il n'avait guère envie de se réfugier auprès de Zhang Guotao et de sa 4ᵉ Armée alors qu'il était revenu au pouvoir depuis trop peu de temps pour avoir pu vraiment prendre les choses en main. Mais il lui fallait absolument une victoire pour espérer pouvoir rester au Guizhou. À peine trois semaines après Tucheng, la 1ʳᵉ Armée, avec Mao à sa tête, franchit de nouveau la Chi, et reprit Zunyi, anéantissant en chemin huit régiments de l'armée du seigneur de la guerre local. La 1ʳᵉ Armée venait enfin de remporter sa première victoire depuis le début de la Longue Marche. Ce succès était très encourageant pour Mao, qui résolut de ne pas s'arrêter en si bon chemin. Il prit pour cible une des unités d'élite de Tchang. Il prévint ses soldats en ces termes : « Cette bataille sera décisive. Si nous l'emportons et détruisons l'adversaire, nous pourrons nous installer au Guizhou et en faire une province tout entière communiste. Si nous sommes battus, notre victoire à Zunyi n'aura servi à rien, et il nous faudra reprendre la route[15]. »

Deux semaines durant, la 1ʳᵉ Armée multiplia les marches et contremarches en feignant de préparer l'assaut dans l'espoir d'inciter l'ennemi au combat, en vain. Il refusait l'affrontement. Tchang avait donné ordre à ses hommes de ne pas prendre le risque d'une défaite comme celle de Zunyi. Les nationalistes finirent par se retrancher, en construisant une ligne de blockhaus au sommet des collines face à l'Armée rouge. Le 15 mars 1935, la bataille frontale s'engagea à Luban, à une journée de marche de Zunyi. Ce n'était pas le type de bataille où l'Armée rouge était la plus efficace, bien que Mao ait choisi d'y engager la quasi-totalité de ses forces. Il lui fallait monter à l'assaut des collines sous un feu intense venu des crêtes. Elle subit de lourdes pertes, et n'eut pour finir d'autre choix que de battre en retraite, et de retraverser la Chi pour la troisième fois.

Je ne comprenais rien à ces allers-retours à travers la Chi, même si on a beaucoup admiré la manœuvre. Je n'étais pas la seule. Zhong l'opérateur se demandait lui aussi pourquoi il lui avait fallu traverser entre deux combats la même rivière, et passer par les mêmes villages, à tant de reprises. Un coup, la rumeur était qu'ils marchaient vers le Sichuan. Le coup suivant, ils défendaient le Guizhou. Et aussitôt après, on prenait la direction du Yunnan. « Les gars de l'équipe de propagande en avaient même fait une chanson aux paroles ironiques : *D'une montagne à l'autre, nous avons viré de bord pour éviter le Hunan, et nous sommes retrouvés au Sichuan. À peine nous sommes-nous posés au Guizhou, que nous voilà repartis pour le Yunnan.* Nous avons crapahuté de la sorte pendant quatre mois dans ces montagnes misérables. Il n'y avait pas grand-chose à se mettre sous la dent, et nulle part où loger. La plupart du temps, nous dormions à la belle étoile, les nuits étaient froides et humides » soupira Zhong. « En quatre mois, nous aurions pu nous rendre où nous voulions. Vous savez, il ne nous avait pas fallu six semaines pour aller du Jiangxi au Guizhou. »

Le récit laissé par Braun reflète sans doute exactement ce qu'éprouvèrent beaucoup d'autres que lui : « Les hommes trahissaient un épuisement grandissant... Quand des avions nous survolaient, nous nous contentions de nous coucher sur le bas-côté de la route, sans chercher à nous abriter comme nous le faisions d'habitude. Je ne me réveillais même plus quand le village ou la ferme où nous dormions était la cible d'un bombardement. Un impact rapproché me faisait à peine me retourner sur mon lit... Les morts augmentaient de jour en jour, moins du fait de blessures subies au combat qu'en raison de maladies ou du simple épuisement. On voyait aisément que les effectifs avaient diminué, malgré les milliers de nouveaux volontaires qui avaient rejoint nos rangs depuis le début de l'année[16]. »

Les désertions étaient redevenues un problème majeur. Le Département politique avait lancé une mise en garde après la bataille de Tucheng : « Tous les Corps ont constaté ces derniers temps que certains de leurs hommes traînaient en arrière, parfois délibérément... Nous devons faire des exemples, les critiquer publiquement devant toute la troupe, leur infliger des sanctions méritées, jusqu'à la peine de mort pour les principaux coupables[17]. »

Zhang Wentian, le nouveau numéro un du parti, ne comprenait plus rien à ce que faisait Mao. Il se plaignait à qui voulait l'entendre de « la situation militaire catastrophique qui découle de la stratégie et de la tactique irresponsables que Mao suit depuis Zunyi[18] ». Le commandant du 1er Corps, Lin Biao, pourtant un des plus fidèles lieutenants de Mao, était lui aussi si excédé qu'il adressa une note à la Commission militaire : « Si nous continuons comme cela, nos forces se désintégreront ! Nous ne pouvons absolument plus lui laisser commander de la sorte[19] ! »

Sans doute Mao s'était-il rendu compte que son idée d'établir une base au Guizhou n'était absolument pas réaliste. Ses deux défaites, dont les histoires officielles de la Longue Marche ne disent toujours pas un mot, avaient porté un coup dur à la 1re Armée, tant du point de vue du moral que des équipements et des effectifs. Les marches forcées incessantes, avec leur lot d'épuisement, de maladies et de désertions, la minaient encore davantage. Elle comptait 30 000 hommes quand il en avait pris la direction à Zunyi. Ils n'étaient plus que 22 000, alors qu'on avait enrôlé 5 000 nouvelles recrues au Guizhou. Il avait donc perdu près du tiers de ses forces. Et, contrairement aux pertes massives des débuts de la Longue Marche, dues principalement aux nouvelles recrues, c'est le noyau de l'Armée rouge qui était atteint.

Enfin, il se décida à gagner le Sichuan. Le 21 mars 1935, il franchit la Chi pour la quatrième fois, à la tête de ses hommes. Il fit croire à une attaque sur Guiyang, où Tchang se trouvait pour superviser la traque. Ce dernier prit peur et demanda des renforts au seigneur de la guerre de la province voisine du Yunnan, qui se trouva du coup sans défense. La 1re Armée prit aussitôt la direction du sud-ouest, puis vira vers le nord en direction de la rivière Jingsha, qui est le nom qu'on donne au Yangzi vers sa source. Elle couvrit près de 2 000 kilomètres en cinq semaines à peine, et franchit le fleuve le 9 mai 1935. Là, on avait vu Mao à son apogée. Il avait étourdi Tchang, les seigneurs de la guerre, et jusqu'à ses propres soldats. Et il avait atteint son objectif.

Comme Mao et son armée, je quittai la Chi pour retourner à Zunyi, dans mon cas pour y prendre le train en direction du Sichuan. Je m'arrêtai au magasin de photocopies le plus proche du musée, pour y récupérer trois ouvrages que Fei avait eu la gentillesse de faire copier à mon intention. Je fis un saut au nouveau musée dont il m'avait dit un mot. Il est construit comme un temple traditionnel et en a l'imposante beauté, presque comparable aux bâtiments de la Cité interdite. Il a été érigé à l'occasion du soixante-dixième anniversaire de la Conférence de Zunyi. Fei me l'avait présenté comme une véritable gageure, et je compris pourquoi. « Il est si grand, alors qu'on a si peu à y montrer. Je ne vois pas comment on pourra le remplir, en tout cas pour le moment » m'avait-il avoué.

Puis, tout d'un coup, il avait repris : « Mao n'est jamais revenu à Zunyi, savez-vous ? Il est allé revoir les monts Jinggang après 1949, mais pas Zunyi. Je me demande bien pourquoi. Sa femme avait connu des moments très pénibles ici. Elle avait accouché d'une petite fille, qu'ils avaient été obligés d'abandonner, en la confiant à un opiomane. C'était la troisième fois qu'elle avait dû se séparer d'un de ses enfants. On peut imaginer sa tristesse. Par la suite, elle fut blessée par un obus qui lui laissa dix-sept éclats dans le crâne et le dos. Je crois qu'elle ne s'est jamais remise de ses blessures psychologiques et physiques. C'est peut-être la raison. »

Il y en avait peut-être une autre, plus simple. Mao devait savoir mieux que quiconque qu'en dépit de toute la propagande faite autour de Zunyi, la Conférence, comme Fei me l'avait expliqué, n'avait pas été si importante que ça. Je me souviens d'un article brillant, que j'ai lu par la suite, dont l'auteur est un sinologue occidental, qui résume parfaitement la réalité : « Ce tournant de la révolution chinoise gêne tous ceux qui s'y intéressent... Mao, parce que son retour aux affaires ne fut ni aussi spectaculaire, ni aussi définitif que ses partisans l'auraient souhaité ; les historiens chinois, parce qu'ils n'ont pas le droit d'en faire un compte rendu exact ; et les Occidentaux, qui sont honteux d'avoir publié tant de récits fantaisistes de cet événement historique[20]. »

Fei avait quand même reçu un lot de consolation : « Même s'il n'est jamais revenu ici, Mao nous a offert une de ses calligraphies. Vous l'avez peut-être vue à l'entrée. Il a écrit "Conférence de Zunyi", et c'est la seule calligraphie d'un nom qu'il ait jamais tracée. Elle est vraiment superbe. »

C'est vrai. Cette inscription est sans équivalent par sa vigueur et son caractère imposant. La calligraphie est un des arts les plus anciens de la Chine, et certaines écoles stylistiques remontent à plus d'un millénaire. Mao ne suit aucun de ces styles ; il est véritablement incomparable, et les plus grands calligraphes en conviennent. L'écriture, dit-on, révèle l'homme. Reste que ces six idéogrammes dorés paraissent bien trop grands au vu de la taille modeste de l'entrée.

7.

Faites la guerre, pas l'amour.

Quand la mère Wang se réveilla, ce beau matin de mai 1935, son cœur vibrait d'un bonheur rare. Elle était à Luhu, dans le sud du Sichuan. Et elle venait de passer sa deuxième nuit au côté de l'homme dont elle était tombée amoureuse. Rien à voir avec son premier mari, celui qui lui avait été imposé par sa famille. Celui-là lui avait été trouvé par le parti, et elle s'y était vite attachée.

Elle savait qu'elle était une privilégiée. La « règle du samedi soir » fixait cette nuit-là comme la seule que les couples mariés étaient autorisés à passer ensemble. Mais le chef d'état-major avait eu pitié d'eux, en voyant qu'ils n'avaient pas passé un moment ensemble depuis leur nuit de noces à Zunyi, quatre mois plus tôt. Il les avait logés dans la même maison. Un endroit splendide. Il suffisait de faire deux pas hors de la résidence en bois, pour avoir la vue sur un lac bleu paisible entouré de champs d'orge sur fond de montagnes enneigées, plus blanches et plus hautes que toutes celles qu'elle avait vues jusque-là. Chez elle, la neige était inconnue. Elle lui faisait penser à du sucre.

Ce paysage l'aurait encore plus séduite si elle avait su qu'elle se trouvait sur la terre des Mosuo, un groupe ethnique dont les femmes avaient une réputation de très grande liberté. Elles étaient responsables de leur propre existence, comme de la vie de la communauté, tout le contraire des Chinoises que leurs hommes traitaient en esclaves et ne considéraient que comme un moyen de reproduction. Les Mosuo couchaient avec qui elles voulaient, elles prenaient autant d'amants qu'elles en avaient envie, elles n'étaient pas obligées de les épouser, et elles s'en séparaient s'ils ne leur donnaient pas satisfaction. Elles s'occupaient seules de leurs enfants, sur lesquels les hommes n'avaient aucun droit. Bref, la société Mosuo était un modèle d'émancipation féminine.

Les quatre semaines qui suivirent cette nuit, Wang ne pensa plus à rien d'autre qu'à ses règles. Elle les attendait avec autant d'impatience qu'on peut en avoir pour le lever du soleil. Jusqu'alors, elle les avait plutôt redoutées : se protéger était un luxe, en raison du manque de papier et de linge. Elle n'en obtenait que de temps à autre, au hasard des « confiscations ». Le reste du temps, elle devait se débrouiller avec des feuilles. Parfois elle n'avait d'autre choix que les laisser s'écouler. Cela la gênait tellement qu'au début, elle avait envié les femmes qui n'avaient plus leurs règles, à cause de la faim, de la fatigue, du froid extrême, et des marches forcées, parfois plus de 60 kilomètres en une seule journée. Elle rêvait d'un cheval. Elle était en principe autorisée à en monter un, une fois par mois, ce qui soulevait les protestations des hommes indignés de ce privilège accordé aux femmes. Il ne s'agissait pourtant pas de leur épargner la fatigue, seulement de leur éviter des situations embarrassantes. L'une des femmes dans son unité traversait par exemple une rivière quand l'eau s'était mise à se teinter de rouge autour d'elle, comme si elle avait été blessée. Un jeune soldat qui marchait près d'elle s'était écrié, alarmé : « Sœur ! Sœur ! Tu saignes ! » Le visage de la femme était devenu plus écarlate que l'eau. À présent c'était l'inverse : elle priait pour que ses règles arrivent, l'assurant qu'elle n'était pas tombée enceinte. Quand le jour vint enfin, elle fut soulagée d'un poids énorme. Elle s'empressa de grimper sur un mûrier pour en arracher une poignée de feuilles. Elle acceptait à présent l'inconfort de la situation avec le sourire.

« La grossesse était pour nous un fléau pire que la peste », me confia-t-elle, visiblement encore très émue. « Marcher était déjà difficile pour qui n'avait pas un fardeau sur le dos. Alors, imagine ce que ce pouvait être quand on avait un ventre deux fois plus gros qu'une pastèque, et qu'il ne fallait pas se laisser distancer par les soldats ! Notre mot d'ordre était "Ne tombe pas enceinte, ne te laisse pas capturer, et n'accepte pas les huit dollars d'argent !" (Il s'agissait de la somme qu'on remettait aux blessés quand on devait les abandonner à la garde de la population locale.) » Elle ne voulait à aucun prix connaître le sort des six femmes qui avaient enfanté dans son unité. Toutes étaient les épouses de dirigeants, y compris celle de Mao, He Zhizhen, dont la grossesse avait commencé juste avant la Longue Marche. Ces femmes avaient parfois exigé de marcher comme les autres, mais chacun savait que c'était pour la forme. Elles n'étaient encore pas bien loin de leur point de départ quand tous les autres étaient déjà parvenus au terme de l'étape du jour. Il avait fallu les porter sur des civières. Quand leurs porteurs s'étaient enfuis, les autres femmes avaient dû se charger d'elles à tour de rôle. Wang gardait un souvenir très précis de He Zhizhen : « Cinq grossesses en cinq ans. Elle passait son temps à tomber enceinte, et à accoucher. Nous n'avions aucun contraceptif. On était engrossées aussi facilement que les hommes nous enfilaient leur machin. »

En Chine, un proverbe dit que la femme qui enfante passe les portes de l'enfer, et qu'aucune n'est assurée d'en ressortir vivante. Accoucher pendant la Longue Marche fut effectivement une véritable descente aux enfers, où l'on aurait vainement cherché une raison d'espérer : il n'y en avait pas. He Zhizhen avait donné naissance à une fillette au début du printemps 1935 dans le Guizhou. Il lui avait fallu l'abandonner, comme elle avait déjà dû le faire pour ses deux précédents nouveau-nés. Elle avait refusé de donner un nom à ce bébé, persuadée qu'elle ne le reverrait jamais. L'enfant avait été enroulé dans une veste et confié à une vieille femme qui vivait seule dans une cabane en pleine montagne. Dans un premier temps, la vieille avait refusé de s'en charger, expliquant qu'elle n'avait pas de lait et ne pourrait pas s'en occuper. Elle avait changé d'avis à la vue d'une poignée de dollars d'argent, et de quelques balles d'opium. La drogue l'intéressait.

Mao avait comparé He Zhizhen à « une poule pondeuse », plaisanterie qui lui avait fendu le cœur – car elle avait véritablement connu l'enfer. Une autre avait commencé à ressentir les contractions pendant une étape. La tête du bébé avait même commencé d'apparaître. Elle s'était évanouie le lendemain, au passage d'une rivière aux eaux glaciales. Comme on n'avait pas de civière, il avait fallu la transporter sur le plateau d'une table. L'épouse de Deng Fa, le chef de la police secrète, avait connu le travail le plus difficile. Il avait commencé alors que les forces de Tchang étaient sur les talons de l'Armée rouge en fuite, sous des bombardements aériens incessants. L'enfant ne sortait pas, comme s'il refusait de venir au monde au milieu de pareille violence. Les douleurs étaient devenues atroces pour la mère, qui s'était mise à insulter son mari. Un régiment d'arrière-garde avait reçu l'ordre de retarder l'avance ennemie deux heures durant, au prix d'un engagement sanglant. Dès qu'elle avait accouché, son nouveau-né avait été abandonné au milieu des herbes, et elle avait été évacuée sur une civière. Le régiment avait éclaté de colère quand, ayant fini par rejoindre le gros de l'armée dans l'après-midi, il était apparu qu'une douzaine de soldats s'étaient fait tuer pour protéger la naissance d'un enfant qu'on avait abandonné à une mort certaine[1].

Wang pensait qu'on aurait dû autoriser les femmes à garder leurs nouveau-nés. Après tout ce qu'elles avaient enduré, elles auraient été capables d'affronter n'importe quelle épreuve, elle en était convaincue. Mais le règlement était draconien : les vagissements d'un bébé pouvaient trahir la position de la colonne, et il y avait déjà bien assez de problèmes de ravitaillement sans qu'on s'encombre d'enfants à nourrir. Elle ne savait pas que les 4e et 2de Armées avaient autorisé leurs femmes à garder leurs enfants. He Long, qui commandait la 2de, avait même emmené sa fillette de trois ans, Jiesheng, avec lui. Il lui avait expliqué : « J'ai déjà 40 ans, et je n'ai que toi. Bien que tu ne sois qu'une fille, je ne t'en aime pas moins. Quand il n'y a plus de poisson dans la rivière, faut bien se contenter de crevettes[2]. » Sa mère avait raconté que la porter tout au long de la marche n'avait pas été chose facile. « Ce bébé était bien plus lourd qu'une mitraillette ! Si j'avais été un homme, j'aurais préféré avoir une mitraillette. Elle m'aurait au moins servi à quelque chose si l'ennemi nous avait rattrapés. » La petite pleurait assez souvent, mais les soldats trouvaient ça plutôt drôle. « Pourquoi pleures-tu, fillette ? Tu dois encore t'être couverte de pisse et de merde... Tu pues vraiment, tu sais. Dans vingt ans, quand tu ne penseras qu'à ta beauté, on te le rappellera, on verra si ça te fait rire[3]. » Elle fut la benjamine de tous ceux qui parvinrent au terme de la Marche.

La femme de Xiao Ke, sœur cadette de celle de He Long, accoucha elle aussi pendant la Marche, comme pour en rajouter. Et elle le fit dans le pire des endroits, les marécages. Le jour de la naissance, elle n'avait pas arrêté de marcher de l'aube à trois heures de l'après-midi, quand elle commença à perdre les eaux. Sa sœur coupa le cordon ombilical, bien qu'elle n'ait jamais auparavant accouché une femme, pendant que Xiao Ke lui-même maintenait son épouse par les épaules. Le lendemain, elle reprit la route, sa sœur à son côté. Xiao Ke confia son fils, Baosheng (un nom qui signifie « Vie précieuse »), à un de ses gardes du corps et à un palefrenier qui l'emmenèrent loin des marécages.

L'histoire de Wang était-elle vraiment représentative de celle des femmes de la Marche ? Elle avait eu relativement de la chance, puisqu'en tant qu'une des trente femmes au milieu des 86 000 hommes de la 1re Armée, elle avait vécu sous la protection d'une unité puissante, et qui, en outre, avait été peu engagée en première ligne dans des batailles. Je voulus comparer son expérience à celle de la majorité des autres marcheuses, par exemple les quelque 3 000 femmes que comptait la 4e Armée. Ma prochaine étape était précisément Tongjiang, dans le nord du Sichuan, qui en avait été la base. Le destin de Wang était lié à celui de cette unité, puisqu'elle en était arrivée à commander le Régiment féminin dont la plupart des membres venaient de la 4e Armée.

Je pris le train pour Tongjiang. Un paysage agréable défilait sous mes yeux, l'immense plaine de Chengdu, image de la fertilité même, kilomètre après kilomètre de rizières, seulement ponctuées de bosquets de bambou qui dissimulaient de nombreuses fermes et villages. Tout le contraire du Guizhou, où l'on n'en voyait que tous les quinze kilomètres. Le Sichuan mérite sa réputation de « bol à riz » de la Chine. L'abondance de la nourriture y a entraîné une véritable explosion démographique, la population y passant de 50 millions d'habitants dans les années 30 à plus de 100 millions aujourd'hui.

Quatre jeunes filles avaient pris place sur la banquette face à la mienne. Deux d'entre elles portaient des vêtements chics mais bon marché, l'une un pull sans manches, rose et très échancré, l'autre un T-shirt blanc au buste orné de deux grosses lèvres rouges invitant à « Kiss me » en anglais. Leurs deux camarades étaient en jupes et blouses à la mode. Elles s'étaient animées dès que le train était entré dans la plaine de Chengdu. Leur accent les identifiait comme natives du Sichuan. Elles travaillaient depuis trois ans dans une usine de vêtements à Chongqing, la plus grande ville de la province, et la seconde la plus peuplée de tout le pays. En raison de la pression démographique, les Sichuanais vont chercher du travail partout en Chine. Ces quatre filles faisaient partie du flot des émigrés de l'intérieur. Elles se satisfaisaient de leur salaire mensuel d'environ 50 €, car elles auraient gagné beaucoup moins si elles étaient restées dans leur village. Elles n'en dépensaient qu'une petite partie pour leurs propres besoins, et en envoyaient le reste à leur famille. Elles se plaignaient de leur difficulté à faire des économies, alors qu'il leur fallait dépenser 11 € pour s'habiller de neuf avant de retourner chez elles. Une autre avouait devoir calculer avant de se laisser tenter par l'achat d'un bracelet à 50 centimes d'euro.

Ces jeunes femmes gaies débordaient d'énergie, mais elles étaient en même temps déjà endurcies par le travail. Elles me firent penser à celles qui s'étaient jadis enrôlées dans la 4e Armée dans le nord du Sichuan. Elles avaient le même âge, une vingtaine d'années, venaient elles aussi de petits villages, et rêvaient également d'une vie meilleure. Je leur demandai si elles rentraient chez elles pour les vacances. « J'aimerais bien » me répondit l'une d'elles en éclatant de rire. « Vous voyez ces femmes dans les champs ? Nous aussi, nous allons aider la famille à repiquer le riz. » La pluie commençait à tomber à grosses gouttes, criblant le miroir de l'eau des rizières entre lesquelles nous filions, mais les paysannes continuaient à travailler sous l'averse comme des machines : une poignée de pousses vertes dans une main, elles les replantaient de l'autre, une par une. Elles ne relevaient presque jamais la tête de ce travail épuisant, laissant derrière elles des rangées parfaitement alignées et symétriques, d'une régularité très agréable au regard.

« C'est la saison. Nous rentrons toutes donner un coup de main » confirmèrent en chœur les quatre jeunes filles. Avaient-elles obtenu un congé pour le faire ? « Ce serait trop beau. Comme on bosse vraiment dur, six jours sur sept, on peut choisir entre de l'argent ou des jours de congé quand on fait des heures sup'. Alors, on en profite. » Elles me précisèrent qu'elles ne replanteraient pas le riz elles-mêmes. Elles allaient nourrir les cochons et les volailles, nettoyer la maison, faire la cuisine, et apporter les repas à leurs parents qui travaillaient à la rizière. C'était un gros travail, mais elles en avaient l'habitude. « Comme le dit ma mère, il y a des gens qui meurent de n'avoir rien à faire, mais on ne meurt jamais de bosser dur » ajouta la moins sophistiquée des quatre.

À la descente du train, je pris le bus pour arriver à Tongjiang en fin d'après-midi. Je vis d'emblée que j'avais choisi le bon endroit. Tout y était « rouge ». Le centre-ville avait une place Rouge, les hôtels étaient à l'enseigne de l'Armée rouge, tout comme les restaurants. Les saunas et même les bars à karaoké étaient « rouges ». Les gens du coin n'hésitaient apparemment pas à tirer profit de leur passé « rouge ». J'en fis la remarque à la gérante de la pension de famille où j'étais descendue, une jeune femme avenante d'une trentaine d'années, la cousine du chauffeur de bus. « Et pourquoi pas ? Il est grand temps. Tout le monde y trouve son compte. Un habitant de Tongjiang sur cinq s'était enrôlé dans l'Armée rouge. Chaque famille d'ici a du rouge dans son histoire. Mes deux grands-oncles sont morts pour la révolution. Et tout ça pour quoi ? Rien du tout... »
Je lui fis remarquer en plaisantant que ses oncles lui en auraient peut-être voulu de s'être convertie au capitalisme. « Oh non, ils se sont sacrifiés pour que nous ayons une vie meilleure. C'est tout ce qu'ils voulaient, une vie plus confortable. »

En vraie Sichuanaise, elle parlait à toute vitesse, comme si elle n'avait pas une minute à perdre. Elle me donna des tuyaux pour profiter de mon séjour. Il fallait absolument que je visite le Musée de la 4e Armée rouge. « Beaucoup de visiteurs se fichent de l'exposition » reconnut-elle avec un peu d'agacement. « Mais il se trouve dans l'ancien temple de Confucius, un très beau bâtiment qui remonte à la dynastie Ming. » Le cimetière militaire valait également le détour, c'est le plus vaste de Chine, poursuivit-elle. « Là encore, si les morts ne sont pas trop votre tasse de thé, la vue est imprenable. Il est au sommet de la colline, c'est le plus beau panorama de la région. » Ce soir, je pourrais me payer un banquet rouge, et goûter aux plats que les soldats appréciaient, à base de champignons arboricoles, de plantes sauvages de la montagne, et de patates douces. « Tout est frais, formidablement goûteux, et excellemment cuisiné. Il ne s'agit pas d'un régime. On se passe très bien de viande et de poisson. » Après dîner, direction le bar karaoké rouge, pour y chanter les chansons que les femmes entonnaient pour stimuler l'enthousiasme révolutionnaire de leurs compagnons. Un véritable programme concocté par l'Office du Tourisme « rouge ».

Au moins avais-je là sous la main quelqu'un qui paraissait comprendre ce qui m'intéressait. Autant en profiter. Je lui dis que j'aimerais aussi pouvoir parler à d'anciens combattants. « Vous êtes journaliste ? » me demanda-t-elle. J'indiquai que non, avant de la mettre au courant de mon voyage. Elle me dévisagea avec des yeux ronds. « Vous refaites la Longue Marche ? » s'exclama-t-elle. Je confessai que ça n'était pas tout à fait vrai, que je ne marchais pas tout le long du chemin, et que j'avais par exemple pris le bus pour venir à Tongjiang. « Quand même, c'est gonflé ! Faut du courage, et c'est une idée formidable ! J'aimerais bien porter vos bagages rien que pour vous accompagner. Vraiment super. Au moins, comment puis-je vous aider ici ? C'est le moins que je puisse faire, puisqu'il y a dans ma famille des gens qui ont fait la Longue Marche. Alors, que puis-je pour vous ? »

Je lui répétai que je voulais juste parler à un ou deux anciens de la Marche. Pour les trouver, je devais m'en remettre au hasard. Le bureau local des retraites avait sans doute tous les renseignements dont j'aurais eu besoin, mais il refusa de me communiquer les noms et adresses des anciens combattants, car je n'étais munie d'aucune lettre d'introduction officielle. Et même si j'en avais eu une, cela n'aurait pas marché à coup sûr. Les fonctionnaires du coin pouvaient craindre que je ne sois une journaliste venue enquêter sur un problème du genre détournement des fonds de pension. Il me fallait donc faire preuve d'imagination pour dénicher des anciens combattants. Un peu comme avaient dû le faire les éclaireurs de la Longue Marche, pensai-je. « Pas de problème. C'est une petite ville, vous savez » me rassura aussitôt l'hôtelière. « Ma mère me disait toujours qu'autrefois, ici, tout le monde était instantanément au courant de la moindre querelle au sein d'un couple. Ça n'a pas beaucoup changé. Allez visiter le musée pour commencer, moi je vais voir ce que je peux vous trouver. »

La 4e Armée avait indubitablement mis la main sur le plus beau bâtiment de Tongjiang pour y installer son quartier général. L'ancien temple de Confucius est adossé à une colline verdoyante, et la rivière Nuo en caresse doucement l'entrée. Un calme absolu règne dans les cours ornées de pelouses qu'ombragent de vieux pins et bouleaux. Elles se succèdent, chacune d'elles menant à un temple ou un sanctuaire. Une statue de Confucius se dresse parmi des tombes sculptées que gardent des statues de génies. Autrefois, chaque localité avait un temple de ce type, qui était ce qui ressemblait le plus à un lieu de culte dans notre culture sans dieux. Les lettrés s'y rassemblaient, pour y étudier et y apprendre par cœur les enseignements du sage, avant de s'y présenter aux concours qui, s'ils y étaient admis, leur ouvriraient les portes de l'administration impériale. On peut encore lire les noms de ces lettrés, gravés sur des tablettes de bois vieilles de plusieurs siècles suspendues aux poutres de la toiture. Dans le grand hall, là où se trouvait le portrait de Confucius, des panneaux racontaient l'histoire de la 4e Armée. Pendant longtemps, je ne l'avais pas bien connue, l'histoire officielle de la Longue Marche étant dominée par la 1re Armée de Mao. La 4e avait été formée en janvier 1931, en rassemblant les forces armées apparues à la faveur de soulèvements paysans dans les monts Dabie, à la lisière des provinces du Hubei, du Henan et de l'Anhui. Cette région avait une grande importance stratégique. Entourée de montagnes, elle jouxtait le fleuve Yangzi, et permettait d'en contrôler une grande partie de la plaine. Cette armée s'était renforcée et Tchang, inquiet, avait lancé une série de campagnes pour l'anéantir au même moment où il attaquait la base du Jiangxi. La bataille la plus importante s'était déroulée en octobre 1931. La 4e Armée s'était défendue avec héroïsme. Elle avait résisté une année entière, perdant 35 000 hommes. Plus de 400 des survivants de cette campagne devinrent par la suite des généraux de l'armée chinoise, un nombre record. Mais elle ne pouvait remporter la victoire. Le 12 octobre 1932, 20 000 hommes et femmes avaient dû abandonner leur base, pour en créer une autre ailleurs. Ils avaient commencé leur propre Longue Marche à cette date.

Les forces nationalistes les avaient empêchés de s'implanter dans les plaines fertiles au sud de Xian, dans le Shaanxi. Puis le Comité central les avait critiqués, pour avoir pris la fuite et abandonné leur base. Il leur avait donné l'ordre de la réinvestir pour y mener la guérilla. « Si vous poursuivez votre fuite vers l'Ouest, nous vous condamnerons publiquement[4] » les avait-il menacés. Mais revenir en arrière leur était impossible, l'ancienne base ayant été aussi pressée qu'un citron. Juste à ce moment-là, les chefs de l'armée avaient appris à la lecture des journaux nationalistes qu'une véritable guerre avait éclaté autour de Tongjiang, dans le nord du Sichuan, entre plusieurs seigneurs de la guerre qui voulaient prendre le contrôle de la province. Ils avaient pensé qu'ils pourraient tirer parti de cette situation, et s'installer dans cette région fertile dont les hautes montagnes rendraient la défense plus facile. La chance était avec eux. Le 26 décembre 1932, ils s'étaient emparés de Tongjiang et des comtés environnants, pratiquement sans combat. Ils avaient redistribué aussitôt les terres aux paysans pauvres, qui s'étaient engagés en masse dans l'Armée rouge – 50 000 rien que dans la ville, et 65 000 dans les comtés voisins. Tongjiang était devenue en un clin d'œil la seconde base rouge la plus importante de tout le pays, après celle du Jiangxi. C'est donc vers elle que les officiers et les soldats de la 1re Armée de Mao avaient mis le cap. Ils espéraient rejoindre la 4e Armée et mettre ainsi un point final à ce qui apparaissait comme huit mois d'errance sans but et sans logique, marqués par plusieurs échecs dans la tentative d'établir une nouvelle base au Guizhou.

Dans l'exposition du musée de Tongjiang, un absent sautait aux yeux : Zhang Guotao, le commandant de la 4e Armée. Je connaissais son histoire, et ne pouvais m'attendre à ce qu'on célèbre ses faits d'armes. Mais qu'on l'efface purement et simplement était incroyable. Zhang était né dans une riche famille de propriétaires fonciers, mais il avait grimpé dans la hiérarchie du parti communiste beaucoup plus rapidement que Mao, en devenant un des principaux dirigeants alors qu'il n'avait pas encore trente ans. On admirait son intelligence, ses talents d'organisateur, son indépendance d'esprit, et sa grande expérience du mouvement ouvrier. En 1931, le parti l'avait dépêché pour prendre le commandement de la 4e Armée et de la base du Hubei-Henan-Anhui. L'année avait été difficile. La base rouge avait été frappée comme toutes les autres régions le long du Yangzi par une des pires inondations de l'histoire, qui avait affecté 180 millions de personnes. Les récoltes avaient été perdues, les digues avaient rompu, les villages avaient été emportés, et des prisonniers noyés dans les cellules de leurs prisons recouvertes par les eaux[5]. Zhang s'avéra être l'homme de la situation. Il instaura immédiatement le rationnement, et chaque habitant reçut ordre de planter au moins une citrouille (le quota était de cinq pour les membres du parti), ainsi que couvrir la moindre parcelle disponible de légumes et de riz. Les citrouilles donnèrent en quelques mois. Les habitants étaient ébahis. Tout autour d'eux, ce n'était que famine, alors qu'ils rentraient une de leurs meilleures récoltes de mémoire d'hommes. Zhang pouvait bien entendu être satisfait de lui-même. « J'occupais naturellement le devant de la scène » racontat-il plus tard. « Les gens se mirent à se faire des idées farfelues sur mon compte. Beaucoup disaient qu'on avait enfin trouvé un nouvel Empereur[6]. »

Il se comportait d'ailleurs un peu trop en despote. Dès son arrivée dans la base, il y avait remplacé la plupart des chefs militaires de la 4e Armée par ses propres hommes, et s'était lancé dans une vague d'éliminations physiques de ces officiers ainsi que de tous ceux qu'il soupçonnait être leurs partisans, sous couvert de pourchasser les espions nationalistes et les traîtres. « Si nous devons en tuer 10 000, ou même 20 000, quelle importance ? » avait-il proclamé lors d'un rassemblement de masse. On s'était mis à dénoncer à tour de bras dans l'espoir de gagner ses faveurs. Les victimes étaient égorgées, leurs cadavres entassés avec du bois de chauffe en couches alternées, avant d'être brûlés pendant la nuit. L'unité d'élite de la 4e Armée, le 25e Corps, perdit en moins d'un mois la moitié de son effectif, soit 6 000 hommes, au cours de ces purges. Son commandant fut garrotté, et les soldats abattus à la mitraillette pour aller plus vite. Xu Xiangqian, le commandant en chef très respecté de la 4e Armée, ne parvint même pas à protéger sa propre épouse. Pendant qu'il était au front, occupé à repousser une offensive nationaliste, elle mourut sous la torture pour avoir refusé de le dénoncer.

Une fois arrivés à Tongjiang, la purge se poursuivit, mais de manière moins intense. Il fallait consolider la base et renforcer l'armée en préparation d'une attaque générale de Liu Xiang, le plus puissant des seigneurs de la guerre du Sichuan. Celui-ci avait fini par triompher des rivaux qui lui disputaient la suprématie régionale, au terme d'une année d'affrontements qui avaient fait plus de deux millions de sans-abri. Il ne voulait pas de l'Armée rouge sur ses terres, et sollicita l'aide de Tchang. Ce dernier fut trop heureux de la lui donner. Il avait trouvé un prétexte pour prendre pied dans la province la plus peuplée de Chine. Il offrit à Liu près de 15 millions de dollars d'argent et des munitions, en échange de l'autorisation de stationner à Chongqing un régiment de liaison. Celui-ci n'avait pas pour seule mission d'assister Liu dans sa campagne. Il préparait aussi la prise en main de la province. Une fois ses préparatifs terminés, Liu lança les 200 000 hommes de ses divers vassaux dans une offensive qui dura d'octobre 1933 à septembre 1934. Tchang lançait au même moment son ultime assaut contre la base du Jiangxi. Liu avait requis les lumières d'un devin taoïste pour accroître ses chances de victoire en choisissant les « jours fastes » pour attaquer. Cela ne lui porta pas chance. Il fut vaincu par l'Armée rouge, puis par Tchang, qui prit le contrôle du Sichuan.

La 4ᵉ Armée, dans le cadre de son effort de guerre, avait mis sur pied un Régiment féminin indépendant, en y versant les femmes qui avaient montré le plus d'aptitudes au combat. Cette unité était principalement chargée de l'assistance aux blessés, de la confection des uniformes, de la réparation des routes, de la construction des ponts, du transport des réserves d'argent et de médicaments de l'armée, ainsi que de la protection du quartier général. Dans le musée, une photo noir et blanc de Zhang Qiuqin occupait une place d'honneur. Elle avait commandé ce Régiment féminin, avant d'être promue au poste de chef du Département politique de la 4ᵉ Armée, le poste le plus élevé qu'une femme ait occupé dans l'Armée rouge. Elle avait une réputation de star, en raison de ses grands yeux en amande et de ses pommettes proéminentes, traits rares chez une Chinoise. Mais si elle avait la beauté d'une actrice de cinéma, elle était surtout un chef militaire brillant. Un jour, elle et ses combattantes, qui convoyaient trois blessés, étaient tombées sur un régiment appartenant à un seigneur de la guerre. Elle l'avait attaqué de plusieurs directions à la fois pour semer la confusion, puis avait ordonné à ses femmes d'interpeller les soldats ennemis pour les convaincre de retourner leurs armes contre leurs chefs. Elles avaient été les premières surprises de voir cesser le feu aussitôt, et des drapeaux blancs apparaître. Le régiment s'était mutiné, avait fait prisonniers ses officiers, et s'était rendu. « Un régiment entier mis en déroute par cinq cents paysannes » avaient claironné les journaux locaux à la une, assurant la célébrité au Régiment féminin.

Cette exposition m'avait donné envie d'en apprendre davantage sur la 4e Armée, et en particulier sur ce Régiment féminin, deux sujets sur lesquels mon ignorance était grande. On m'avait assuré qu'il y avait encore pas mal d'anciens de la Marche à Tongjiang, ce qui me faisait espérer que je pourrais en rencontrer. La gérante m'attendait à la pension. « Bonnes nouvelles » me dit-elle après avoir demandé à la serveuse de m'apporter du thé. Elle avait trouvé deux anciennes combattantes, l'une très connue et fréquemment interviewée, l'autre qui avait appartenu au Régiment féminin. Originaire de Tongjiang, elle vivait à présent dans le Nord-Ouest, mais était en visite au pays. Je choisis instinctivement de rencontrer cette dernière. J'avais déjà parlé à plus d'un de ces anciens combattants qu'on sort pour les journalistes et pour les événements officiels parce qu'ils ont occupé un poste très élevé, ou qu'ils sont rompus à l'exercice. La plupart d'entre eux ne m'avaient rien appris que je ne sache déjà. Ils avaient certainement d'autres souvenirs, plus personnels, mais avaient trop bien appris leur leçon, et pensaient probablement que tout le reste n'avait aucun intérêt.

Pour le déjeuner, je choisis sur la carte du menu touristique « rouge » du riz, de la bouillie de patates douces et des pousses de bambou frites. Je n'allais pas arrondir comme cela le chiffre d'affaires de mon hôtesse. J'aurais bien voulu pouvoir faire davantage pour la remercier. En attendant qu'on me serve, elle alluma la télé, en vertu d'un de ces principes intangibles de l'hospitalité chinoise dont je ne saisis absolument pas la logique. Elle diffusait une série historique dans laquelle une princesse tombait amoureuse d'un roturier. « Qu'est-ce qu'ils savent de l'amour ? Ils tombent amoureux aussi souvent qu'ils changent de chaussures » maugréa la gérante. « Alors qu'il y a ici même une femme qui peut vraiment parler d'amour éternel, elle. Son mari est parti pour la Longue Marche, et elle attend toujours son retour. On l'a baptisée "la Folle", c'est un sacré personnage. Vous devriez parler de toutes ces femmes qui ont été abandonnées, pas seulement de celles qui ont participé à la Marche. À mon avis, elles ont été tout aussi courageuses. »

Bien sûr, elle avait raison. Quand on évoque la Longue Marche, on parle toujours des combattants, et des quelques combattantes. Pourtant, ils n'ont pas été les seuls à souffrir. Chaque homme qui s'était mis en route avait laissé derrière lui une épouse ou une mère qui l'aimait. Dans le comté de Xingguo, au Jiangxi, des villages entiers n'étaient plus peuplés que de veuves. Là-bas, on ne qualifiait pas Xingguo de « comté modèle » mais de « comté des veuves ». J'y avais rencontré quelques-unes de ces veuves, c'était une chance de pouvoir répéter l'expérience dans le berceau du Régiment féminin. Mais d'abord, j'allai voir Wu Yuqing, l'ancienne combattante.

Il m'était assez difficile de croire que j'avais en face de moi une femme de quatre-vingt-deux ans. Petite et fine, comme le sont les Sichuanaises, son visage s'éclairait fréquemment d'un sourire amical. Elle s'exprimait d'une voix douce où perçaient néanmoins fermeté et détermination. Elle avait vu le jour en 1922 à Tongjiang. Son père qui, comme beaucoup d'hommes de la ville, jouait et fumait l'opium, l'avait vendue en mariage quand elle n'était encore qu'une enfant. « Vous avez peut-être du mal à le croire, mais rien que dans cette petite ville, on comptait plus de 200 fumeries » me raconta-t-elle. « Tout le monde cultivait le pavot, presque tout le monde fumait l'opium, y compris les enfants. Quand ceux-ci tombaient malades, leurs parents leur faisaient renifler de la poudre d'opium, pour les soigner. S'ils pleuraient trop fort, leur mère leur en donnait une pincée pour les calmer. Les riches fumaient les premières pipes, les pauvres se contentaient des déchets. Les femmes fumaient, elles aussi, mais moins que les hommes. Quand la 4ᵉ Armée est arrivée ici, elle n'a pas eu d'autre choix que de changer son règlement pour pouvoir les recruter. Comme on dit par ici, *Quand on veut suivre le droit chemin, ce sont les femmes qui montrent la voie.* »

Une de ses cousines travaillait pour l'Armée rouge et le gouvernement du soviet. « Qu'as-tu à perdre d'autre que la corde qui t'enserre la taille ? » lui avait-elle un jour demandé. « Elle m'a fait comprendre que ma vie était absurde » se souvint Wu. « Quand je me plaignais d'avoir faim, ma belle-mère m'attachait une corde autour de la taille, et la serrait. Elle me faisait marner de l'aube au crépuscule, en me donnant un seul repas par jour, et en se plaignant quand même que je mangeais trop. Dans cette maison, on traitait mieux les cochons que moi. Pourquoi l'aurais-je supporté plus longtemps ? » Elle avait alors à peine onze ans, bien trop jeune pour combattre ou porter des fardeaux. Elle fut donc intégrée au détachement de propagande, avec quarante autres filles, toutes à peu près du même âge. Parvenue à ce point de son récit, elle me demanda si je voulais qu'elle me chante une de leurs chansons. Elle le fit, sans la moindre fausse note, et sans jamais se tourner vers moi, le regard figé droit devant elle.

Jadis, nous, femmes, souffrions le supplice du gril.
Grâce à l'Armée rouge, notre sort a changé ;
Nos pieds ont été libérés, nos cheveux coupés,
Nous sommes à présent les égales des hommes.
Comme eux, nous partons avec l'armée
À la conquête du monde.

« Tout au long de la Marche, nous n'avons jamais cessé de chanter. Nous avions des chansons pour aiguillonner les soldats quand ils marchaient, pour leur remonter le moral avant les batailles, pour les distraire au repos, et pour accompagner leur joie après les victoires. Quand la fatigue les décourageait, nous entonnions par exemple une chanson qui disait : "Allons, grands frères ! Nous vous arrivons à peine à la taille. Si nous sommes capables d'avancer, vous l'êtes certainement d'accélérer le pas." Difficile à croire, mais il suffisait d'un rien d'encouragement pour qu'ils repartent. C'était peut-être la honte, mais nous étions très efficaces. »

« N'attiriez-vous pas ces hommes ? » lui demandai-je. J'avais lu dans les Mémoires de Xu Xiangqian, le commandant en chef de la 4e Armée, qu'il s'inquiétait de voir ses officiers rendre si souvent visite au Régiment féminin, dans l'intention transparente d'y draguer. « Ton régiment est une unité combattante, pas une réserve d'épouses » avait-il prévenu Zhang Qiuqin. « À compter de ce jour, il est interdit aux hommes de se rendre dans ton régiment sans raison valable. Tes femmes ne doivent pas tomber amoureuses, ni se marier. Celle qui voudra se marier devra quitter l'unité[7]. »

« J'étais encore trop jeune pour cela. Mais le règlement était très strict. » Wu s'interrompit, avant de reprendre, d'une voix si basse que je dus tendre l'oreille pour l'écouter. « Seuls les plus hauts dirigeants, comme Mao, ou Zhu De, avaient le droit d'avoir une femme à leur côté. Les généraux avaient eux aussi leurs favorites. Mais personne d'autre. Je me souviens d'un commandant de compagnie, un très bel homme, qui s'y était risqué. On ne l'a plus jamais revu. Les dirigeants n'étaient pas fous. Ils savaient que lorsqu'un homme a une femme qui l'attend à la maison, il refuse de partir. Nous avions même une chanson à ce sujet : "Levons-nous avant l'aube pour déployer le drapeau rouge, et empoignons nos fusils. Sœurs de la révolution, faites la guerre, pas l'amour !" » Elle n'avait pas besoin de me la chanter. Je l'avais apprise à l'école, et ne l'avais pas oubliée.

Les soldats étaient frustrés. Nombre d'entre eux avaient connu leur première expérience sexuelle juste avant le début de la Longue Marche. Ils étaient pressés de se marier, et d'installer chez eux une épouse, si possible avec un héritier. D'autres avaient couché avec les femmes chargées de les recruter. Zhu De avait avoué à la femme d'Edgar Snow en 1936 que le viol avait été un problème sérieux au début de la Longue Marche dans la 1re Armée. Il n'avait été résolu que par le durcissement de la discipline[8]. Dans la 4e Armée, le règlement avait dû être également durci, à la suite de plaintes des paysans de la région. Les violeurs pouvaient être passés par les armes. Les coupables d'autres actes interdits à l'encontre de femmes étaient punis en conséquence[9]. Pourtant, au bout d'un moment, quand un officier de la 4e Armée sortait avec une des filles du Régiment féminin, on fermait les yeux, pour autant que la femme soit consentante, qu'ils ne fassent pas l'amour trop bruyamment, et que l'intéressé ne s'en vante pas trop.

La rigueur du règlement protégeait les femmes, et elles l'approuvaient. Plusieurs membres du Régiment féminin, dont Wu, avaient été par la suite capturées par l'ennemi, et violées. « Après qu'ils nous ont violées, nous les avons entendus qui s'étonnaient, en disant : Ces bandits rouges traitent vraiment bien leurs femmes. Elles étaient toutes vierges. » Wu n'en dit pas davantage. Ce témoignage, presque involontaire, m'a bouleversée bien davantage que toute la propagande exaltant la vertu communiste. Je l'imaginai, toute tremblante dans un coin après le viol, entendant ce commentaire atroce de ses bourreaux.

Je n'étais pas convaincue que l'Armée rouge avait eu raison d'accepter des femmes dans ses rangs, au vu des risques qu'elles couraient. Tous les hommes à qui j'avais parlé au cours de mon périple s'y étaient dits hostiles, par crainte de ce qui arriverait aux femmes capturées. Chen l'infirmier y avait ajouté une raison plus subtile. Selon lui l'ennemi se battait mieux quand il savait qu'il y avait des femmes en face : se laisser battre par elles était honteux, les vaincre signifiait qu'ils pourraient en faire tout ce qu'ils voudraient.

Wu n'était pas du tout de cet avis. « Nous valons tout autant que les hommes, voire davantage » s'emporta-t-elle avec une véhémence presque inquiétante chez quelqu'un qui s'exprimait d'ordinaire si calmement et de manière si mesurée. Elle était convaincue que l'Armée rouge aurait été handicapée sans la présence de femmes. Elles étaient mieux armées d'après elle pour trois tâches essentielles : recruter soldats et porteurs, collecter des renseignements auprès des paysans en vue de saisir du ravitaillement chez les riches, et les convaincre d'abriter malades et blessés. Ce dernier point était le plus délicat, parce qu'ils prenaient le risque d'être puni par les nationalistes après le départ de l'Armée rouge. « Il me fallait argumenter, supplier, fondre en larmes, j'avais recours à tous les moyens imaginables pour parvenir à mes fins » me dit-elle. « Je ne crois pas qu'un homme aurait pu agir de la sorte. En général les gens cédaient, parce que nous leur faisions pitié ou tout simplement pour se débarrasser de nous. Peu importe, nous en avons sauvé plus d'un. »

Mais même des femmes ne réussissaient pas à tous les coups. Un jour, au soir d'une bataille, Wu et deux de ses camarades avaient dû chercher un abri pour deux douzaines de blessés. « J'ai tellement imploré que mes lèvres devaient en être usées, mais au bout du compte nous ne sommes parvenues qu'à loger dix de nos hommes. Il nous fallut laisser les autres dans une grotte, en leur donnant à chacun une poignée de dollars d'argent et deux balles. L'un d'eux, blessé à la jambe, s'agrippait au bas de mes pantalons, en m'implorant de l'emmener. Mais il n'aurait pas pu suivre le rythme des autres soldats. À peine m'étais-je dégagée que j'ai entendu un coup de feu. Il s'était tiré une balle dans la tête, et son sang m'avait éclaboussée. Je n'ai rien pu avaler pendant des jours, tellement j'étais choquée. Son regard suppliant me hante encore à ce jour. »

Je restai muette un long moment avant de pouvoir lui demander en quoi d'autre, selon elle, les femmes avaient vécu la Marche différemment des hommes.

« Vu de loin on ne pouvait pas nous distinguer » reprit-elle. « Nous nous étions toutes coupé les cheveux pour que l'ennemi ne se rende pas compte qu'il se battait contre des femmes. En plus, nous portions toutes la casquette, de manière à ne pas effrayer les locaux à la vue de femmes aux crânes rasés. Certains des nôtres se moquaient de nous. Ils s'emparaient de nos casquettes par derrière, en s'écriant : "Des nonnes ! Ce sont des nonnes ! Vivent les nonnes de l'Armée rouge !" »

La principale différence, d'après Wu, était le taux de mortalité moins élevé des femmes. Bien sûr, elles n'étaient pas engagées dans les combats aussi fréquemment que les hommes. Mais même lors de la traversée du plateau tibétain, qui avait été la partie la plus pénible de toute la Marche, et où il n'y avait eu aucune bataille, les femmes s'en étaient mieux tirées. Je lui en demandais l'explication.

« Les femmes savent prendre soin d'elles-mêmes » répondit-elle sans l'ombre d'une hésitation.

Voulait-elle parler de ces « quatre trésors » dont parlaient certains des ouvrages que j'avais lus ? Elle approuva vigoureusement de la tête. Le premier de ces trésors était la cuvette. Elle leur servait à se laver, à tremper leurs pieds, à faire la cuisine, et à se protéger de la pluie. Retournée, elle devenait un tabouret. « Chaque soir, la vie du campement tournait autour de la cuvette. Nous nous répartissions les tâches, certaines allaient ramasser du bois sec et chercher de l'eau, d'autres creusaient un trou pour y allumer le feu, et d'autres encore se chargeaient de faire bouillir l'eau et de cuire la nourriture. Une fois que tout était prêt, nous nous asseyions toutes ensemble autour de la cuvette pour avaler notre bouillie de céréales et nous réchauffer au feu de camp. C'était un moment de plaisir intense. Vive la cuvette ! » Quand la marche était devenue plus difficile, elle s'était séparée d'une partie de ce qu'elle portait, jamais de sa cuvette.

Son second trésor était le bâton. Dans les premiers temps, comme elle n'avait pas de fusil, il avait été sa seule arme qu'elle employait surtout pour chasser les chiens de garde des grands propriétaires. La nuit, quatre bâtons plantés dans le sol, tendus d'une toile huilée, faisaient office de tente. Une fois arrivé dans les marécages, le bâton avait joué un rôle vital. « On ne savait pas où mettre le pied. Le moindre faux-pas pouvait mener tout droit à la mort. Le bâton était devenu ma troisième jambe. » Des peaux d'animaux constituaient un autre trésor. Les plus âgées du groupe les ramassaient partout où elles en trouvaient. Au début Wu n'en comprenait pas la raison. « Elles font des chaussures idéales. Il n'y a qu'à les enrouler autour des pieds » lui avaient-elles expliqué. « Et quand nous avons connu une véritable famine, nous avons pu manger nos chaussures, ce qui nous a sauvé la vie. » Le quatrième trésor était l'aiguille plantée sous sa casquette. Un règlement avait même été édicté, qui prévoyait des punitions pour quiconque perdrait ou briserait son aiguille.

Wu avait un autre trésor, une magnifique chemise de nuit en soie noire qu'elle avait récupérée après qu'elle avait été confisquée chez un propriétaire très riche. Elle avait jeté son dévolu sur cet objet à la seconde où elle l'avait découvert. Les autres lui avaient dit qu'elle était folle de la garder, car elle était bien trop grande pour elle, et elle aurait pu la vendre. Mais elle avait décidé de l'offrir à sa mère, qui n'avait jamais mangé à sa faim, ni porté de vêtements neufs. Hélas, elle n'avait jamais pu revoir celle-ci. Elle avait été tuée par les nationalistes avant que Wu puisse rentrer chez elle.

La nature avait aussi joué en leur faveur, estimait-elle. Quand on était arrivé sur le plateau tibétain, à des milliers de mètres d'altitude, elles avaient eu besoin de moins de nourriture et de moins d'oxygène, car elles étaient plus petites. « Les hommes étaient beaucoup plus grands et costauds que nous. Pourtant, un jour, j'ai trouvé effondrés au bord de la route des gars avec qui j'avais discuté la veille, pour leur remonter le moral, et qui m'avaient paru en bonne santé. Je croyais qu'ils étaient fatigués et se reposaient, et je les asticotais : "Alors, grands frères, vous ne pouvez pas vous bouger le cul ? Il est temps d'y aller, sans quoi vous n'aurez rien à manger ce soir." Comme ils ne me répondaient pas, je me suis penchée pour les secouer. Leurs mains étaient glacées. Ils étaient morts, ou mourants, trop affamés pour pouvoir se déplacer, ou le souffle coupé. Des milliers d'entre eux sont morts comme ça. Quelques femmes aussi, mais la plupart d'entre nous avions les ressources pour continuer d'avancer. On a eu plus de chance que les hommes, c'est tout. »

La chance n'y était en fait pour rien. Comme tous les autres anciens de la Marche, elle avait dû sa survie à l'espoir qu'elle n'avait jamais perdu, à sa volonté et à son sens pratique. Plus de 25 kilomètres de marche quotidienne, pour une gamine de douze ans, constituaient en soi une véritable épreuve, et nombre de ses camarades se laissèrent distancer, ou désertèrent. Il pouvait se passer des jours sans nourriture, et elle était tellement tenaillée par la faim qu'elle pouvait à peine marcher. Mais elle préférait encore subir cela avec l'Armée rouge à la vie de chien que lui faisait subir sa belle-mère. Elle n'avait rien connu de pire, au cours de la Longue Marche, que la vie qu'elle avait fuie. Quand il y avait de quoi manger, elle mangeait à sa faim, et elle avait même droit à des gourmandises qu'elle n'avait jamais goûtées auparavant, comme du porc ou du jambon. Elle possédait une superbe chemise de nuit en soie, et quatre dollars d'argent pour ses dépenses sur trois ans, plus qu'elle n'avait jamais rêvé posséder. Son commissaire politique lui avait promis qu'une fois les communistes au pouvoir, quand ils auraient tué tous les propriétaires fonciers du pays, elle aurait droit à tout ce à quoi eux seuls avaient accès.

La silhouette fluette et la voix douce de Wu dissimulaient en fait une volonté de fer. Elle avait appris à ne jamais s'arrêter pour se reposer, car c'était risquer ne plus pouvoir repartir. Elle avait trop souvent vu des hommes qu'elle avait essayé d'encourager à reprendre la route en être victimes. Elle avait aussi suivi à la lettre les conseils de ceux qui lui avaient dit de ne jamais boire l'eau des fossés ou des ruisseaux pollués. Elle ne cédait jamais à la tentation, même quand sa gorge desséchée lui brûlait. Ceux qui se laissaient aller à boire tombaient malades et mouraient. Quand la température avait grimpé, de nombreux soldats avaient jeté leurs vestes molletonnées, mais elle avait gardé la sienne, sans pourtant avoir la moindre idée d'où ils allaient. Cette couche supplémentaire de vêtement chaud lui avait sauvé la vie dans les cols les plus élevés. Il n'y avait eu souvent qu'un souffle, une étincelle, une idée entre la vie et la mort. La moindre erreur, et c'en était fini.

Elle s'était montrée extrêmement ingénieuse. Beaucoup étaient morts après avoir mangé des plantes toxiques quand la nourriture était venue à manquer. Un jour, elle était tombée sur un buisson de baies sauvages. Elle ne savait pas si elles étaient comestibles. Elle avait attendu qu'un corbeau vienne en picorer. « Si les corbeaux n'en meurent pas, moi aussi je peux en manger » avait-elle estimé. Comme elle était plus petite, elle ne pouvait pas toujours suivre le pas des troupes. Elle s'était entraînée à ne jamais perdre son chemin. Elle avait appris à se diriger même au plus profond d'une forêt, en examinant l'écorce des arbres, toujours plus épaisse du côté ensoleillé. Quand il lui arrivait d'être distancée, et qu'il lui fallait dormir, elle fichait une branche dans le sol pour lui indiquer la direction à prendre au réveil.

Il m'était difficile de croire que tout cela avait été accompli par la brave vieille assise devant moi. Je n'étais pas la seule dans ce cas. Quand elle était revenue à Tongjiang pour la première fois, dans les années 60, sa famille l'avait prise pour un fantôme. Ils l'avaient cru morte depuis longtemps, et lui avaient même édifié une tombe. Elle était sortie apaisée, heureuse et pleine de douceur de toutes ces incroyables souffrances. Elle ne cessait de s'apitoyer sur les difficultés que je rencontrais dans *mon* périple, comme si la Marche n'avait été pour elle qu'une promenade. Elle incarnait les Chinoises d'une génération passée. Des siècles d'oppression leur avaient fait accepter leur condition sans rechigner, elles ne s'étaient révoltées que lorsque leur existence était devenue absolument insupportable. Je voyais en elle une héroïne, mais elle était tout simplement heureuse d'avoir trouvé le chemin de sa libération en suivant la Marche.

J'avais encore une chose à faire à Tongjiang, retrouver « la Folle ». Il me fallut louer une voiture pour me rendre le lendemain matin dans un village à une heure de route. Une vieille femme se tenait au bord du chemin qui menait à sa maison. « C'est elle. Elle est toujours au même endroit » me confirma le chauffeur. Petite, aussi maigre que la canne sur laquelle elle s'appuyait, elle portait un chapeau de laine en dépit de la chaleur, une veste bleue délavée par trop de lessives, et un tablier tout rapiécé. Elle avait suivi l'approche de notre véhicule en se faisant une visière de la main pour se protéger du soleil. Dès que nous en sortîmes, elle s'approcha pour nous demander qui nous cherchions. Son visage s'illumina d'un grand sourire quand le chauffeur lui expliqua que nous étions venus la voir, tout en lui remettant les cadeaux que j'avais amenés pour elle. « Entrez, entrez donc » nous invita-t-elle avec empressement, nous précédant dans la maison. Celle-ci était à peu près vide, en dehors d'un téléviseur posé sur une petite table dans un coin et de quelques tabourets en rotin ici et là, qu'elle essuya de son tablier avant de nous inviter à nous asseoir.

Elle avait rallié la révolution dès l'arrivée de l'Armée rouge dans son village. « Elle était faite pour les pauvres, et il n'y avait pas plus pauvres que nous » expliqua-t-elle. Devenue militante active de l'association paysanne locale, elle avait un jour saisi sur le marché cinq oies et un cochon à l'étal d'un homme dont elle pensait qu'il était un paysan riche. Il était allé se plaindre au comité du parti, expliquant qu'il n'était pas riche du tout, mais qu'il devait vendre tous ses biens parce que son père était tombé malade. On fit droit à sa plainte, et elle fut condamnée à une amende de trois dollars d'argent. « Où aurions-nous pu trouver autant d'argent ? » soupira-t-elle en me racontant l'incident. « En tout cas pas dans cette vie-ci ! » On lui proposa de lever l'amende si elle acceptait d'aider le parti à remplir ses quotas de recrutement. Il lui fallait trouver dix volontaires. Elle en persuada neuf, y compris ses deux frères, de s'engager. Il ne lui en manquait plus qu'un. À bout de ressources, elle demanda à son mari de s'enrôler lui aussi. « Il n'avait que quatorze ans. Notre mariage avait été décidé par nos parents quand je n'avais que huit ans, et lui quatre. Nous venions tout juste de nous marier, dix ans après la promesse. Je ne suis pas certaine qu'il ait compris ce que signifiait entrer dans l'armée. Il trouvait ça plutôt excitant. Dix jours plus tard, il était parti. »

Elle l'avait attendu deux ans, puis résolut d'aller à sa recherche. Elle s'en voulait de l'avoir poussé à s'engager. Elle avait entendu dire que l'Armée rouge s'était arrêtée dans le Nord, à trois mois de voyage du village. Quand elle s'était enquise du moyen de s'y rendre, on lui avait assuré qu'elle n'y parviendrait jamais, sans compter qu'il lui faudrait traverser des territoires contrôlés par les nationalistes où elle risquait de se faire arrêter. On lui avait conseillé de prendre son mal en patience, et d'attendre son retour qui ne saurait tarder, dès que la révolution l'aurait emporté.

Sa belle-mère voulait qu'elle se remarie, pour toucher une nouvelle dot, mais elle avait refusé. Elle voulait rester dans sa famille pour que son mari l'y retrouve quand il reviendrait. Elle proposa à son beau-frère d'**adop**ter, et de s'occuper d'une de ses sept filles, ce qu'il **accepta** sans se faire prier. Elle vit encore aujourd'hui avec sa fille adoptive, et sa famille.

En 1949, après la victoire de la révolution, elle apprit que l'Armée rouge approchait du village. Elle se précipita au bord de la rivière que les troupes devaient franchir, et y attendit trois jours et trois nuits son mari. Elle ne le revit jamais. Elle avait, à plusieurs reprises, fait en marchant les 30 kilomètres aller-retour jusqu'à la ville où siège le gouvernement local pour demander ce qui était advenu de lui. Elle s'était persuadée que les officiels le savaient, mais ne voulaient pas lui dire la vérité. Que leur avait-elle dit ? lui demandai-je. « Oh, vous connaissez les hommes » me confia-t-elle, en rapprochant son siège. « Ils courent toujours après les femmes, une seule ne leur suffit pas. Je leur ai dit que je ne lui en voudrais pas de s'être remarié et d'avoir fondé une autre famille. Tout ce que je voulais, c'était le revoir, m'assurer qu'il allait bien, et le laisser repartir l'esprit tranquille. »

Finalement, des cadres du comté étaient venus la voir, en 1985. Elle les avait vus approcher depuis le champ où elle était en train de travailler, et elle avait cru qu'ils lui apportaient une bonne nouvelle. Ils lui avaient au contraire annoncé sa mort. Elle s'était évanouie. Après avoir repris ses esprits, elle leur avait demandé comment ils pouvaient être aussi certains qu'il était mort. En avaient-ils la preuve ? Ils lui avaient expliqué qu'ils venaient de recueillir le témoignage d'un ancien combattant qui leur avait assuré que son mari avait été tué non loin de Tongjiang, au cours d'une bataille pour rompre l'encerclement de la base. Il n'avait même pas pris part à la Longue Marche. Elle n'avait pas cessé de pleurer toute la journée, demandant toujours plus de détails. Même alors, elle n'était pas parvenue à se convaincre qu'il était bien mort. Chaque fois qu'une voiture amenait des visiteurs au village, elle leur demandait s'ils savaient quelque chose au sujet de son mari. Elle avait pris l'habitude d'attendre devant sa maison, à n'importe quelle heure de la journée, dans l'espoir qu'il réapparaisse par miracle. « Si je ne l'avais pas poussé à s'engager, il serait encore là avec moi » murmura-t-elle en conclusion, avant de retomber dans un long silence.

Tout en la regardant, je ne pus m'empêcher de songer aux femmes que j'avais rencontrées dans la Maison de retraite des héros, dans la banlieue de Ruijin. Elle abritait plus de quatre-vingts retraités, des femmes pour les deux tiers, dont beaucoup étaient veuves de combattants de la Longue Marche. La doyenne, âgée de cent dix ans, y était entrée quand la maison de retraite avait ouvert ses portes en 1958, et qu'elle n'avait que soixante-quatre ans. Elle était toujours vaillante. J'étais arrivée à la résidence en fin de matinée. Quelques pensionnaires prenaient le soleil à l'extérieur. L'une d'elles, toujours coquette malgré son grand âge, portait une chemise d'un bleu lumineux, et de petits escarpins de toile brodée. Une autre avait fiché une fleur dans sa chevelure. Une autre encore avait sur le dos un magnifique pull tricoté main. La beauté comptait beaucoup pour elles, elle leur était nécessaire pour se maintenir en vie. Une grande partie des habitants du Jiangxi y étaient arrivés après avoir été chassés du centre de la Chine, ce qui leur avait fait prendre le nom de Hakkas, « les Invités ». Leur priorité absolue avait toujours été d'assurer la survie de leur communauté. Leurs femmes étaient poussées à avoir le plus d'enfants possible, y compris avec d'autres hommes que leur époux. La tradition commandait même qu'à son anniversaire, la femme invite tous ses amants. Plus ils étaient nombreux, plus grandes étaient sa fierté et celle de son époux.

Les vieilles dames, tout excitées par ma visite, avaient bavardé, éclaté de rire, et fondu en larmes. Elles parlaient, toutes en même temps, des méthodes de recrutement, des chansons pour l'Armée rouge, de la lessive et de la confection des uniformes, et de la vie sans leur homme... La doyenne de cent dix ans répétait que le recrutement avait été si difficile qu'elle avait fini par laisser son mari s'engager. Il n'en était jamais revenu, mais elle se souvenait encore de lui avec un pincement au cœur. Comme il lui avait manqué ! Il avait toujours été bon pour elle, et ne l'avait jamais battue après qu'elle était entrée dans sa famille à l'âge de sept ans. Elle avait attendu sept ans son retour, mais sa belle-mère, qui ne voulait plus d'elle, avait cessé de la nourrir. Elle avait été obligée de se remarier, à un joueur qui la battait sans cesse.

Une autre pensionnaire, âgée de quatre-vingt-treize ans, grande et élégante, l'interrompit alors qu'elle n'avait pas encore fini de parler. Elle avait fait partie du détachement de propagande de son village, et voulait absolument me chanter une chanson. Les autres la firent taire, en lui demandant de faire preuve d'un peu de patience, et d'attendre son tour pour parler. Un peu de patience ! À une femme de quatre-vingt-treize ans. Elle ne s'était pas laissé démonter, et avait entonné un chant dans lequel elle défiait un jeune homme de s'engager dans l'Armée rouge s'il voulait lui prouver son amour. À peine avait-elle commencé que toutes les autres s'étaient mises à chanter avec elle. Elles se souvenaient toutes de cette chanson, à la parole près. Leurs voix avaient beau être rauques, fausses, et manquer de souffle, elles n'en chantaient pas moins en chœur. Chanter réveillait leurs émotions, leur rappelait leurs premiers émois amoureux et leurs espoirs d'un bonheur à venir. Elles étaient restées veuves, ou s'étaient remariées sans jamais retrouver la joie de ces moments passagers dont elles chérissaient le souvenir. Leurs yeux s'étaient embués de larmes de tristesse, pour ce bonheur qui leur avait été refusé pendant les soixante-dix années qui avaient suivi. Elles n'en avaient pas moins continué de chanter.

L'heure était venue de prendre congé de « la Folle ». Elle nous raccompagna dehors, et resta debout au bord du chemin appuyée sur sa canne en nous regardant partir. C'était là que, soixante-dix ans auparavant, elle avait fait ses adieux à son époux, et qu'elle n'avait cessé de guetter son retour depuis lors. Chaque visite était pour elle une nouvelle raison d'espérer. La seule chose que j'avais pu lui apporter était un peu de nourriture, des fruits, des nouilles instantanées, du miel et du lait en poudre, et cela me paraissait dérisoire. J'aurais voulu pouvoir la réconforter. Je me retournai en partant vers cette silhouette solitaire, et une légende chinoise me revint à l'esprit. Celle de la femme du pêcheur qui avait attendu en vain toute sa vie que l'océan lui rende son mari, et qui avait fini par se métamorphoser en rocher. Quand on me l'avait racontée, j'avais trouvé cette fable invraisemblable. Ce genre de femme n'existait pas. Et pourtant si, je venais de la rencontrer. Soixante-dix ans d'amour, d'espoir et de désespoir. Sa Longue Marche à elle n'aurait d'autre terme que la mort.

8.

Le feu et la glace.

Les 22 hommes de l'unité kamikaze de l'Armée rouge observaient le pont de Luding : 101 mètres de long, d'une seule travée faite de treize chaînes d'acier, chacune de l'épaisseur d'un bras de forgeron. La passerelle de bois en avait presque entièrement disparu. À l'autre extrémité, les nationalistes les regardaient par-dessus les sacs de sable du fortin, mitrailleuses pointées, prêts à les expédier de vie à trépas dans les eaux écumantes de la rivière Dadu qui bouillonnait en contrebas. Ils se mirent à ramper, un genou et un pied sur chaque chaîne, s'agrippant d'une main à une chaîne qui servait de rambarde, tirant au fusil de l'autre. L'ennemi les arrosait de balles. Un soldat rouge, puis un autre, touchés, basculèrent dans l'eau grondante qui les engloutit. Les autres continuaient de progresser. Un troisième, puis un quatrième homme tombèrent, mais ils avançaient toujours, continuant de tirer tandis que les balles sifflaient tout autour d'eux et ricochaient sur l'acier des chaînes. Comme ils s'en rapprochaient, les gardes mirent le feu au fortin et aux planches encore en place dans une tentative désespérée pour les arrêter. Le commissaire politique exhorta ses hommes : « Camarades, n'oublions pas la tâche glorieuse que le parti nous a confiée. Ne craignons pas la mort. En avant, courage ! » Les soldats se redressèrent pour se ruer à travers l'incendie sur les derniers mètres, indifférents aux flammes qui brûlaient leurs vêtements et jusqu'à leurs sourcils. Les ennemis terrorisés prirent la fuite. L'Armée rouge était sauve.

Voilà la scène telle que l'a immortalisée *Sur la rivière Dadu*, un des films de propagande les plus réussis jamais réalisés par le parti communiste, et qui a pour sujet la plus célèbre des batailles de la Longue Marche. Il est à celle-ci ce que *Le cuirassé Potemkine* fut à la révolution russe. Depuis mon adolescence, ses images sont gravées dans mon cerveau. Avant d'entamer mon périple, j'avais demandé à un historien militaire à Pékin sur quelles batailles il me conseillait de concentrer mes recherches. « Laquelle connaissez-vous le mieux ? » m'avait-il interrogée. « Le pont de Luding » lui avais-je répondu, pratiquement sans réfléchir. « Ça, une bataille ? Quelques hommes tombés dans la rivière, et le tout terminé en moins d'une heure. Comment peut-on y voir la plus grande bataille de la Longue Marche ? » J'en avais été abasourdie. Je croyais pourtant la connaître dans ses moindres détails. « Allez-y voir par vous-même » m'avait-il suggéré, « et revenez me raconter ce que vous aurez appris. »

En mai 2004, soixante-dix ans après les faits, j'étais donc face au pont. Il ressemblait dans les moindres détails au souvenir que j'avais du film, et il était tout aussi spectaculaire. La seule différence était que la passerelle de planches en avait été réparée, et que quelques habitants se baladaient paisiblement au-dessus du torrent en le franchissant, abrités sous leurs parapluies. Ils y étaient habitués, de toute évidence. Je tentais d'y faire quelques pas, mais je battis aussitôt en retraite. Le pont se balançait de manière inquiétante. Si je marchais au milieu, à l'endroit le plus large de la passerelle, je ne pouvais pas m'agripper à la chaîne de sécurité. Si je restais sur le côté, il me fallait marcher sur une unique et étroite planche, et l'eau qui grondait sous moi me donnait le vertige. Je préférai ne pas penser à

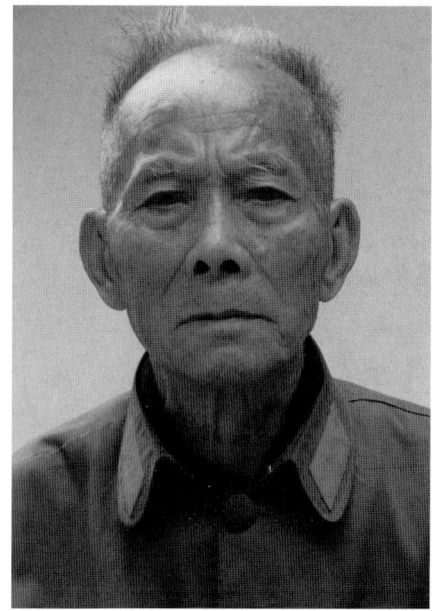

Wang.

Le soldat Huang.

La résidence des travailleurs et des paysans, où Wang assista
au deuxième congrès des soviets chinois, à Ruiijin.

Mao présidant l'ouverture du premier congrès des soviets chinois.

Le fleuve Xiang.

L'officier Liu.

L'infirmier Chen.

Le pont de Luding.

La calligraphie de Mao à l'entrée du musée de Zunyi.

La route de l'Armée rouge à Zunyi.

Wu le propagandiste.

Li le combattant.

Feng Yuxiang.

Mao et Zhang Guotao, Shaanxi, 1937.

Sangluo.

De gauche à droite : Bo Gu, Zhou Enlai, Zhu De, Mao Zedong après leur arrivée au Shaanxi, en 1936.

Le jeune commandant Zhang Xueliang (à gauche) avec Chiang Kaishek (à droite) et le beau-frère de Chiang (au centre).

L'Armée rouge après l'arrivée au Shaanxi, en 1936.

Ma Fucai.

Ma Haidiche.

Paysage de tombes sur les lieux de la bataille de la légion de l'Ouest.

ce que les soldats avaient pu ressentir quand il n'y avait plus de planches du tout. Il leur avait fallu un sacré courage !

Il m'était plus facile de repenser à Zhong l'opérateur radio, et à la mère Wang. Quand le premier avait franchi ce pont, avec la 1re Armée, la plupart des planches avaient été remises en place. Il avait dû quand même se mettre à quatre pattes pour le traverser. « Je tremblais comme une feuille, et ne tenais pas debout » se rappela-t-il avec un sourire gêné. « J'avançais à la vitesse d'un escargot, les yeux à demi fermés. Je n'arrivais pas à regarder l'eau sans penser qu'elle pourrait m'engloutir d'un instant à l'autre. J'ai dû mettre des heures à traverser. » Il n'était pas le seul. « Il avait fallu que trois soldats aident Lin Biao, le génial commandant du 1er Corps d'armée. Un le guidait par-devant, les autres le tenaient par les bras de chaque côté. Il n'était pas moins peureux que moi », me raconta-t-il, gloussant comme une petite fille. La mère Wang avait elle aussi perdu pour la première fois un peu de son assurance. L'unité des convalescents transportait des caisses de médicaments. Les femmes les attachaient aux deux bouts d'une perche qu'elles portaient à l'épaule. « Quand le pont balançait, le corps partait dans un sens, les caisses dans l'autre. Comme les caisses étaient plus lourdes que nous, nous avions peur d'être déséquilibrées, et de finir au fond de la rivière pour en nourrir les poissons. » Elle avait failli fondre en larmes quand Mao, qui venait d'arriver, ordonna à ses gardes du corps de les aider, sous les encouragements de l'équipe de propagande :

> *Quand l'Armée rouge s'est emparée du pont de Luding*
> *La fusillade zébrait le ciel, les chaînes d'acier se balançaient.*
> *Les pieds rivés sur l'acier, sans se laisser intimider,*
> *Les femmes ont acheminé les caisses de médicaments* [1].

J'attendis un groupe de touristes, et me joignis à eux. Le balancement était beaucoup moins impressionnant quand on était nombreux à traverser, et mes craintes se dissipèrent complètement en écoutant le guide. Le pont avait été construit en 1705, il y a tout juste trois cents ans, après que la dernière dynastie impériale était venue à bout, non sans de grandes difficultés, d'une rébellion des Tibétains. La rivière Dadu coule à l'ouest du Sichuan, séparant la plaine de Chengdu du Tibet. Elle n'était traversée par aucun pont sur des centaines de kilomètres, il fallait donc un temps fou aux troupes impériales pour la franchir. La sécurité de l'empire exigeait un pont. On avait fait appel à des forgerons venus de toutes les provinces occidentales, mais le minerai de fer manquait. Les treize chaînes du pont comportaient 12 164 anneaux, elles pesaient au total 21 tonnes, et chacun des tambours en pesait 20 de plus. La légende veut qu'un gisement ait fini par être découvert dans une montagne lointaine après une quête de quarante-neuf jours. Lorsqu'il avait fallu faire passer les chaînes par-dessus la rivière, on n'avait pas pu les soulever. Alors était apparu un homme à longue barbe blanche, vêtu d'une robe antique, qui marchait sur l'eau. D'un seul geste de son pinceau en crins de cheval, il avait fait s'envoler les chaînes, avant de disparaître.

 Le mandarin local fit parvenir son rapport à l'Empereur Kangxi en 1706, accompagné d'un dessin représentant le pont terminé. Il avait peut-être oublié d'y mentionner le sorcier. L'ouvrage avait tellement impressionné l'Empereur qu'il lui avait donné un nom, Lu Ding. Lu était le nom que portait la Dadu dans la région, Ding signifie « pacifier ». Il exprimait ainsi son espoir que le pont de Luding contribuerait à assurer la paix dans cette marche lointaine, et même au-delà. Son rêve de paix avait dû attendre trois siècles, mais le commerce avait prospéré, grâce à cet ouvrage d'art devenu la principale artère de la région. Des caravanes ne cessaient de l'emprunter, chargées de thé, de sel et de soie pour Lhassa, et de fourrures et de plantes médicinales au retour vers Chengdu.

Une stèle gravée de l'imposante calligraphie impériale se dresse à l'entrée du pont sur la rive Ouest. Un temple taillé dans la roche la surplombe. Les voyageurs y offrent de l'encens en priant pour arriver à bon port sans encombre. J'y grimpai pour jouir de la vue. Depuis le balcon du temple, le regard balaye d'amont en aval l'immense étendue d'eau qui se précipite dans la gorge profonde. On comprend encore mieux pourquoi toute l'attention s'est concentrée sur ce pont étroit. La 1re Armée avait progressé à l'ouest de la Dadu, mais il lui fallait passer sur la rive Est si elle voulait faire sa jonction avec la 4e Armée. Mais en pareil lieu, il suffit d'un seul homme pour en arrêter 10 000, selon le proverbe local. Edgar Snow n'avait pas eu le moindre doute sur ce point : « Le franchissement de la Dadu a été le moment le plus décisif de la Longue Marche. Si l'Armée rouge n'y était pas parvenue, il est probable qu'elle aurait été exterminée [2]. »

C'est le sort qu'avaient connu au milieu du XIXe siècle plus de 40 000 Taiping, entrés en rébellion pour établir un Royaume de la Paix Céleste dont le Christ serait l'unique Dieu vénéré. Mais ceux qui se proclamaient les Adorateurs de Dieu avaient échoué à conquérir le cœur de la majorité des Chinois. « Si le Ciel lui-même reste sourd à toute justice et compassion, que puis-je faire pour sauver le peuple de mes mains nues ? » s'était lamenté le prince Shi Dakai, dernier chef des Taiping. Les armées impériales qui les poursuivaient avaient fini par coincer les rebelles en ce point même de la Dadu. La majorité d'entre eux s'étaient jetés dans le fleuve, après avoir refusé de se rendre. Les épouses, les enfants et les généraux s'étaient suicidés. Le prince, fait prisonnier et emmené à Chengdu, y avait été mis à mort par le supplice des mille entailles, lentement vidé de son sang. On entendait encore les gémissements des fantômes des Taiping par les nuits sans lune sur les berges de la Dadu, disait-on. Ils gémiraient jusqu'au jour de la vengeance.

Mao et ses hommes, eux, en étaient réchappés. Selon Mao, la vitesse avait fait toute la différence. Les Taiping s'étaient laissé prendre au piège parce que le prince Shi s'était arrêté trois jours pour fêter la naissance d'un de ses fils, alors même que les armées impériales étaient sur ses talons. Mao était bien décidé à ce que l'histoire ne se répète pas. Il avait fait faire à son avant-garde plus de 130 kilomètres en deux jours et deux nuits, de manière à pouvoir s'emparer du pont avant que les nationalistes n'aient eu le temps d'y dépêcher des renforts pour le défendre. « Vous avancerez à marche forcée, et devrez tout faire pour réussir dans votre mission. Nous comptons vous féliciter de votre succès. »

Dans le film, les hommes de l'avant-garde n'avaient pris le temps ni de manger ni de dormir, ils avaient marché nuit et jour, grimpé les collines et traversé à gué les rivières, abandonnant derrière eux tout ce qu'ils portaient en dehors de leurs fusils et munitions. Alors qu'ils progressaient aussi vite que possible, ils avaient repéré un bataillon nationaliste sur l'autre rive. Ils étaient entrés en contact avec lui en sonnant du clairon selon le code nationaliste, se faisant ainsi passer pour une force amie. Cette rencontre avait renforcé leur conviction qu'il fallait faire vite. S'ils avaient entamé leur marche d'un bon pas sans plus, ils parcoururent 100 kilomètres en vingt-quatre heures pour parvenir au pont de Luding à l'aube du 29 mai. Ils y donnèrent l'assaut à quatre heures de l'après-midi. En une heure, ils s'en étaient emparés.

Plus je contemplais celui-ci, plus je me posais de questions. Le pont n'a pas plus de trois mètres de largeur. Les combattants de l'unité kamikaze n'avaient pas pu y progresser à plus de deux ou trois de front. S'il y avait eu réellement des mitrailleuses lourdes en face, comme dans le film, aucune unité, surtout dépourvue de canons ou de mortiers lui assurant un appui feu, n'aurait pu le franchir et prendre d'assaut le fortin. Il était encore moins vraisemblable que l'exploit n'avait entraîné aucune perte, comme l'a prétendu le chef de l'avant-garde dans ses souvenirs, et même si elles n'avaient été que de quatre tués, comme l'affirmait le panneau apposé sur le pont. Je ne pouvais croire qu'ils aient eu en face d'eux un régiment.

Je demandai au gardien du temple s'il connaissait en ville une personne présente lors de l'arrivée de l'Armée rouge, il y a soixante-dix ans. « Sûr, il y a Zhu le forgeron » m'indiqua-t-il aussitôt. « Il n'est pas si vieux que ça, mais sa famille s'occupe du pont de génération en génération. Ils avaient leur forge juste à côté du fortin. À présent il vit à quelques maisons d'ici, le long de la rivière. Demandez-le à n'importe qui, on vous indiquera où c'est. »

M. Zhu était chez lui. Grand, large d'épaules, il a le visage carré, la mâchoire volontaire et d'épais sourcils prolongés par des cheveux taillés en brosse, le genre de physique qui sied à un homme qui ne s'en laisse pas conter. Il ne travaillait plus que de temps à autre. « Quand le pont a besoin d'une révision générale, tous les cinq ans, et d'un examen plus superficiel, tous les trois ans » m'expliqua-t-il. Sa vie était moins tendue qu'autrefois, lorsque son grand-père et son père devaient graver leurs noms sur les chaînes, de sorte qu'au moindre défaut relevé, ils risquaient leur tête.

Son père n'avait pas pris la fuite à l'approche de l'Armée rouge, parce qu'il ne voulait pas abandonner sa forge. On lui avait demandé de prêter les portes de sa maison pour remplacer les planches de la passerelle qui avaient été détruites par les miliciens. Avaient-elles toutes disparu, comme on le voit dans le film ? demandais-je. « Oh non ! Seules celles qui se trouvaient à notre extrémité. Je me demande d'ailleurs encore pourquoi ils ne les avaient pas toutes enlevées » ajouta-t-il. « L'Armée rouge aurait sûrement eu plus de mal à traverser. »

Et la bataille ? « L'Armée rouge ne serait jamais passée s'il y avait eu un régiment nationaliste pour le défendre à la mitrailleuse, vous pouvez en être certaine.

Je connais ce pont comme ma poche » me dit-il, sur un ton sans appel.

Mais alors, que s'était-il vraiment passé ?

« Le pont n'était défendu que par un escadron, dont les vieilles pétoires ne portaient pas à plus de quelques mètres. Et il pleuvait. Ils n'étaient pas de taille face à l'Armée rouge. Quand ils l'ont vue arriver, ils ont eu la trouille et ont pris leurs jambes à leur cou. Leurs officiers les avaient laissés tomber bien avant. Il n'y a eu aucun combat pour ainsi dire. Ça ne m'empêche pas de tirer mon chapeau aux vingt-deux gars qui ont rampé sur les chaînes. Je l'ai fait autrefois avec mon père, quand nous allions examiner la structure, mais nous étions dans une balancelle. Ces soldats étaient des braves. Et ils n'ont pas mis longtemps pour traverser. »

Le récit de Zhu avait de quoi surprendre. Les images bouleversantes du film pouvaient-elles avoir été mensongères à ce point ? On avait fait de cet épisode la bataille la plus fameuse de la Longue Marche. Si l'accrochage avait en fait été aussi mineur que ce que Zhu m'en avait dit, pourquoi en avoir fait si grand cas ? Il n'en avait pas la moindre idée. Mais il m'asséna un nouveau coup avant que je prenne congé de lui. « Vous savez, après avoir traversé, l'Armée rouge a sectionné quatre des chaînes. Il a fallu des mois à mon père et à ses assistants pour réparer le pont, et celui-ci est resté fermé le temps qu'ils le fassent. » Il m'avait raconté tout cela de l'air le plus naturel du monde, mais les films et les livres d'histoire se gardaient bien de parler d'un acte aussi scandaleux, que nul n'avait jamais osé perpétrer dans la très longue histoire du pont.

L'ordre ne pouvait avoir été donné que par Mao, comme je devais par la suite m'en assurer en lisant les mémoires de He Changgong, le commissaire politique du 9e Corps, qui l'avait exécuté. Son unité couvrait l'arrière-garde à Luding. Il avait surveillé le pont une semaine durant, puis avait reçu un télégramme de la Commission militaire lui intimant de « détruire partiellement » l'ouvrage afin de ralentir les forces nationalistes lancées à la poursuite de l'Armée rouge. Il avait décidé de ne pas toucher aux quatre chaînes qui servaient de rambarde, mais de briser une sur deux des neuf chaînes du milieu. Quand il avait rattrapé le gros de la troupe, il était allé faire son rapport à Zhou Enlaï. « Celui-ci nous félicita, et demanda à son cuisinier de me préparer des nouilles au poulet pour me récompenser personnellement [3]. »

J'eus un peu plus de mal à répondre aux autres questions de la charade du pont de Luding : pourquoi ce pont était-il aussi faiblement défendu ? Pourquoi les planches de la passerelle n'avaient-elles pas été toutes enlevées ? Où était passé le régiment censé garder le passage ? En ayant terminé avec cette partie de mon périple, je retournai à Chengdu, la capitale provinciale, où je me plongeai dans les archives et interrogeai des historiens locaux. L'un de ces experts étudiait depuis des années les seigneurs de la guerre du Sichuan, interrogeant les membres de leurs familles et leurs anciens collaborateurs qui avaient survécu. Il lui était apparu que le personnage-clé de l'histoire était un de ces seigneurs de la guerre, un nommé Liu Wenhui.

Sacré personnage, ce Liu, et un vrai requin. À une époque, il se vantait d'avoir sous ses ordres une armée d'un demi-million d'hommes, et revendiquait le titre d'homme le plus généreux du Sichuan. Il avait bâti sa fortune considérable sur l'opium. Il avait régné sur la province jusqu'au jour où son propre neveu s'était soulevé contre lui, aidé en sous-main par Tchang Kaichek. Il avait alors dû se retrancher dans l'ouest de la province à la tête d'à peine 20 000 hommes, pour y reconstituer ses forces, s'occuper de ses champs de pavot, et manœuvrer pour reconquérir le pouvoir. Zhu De et Liu Bocheng, des compatriotes du Sichuan, lui avaient adressé un message, accompagné d'argent, lui demandant un laissez-passer sur son territoire, où était précisément situé le pont de Luding. Il s'était empressé de conclure le marché, bien que Tchang l'eût menacé de le traduire en cour martiale s'il ne défendait pas le passage sur la Dadu le temps que les forces nationalistes rattrapent les communistes. À quoi bon sacrifier ses troupes déjà amoindries pour combattre ces derniers ? avait-il grommelé. « Tchang ne me livre ni munitions, ni ravitaillement, je ne suis pas en mesure de livrer des combats très durs [4]. » Il avait donné ordre à ses hommes de ne pas en faire trop, et de laisser passer l'Armée rouge avec le minimum de casse. Cette fois-ci, Tchang n'avait donc pas été responsable de la percée de l'Armée rouge, comme on l'a parfois suggéré. Liu était le coupable.

Il garda d'ailleurs de bonnes relations avec les communistes. Zhou Enlai lui avait même fourni un opérateur radio. En 1949, il s'était rebellé et rallié aux Rouges, entraînant deux autres seigneurs de la guerre. Tchang était hors de lui. Son dernier ordre, avant de fuir vers Taiwan, avait été de bombarder la résidence de Liu à Chengdu. On y avait découvert assez d'or et de joyaux pour entretenir dix divisions d'élite pendant au moins deux ans. Liu avait haussé les épaules. « Je suis bouddhiste, les richesses matérielles, qui sont transitoires, ne m'intéressent pas. Il n'y a que les femmes pour s'en préoccuper [5]. » Il possédait de toute manière plus de 100 bâtiments à Chengdu, et, ce qui était encore plus important, n'avait aucun souci à se faire pour son avenir. Les « services rendus » aux Rouges lui valurent par la suite d'être nommé par Mao ministre des Forêts, puis d'occuper d'autres postes de ministre dans le gouvernement communiste.

Je tombai sur une autre pépite dans les archives locales. Les historiens du parti de la province s'étaient rendus à Pékin en 1984 pour y interviewer le général Li Jukui sur les épisodes les plus importants de la Longue Marche au Sichuan. Cet officier commandait la division qui avait traversé un peu plus tôt à Anshunshang, un autre point de passage gardé par les hommes de Liu. Ce village était lui aussi réputé avoir été, avant même Luding, le site d'un combat sanglant où une unité kamikaze de dix-sept hommes de l'Armée rouge avait capturé deux embarcations sur la rive adverse sous un déluge de feu. Snow avait consacré un passage exaltant à ces héros de la Dadu. « Les villageois d'Anshunshang les regardaient en retenant leur souffle. Ils allaient à une mort certaine ! Mais non, ils les virent toucher terre presque au bout des fusils ennemis [6]. » Cinquante ans plus tard, Harrison Salisbury avait encore embelli le drame. « L'ennemi ouvrit le feu. Mais il y avait un artilleur d'élite au 1er Régiment, qui frappait dans le mille à tout coup. Il ne lui restait que quatre obus de mortier, ils lui suffirent pour mettre hors de combat quatre canons [7]. »

La rencontre des historiens du parti avec le général Li Jukui avait révélé une tout autre histoire, à la lecture de laquelle l'éclat des héros du Dadu s'était un peu estompé à mes yeux. « Il n'y avait en face qu'un officier et une poignée d'hommes... Notre chef d'état-major, Liu Bocheng, ordonna qu'un bataillon passe à l'attaque pour s'emparer des deux bateaux ancrés sur l'autre rive... Ils partirent à l'assaut, mais l'ennemi prit aussitôt la poudre d'escampette, et nous saisîmes les bateaux sans avoir à tirer un seul coup de feu. » Les historiens, incrédules, avaient insisté, et Li leur avait répété : « Nous n'avons rencontré aucune opposition pour passer la rivière. » Quant au soi-disant artilleur d'élite, il avait apporté cette précision : « En quittant le Jiangxi, nous avions abandonné tout notre équipement lourd. Nous n'avions ni canons, ni mortiers, ni obus... Certains comptes rendus ont été très exagérés [8]. »

À ceux qui interrogeaient le général Li sur la prise du pont de Luding, qui n'avait été jugée nécessaire qu'en raison de la lenteur des deux bateaux d'Anshunshang à transporter toute l'armée d'une rive à l'autre, il s'était contenté de répondre que sa division n'y avait eu aucun rôle autre que celui de soutien à la 2de Division. Il estimait peut-être qu'il n'y avait rien de plus à en dire, mais il se rendit bien compte à quel point son témoignage contredisait la version officielle, et se sentit obligé d'insister, à l'attention des historiens : « Cette action ne fut pas aussi complexe que ce que certains l'ont prétendu par la suite. Quand on mène une enquête historique, il convient de s'en tenir à la vérité. La présentation qu'on en fait, c'est une autre histoire. Un grand nombre d'historiens m'ont interrogé, mais les versions qu'ils ont données de ces faits ont toujours été exagérées, ou déformées par la propagande [9]. »

Cet entretien avait eu lieu en 1984. Les historiens du parti espéraient sans doute créer la sensation en publiant le témoignage d'un acteur aussi important, mais ses propos n'avaient à l'évidence pas été jugés convenables pour célébrer le cinquantième anniversaire de la Marche. Le témoignage du général Li avait été enterré dans les archives, son appel à ce que la vérité soit rétablie n'a toujours pas été entendu.

Tout cela me remit en mémoire le mépris de l'historien militaire quand j'avais évoqué le pont de Luding. Peut-on en effet qualifier de bataille la plus importante de la Longue Marche un engagement d'une heure qui n'a fait qu'une ou deux victimes ? À présent, je comprenais sa réaction. Deux jours à peine avant que Mao et ses hommes franchissent la Dadu, la 4e Armée, elle, avait livré bataille. Le Comité central lui avait donné l'ordre d'abandonner sa base dans le nord du Sichuan, et d'aller à la rencontre de la 1re Armée. Elle avait lancé une manœuvre de diversion, engageant 30 000 des siens contre 160 000 hommes des forces nationalistes et des seigneurs de la guerre au col de Tumen. En un mois de combats, elle avait tué 10 000 adversaires, subissant elle-même de lourdes pertes, mais elle avait surtout permis à la 1re Armée de progresser sans rencontrer beaucoup d'opposition. Cette bataille-là avait été de grande ampleur. Mais on n'en dit pas un seul mot dans les pages et les pages noircies par les historiens sur le pont de Luding et les héros de la Dadu. Je n'en avais appris l'existence que dans un livre publié à Hong Kong et interdit en Chine [10]. Il fallait, semble-t-il, que Mao ait le monopole des victoires, réelles ou imaginaires.

Celles de la Dadu n'ont pas été ce que la mythologie nous en dit, mais il n'en reste pas moins que la tumultueuse rivière n'a pas arrêté les Marcheurs comme elle avait englouti les Taiping. La coordination entre les Armées rouges, y compris la 2de, restée au Guizhou pour y bloquer la poursuite des nationalistes, a joué un rôle essentiel tout au long de la Longue Marche. Et l'habileté des communistes à manipuler les conflits qui opposaient Tchang aux seigneurs de la guerre avait eu une fois de plus des effets miraculeux, comme on l'avait déjà constaté au Guangdong, et comme on le verrait de nouveau bientôt. Il faut rendre à César ce qui lui est dû.

Une fois la Dadu franchie, l'Armée rouge ne craignait plus d'être poursuivie par les nationalistes. Elle avait pénétré dans une région de hautes montagnes et de marécages réputés infranchissables, peuplée de Tibétains. Tchang pariait que l'hostilité combinée de la nature et des Tibétains, ainsi que l'absence de toute possibilité de ravitaillement, suffiraient à le débarrasser des bandits rouges. S'il y avait des rescapés, ses troupes d'élite se chargeraient d'eux de l'autre côté du plateau. Il avait en partie raison. Les anciens combattants que j'ai rencontrés n'avaient pas beaucoup de souvenirs de batailles, mais les assauts de la nature étaient encore marqués dans leur esprit. C'est dans les montagnes et les marécages au-delà de la Dadu que l'Armée rouge a subi ses pertes les plus lourdes. Qu'une partie en soit réchappée tient du miracle.

Le mont Jiajin, à seulement soixante kilomètres de la rivière, fut le premier défi lancé par cet environnement hostile. On lit dans de vieux documents du comté que « le mont Jiajin est surnommé le mont des Fées. Il culmine à plus de 4 000 mètres, et il est couvert de neiges éternelles à partir de 2 400 mètres. La Déesse de Glace a son trône au sommet, nul ne peut en approcher. » Un dicton local dit même que *le mont Jiajin n'est qu'à deux doigts de la voûte céleste, les hommes doivent y ôter leur chapeau, les chevaux leur selle.* L'Armée rouge eut toutes les peines du monde à trouver des guides dans la population locale. Ils craignaient d'y laisser leur vie. « Si on dérange la Déesse de Glace, c'est la mort pour tous. Et quand quelqu'un meurt là-haut, on ne retrouve même pas son cadavre, c'est la Déesse qui s'en empare. » Ces mises en garde n'avaient pas fait changer d'avis Mao. Suivre les routes principales signifiait aller à la rencontre de forces nationalistes. Or, la moindre embuscade pouvait être fatale, je pus le vérifier en suivant cette même route. Alors que personne n'irait suivre ses forces sur les sentiers de montagne, ni les attendre sur pareils chemins. Prendre la voie la plus rude ferait sûrement quelques victimes, mais les plus solides y survivraient.

Au pied de la montagne, un berger se proposa pour me guider jusqu'au sommet. Le mont Jiajin ne s'élance pas vers le ciel, il s'élève en pente douce, du moins au début. Nous nous engageâmes au milieu des arbres et des ruisseaux. La marche me paraissait facile, je hâtai le pas. Le guide me conseilla d'y aller doucement, et d'économiser mon souffle, et il avait raison. Quelques centaines de mètres plus loin, la pente devint plus raide, mes jambes commencèrent à me peser au lieu de me propulser, mon souffle se fit plus court, et ma bouche aussi desséchée que si elle était pleine de coton. Mon cœur se mit à battre à m'en faire éclater la poitrine. Le berger cueillit une feuille d'arbre : « Mâchez-la, ça ira mieux » m'assura-t-il. Rien n'y fit. Il me proposa alors de m'aider en me tirant, alors que nous n'avions même pas couvert deux kilomètres !

Il commençait à s'inquiéter. « Vous êtes sûre de vouloir grimper là-haut ? On peut encore faire demi-tour. L'ascension sera de plus en plus difficile. » Je l'assurai que j'y arriverais pour peu que nous y allions doucement. Je repris la marche, pas à pas, m'arrêtant pour souffler toutes les deux minutes. Patient, il en profita pour me donner des conseils pour la marche en montagne : toujours avancer sur la crête de neige, jamais sur la pente ; ne pas tenter une escalade directe si on peut contourner l'obstacle. Même ses yaks se perdaient parfois, me prévint-il. La Déesse de Glace pouvait soudain changer d'aspect et tout recouvrir de son manteau blanc. Je lui demandai s'il arrivait qu'il neige en été. Je n'en voyais pas, alors que dans tous leurs récits, les anciens combattants avaient mentionné cette neige qui leur arrivait jusqu'aux genoux. « On n'en voit plus beaucoup aujourd'hui » me répondit-il, « mais du temps de mon grand-père, il faisait beaucoup plus froid, on pouvait avoir de la neige même en juin. »

Je finis par atteindre le col du sommet au bout de six heures. La vue était splendide. J'oubliai instantanément tous mes efforts devant ce vaste panorama de montagnes et de vallées dans le lointain. Je ressentais même un certain enthousiasme, et la satisfaction intense d'avoir accompli un exploit, bien qu'il m'ait fallu autant de temps pour monter que le berger en aurait mis à faire deux allers-retours. Des drapeaux flottaient au-dessus d'un panneau qui rappelait que l'Armée rouge était passée par là, et une banderole souhaitant « Bonne Route » était tendue sur le petit temple dédié à la Déesse de la Compassion. Les soldats de l'Armée rouge ne croyaient peut-être pas à la Déesse de Glace, mais ils avaient dû quand même se sentir soulagés en atteignant ce col. La nature n'avait pas été tendre avec eux. J'avais à présent une petite idée de ce qu'ils avaient affronté. Mon ascension s'était faite par beau temps, j'étais équipée d'une polaire bien chaude et de bonnes chaussures de montagne. Le berger portait mon sac à dos chargé d'eau, de viande séchée et de quelques barres de chocolat, et nous nous étions arrêtés chaque fois que je me sentais fatiguée ou le souffle court. Les Marcheurs, eux, s'y étaient attaqués alors qu'ils étaient épuisés par neuf mois de route, sous-alimentés, et seulement vêtus de chemises et de sandales de paille, pour les mieux équipés d'entre eux. Leur route était couverte d'une neige que la plupart d'entre eux n'avaient jamais vue, et au sommet, la température était glaciale. Le tout, ajouté à l'altitude, avait été un choc terrible pour leurs organismes, et très peu s'en étaient tirés vivants.

Chen l'infirmier avait été plus conscient des risques que la plupart de ses camarades. Toute la journée avant le départ, il avait fait bouillir des piments et du gingembre dans des marmites d'eau, et s'était assuré que chacun des soldats de son unité avait emporté au moins quelques gorgées de ce breuvage. « Ce n'était pas grand-chose, mais on avait utilisé tout le piment qu'on avait pu trouver dans un rayon de trente kilomètres » me raconta-t-il. Il avait gardé du piment, découpé en petits morceaux, au fond de sa poche, au cas où. Cette précaution s'avéra précieuse. Il en avait fait mâchonner, mélangé à de la neige, à tous ceux qui s'effondraient en route. « Ça les réchauffait un peu, mais l'effet était surtout psychologique, ils en oubliaient leur épuisement. » Tous ceux qu'il avait pu remonter de cette manière avaient survécu à l'épreuve. Mais il avait manqué de piment, m'avoua-t-il, les yeux humides, au bord des larmes. « Il n'en aurait pourtant pas fallu beaucoup pour sauver certains de ceux que j'ai vus mourir sous mes yeux. »

La mère Wang, de son côté, suivait toujours les conseils qu'on lui donnait, et elle aimait prendre ses précautions autant que possible. Mais il s'était produit quelque chose qu'elle n'avait pas prévu : elle avait eu ses règles. La douleur l'avait saisie tout d'un coup, au début de l'ascension. Elle en avait tremblé, tout autant que de froid. Aveuglée par la neige, elle avançait dans un brouillard blanc, alors même que la douleur était devenue si intense qu'elle se pliait en deux. Le sang dégoulinant le long de ses jambes faisait une trace écarlate dans la neige. Un officier à cheval qui la dépassait s'en était aperçu au moment où elle pensait ne plus pouvoir faire un pas de plus. Elle avait pu s'accrocher à la queue du cheval, qui l'avait tirée jusqu'au sommet. Elle n'avait plus jamais eu ses règles après cet épisode.

Il en était allé de même pour la moitié des femmes. Pour beaucoup d'entre elles, l'interruption avait été définitive. « Au moins, cela m'a épargné pas mal de sang et de larmes » commenta Wang sur le ton de l'ironie, ajoutant aussitôt, avec son stoïcisme habituel : « Et puis ce n'était pas un prix trop élevé à payer pour la révolution. »

Le soldat Huang, lui, avait bien cru que la Déesse de Glace allait l'emporter dans l'au-delà. Il ne savait pas qu'ils avaient grimpé à une altitude aussi élevée, ni qu'il en souffrirait autant. Il se souvenait d'avoir eu terriblement sommeil, et l'impression d'avoir perdu ses jambes. « Mourir m'était apparu bien plus facile que vivre, et même une idée très séduisante. » La tentation était si forte, qu'il s'était laissé tomber. Il avait fermé les yeux, et une main surgie du lointain lui était apparue pour l'inviter dans un monde de plaisir, vers lequel il s'était laissé glisser, glisser…, quand un bruit énorme l'avait arraché à sa torpeur. Il avait ouvert les yeux sur son commissaire politique en train de le gifler à toute volée, de droite et de gauche, qui lui hurlait aux oreilles : « Tu crois que je t'ai traîné jusqu'ici pour que tu crèves dans cet endroit de merde ! Ici, tu ne trouveras même pas un fantôme pour faire la conversation. Allez, debout, si t'es un homme ! » Il n'avait ressenti aucune douleur, le froid l'ayant anesthésié. « Mais cette colère sur son visage, mêlé de tendresse paternelle, comme si j'avais été son propre fils, c'était là quelque chose qu'il ne m'avait jamais été donné de connaître auparavant. Il tendit les bras, me releva en me tirant, et s'empara de mon fusil qu'il ajouta aux trois autres qu'il avait déjà à l'épaule. » Quand ils parvinrent au village au pied de la montagne, ses yeux étaient recouverts d'une épaisse couche de givre. Le commissaire avait trouvé de l'alcool qu'il avait craché sur ses yeux, ce qui lui avait permis de les rouvrir malgré la douleur atroce. Mais il n'avait jamais recouvré complètement la vue.

Tout le monde, pourtant, n'avait pas trouvé le mont Jiajin si difficile à affronter. Wu, par exemple, s'était plus démenée que quiconque. Son équipe de propagande avait remis en état un abri enfoui dans la neige à mi-pente. Elles avaient transformé en chanson les instructions destinées à pousser en avant les Marcheurs en difficulté : « Ne t'assois pas, soldat de l'Armée rouge. Il n'y a pas sur terre de force plus grande que la tienne, et le sommet n'est plus qu'à quelques pas. Tu y arriveras, rien ne peut t'arrêter. » Elle n'avait que des pantalons de soie noire confisqués chez un propriétaire foncier, et ses pieds nus étaient emmaillotés de tissu. Le vent rougissait ses pommettes, le gel blanchissait ses sourcils. « Je crois que je ressemblais à un clown, à chanter comme ça à en perdre le souffle tout en battant des bras pour me réchauffer » remarqua-t-elle en souriant. « Mais, à dire vrai, le Jiajin n'était qu'un nain comparé à d'autres montagnes qu'il m'a fallu franchir par la suite. Je me souviens en particulier de l'une d'elles, beaucoup plus haute, où nous avons dû passer la nuit. Un grand nombre d'hommes y sont morts de froid, d'autres ont perdu leurs oreilles ou leurs orteils à cause des engelures. Un gars qui avait trouvé trois orteils dans la neige s'était mis à crier : "À qui ils sont ? À qui ils sont ?" Tout le monde avait jeté un regard inquiet vers ses pieds. Heureusement, les miens étaient toujours là. »

La joie des hommes de la 1re Armée fut indescriptible quand on les informa qu'ils allaient enfin rejoindre la 4e, qui les attendait depuis déjà un moment. Ils descendirent de la montagne le 12 juin 1935 dans un épais brouillard. Les éclaireurs cherchaient à repérer l'avant-garde de la 4e Armée qu'ils savaient se trouver dans le coin, d'après les messages reçus, quand ils entendirent des coups de feu. Ils sonnèrent le clairon pour s'identifier, mais ceux de la 4e Armée ne les reconnurent pas. Bientôt ils furent assez près les uns des autres pour pouvoir s'observer à la jumelle. Mais plus d'un soldat de la 1re Armée ne portait pas d'uniforme ou, quand il en avait un, celui-ci avait été pris aux nationalistes. Ce n'est que lorsqu'ils déployèrent leurs drapeaux rouges frappés de la faucille et du marteau qu'ils comprirent qu'ils avaient fini par se retrouver.

Huang n'avait rien oublié de cette explosion de joie. « Nous sautions en l'air comme des fous. J'étais trop petit pour voir les visages des combattants, je m'accrochais à leur taille, mais aucun d'eux ne pensait à me soulever. L'un d'eux, par gentillesse, m'a mis sa casquette sur la tête, du coup je ne voyais plus rien du tout. Il nous a fallu un bon moment pour nous calmer. » Les soldats de la 4e Armée l'avaient impressionné quand il avait pu enfin les voir défiler, le dos et la tête droits, au pas cadencé, dans un grondement de tonnerre sous lequel le sol paraissait trembler. Leurs uniformes étaient impeccables, serrés à la taille par des ceinturons, les pantalons rentrés dans des guêtres. « Ils avaient vraiment l'air d'une armée. À côté d'eux, nous faisions figure de gueux » admit-il. Un officier supérieur de son unité avait lui aussi avoué son admiration dans son journal : « Nous avons organisé ce soir une réunion de gala avec ceux de la 4e Armée. Notre bonheur était partagé. Ils nous ont reçus le plus cordialement du monde, et avec toutes les marques de respect. Mais leur discipline et leur moral sont bien meilleurs que les nôtres[11]. » Huang avait même fini par apercevoir le chef suprême de la 4e Armée, Zhang Guotao, qui l'avait un peu décontenancé. « Il avait moins l'air d'un officier de l'Armée rouge que d'un grand seigneur. Il respirait la richesse et la santé par tous les pores de son corps. »

L'admiration de Huang n'avait d'égal que l'étonnement de Wu. « C'était donc ça, l'armée de Mao ? Ils avaient l'air de mendiants plus que de soldats, avec leurs oripeaux en tous genres. Certains d'entre eux portaient même des pantalons et des chaussures de femme, et un foulard rouge sur la tête. On ne voyait que leurs dents dans leurs visages noirs de poussière. Ils avaient les mains tout aussi crasseuses, et toutes crevassées de plaies. Avec leurs cheveux longs et hirsutes, et leurs barbes qu'ils n'avaient pas pu raser depuis longtemps, ils faisaient vraiment peur à voir. » Deux jours plus tard, après qu'ils s'étaient décrassés, les deux armées avaient organisé une grande soirée de gala dans l'enceinte de l'église catholique de Maogong. « Tout le monde reprit en chœur un chant composé pour l'occasion, et l'on donna une représentation d'une pièce de théâtre où on se moquait des soldats de Tchang Kaichek qui se livraient à une poursuite infructueuse, et ne pouvaient ramener qu'une vieille sandale pourrie à leur chef. Une des vedettes de la 1re Armée dansa une chorégraphie étrangère qu'elle avait apprise à Moscou. Elle était si gracieuse, virevoltant comme un oiseau, qu'elle eut droit à plusieurs rappels. Ah ! C'était vraiment quelque chose à voir. Nos danseurs folkloriques pouvaient aller se rhabiller. »

Après être redescendue du mont Jiajin, je filai sur Maogong, rebaptisée Xiaojin. Je comprenais la joie des deux armées de se retrouver en cet endroit. La ville, qui domine un coude de la rivière, s'étend sur un vaste plateau tel qu'on en voit peu dans cette région de gorges et de montagnes. Elle ressemble à une citadelle antique dont les murailles s'élèvent au milieu des montagnes, à la fois imposante, mystérieuse et attirante. Les rues aérées sont bordées de paisibles échoppes traditionnelles, mais la petite cité vit dans le souvenir du passage de l'armée rouge. Je me dirigeai d'abord vers la très belle église où avait été organisée la fête des retrouvailles et dont l'armée avait fait son QG. Ses fenêtres en ogives et les croix qui en surmontent le toit pourraient faire croire que l'édifice, en parfait état, vient tout juste d'être importé directement de Rome. L'intérieur, cependant, en est totalement vide, à l'exception d'un grand portrait de Mao à la place de l'autel. Du même genre que celui qui domine la place Tian Anmen, ce tableau montre un

Mao confiant en la pérennité de son pouvoir, non le dirigeant tendu, dont les traits tirés trahissaient l'inquiétude, qu'il était en arrivant ici.

L'église donne sur une place Rouge de dimension modeste, surtout au regard de l'énormité du monument qui commémore la jonction entre les deux armées. Deux soldats plus grands que nature s'y saluent avec enthousiasme, se serrant la main sur un socle adossé à deux colonnes massives de granit. Je m'assis sur les marches pour mieux les contempler. La rivière, d'un bleu sombre, s'écoulait silencieusement à l'arrière-plan, la brume montait en même temps que le crépuscule tombait des hauteurs déchiquetées auxquelles je tournais le dos. La sérénité du paysage avait de quoi fasciner, et rendait difficile pour moi d'imaginer la violence des conflits dont cette ville avait été le théâtre. Les soldats des deux armées avaient dû avoir tout autant de mal à concevoir qu'une lutte fratricide allait déchirer l'Armée rouge, et que des dizaines de milliers d'hommes et de femmes allaient être tués sans raison, au gré des dénonciations et sous des torrents d'injures. La poursuite lancée par les troupes de Tchang, les bombardements et les affrontements qui l'accompagnaient, aussi durs soient-ils, n'entraînaient que des blessures superficielles, dont l'Armée rouge se remettrait rapidement. Les assauts de la nature lui causaient de lourdes pertes, mais ils aguerrissaient ceux qui y survivaient, tant du point de vue mental que physique. Tandis que la guerre fratricide en son sein lui infligea des plaies durables qui aujourd'hui encore sont loin d'être cicatrisées.

La première réunion entre Mao et Zhang fut orageuse. Braun, qui avait été dégradé au rang de simple instructeur à l'Académie militaire, y assista, bien que sa présence n'avait d'autre but que de donner l'impression d'un soutien de Moscou. Il a décrit Zhang comme « un quadragénaire de haute taille, au maintien très digne, qui nous reçut comme si nous étions ses invités. Il exsudait la confiance en soi, et ne doutait ni de sa supériorité militaire, ni de ses capacités administratives[12] ». Il arborait un uniforme gris de bonne coupe. Mao, par contre, n'avait que la vieille veste qu'il avait portée tout du long de la Marche, tout élimée et rapiécée. Dans une librairie de Xiaojin, je tombai sur un livre contenant une photo des deux dirigeants côte à côte. Ils ont la même taille, et à peu près le même âge, Mao étant l'aîné de quatre ans. Les mains sur les hanches, sûr de lui à son habitude, le regard inquisiteur et déterminé, Mao reste sur ses gardes. Zhang, tout aussi sûr de lui-même, incarne l'opulence et le pouvoir. Les mains dans le dos, il esquisse un sourire, l'image même de l'arrogance.

Il avait toutes les raisons d'être confiant. Peu de dirigeants du parti communiste avaient eu une carrière comme la sienne. Né en 1897 dans une riche famille de notables ruraux, il avait reçu la meilleure éducation possible d'un homme de sa génération. Il avait gravité vers le communisme alors qu'il étudiait à l'université de Pékin, creuset de toutes les idées et idéaux révolutionnaires. Mao lui aussi s'y trouvait à la même époque, et pour les mêmes raisons, mais il n'y était qu'un obscur aide-bibliothécaire, méprisé et ignoré par des étudiants imbus d'eux-mêmes, et des enseignants enfermés dans leur tour d'ivoire. Zhang, devenu activiste, avait été un des membres fondateurs du parti communiste dont il avait présidé la première réunion. C'est là qu'il avait rencontré Mao pour la première fois, et ce dernier ne lui avait pas fait grande impression : « Un intellectuel dynamique, qui cachait sous sa longue robe traditionnelle un grand bon sens, mais sa compréhension du marxisme était des plus limitée... » écrivit-il dans ses Mémoires. « Il n'avait fait aucune proposition concrète ni avant, ni pendant la réunion[13]. »

Mao ne l'impressionna pas davantage cette fois-ci. Il s'était étonné de le trouver si émacié et affaibli, et à la tête d'une force aussi réduite, indisciplinée et affamée. La 4ᵉ Armée avait quitté sa base de la région de Tongjiang sur ordre du Comité central, pour rejoindre la 1ʳᵉ Armée et créer une nouvelle base au Sichuan. Les deux troupes avaient eu des contacts radio, mais elles ignoraient à peu près tout l'une de l'autre. Les équipes de propagande de Zhang avaient préparé la rencontre en peignant un peu partout sur les murs et les arbres : « Bienvenue aux 300 000 combattants de l'Armée centrale ! » Zhang s'attendait à voir arriver une armée bien plus considérable. Sa première question à Zhou Enlai avait d'ailleurs porté sur les effectifs de la 1ʳᵉ Armée. Zhou avait biaisé, citant le chiffre de 30 000 hommes. Zhu De avait été beaucoup plus franc : « Nous étions une force monumentale. Mais nous n'en sommes que le squelette, tout le reste a fondu [14]. » Ce squelette se réduisait en fait à 10 000 hommes, alors qu'ils avaient été 86 000 au départ, et 30 000 quand Mao avait pris les choses en main à Zunyi. Zhang, pour sa part, alignait de 70 à 80 000 soldats bien nourris, correctement vêtus et reposés.

Il était tout aussi ambitieux que Mao et pensait que son heure était venue. Le pouvoir vient du bout du fusil, dit-on. Eh bien, c'est lui qui avait le plus de fusils. Il voulait donc le pouvoir, et entendait placer ses hommes ainsi que lui-même à la direction du parti et des affaires militaires, monopolisée pour l'instant par les partisans de Mao. Ce dernier se trouvait dans une position plutôt délicate. Depuis Zunyi, sous son commandement, la 1ʳᵉ Armée avait perdu les deux tiers de ses hommes. Les principaux dirigeants étaient tellement en colère contre lui que son lieutenant le plus proche, Lin Biao, avait failli prendre la tête d'une mutinerie pour se débarrasser de lui. Il ne s'en était sorti que par la ruse et le culot les plus éhontés. Il n'était pas pour autant disposé à abandonner ce pouvoir qu'il venait à peine de reconquérir au prix de tant d'efforts. Le Bureau politique se réunit à plusieurs reprises pour tenter de résoudre le conflit. Pendant la palabre, les deux armées avaient repris leur marche en avant, avant de recevoir l'ordre de s'arrêter, et de faire demi-tour. Zhang avait sous-estimé la perspicacité, l'habileté et l'absence totale de scrupules de son adversaire. Erreur qui, combinée à son arrogance et son manque d'expérience politique, finit par le pousser à sa perte.

Il aurait pu aisément se faire des alliés des adversaires de Mao, à commencer évidemment par Bo Gu, le jeune ex-premier secrétaire du parti tombé en disgrâce. Mais quand ce dernier était venu lui rendre visite, il l'avait instantanément trouvé insupportable, tellement Bo Gu avait étalé son savoir, et s'était donné de grands airs en singeant les coutumes de Moscou. Il était même allé jusqu'à lui reprocher de se comporter en seigneur de la guerre parce qu'il employait des formules traditionnelles de bienvenue. Cette dernière critique l'avait fait sortir de ses gonds, et il avait lancé un sévère avertissement au jeune homme : « Ne vous avisez pas de critiquer la 4e Armée... ou vous vous en mordrez les doigts [15]. » Un très vieux proverbe chinois veut qu'« un Premier ministre doit savoir avaler des couleuvres aussi grosses qu'un mât de navire ». Zhang n'avait pas la stature d'un dirigeant, il s'était laissé emporter, et avait perdu le soutien de quelqu'un qui aurait pu lui être très utile.

Il lui fallait absolument rallier les autres membres du Bureau politique. Au lieu de quoi, il se les mit tous à dos en se livrant à une critique cinglante de la ligne du parti, et de la résolution de Zunyi. La perte des bases et les coups terribles subis par l'Armée rouge avaient été les conséquences d'erreurs politiques, et non militaires, accusa-t-il, prenant l'exact contre-pied de la tactique suivie par Mao à Zunyi. Le fit-il par souci de faire la lumière sur les échecs subis, ou seulement pour se mettre en valeur en contrastant ses succès avec leurs fautes ? Sa diatribe n'eut en tout cas d'autre effet que de les unir contre lui.

Mao avait très bien compris qu'en dénonçant des erreurs de stratégie militaire, on pouvait réduire la cible à une poignée de coupables. Alors qu'en mettant en cause la ligne politique générale, on s'en prenait à la direction tout entière. Comble d'ironie, Mao lui-même reconnut par la suite que l'analyse de Zhang était, bien entendu, correcte. La même année, Staline arriva aux mêmes conclusions, lors du 7e Congrès du Komintern qui eut lieu pendant l'été, et il ordonna aux Chinois d'abandonner leur stratégie politique des bases révolutionnaires, car elle était vouée à l'échec. L'ordre fut immédiatement obéi. Il n'en reste pas moins que Mao sut trouver les alliés décisifs dont il avait besoin, alors que Zhang s'isola, et que sa tentative de prise du pouvoir fut condamnée à l'échec.

Les débats se poursuivirent tout au long des mois de juin et juillet. Les enjeux en étaient le contrôle de l'armée et du parti, et la composition du Bureau politique. Zhang Wentian, l'allié de Mao, proposa de céder son poste de premier secrétaire à Zhang Guotao, mais Mao refusa cette solution. Il fit nommer Zhang Guotao commissaire politique de l'Armée rouge, poste qu'occupait jusqu'alors Zhou Enlai, et permit à deux alliés de Zhang d'entrer au Bureau politique. Les autres ne saisirent qu'après coup la logique de la manœuvre : « Si Zhang Guotao avait été nommé premier secrétaire, il aurait pu convoquer le Bureau politique, et mettre en place un autre Comité central, sans qu'on puisse contester sa légitimité [16]. » Certes il était à présent officiellement le patron de l'Armée rouge. Mais il devait toujours obéir au parti.

Ce compromis ne satisfit évidemment personne. La méfiance et la grogne persistaient, ce qui sauta aux yeux dès que l'armée se remit en marche. On avait l'impression d'un couple qui vit ensemble, mais en faisant chambre à part. La discussion portait désormais sur le but de la Marche. Zhang était en faveur d'établir une base à l'ouest du fleuve Jaune, non loin de la frontière avec l'Union soviétique. Mao voulait aller à l'est du fleuve, dans le sud du Shaanxi. Il imposa son idée, mais ils continuèrent d'avancer sur des voies parallèles, comme les deux roues d'un chariot. Les armées avaient formé deux colonnes, chacune d'elles intégrant des unités de l'autre, dont on aurait pu penser qu'elles étaient des sortes d'otages. La colonne de droite comprenait Mao et le Bureau politique, protégés par le gros de la 1re Armée, à laquelle s'étaient joints les cadets de l'Académie militaire de la 4e Armée, le tout placé sous les ordres de Xu Xiangqian, un général venu de la 4e Armée. Celle de gauche était commandée par Zhang Guotao, à la tête de pratiquement toute sa 4e Armée, qui avait intégré deux Corps de la 1re. Cet ordre de marche n'avait aucune logique, fit remarquer Braun, mais on ne lui avait pas demandé son avis. Entre les deux colonnes s'étendait un vaste marécage. L'ennemi se trouvait au Nord, c'est-à-dire sur la droite, mais l'état-major général se déplaçait avec la colonne de Zhang, sur le flanc gauche, ce qui l'empêchait de fait de pouvoir diriger l'ensemble de l'armée. En cas d'attaque ennemie, la colonne de gauche serait incapable de venir à la rescousse de celle de droite [17].

Deux jours à peine après le départ, Zhang reçut un télégramme de Mao qui, au nom du Bureau politique, lui ordonnait de se déplacer avec ses hommes pour couvrir le flanc droit. Il était furieux de devoir modifier ses plans aussi rapidement, d'autant que c'était à lui de donner ce genre d'ordre, en tant que chef suprême de l'Armée rouge. Il ne s'inclina, à contrecœur, qu'après que Mao lui eut expédié un second télégramme, contenant cette fois-ci une résolution du Bureau politique. Des pluies torrentielles retardèrent sa progression. Au bout de trois jours, il informa par câble la colonne de droite qu'il devait rebrousser chemin : « Marais paraît sans fin. Impossible avancer, sous peine aller à mort assurée. Pas de guide en vue. Désastre complet. » Les intempéries y étaient peut-être pour quelque chose, mais le conflit à la base n'échappait à personne. D'autant que Zhang accusait ouvertement Mao d'être responsable du fiasco : « C'est toute notre stratégie qui est remise en cause... C'est vous qui nous avez contraints d'aller de l'avant... et envoyés dans ce bourbier [18]. »

Le 9 septembre était une belle journée, chaude et presque sans nuages. Au QG de la colonne de droite, c'était jour de repos ordinaire. Certains s'activaient à leurs tâches domestiques, d'autres étaient partis en quête de céréales, et les commissaires politiques organisaient des réunions de motivation pour leurs soldats. Mao n'avait pas dormi de la nuit, il avait la mine défaite et les traits tirés. Il avait expédié deux autres messages à Zhang, lui intimant de changer d'attitude, et de le rejoindre, mais celui-ci était résolu à ne plus bouger. Il avait fait savoir qu'il avait finalement décidé de rester au Sichuan pour y établir la nouvelle base rouge, comme ils en étaient convenus avant la réunion des deux armées. Et il avait donné ordre à Xu, l'homme placé par lui à la tête de la colonne de droite, de ramener ses troupes. Il fallait que Mao agisse, et vite. Il élabora un plan radical, qu'il passa toute la journée à discuter avec les membres du Bureau politique. Il prit également contact avec Xu, mais ce dernier resta fidèle à Zhang.

C'est à deux heures du matin qu'il mit son plan en action : il prit la fuite à la tête de ses hommes, sans espoir de retour. Son épreuve de force avec Zhang ne pouvait que s'envenimer, et il n'était pas du tout certain d'en sortir vainqueur. Il savait aussi que deux armées ne pourraient trouver dans le marais de quoi survivre. Liu Ying se souvenait encore avoir été réveillé au beau milieu de la nuit. « J'entendis des cris : "Debout ! Debout ! On part, de suite !" On demanda ce qui se passait, où on allait. "Ne posez pas de questions. Prenez votre barda et en avant ! N'allumez pas de torches, et ne faites pas de bruit... Suivez-moi !" Nous avons avancé à marche forcée sur environ 10 *li*, sans nous arrêter un instant pour souffler avant d'avoir franchi un col[19]. » Braun lui aussi avait reçu en pleine nuit l'ordre d'aller chercher tous les cadets au campement de l'Académie militaire, sans avoir la moindre idée du pourquoi de la manœuvre. « Il exécuta cet ordre. Le commissaire politique était resté sur place, mais il n'y avait eu aucun affrontement. Au petit matin, ils avaient rejoint le reste de la troupe. » C'est alors qu'il découvrit avec effarement que seule la 1re Armée s'était mise en mouvement, et non pas toute la colonne de droite. Il était le seul à être parvenu à entraîner avec lui quelques soldats de la 4e Armée.

Xu eut lui aussi le choc de sa vie quand, à son réveil, il apprit la fuite de Mao et de ses hommes, qui avaient par-dessus le marché emporté leur seule carte du Sichuan. Le commissaire politique de l'Académie militaire était arrivé juste à ce moment-là, demandant qui avait donné l'ordre de faire partir ses cadets. « Le QG était aussi en désordre qu'une pelote de fil tout emmêlée » raconta Xu avec tristesse dans ses souvenirs. « Je ne savais plus que penser. Je restais une demi-heure assis sur mon lit sans pouvoir dire un mot. Pourquoi ? Mais pourquoi donc ne nous avaient-ils pas prévenus ? Je n'avais absolument rien vu venir. Le cœur brisé, complètement sonné... j'étais tellement abattu que je me jetai sur le lit, je mis la tête sous la couverture, et je refusai de parler à quiconque [20]. » Il finit par envoyer un officier de la 4e Armée à la tête d'un détachement de cavalerie pour qu'il ramène les cadets de l'Académie militaire qui avaient suivi Mao. Le face à face fut tendu, des deux côtés on avait la main sur les pistolets et les sabres au clair. Mais Mao ordonna qu'on laisse partir les cadets : « Ce n'est pas en les attachant l'un à l'autre que vous faites d'un homme et d'une femme un couple. Qu'ils s'en aillent. Ils finiront par revenir un jour ou l'autre [21]. »

Mao avoua à Edgar Snow qu'il avait connu là la période la plus sombre de sa vie. « Le parti était divisé. L'avenir incertain. Qui sait si on n'allait pas tout droit à la guerre civile ! » Il venait de perdre encore un quart de son armée déjà décimée, qui était restée sous le contrôle de Zhang. Il ne lui restait plus que 8 000 hommes. Après que les deux armées s'étaient réunies, un grand nombre de dirigeants s'étaient vu attribuer des cuisiniers, des ordonnances et des valets d'écurie de la 4e Armée. Ils avaient tous disparu d'un coup. Il leur fallait à présent se faire la cuisine et s'occuper de leur monture eux-mêmes. Cette rupture, trois mois à peine après les retrouvailles, provoqua un grand trouble dans la troupe. Les officiers reçurent l'ordre d'avoir leurs hommes à l'œil pour les empêcher de déserter ou de rejoindre la 4ᵉ Armée. Mao était si inquiet qu'il inspecta les troupes en personne, pour la seconde fois seulement depuis le début de la Marche. Un officier se souvint qu'il avait le visage à la fois grave et triste, et qu'il les avait fixés avec une grande intensité. Pour les rassurer, sans doute, mais aussi pour jauger leur état d'esprit. « Il voulait savoir si nous étions encore assez déterminés [22]. »

Quand on informa Zhang de la fuite de Mao, il explosa de colère, se mit à hurler et à trépigner de dépit. « Il n'y a que Mao pour oser de tels coups fourrés. Depuis notre réunion, il n'a eu rien d'autre en tête que la préservation de son pouvoir » s'était-il écrié. « Comment ose-t-il trahir ainsi tous les martyrs qui ont donné leur vie pour la révolution ?[23] » À la différence de Mao, Zhang n'était pas un tueur. Il ordonna à ses hommes de rentrer dans le rang, mais pas à ceux de Mao. Il étala une nouvelle fois son indécision, défaut inacceptable chez un dirigeant.

Dès qu'il fut hors de portée de Zhang, Mao le dénonça comme « un opportuniste » qui avait tenté d'imposer sa volonté par la force des armes au moment où le parti était le plus vulnérable. Dix-sept mois plus tard, de son repaire dans les grottes de la Chine du Nord, il affirma en outre que Zhang avait envoyé le 9 septembre un message secret, qu'aurait intercepté un agent de Mao, dans lequel il ordonnait à Xu de « briser la résistance du Comité central, au besoin par la force ». Il expliqua qu'il avait pris la décision de fuir à la lecture de ce message, présenté comme une preuve parmi d'autres que Zhang avait voulu diviser le parti et l'Armée rouge.

Mais ce « télégramme secret » a-t-il jamais existé ? Il ne fut pas exhibé, ni mentionné dans les principaux documents officiels de l'époque, que ce soit l'acte d'accusation du parti contre Zhang, le rapport sur son compte transmis à Moscou, ou la résolution qui prononça son exclusion. Tous les messages télégraphiques échangés entre les 1re et 4e Armées ont été conservés, ils se trouvent dans les Archives centrales à Pékin. Celui-là n'y est pas. On a même le témoignage du responsable des télécommunications de la 4e Armée, qui a affirmé sans aucune réserve que tout télégramme expédié aurait été visé par lui, et qu'il n'avait jamais vu celui-là. « Les télégrammes que nous étions chargés de déchiffrer étaient remis directement à leur destinataire, et à personne d'autre. C'était le règlement, et le fondement même de notre mission. Personne, dans la 1re Armée, ne pouvait avoir accès à un de nos télégrammes [24]. » Il lui a été demandé s'il était possible que ce câble ait été égaré. « J'en étais le seul responsable, et je n'en ai jamais perdu un seul... La discipline dans notre unité était des plus strictes. S'il y avait eu un télégramme de ce genre, et s'il avait été "intercepté" par d'autres, Zhang n'aurait pas hésité une seconde à nous faire couper la tête ! » Presque tous les historiens admettent aujourd'hui que ce « télégramme secret » a été une invention de Mao. Mais les manuels continuent à le présenter comme un fait historique.

Comme pratiquement tous les Chinois, j'avais toujours considéré Zhang Guotao comme un salaud, cloué au pilori de l'Histoire comme le dit la formule. Il avait perdu la lutte qu'il avait engagée contre Mao pour le pouvoir. En Chine, on dit qu'il ne peut y avoir deux soleils dans le même ciel. Face au politicien sans scrupule et suprêmement habile qu'était Mao, Zhang fait presque figure d'enfant de chœur. Il ne pouvait qu'être balayé, comme tous ceux qui ont osé défier Mao.

9.

Sur la terre du Tibet.

« En arrivant sur le plateau tibétain, nous avions pénétré dans un autre monde. Au début, il nous avait paru paisible. Les avions avaient cessé de nous bombarder, et les nationalistes de nous poursuivre. Mais l'étrangeté en était peu à peu apparue. Pas âme qui vive, pas la moindre habitation, aucune route. Rien que des herbes, des herbes, et encore des herbes jusqu'à l'horizon, sans autre accident de terrain que, de loin en loin, les méandres d'une rivière. Le ciel lui-même semblait avoir changé. Il nous apparaissait si proche qu'on pouvait redouter de le percer en tirant une balle en l'air. Il était bleu comme une porcelaine, mais il pouvait noircir tout d'un coup, se remplir des sifflements du vent, et nous cribler le visage de tourbillons de neige fondue. J'ai demandé au commissaire politique pourquoi nous avions quitté la Chine, et pour aller où. Il s'est arrêté, et m'a répondu en souriant : "Moi non plus, je n'ai jamais vu ça. Je ne pourrai te répondre que lorsqu'on aura trouvé quelqu'un à qui poser la question." Je ne comprenais pas ce que nous étions venus faire dans un pareil endroit. Nous étions si loin de tout que je craignais ne plus jamais pouvoir rentrer chez moi. »

Sangluo n'est en fait jamais rentré chez lui. Il vit aujourd'hui dans un village du comté de Hongyuan, au beau milieu des prairies de l'ouest du Sichuan, une région peuplée en majorité de Tibétains. Il m'a fallu faire sept heures de route pour lui rendre visite. En dehors de cette route, rien n'a changé dans cette région en soixante-dix ans, sinon qu'on croise de temps en temps un Tibétain et son troupeau de yaks. La fin juillet est la meilleure saison dans la prairie, et c'était celle que l'Armée rouge avait choisie pour s'y aventurer. Cette immensité plate d'une beauté saisissante donne l'impression d'une plongée dans l'infini. De vastes tapis de fleurs des champs multicolores, jaunes, blanches, bleues, vermillon, violettes ou pourpres y sont jetés, comme si on approchait des portes du paradis. Leur éclat fatigue le regard, leur parfum fait tourner la tête. La pureté absolue de ce désert est exaltante, je rêvais de n'en voir jamais la fin. J'étais quand même un peu inquiète à l'idée de tomber en panne. J'en fis part à mon chauffeur. Il éclata de rire. « On attendra simplement qu'un véhicule passe » répondit-il, précisant que ça pouvait prendre un moment. Très peu de gens vivent dans cette région, où la densité ne dépasse pas une personne et demie par kilomètre carré. La prairie s'étend sur 600 kilomètres, à une altitude de plus de 4 000 mètres.

Une localité surgit enfin du néant, un ensemble assez important de bâtiments de béton peints en rose, en vert ou en jaune, qui ressemblait à un décor de film. Le gouvernement l'avait édifié pour les nomades. Au XXIe siècle, ils devaient avoir leur école et leur dispensaire. Quelqu'un m'indiqua la maison de Sangluo, « là-bas, près du pâturage, dans la rangée du milieu ». Sur le chemin, je croisai un homme de haute taille, vêtu d'une robe rouge et d'un chapeau de feutre rond à larges bords, qui s'appuyait sur une canne. Une fois arrivée à la rangée de maisons qu'on m'avait indiquée, je demandai où trouver Sangluo. « C'est lui, là-bas » me répondit-on, en mauvais chinois et en désignant l'homme que je venais de croiser. Ma surprise fut grande. Je m'étais attendue à rencontrer un Han. Les cadres du comté m'avaient précisé qu'il s'était engagé dans la 2de Armée de He Long au Hunan quand il n'avait que treize ans, avant d'être blessé au pied et d'être contraint de s'arrêter ici.

Je m'approchai de lui, et découvris un vrai Tibétain, le visage tout ridé et aussi rouge que sa robe, les yeux à peine visibles derrière les fentes étroites de ses paupières, qu'il avait plissés toute sa vie durant en se protégeant de l'éclat du soleil, et les doigts tout crochus. Tout son corps était en fait déformé par l'arthrite, malédiction des nomades de la prairie. Il avait du mal à faire tourner le moulin à prières qu'il tenait dans sa main gauche. « Êtes-vous Sangluo ? » lui demandai-je. Il ne me comprit pas, mais reconnut son nom. Mon tibétain était bien trop sommaire pour que je puisse tenir une conversation, et il ne parlait pratiquement pas le chinois. Nous restâmes face à face, sans savoir que faire. Je dus aller chez le chef du village pour obtenir de l'aide. Sangluo me raconta son histoire au cours des deux journées qui suivirent. C'était de loin la plus étrange de toutes celles que j'avais recueillies.

Il se rappelait parfaitement, me dit-il, le jour où il avait pénétré au Tibet avec les autres Marcheurs. Le commissaire politique leur avait expliqué que Tchang Kaichek exploitait les Tibétains, et qu'ils étaient obligés de s'agenouiller à chaque pas sur plus d'un kilomètre quand ils allaient payer l'impôt. De plus, certains marchands chinois les volaient. « Ils se méfient beaucoup de nous. Ne les traitez pas de barbares » avait résumé le commissaire, rapporta Sangluo avec un petit sourire entendu. « Nous devons respecter leurs traditions, et ne pas entrer dans leurs monastères sans en avoir obtenu l'autorisation. Si nous voulons qu'ils nous soutiennent, notre propagande doit être efficace[1]. » Les soldats furent obligés à apprendre par cœur de nouveaux slogans tels que « Chinois et Tibétains ont les mêmes droits », « Ouvriers et paysans, Tibétains et Chinois, unissons-nous pour balayer les seigneurs de la guerre nationalistes ». Les équipes de propagande se dépêchèrent d'élaborer de nouvelles chansons. Sangluo se souvenait d'une d'elles :

> « *Frères du Tibet, ouvrez les yeux, armez-vous vite.*
> *Nous nous battons pour notre liberté, vous, pour votre indépendance.*
> *Œil pour œil, sang pour sang.*
> *Éliminons les nationalistes, c'est le salut pour vous*
> *Comme pour l'Armée rouge.* »

La chanson parlait-elle vraiment d'indépendance ? m'étonnai-je.

« C'étaient bien les paroles. Mais peut-être ma mémoire me trahit-elle » fut sa réponse hésitante. Je vérifiai plus tard dans les documents de l'époque qu'il n'y avait aucun doute, les paroles étaient celles qu'il m'avait rapportées. La 4e Armée, qui resta le plus longtemps dans la région en raison de la querelle entre Zhang Guotao et Mao, avait même aidé les Tibétains à proclamer une République populaire du Tibet indépendante, et à créer une armée. La Constitution en garantissait l'égalité et l'autonomie de toutes les minorités, ainsi que l'indépendance du Tibet, qui serait dirigé par les Tibétains. L'année 1936 avait été désignée comme l'« année zéro » de cette République tibétaine. L'initiative allait par la suite se retourner contre Zhang, et fournir des arguments à ses ennemis. Mais il avait eu évidemment pour objectif de conforter la position fragile de l'Armée rouge. La Constitution de la République populaire du Tibet stipulait que celle-ci « signera un traité d'amitié éternelle avec l'Armée rouge, l'aidera sans conditions à se ravitailler en céréales, en foin et en laine, lui fournira des guides, des traducteurs et des manœuvres pour le front, hébergera et soignera ses blessés [2] ». Les Tibétains avaient fait tout leur possible pour respecter ces engagements. Mais dès que l'Armée rouge s'était retirée, les chefs traditionnels et les nationalistes s'étaient alliés pour éliminer les dirigeants de cette République. Ils avaient massacré la plupart d'entre eux, ainsi que leurs familles. La République indépendante du Tibet avait eu beau proclamer les idéaux les plus nobles, pour Zhang Guotao elle n'avait été qu'un expédient.

Pendant que l'Armée rouge tentait de se rallier les Tibétains du plateau, les nationalistes avaient trouvé au Tibet même un allié de poids prêt à lutter contre les communistes. Le Panchen Lama est, après le Dalaï Lama, l'homme le plus puissant du Tibet. Les Tibétains voient en lui un dieu vivant. Le message qu'il avait adressé à ses fidèles était on ne peut plus clair :

> « *Partout où ils arrivent, la première chose qu'y font les bandits rouges est de brûler temples et monastères, de détruire les statues du Bouddha, de tuer les moines, et d'interdire les prières... Comment s'étonner qu'ils suscitent la haine de tous ? Ils menacent directement les bouddhistes que nous sommes... Prenez les armes pour aider les nationalistes, et défendre notre peuple contre les ennemis de la foi. Ne vous laissez pas prendre par leur propagande habile ! Ils finiront par incendier vos foyers et anéantir vos familles. Je vous mets en garde sans autre souci que votre salut et celui de notre société*[3]. »

Tchang avait de surcroît désigné un des plus hauts dignitaires lamaïstes, Nuona, comme émissaire spécial chargé de la propagande et de la pacification. Ce dernier allait de monastère en monastère pour propager l'avertissement du Panchen Lama : « Le ciel est éternel, les nuages passagers. Nous sommes le ciel, les communistes ne sont que des nuages. Nous les disperserons. » Il proposait aux moines de leur fournir armes et munitions, et les appelait à transformer leurs monastères en forteresses. À la population, il conseillait de se réfugier dans ces monastères, ou de se cacher dans la montagne après avoir enterré tous leurs biens. Les stocks de céréales qui n'auraient pas été enterrés ou cachés seraient confisqués. Et tous ceux qui en vendraient à l'Armée rouge, ou lui serviraient de guide et d'interprète, pourraient être exécutés. Quiconque refuserait de combattre les communistes serait jugé pour trahison.

« Pas difficile de deviner à qui les Tibétains allaient faire confiance » remarqua Sangluo. « Sans compter que des rumeurs avaient commencé à se propager, telles que "L'Armée rouge se nourrit de chair humaine" ou "Mao est friand d'enfants. Il leur fait sept trous dans le corps pour sucer leur sang", ou encore "Les seins des Chinoises pendouillent tellement qu'elles doivent les jeter par-dessus l'épaule quand elles marchent" » poursuivit-il. « Du coup, ils s'étaient tous enfuis dans les montagnes, en emmenant leurs troupeaux et leurs réserves, ainsi que les vieux et les malades. Exactement comme nous avons l'habitude de faire quand nous nomadisons avec nos troupeaux, en passant des pâturages d'hiver à ceux d'été. Normal que nous n'ayons trouvé personne. » Les Mémoires de Braun confirment le récit de Sangluo. « Nous n'avions déjà pas vu grand monde au sud de Maogong, mais au nord, il n'y avait plus personne... Villages et fermes avaient été désertés, les réserves de nourriture dissimulées ou emportées, les troupeaux lâchés dans la nature. Nous ne trouvions rien à acheter ni à saisir chez les grands propriétaires [4]. »

La bataille la plus difficile qu'eut à livrer l'Armée rouge fut donc celle du ravitaillement. Le 1er Corps de la 1re Armée, dont faisait partie le soldat Huang, formait l'avant-garde. Il trouva des champs entiers d'orge encore sur pied. La moisson lui avait paru une bataille plus dure que toutes celles qu'il avait livrées aux nationalistes jusque-là. « Nous avions lancé une offensive générale. Nos soldats se répandaient partout. Chaque bataillon s'était vu désigner un village comme objectif, et il l'attaquait de manière toute militaire. Le seul problème est que nous n'avions aucun instrument. Nous devions faucher l'orge à la baïonnette, ou l'arracher à mains nues. Pendant ce temps, les Tibétains nous tiraient dessus. Ils étaient loin, mais ils savaient tirer. Nous avons perdu un grand nombre d'hommes de cette manière. »

À la fin de la journée passée à récolter l'orge sous les balles, Huang la faisait griller pour la monder. L'opération était beaucoup moins facile à faire qu'il l'avait cru de prime abord. Le plus simple aurait été d'écraser l'orge avec des pierres, mais les grains étaient si tendres qu'ils auraient été réduits en poussière. Il fallait donc le faire à la main, ou en pétrissant l'orge enveloppée dans des vêtements. Au bout de quelques heures de ce travail, il avait les mains couvertes d'ampoules, et du sang coulait des blessures infligées par les piqûres des épis d'orge. Mais il ne pouvait s'arrêter avant d'avoir rempli le quota quotidien – un kilo. Le lendemain matin, il fallait recommencer, et il en alla ainsi un mois durant, en s'aventurant de plus en plus loin, jusqu'à ce qu'ils aient constitué assez de réserves pour la traversée de la prairie. Tous ces efforts ne leur avaient guère profité au début. Ils n'avaient jamais mangé d'orge, et ils la digéraient mal. « Tout ce qui entrait par un bout ressortait aussitôt par l'autre » m'expliqua Huang, qui riait jaune. « J'avais attrapé une telle diarrhée que je tenais à peine debout. J'avais entendu dire que ça pouvait se soigner en buvant de l'urine de cheval. La queue s'allongeait tous les matins derrière les rares montures des officiers supérieurs. Mais ces chevaux pissaient si peu qu'il me fallut attendre mon tour plusieurs jours. Je ne sais si c'est l'urine de cheval qui fit effet, mais j'en ai guéri, alors que beaucoup d'autres sont morts. »

Attraper le bétail s'était révélé encore plus difficile. C'était pourtant un enjeu crucial de la bataille du ravitaillement. Les 500 kilos d'un yak suffisaient à nourrir 300 personnes pendant plusieurs jours. Les Tibétains les avaient emmenés avec eux dans la montagne. Il avait donc fallu se lancer à leur poursuite. Là encore, les pertes avaient été nombreuses, entre ceux qui étaient tombés dans des embuscades, qui avaient été abattus par des francs-tireurs invisibles en pleine forêt, ou qui avaient été écrasés par les avalanches que les Tibétains déclenchaient sur leur passage dans les ravins étroits. Chaque animal était devenu l'enjeu d'une petite guerre. Il avait fallu payer chaque mouton d'une vie, avait résumé Mao à Snow.

La chance était parfois de leur côté. Huang se souvenait encore avec enthousiasme du plus grand troupeau de yaks qu'il lui a jamais été donné de voir. « Je ne peux pas vous dire exactement combien il y en avait. Dix mille peut-être, aussi nombreux que les nuages dans le ciel. Une véritable petite armée gardait ce troupeau qui devait appartenir au plus riche propriétaire de la région. » Une brigade s'était lancée à la poursuite des traînards, sous les yeux de Huang qui retenait son souffle. « Les nôtres en capturèrent environ deux cents, nous étions fous de joie. Mais tout à coup, sur un coup de sifflet d'un des gardiens, les yaks repartirent au galop. Les soldats ouvrirent le feu dans tous les sens, et abattirent une douzaine d'animaux, mais ils effrayèrent les autres qui partirent en galopant si vite que nous n'avions aucune chance des rattraper » raconta Huang avec des soupirs de découragement. « Nous aurions eu assez de viande pour nourrir toute l'armée pendant un bon bout de temps. Ces barbares étaient vraiment sans pitié ! Nous ne voulions pourtant pas les voler, nous avions de quoi les acheter, des dollars d'argent sonnants et trébuchants ! » Pourquoi donc les Tibétains ne voulaient-ils pas leur en vendre ? lui demandai-je. Après un long moment de réflexion, il me rétorqua : « En fait, je n'ai pas vu l'ombre d'un Tibétain durant tout notre temps là-haut, hormis ces gardiens de yaks. Nous n'avons jamais trouvé un seul guide. Ces barbares ne parlent même pas notre langue, alors comment auraient-ils pu commercer avec nous ? »

En fin de compte, tous les efforts de Huang et de ses camarades du 1ᵉʳ Corps n'avaient pas été vains. Rien que dans le comté de Heishui, ils récoltèrent 3 700 tonnes de céréales. Ils en consommèrent 3 000 durant leur séjour sur place, et emmenèrent le reste quand ils reprirent leur marche. Dans le seul village de Jawa, ils avaient saisi 100 tonnes d'orge. Et ils avaient abattu 30 000 têtes de bétail, de quoi se nourrir avec la viande et se vêtir avec les peaux.

Les Tibétains se battaient eux aussi pour survivre. Quand l'Armée rouge traversa la région, en 1935, on y comptait 220 000 habitants, qui possédaient tout juste assez de céréales et de bétail pour assurer leur subsistance et constituer de petites réserves[5]. Ils ne faisaient qu'une seule récolte par an, et dépendaient totalement de leurs stocks le reste de l'année. Or, la 1ʳᵉ Armée de Mao, la 4ᵉ de Zhang Guotao et la 2ᵈᵉ de He Long rassemblaient au total 100 000 hommes, soit la moitié de la population locale. Sur leur trajet principal, ils étaient même quatre fois plus nombreux que les habitants. Les trois armées passèrent au total seize mois dans la région. S'ils prenaient tout ce dont ils avaient besoin, que restait-il aux habitants ? Ces derniers n'avaient eu d'autre choix que de défendre leurs biens, au péril de leur vie.

Au début, ils s'étaient contentés de lancer des avertissements. Un des commissaires politiques de la division de Huang l'a raconté : « Parfois les Tibétains descendaient de leurs cachettes dans la montagne, et s'approchaient de notre campement pour nous interpeller : "Eh, les bandits rouges, quand allez-vous vous en aller ? Si vous ne partez pas, vous allez manger toutes nos réserves, et nous mourrons de faim !" Quand ils avaient compris que l'Armée rouge ne lèverait pas le camp, ils étaient passés à l'attaque[6]. » Le journal tenu par Chen Bojun, le commissaire politique du 5ᵉ Corps de la 1ʳᵉ Armée, décrit avec précision les affrontements quotidiens avec les Tibétains. On peut y lire par exemple, dans une page datée d'août 1935 :

> « *Les Tibétains nous harcelaient depuis l'autre rive de la rivière... Nous avons dû nous arrêter... et n'avons repris notre route qu'à la nuit tombée, pour qu'ils ne puissent pas nous voir. Mais au bout de cinq kilomètres, ils ont recommencé à nous tirer dessus. Un déluge de feu s'est abattu sur nous en même temps que leurs trompes faisaient grand vacarme. Ils sont parvenus à complètement nous bloquer. Nous avons été obligés d'escalader la montagne pour les prendre à revers... Nous en sommes sortis sans trop de mal, mais à partir de ce jour, nous n'avons cessé de craindre d'autres embuscades*[7]. »

Sangluo lui non plus n'avait pas oublié les accrochages avec les Tibétains. « On entendait leurs grandes trompes les appeler au combat du haut des montagnes et des collines : Ooommph ! Oommph ! Ooo-Ooo-mph ! Nous avons livré plus de combats contre eux que contre les nationalistes. Ils ne combattaient pas à la régulière. Ils attaquaient par derrière. Quand ils parvenaient à isoler quelques-uns des nôtres, ils s'acharnaient sur eux comme des vautours qui s'abattent sur un cadavre. Nous avons perdu beaucoup d'hommes de cette manière. » C'est durant une de ces attaques par surprise que Sangluo avait été blessé au pied. Il était tombé à terre. Ses camarades avaient pris la fuite pour sauver leur vie. « Je me suis mis à hurler : "Au secours ! Au secours ! Ne me laissez pas tomber !" Les sabots des chevaux tibétains résonnaient déjà sur le sentier, et ils allaient très vite me passer sur le corps. » Soudain, le chef de son détachement et un autre soldat, revenus sur leurs pas, l'avaient saisi sous les aisselles pour le traîner, tout en gardant un doigt sur la détente de leur fusil, en jetant des regards par-dessus leur épaule. « J'ai eu peur que nous ne puissions aller assez vite, mais je me suis évanoui, car j'avais déjà perdu beaucoup de sang. Je n'ai pas la moindre idée comment ils m'ont tiré de ce mauvais pas. »

Le sort réservé aux prisonniers était terrible. Wu était tombée sur la vision la plus horrible de toute son existence. Son équipe de propagande avait été dépêchée dans un village pour y monter un spectacle pour les troupes. Elles avaient été ravies de l'accueil enthousiaste qui leur avait été réservé. Sur le chemin du retour, elles chantaient en approchant d'un pont qu'elles avaient franchi le matin même, quand elles s'aperçurent qu'il était couvert de sang. Une de ses camarades s'était mise à hurler : « Regardez ! Là-bas ! Là-bas ! » En se tournant dans la direction que l'autre pointait du doigt, elle avait vu les corps nus de quatre soldats pendus aux branches des arbres au bord de la rivière. Ils étaient écorchés vifs, éventrés, les seins de la femme avaient été coupés, et les organes génitaux des trois hommes leur avaient été enfoncés dans la bouche. « Je n'arrivais pas à croire pareille sauvagerie possible. Ils avaient traité nos camarades pire que des chiens. On ne les qualifiait pas de barbares pour rien. »

L'Armée rouge n'avait aucune envie de traîner au Tibet. Le plan était d'en sortir au plus vite, une fois rassemblé tout le ravitaillement qu'on aurait trouvé. Mais elle avait besoin de guides pour sortir de cette terre hostile, et éviter les marécages périlleux qui en couvraient les confins sur des dizaines de kilomètres. Ces marais ne se distinguaient pas de la prairie, mais un cheval pouvait y être rapidement englouti dans l'eau bourbeuse. Je m'inquiétai auprès de Sangluo de ce que cachait la prairie autour de nous. « Je ne vois qu'un tapis de fleurs » me rassura-t-il en riant. « Mais si vous ne connaissez pas la piste, ce peut être très dangereux, vous pouvez facilement vous y noyer. Les vaches sentent les endroits à risque, elles les évitent. Et moi, je sais où vont mes vaches. J'aurais fait un bon guide ! Si j'avais été avec eux à ce moment-là, j'aurais sauvé bien des vies. »

Trouver des guides n'avait pas été simple. L'avant-garde avait passé des jours et des jours à en chercher. Liu Zhong, commissaire politique du 1er Corps, reçut l'ordre d'essayer à son tour d'en dénicher un. Il fit semblant d'attaquer un village d'un côté avec un bataillon, tout en l'ayant encerclé de l'autre côté au préalable. Il captura trois hommes : un Tibétain, qui connaissait le chemin mais ne parlait pas chinois, un marchand musulman qui parlait le chinois, mais ne connaissait pas la route, et un autre marchand, un Chinois du Sichuan qui faisait souvent le trajet, mais parlait mal le tibétain et n'avait aucune envie de servir de guide. Après avoir annoncé cette capture, Liu fut convoqué au QG pour y recevoir ses instructions : « Prends bien soin d'eux, et fais-nous sortir de cette région. Cela doit être ta seule et unique préoccupation. » Il avait attribué aux trois prisonniers un cheval chacun, une couverture de laine, et autant de beurre, de farine d'orge grillée, de viande et de sel qu'ils en désiraient. « Ces prisonniers étaient les hommes les mieux nourris de l'armée » écrivit-il par la suite, sans cacher qu'il n'avait pas encore digéré cette situation[8].

Il se rendit néanmoins très vite compte que ses trois prisonniers étaient extrêmement précieux. « Il arrivait qu'eux-mêmes hésitent sur le chemin à suivre. Je leur montrais la boussole, et ils discutaient des repères qu'ils cherchaient. Ce pouvait être une pierre d'une forme particulière, un crâne de yak blanchi par le soleil, ou un méandre de la rivière. Il leur fallait souvent de longues palabres avant de s'entendre sur la direction à prendre[9]. » Le trio permit au 1er Corps de sortir de la prairie en seulement sept jours, en suivant le chemin le plus sûr. Tong Xiapeng, qui servait au commandement du 1er Corps, qui a tenu un livre de bord détaillé tout du long de la Marche, écrit à la date de ces sept journées :

23 août : On dit que nous allons marcher un bout de temps dans la prairie. Départ aujourd'hui. Sommes tous impatients de la découvrir...

24 août : Entrés dans la prairie. La forêt a fait place peu à peu au vide... Sans les guides, nous serions complètement perdus. Le pire est la pluie... Avons de nouveau la forêt en vue, et avons levé le camp.

25 août : Rien que la prairie, pas un bout de bois en vue. Repas froid pour tout le monde.

26 août : Une grande route enfin, et solide ! Vaste plaine, on embrasse d'un seul coup d'œil des dizaines de milliers d'hommes en marche... Avons traversé cinq ou six fois la même rivière, et j'ai failli être emporté. Grosse frayeur.

27 août : Une centaine de maisons couvertes de bouses de vache. Vision réjouissante...

28 août : Arrivés au but... Incroyable que nous y soyons parvenus si facilement [10]*...*

Malgré la rapidité de la traversée, le 1er Corps perdit quand même 400 hommes, 15 % de son effectif, surtout en raison d'un temps abominable. Huang n'avait jamais oublié la première nuit qu'il avait passée dans la prairie. Il n'avait pas cessé de pleuvoir toute la journée, et le sol et l'herbe étaient gorgés d'eau. Il s'était blotti avec deux douzaines d'hommes sous un abri de branchages et de toile cirée. « Nous étions tellement serrés qu'on n'aurait pas pu glisser une aiguille entre nous. » En pleine nuit, quatre autres soldats les avaient suppliés de les laisser entrer, mais il n'y avait vraiment pas de place. Le lendemain, ils les avaient retrouvés morts de froid, serrés contre l'abri, comme s'ils avaient essayé de se réchauffer en s'approchant de ceux qui étaient à l'intérieur.

J'ai pu constater qu'en ces contrées le temps peut effectivement devenir vraiment meurtrier après avoir passé deux journées avec Sangluo et son yak. Dans l'après-midi, quand nous nous étions retrouvés devant sa maison, le soleil était si brutal que j'avais eu l'impression de fondre sur pied. Une demi-heure plus tard à peine, quand j'étais revenue en compagnie du chef de village pour qu'il me serve d'interprète, des nuages sombres étaient apparus de nulle part, et une véritable tempête avait commencé de souffler, menaçant de m'emporter aussi aisément qu'une touffe de poils de yak. À peine étions-nous entrés chez lui, que le tonnerre avait éclaté et que des grêlons gros comme des œufs de pigeon avaient commencé à pilonner les fenêtres de la maison. À cinq heures de l'après-midi, un épais brouillard nous avait enveloppés, on ne voyait plus la clôture entourant la maison depuis la fenêtre. La nuit, la température était tombée à - 15 °C, ce qui m'avait ôté toute envie de la passer à la dure sous la yourte. J'avais dormi, ou essayé de dormir, chez lui, tout habillée, blottie sous un duvet et une couverture de laine, qui ne m'avaient pas empêchée de grelotter toute la nuit. Quand l'aube s'était levée, un manteau neigeux recouvrait le monde. Le soleil avait essayé en vain de percer la couverture nuageuse, et quand il y était parvenu, il était aussi terne que la lune derrière un rideau de nuages, baignant tout dans une grisaille blafarde. L'azur était revenu au déjeuner. Les yaks ruminaient en se laissant traire par les femmes, les enfants ramassaient des bouses séchées, et les chiens paressaient au soleil en observant la scène. Un jeune du village qui parlait bien le chinois s'était assis dans l'herbe avec moi pour me traduire les histoires de Sangluo. Celui-ci me détailla, en les nommant, les fleurs et les herbes dont lui et ses camarades s'étaient nourris.

Les plantes peuvent vous sauver la vie. Il n'en manque pas dans la prairie : herbes à insectes, pissenlits, orties, lotus amer, prunes à serpent, champignons, pêches sauvages, prunes, ail, oignon, céleri et épinard sauvages. « Nous leur donnions des noms qui ne sont bien sûr pas les leurs » me raconta Wu la propagandiste. « Nous ne les connaissions pas, et nous ne savions même pas si elles étaient comestibles. Beaucoup étaient du poison. Si nous avions eu des guides tibétains, nous aurions évité pas mal de décès. Les nomades avaient beau ne pas cultiver de légumes, ils étaient en bonne santé. Mais ces barbares ne voulaient pas partager leur savoir avec nous. » Son estomac, déjà retourné, n'avait pas digéré l'herbe du tout, et elle avait été constipée pendant de longs jours. Comme d'autres de ses compagnons, hommes et femmes, elle n'avait eu d'autre choix que de s'agenouiller dans l'herbe pour qu'une amie l'aide avec ses doigts à déféquer. « Vous n'imaginerez jamais ce par quoi nous sommes passés. »

La 2de Armée, la dernière à traverser la prairie, connut la situation la plus difficile. Sangluo résuma la situation en ces termes : « L'avant-garde avait mangé les graines, ceux qui suivaient avaient eu les feuilles, l'arrière-garde s'était contentée des tiges, mais il n'y avait plus rien pour ceux qui arrivaient après. Même les racines avaient été dévorées. » Leur seul espoir de survie était de déterrer des provisions cachées dans les monastères avant leur évacuation, et que les deux armées qui les avaient précédés n'avaient pas déjà dénichées. Ils fouinaient dans les montagnes, au pied des arbres, dans les écuries, sous les autels, et jusqu'à l'intérieur des statues bouddhiques. « Nous passions tout au peigne fin » s'amusa Sangluo. « Nous ne laissions pas même un pou s'échapper. » Quand les soldats de la 2e Armée avaient rejoint la 4e, début juillet 1936, ils avaient cherché du ravitaillement pendant une semaine, et s'étaient donc mis en route une semaine plus tard. Ils n'avaient pu trouver que de quoi nourrir chaque homme pendant trois jours, alors qu'il leur fallut un mois pour traverser la prairie.

La règle était que chaque unité devait suivre la route déjà empruntée par les troupes qui la précédaient. L'infirmier Chen s'était étonné au début qu'on ne puisse s'écarter un peu du chemin, mais il avait vite compris pourquoi, en voyant des égarés s'enfoncer dans les marécages, et se noyer avant qu'on puisse leur porter secours. Leurs cadavres gonflés dérivaient au fil de l'eau, dégageant une odeur nauséabonde. Chen aurait voulu pouvoir marcher les yeux fermés. « C'était une vision insupportable, surtout quand le soleil tapait fort. Ils pullulaient d'asticots. Il fallait parfois les piétiner, par crainte que le sol de part et d'autre ne se dérobe. On pataugeait alors dans leurs viscères, et ça faisait un bruit horrible. » Il conseillait aux hommes de son bataillon de se laver les pieds tous les soirs, si possible, par crainte des infections. En restant sur la voie tracée, bien sûr, Chen ne trouvait rien d'autre à manger que des racines d'herbes.

Heureusement pour lui et les soldats de la 2de Armée, cette eau meurtrière fut aussi leur salut. Elle s'écoulait dans des rivières qui grouillaient de poissons. Les Tibétains n'y touchaient pas, car ils abandonnaient à la rivière les cadavres de leurs défunts. Attraper ces poissons était évidemment une autre histoire. Ils n'avaient ni hameçons, ni filets, et devaient pêcher au moyen d'aiguilles, voire à la baïonnette. Leurs prises étaient ridicules. Leur commandant en chef, He Long, avait pourtant montré ce qui aurait été possible s'ils avaient eu l'équipement adéquat : il possédait une canne à pêche, qu'il n'utilisait chaque jour que quelques minutes. Cela lui suffit pour ne jamais manquer de poisson tout au long de la traversée. Cependant, Chen m'avoua avoir eu presque plus de mal à manger ce poisson qu'à monter au front. « Je sais bien que le poisson est le plus complet des aliments. Mais, comprenez-moi : avec ce que j'avais vu flotter dans l'eau, il m'était aussi dur d'avaler ce poisson que si j'avais eu une arête en travers de la gorge. » Au bout du compte, sa faim l'avait emporté.

Ils avaient trouvé une autre source de protéines, aussi surprenante soit-elle, dans les peaux et le cuir des animaux. Tous les récits de la Longue Marche en font état, et Sangluo m'expliqua comment on procédait. Au début, ils avaient mangé des peaux d'animaux abandonnés par ceux qui les précédaient, les faisant rôtir au-dessus d'un feu. « Ça n'était pas si mauvais, un peu comme de la couenne rissolée, et ça gardait un goût de viande. » Une fois cette ressource épuisée, ils s'étaient rabattus sur leurs ceinturons, les lanières de leurs fusils et leurs sacs en cuir. Cela n'avait absolument aucun goût, et le cuir était si dur qu'il fallait en faire longuement bouillir les morceaux avant de pouvoir les mastiquer. Les faire revenir dans du beurre était préférable, mais on n'en trouvait guère dans le coin. « Nous étions vraiment au bout du rouleau, nous avons même mangé les rênes de nos chevaux. Dans tout le régiment, plus un seul cheval n'avait de harnachement. Nous les remplacions par des cordes tressées de végétaux ou de tissu pris sur les vêtements de ceux qui mouraient. »

On en vint à manger aussi les chevaux. La mère Wang avait touché un cheval après la réunion des 1re et 4e Armées. La 1re protégeait si bien ses officiers qu'elle avait fini par compter plus d'officiers que de soldats. Certains de ces officiers avaient donc été mutés à la 4e Armée, qui en retour avait transféré 3 000 hommes pour regarnir les rangs décimés de la 1re. C'est ainsi que Wang avait été promue chef du Département féminin de la 4e Armée. Elle avait adoré les heures passées à cheval, quand elle pouvait enfin reposer son corps et ses jambes épuisés. La femme de Bo Gu ne plaisantait peut-être qu'à moitié quand elle avait dit : « Pendant la Marche, je préfère avoir à mes côtés un âne ou un cheval qu'un vieux mâle ! » La plupart du temps, cependant, son cheval servait au transport des malades et des plus faibles, ainsi que de leur barda, tandis qu'une autre personne en difficulté s'accrochait à sa queue pour se faire tirer. Ce cheval avait sauvé bien des vies, y compris la sienne, quand elle avait glissé dans un trou d'eau, mais qu'elle avait pu s'accrocher aux rênes. Elle avait pourtant dû se séparer de ce véritable trésor dès le cinquième jour dans la prairie. Elle se trouvait à l'arrière de la troupe, pour tenter de récupérer ceux qui ne parvenaient plus à suivre le rythme de la marche. Elle ne voyait pas comment les aider sans les nourrir pour qu'ils retrouvent des forces. Et la seule source de nourriture qu'elle avait sous la main était sa monture. Tout fut dévoré, la chair, le sang, les viscères, les os et la peau, et cela sauva la vie de quelques Marcheurs. Wang, pour sa part, n'avait pu se résoudre à manger de son cheval. Elle avait coupé une touffe de sa crinière, et l'avait enveloppée dans un bout de soie rouge. Elle l'a toujours sur elle.

On pouvait traverser la prairie en six ou sept jours, mais les 4e et 2de Armées mirent beaucoup plus longtemps, car elles avaient dû la franchir en diagonale, à partir du sud-ouest, alors que Mao et les siens étaient partis du sud-est. Le découragement dans les rangs était devenu perceptible. « Est-ce qu'on en sortira jamais ? Et pourquoi sommes-nous passés par là, pour commencer ? » demandaient les soldats à leurs commissaires politiques. « Vous m'aviez promis monts et merveilles si je m'engageais dans l'Armée rouge. Quel mensonge ! Nous sommes en train de crever de faim. » Certains se suicidèrent[11]. Sortir vivants de la prairie, et revoir d'autres êtres humains, fût-ce des ennemis, était devenu le vœu le plus cher de la plupart d'entre eux. Comme l'expliqua l'un des survivants : « Aucun d'entre nous n'avions jamais vécu dans un monde où on ne voit personne, on n'entend personne et on ne peut parler à personne... Nous nous retrouvions seuls, comme si nous avions été les derniers hommes vivants sur Terre[12]. »

Wu et son équipe s'évertuaient à encourager les soldats de leurs chants, alors qu'elles avaient à peine la force de chanter. « On pouvait se passer de manger une journée, pas de chanter » m'affirma-t-elle. Elle se souvenait avec émotion des réunions où l'on chantait autour des flammes dansantes du feu de camp au terme d'une journée de marche. Sa chanson préférée était *Le petit berger*, mais elle entonnait toutes sortes d'airs populaires de différentes régions, et pour finir, tout le monde reprenait en chœur *L'Internationale* :

> *C'est la lutte finale,*
> *Groupons-nous, et demain*
> *L'Internationale*
> *Sera le genre humain !*

En entendant monter la strophe finale dans la nuit étoilée, elle retrouvait la confiance et l'espoir. La souffrance, la faim et le découragement se dissipaient un instant, la détermination à continuer le combat revenait. « Nous ne serions jamais allés jusqu'au bout si nous n'avions pas chanté » insista-t-elle.

Ils virent enfin une ligne de collines basses se dessiner à l'horizon, et des panaches de fumée s'élever ici et là. Puis des pierres sur le chemin, d'autres fumées, et, le lendemain dans l'après-midi des bosquets d'arbres au milieu desquels se cachaient des maisons. Ils hâtèrent le pas comme des voyageurs approchant une oasis dans le désert. La prairie céda enfin le terrain à des buissons chargés de baies rouges et jaunes. « Impossible de vous décrire ce que nous avons ressenti quand nous sommes tombés sur ces premières pierres » poursuivit Wu. « Les premiers de la file l'annoncèrent à ceux qui les suivaient, et la nouvelle se répandit vers l'arrière comme une traînée de poudre. Nous savions que nous avions fini de patauger, nous avions retrouvé la terre ferme ! Nous avons ramassé ces pierres et nous les avons embrassées. Nous avons fondu en larmes, chanté et dansé de joie. » Un officier prit note dans son journal du soulagement général au sein de l'Armée rouge :

> *Nous étions tous surexcités, et impatients d'en sortir. Nous nous mîmes en marche, aussitôt notre petit déjeuner terminé. Nous avions devant nous un nouveau monde, une vraie plaine. Après une quinzaine de*

> *kilomètres dans la vallée, nous aperçûmes des maisons au milieu de champs de blé, des troupeaux de vaches et de moutons, des poules et des chiens et, plus important que tout, des êtres humains, dont nous n'avions plus eu trace depuis trois mois. Ils nous attendaient au bord du chemin, et souriaient. La joie nous faisait bondir comme des fous. Durant les trois mois que nous venions de passer au Tibet, nous n'avions pas vécu comme des êtres humains* [13].

La traversée de la prairie avait été le pire épisode de la Longue Marche, les souffrances y avaient été les plus grandes, les pertes les plus élevées. Il n'en existe pas de bilan global, mais les rapports de certaines unités donnent une idée de l'ampleur de la tragédie. L'unité médicale du 1er Corps était forte de 1 200 hommes au départ du Jiangxi. Il n'en restait que 200 à la sortie de la prairie [14]. L'intendance, partie avec 100 hommes, arriva avec une douzaine. De la compagnie entière des gardes du corps, il n'y eut que cinq survivants. Dans les unités combattantes, on recensa au moins 400 morts de froid [15]. Les pertes de la 4e Armée doivent avoir été encore supérieures, car elle resta plus longtemps au Tibet, mais on n'en a que des indications. Des cinquante-sept camarades de Wu dans le Département de la propagande, il n'en restait que onze à la fin. Le Théâtre en lutte perdit les trois quarts de ses membres. Même la garde rapprochée de Zhu De, dix-sept hommes, était réduite à sept à l'arrivée. Quant à la 2de Armée, qui avait déjà perdu plus de 7 000 hommes avant même d'entrer dans la prairie, elle en perdit bien davantage durant la traversée.

La tragédie connut encore un dernier acte, atroce, dont Wu fut témoin. Les soldats s'étaient jetés sur les champs de maïs qu'ils avaient trouvés à leur sortie de la prairie. Ce maïs n'était pas mûr, mais ils s'en étaient empiffrés. Quelques minutes plus tard, certains s'étaient effondrés en se tenant l'estomac. « Ils tremblaient de tous leurs membres, et hurlaient de douleur en se roulant par terre. Leur officier, qui avait compris ce qui se passait, tirait en l'air, en leur interdisant de toucher au maïs, mais personne ne faisait plus attention à lui, ni à ses coups de feu répétés. Le champ n'avait pas tardé à être jonché d'hommes qui poussaient des râles en se tordant en tous sens. Mais on ne pouvait plus rien pour eux. Leur estomac, si longtemps affamé, n'avait pas pu digérer cet afflux soudain de nourriture. Leurs grimaces de douleur étaient encore plus horribles que celles des morts de faim. » On avait exposé leurs cadavres à l'intention des troupes qui suivaient. Wu n'avait pas osé recommencer à s'alimenter normalement pendant trois jours.

Les morts avaient certes été très nombreux, mais il y avait aussi les malades et les blessés, ces jeunes qui, comme Sangluo, avaient dû être abandonnés au Tibet parce qu'ils n'auraient eu aucune chance de survie s'ils avaient continué. C'est dans le comté de Luhuo, dans l'ouest du Sichuan, au sud-ouest de la prairie, qu'ils avaient été les plus nombreux à être laissés en arrière. La 4e Armée y avait stationné six mois durant, en attendant que la 2de Armée la rejoigne. Elle y avait subi les pertes les plus sévères qu'elle avait eues au Tibet. Je décidai de m'y rendre, dans l'espoir de découvrir aussi quel sort avait été réservé aux Tibétains.

Luhuo est une ville aérée et propre, qui s'étend dans une large vallée entourée de montagnes de trois côtés. La rivière Xian l'enserre dans son cours paisible. Un paysage que je savourai après avoir fait onze heures de bus depuis Kangding, la capitale régionale, par une route escarpée. Dans ces montagnes, on voit rarement pareille étendue cultivée, avec de vastes champs de moutarde jaune, de haricots verts, d'orge argentée et d'herbes à fourrage aux fleurs roses. La nature couvre tous les besoins de cette région heureuse, et je compris que la 4e Armée ait choisi de s'y arrêter.

Je flânai dans la rue principale, bordée de maisons de thé remplies de jeunes et de vieux en train de bavarder, et de marchands ambulants de glaces qui faisaient de bonnes affaires au coin des rues. Je fus surprise de pouvoir assister à un tournoi de basket-ball. La ville est à plus de 3 000 mètres d'altitude, et j'avais du mal à avancer, mais les jeunes Tibétains bondissaient comme de jeunes yaks. La compétition opposait des équipes des six comtés environnants, et les hôtels étaient complets, de sorte que j'avais eu du mal à trouver une chambre. J'essayai de m'imaginer de quoi la ville, alors beaucoup plus petite, pouvait avoir l'air à l'époque où la 4e Armée y avait installé son QG, son Département politique, son service de la Propagande et ses unités du Génie, et que ses 40 000 combattants étaient dispersés dans toute la vallée. Le comté n'avait alors que 14 000 habitants, et il avait dû héberger une armée trois fois plus nombreuse, sans parler des troupes de la 2de Armée arrivées par la suite. D'après les historiens locaux, la population avait été obligée de fournir 4 000 tonnes d'orge, de blé et de haricots, plus 400 tonnes de farine d'orge grillée. Soit 300 kilos par tête d'habitant, l'équivalent de plus d'une récolte annuelle. L'Armée rouge s'était emparée, par-dessus le marché, de 34 000 têtes de moutons et de yaks, de plusieurs dizaines de milliers de kilos de sel et de beurre, ainsi que de plus de 500 tonnes de bouse de yak séchée et autres combustibles [16].

Perché sur une colline, le monastère de Shouling dominait la ville. Il a été reconstruit récemment, l'ancien, à un kilomètre et demi, ayant été rasé pendant la révolution culturelle. La 4e Armée y avait été obligée de livrer une de ses batailles les plus acharnées. Le millier de moines qui y vivaient ne disposaient que de 140 fusils, mais ils avaient résisté vingt-huit jours aux assauts d'une division entière de l'Armée rouge. Ils avaient rejeté toute négociation, et tué trois émissaires. Des centaines de cavaliers attaquaient de nuit les campements de la 4e Armée, tuant des dizaines d'hommes à coups de coutelas et de lances. Les soldats avaient tenté de creuser des tunnels pour passer sous les fortifications, ils avaient tenté de les escalader au moyen d'échelles, mais chacune de leurs tentatives avait été repoussée à coups de pierres, d'explosifs artisanaux et de sabres. Le commandant de la division avait fini par être limogé, une autre division avait été engagée. Elle avait feint de battre en retraite, puis, les moines ayant relâché leur surveillance, elle avait fini par s'emparer du monastère.

Après avoir forcé les portes, les soldats n'en avaient pas cru leurs yeux : pièce après pièce était remplie de céréales, de viande séchée, de laine, de beurre, de sel, et de sucreries. Tous les stocks du monastère mais aussi ceux de la population des quatre districts voisins y étaient rassemblés. Ce butin, en plus de ce que la 4ᵉ Armée était parvenue à réquisitionner ailleurs à Luhuo, lui suffit pour tenir plusieurs mois, et lui permit de traverser la prairie. Mais l'Armée rouge paya un prix élevé pour la prise de ce monastère : plus de 1 000 tués ou blessés. 130 moines trouvèrent la mort.

Je décidai de grimper au monastère. Il était encore en travaux. On venait tout juste d'y installer une statue monumentale du Bouddha, couverte de feuilles d'or. Des artisans peignaient en couleurs vives sur les portes d'accès à la grande salle de prières des scènes de l'enfer peuplées de démons. La salle était occupée par les cérémonies matinales, mais quelques vieux, adossés au mur d'enceinte, prenaient le soleil après avoir accompli leur circuit rituel quotidien autour du sanctuaire. Nima, la plus âgée du groupe, arborait comme beaucoup de Tibétaines une tresse de cheveux argentés qui lui descendait jusqu'aux reins. Elle était très vive, et son visage buriné respirait la cordialité.

Je lui demandai si elle se souvenait des étés 1935 et 1936, l'année où l'Armée rouge s'était arrêtée dans la région. « Oh, bien sûr ! Je me demande encore comment nous avons survécu à son passage » me répondit-elle. « En temps normal, quand la récolte n'était pas bonne, nous empruntions au monastère ou au chef du village, et nous les remboursions l'année suivante. Mais toutes leurs réserves avaient été pillées. Il nous a rapidement fallu tuer notre bétail. Nous ne le faisons jamais, parce que nous en dépendons pour tout ce que nous avons – le lait que nous buvons, le beurre que nous mangeons, et l'argent que nous tirons de leur vente, qui nous permet d'acheter du sel, du thé et des vêtements. Cette fois, nous ne pouvions faire autrement. Il ne nous restait plus rien, hormis ce qu'on pouvait aller cueillir dans la montagne, des champignons, des noix et des légumes sauvages. Et comme tout le monde en cherchait, la concurrence était rude. Nous avons même dû manger l'écorce des arbres. Mon père chassait des perdrix des neiges et d'autres gibiers, ce qui était pire que tout. Nous n'avons pas le droit de tuer. Supprimer une vie nous condamne à renaître dans la vie suivante sous la forme d'un animal, ou même d'un démon. Mais c'était ça, ou mourir de faim. Certains ont choisi de mourir de faim. »

En règle générale, l'Armée rouge, disciplinée, laissait de l'argent ou une reconnaissance de dette pour les champs qu'elle récoltait et les animaux dont elle s'emparait. Il y a quelques années encore, *le Quotidien du Sichuan* a rapporté qu'un nomade avait trouvé dans son champ une vieille planche de bois. « L'Armée rouge a pris 100 kilos d'orge dans votre champ. Apportez cette planche à n'importe quelle unité, ou administration soviétique, on vous en donnera la contrepartie en thé ou en argent » pouvait-on y lire. Quand je rapportai cette anecdote à Nima, elle me répliqua calmement : « Oui, chez nous aussi ils avaient laissé de l'argent. Mais l'argent ne servait à rien, puisqu'on ne trouvait plus rien à acheter. On ne pouvait pas manger leurs dollars d'argent. » Un vieillard qui s'était approché pour écouter notre conversation ajouta : « L'Armée rouge prétendait être venue nous libérer, mais c'est elle qui avait besoin de se libérer de la faim, de la famine et du risque de sombrer pour de bon. »

Il ne peut y avoir aucun doute que l'Armée rouge infligea de grandes souffrances aux Tibétains. Mao lui-même l'a reconnu, quand il a expliqué à Edgar Snow : « C'est la seule dette que nous ayons contractée. Un jour ou l'autre, nous devrons restituer aux Tibétains ce que nous leur avons pris [17]... » Deng Xiaoping s'en est lui aussi excusé : « Quand l'Armée rouge mit cap au Nord, elle fit subir aux Tibétains de grandes souffrances. Elle rafla tout ce qu'ils possédaient. On les a mal traités. Mais nous n'avions pas le choix pour sauver l'Armée rouge. Nous devons à présent leur verser des compensations... » Les révélations de Bosshardt sur les prises d'otages et autres exactions perpétrées par l'Armée rouge pour se ravitailler m'avaient déjà paru choquantes. Mais ce qui s'était passé au Tibet avait dû être véritablement tragique. Mao n'a jamais reconnu aucune des destructions perpétrées par l'Armée rouge sur des biens ou des personnes, aucune des réquisitions et des rançons – sauf pour ce qui concerne le Tibet. L'armure de sa bonne conscience avait été fêlée, peut-être parce qu'il savait qu'ici, les plus déshérités avaient été pillés à dix mois de leur prochaine récolte.

Une foule de moines en robe et bottes de feutre écarlates remplit soudain la cour où j'étais en train de discuter avec Nima. Ils sortaient de leur étude du matin. Souriants, bavards, curieux et accueillants, ils se bousculèrent pour que je prenne leur photo, et m'invitèrent à boire le thé en leur compagnie. Comment ces moines, qui ne supportent pas l'idée d'écraser une fourmi, avaient-ils pu infliger des pertes aussi sévères à la 4ᵉ Armée ? À l'évidence, quand leur survie est en jeu, tous les coups leur sont permis.

Leur apparition me fit penser à celui qui avait sauvé Sangluo. Ce dernier avait reçu l'ordre de rester en arrière à Luhuo quand les 2ᵈᵉ et 4ᵉ Armées avaient repris leur marche, en raison de sa blessure au pied. « Prenez bien soin de vous, et ne trahissez pas la révolution » avait dit un commissaire politique qui avait réuni plusieurs dizaines de blessés,

« Nous reviendrons ici dans huit ou neuf ans, dix au maximum. » Sangluo avait supplié en sanglotant qu'on l'emmène. « J'ai déjà fait des milliers de kilomètres. Je vous jure que je peux vous suivre » avait-il plaidé. Le commissaire lui avait conseillé d'aller dormir, et lui avait promis de lui donner une réponse le lendemain matin. Quand il s'était réveillé, les troupes avaient déjà levé le camp. Elles avaient abandonné plus de 1 100 blessés et malades, à la garde de quelques infirmiers.

« J'ai hurlé de douleur, comme à la mort de mes parents » me confia Sangluo d'une voix étranglée. Ils ne lui avaient rien laissé : pas de provisions, pas de médicaments, pas d'arme. Il avait séché ses larmes et annoncé à la cantonade qu'il partait à la poursuite de la troupe. « L'armée était ma seule famille. Je ne pouvais pas vivre loin d'elle. » Il avait suivi les troupes à la trace, mais s'était évanoui de douleur après cinq heures de marche. Il avait repris conscience dans les bras d'un moine. « J'ai eu très peur, je me suis débattu pour me dégager. Pensez qu'il allait sûrement me tuer, s'il venait du monastère que nous avions attaqué ! » m'expliqua-t-il pas très fier de lui. « Mais il m'a caressé le front, et assuré d'une voix douce que je n'avais rien à craindre de lui. Il rentrait chez lui, et je pouvais l'accompagner, si je voulais. »

Il avait amené Sangluo dans son village, et demandé à sa mère de le soigner. Quelques mois plus tard, il était retourné à son monastère. C'est alors seulement que Sangluo avait appris qu'il était revenu au village parce que l'Armée rouge avait mis à sac son monastère, et que son supérieur lui avait donné l'ordre de se cacher jusqu'au départ des communistes. Sangluo m'avoua qu'il n'était pas trop rassuré au début, mais ses inquiétudes s'étaient calmées peu à peu. La famille l'avait traité comme un des siens, il avait aidé à s'occuper des yaks tout en apprenant le tibétain. Il était le seul Chinois dans toute la région. Comme il ne parlait jamais le chinois, il finit par l'oublier. Les seules expressions qui lui restaient étaient « village natal », « Mao » et « He Long ». Il ne s'était pourtant senti vraiment chez lui au Tibet qu'après avoir accompagné un moine en pèlerinage à Lhassa, six ans plus tard. « Ce voyage nous a pris trois ans au total, aller et retour, plus que la Longue Marche. C'était très pénible, car il faut se prosterner de tout son long par terre à chaque pas. Mais la bonté du moine qui m'avait emmené pour lui servir d'assistant, et la gentillesse des gens que nous avons rencontrés en chemin m'ont fait oublier tout le reste. Quand nous avons enfin atteint Lhassa, il m'a annoncé qu'à compter de ce jour, je mènerais une existence heureuse, libre de toute souffrance. Que peut-on rêver d'autre ? »

Sangluo reconnut qu'il avait beaucoup de chance d'être toujours en vie. Sur les 1 100 autres soldats blessés, malades et enfants, abandonnés dans le comté de Luhuo, seul un petit nombre survécut. Quelques-uns entrèrent au monastère, mais la plupart moururent de faim, ou furent assassinés par les habitants. Les résidents les plus âgés, comme Nima, se rappellent encore la mort de quatre Chinoises. Au beau milieu de l'hiver, elles avaient été forcées à courir nues dans les rues sous les quolibets de la population. Sur le pont sur la rivière Mian, elles avaient croisé un moine, qui les avait arrêtées, puis avait ôté sa robe pour la déchirer en plusieurs pans et couvrir leur nudité. Elles avaient cru qu'il voulait les attacher pour les violer, comme un groupe de Tibétains l'avait déjà fait. Elles s'étaient prises par la main, et avaient sauté ensemble dans la rivière gelée en criant « Maman, au secours ! ».

Il avait travaillé dix ans comme gardien de troupeaux, puis avait épousé une des filles de la famille qui l'employait. « Elle a trouvé que j'étais un type correct, et elle m'obéit en tout, pour les petites choses comme pour les grandes » commenta-t-il avec un sourire satisfait. « J'ai eu vraiment de la chance de pouvoir l'épouser. Les Tibétaines font les meilleures épouses au monde. Dures au labeur, et affectueuses. » Ils ont eu deux fils et une fille, et possèdent un troupeau de 100 yaks. Il m'en montra avec fierté un qui paissait juste sous sa fenêtre. « Au départ, nous n'en avions que trente, puis soixante, et notre troupeau ne cesse de grandir. Les Tibétains sont d'une honnêteté scrupuleuse, vous savez. Quand quelqu'un trouve un yak égaré, il vous le ramène. Si c'est une femelle qui est grosse, il ramène aussi le petit. »

Sangluo remit de la bouse de yak sèche dans le poêle pour me réchauffer, et tira une couverture sur ses jambes. Son arthrite est la seule chose qui le fasse souffrir. Pour le reste, son bonheur est complet. Je lui demandai s'il regrettait au final s'être embarqué dans la Longue Marche. Il réfléchit une minute entière, puis constata : « Si j'avais pu aller jusqu'au bout, ma vie aurait été entièrement différente. Ça aurait tout changé, comme mon pèlerinage à Lhassa l'a fait. » Puis il replongea dans un long silence. Il était peut-être entré en contemplation. Son moulin à prières tournait de plus en plus vite, et il gardait les yeux fixés sur les flammes du poêle.

Je me demandai si les Tibétains le traitaient parfois d'une manière particulière, puisqu'il était le seul Chinois du village. « Jusqu'à il y a quelques années, j'étais le gérant du village » me dit-il en manière de réponse. « Les villageois me confiaient l'argent qu'ils avaient gagné à la sueur de leur front. Quelle plus grande marque de confiance et d'honneur peut-il y avoir ? » Pour finir, je lui demandai s'il se sentait plutôt Chinois ou Tibétain. Il me fixa en faisant tourner son moulin à prières, et me demanda : « Quelle importance ? »

10.

De la poussière à l'or.

Un désert gris minéral avait remplacé le désert vert de la prairie. Le soldat Huang crapahutait pendant des kilomètres et des kilomètres au fond de ravins abrupts, par-dessus des formations étranges sculptées par le vent, à travers un monde de poussière solide où on ne voyait pas un arbre. « Le sol était aussi chauve que la tête d'un moine » s'amusa Huang en décrivant le paysage. Cette poussière était le loess que les vents arrachaient à la Mongolie et à la Sibérie. La colonne passait de temps à autre devant des grottes creusées de mains d'hommes, où des gens habitaient. Dès que les soldats arrivaient à un cours d'eau, ce qui n'arrivait pas souvent, ils s'y arrêtaient pour se désaltérer. L'eau était saumâtre, amère, et pourtant ils y rencontraient des hommes menant des ânes chargés de seaux, et des femmes portant des jarres, qui avaient fait 20 kilomètres pour venir la puiser. Les rares champs de blé et de sorgho étaient complètement brûlés par la sécheresse.

Depuis trois semaines, ils avançaient à travers la Terre Jaune. Huang n'avait jamais vu paysage aussi sinistre, et il se demandait s'ils n'étaient pas parvenus aux confins de la Terre. « Le ciel avait une couleur de plomb, et on l'aurait cru au bord des larmes » se souvenait-il. Heureusement, ils eurent bientôt une bonne nouvelle : ils approchaient Wuqi, la ville frontière du Soviet du Shaanxi. « C'était le Ruijin du Nord, disait-on. On y trouverait tout ce dont on manquait, et toute la nourriture dont on rêvait. Et il n'y aurait pas besoin d'aller plus loin. La Marche touchait à sa fin ! Pas trop tôt ! Le moral remonta d'un coup. »

Le 19 octobre 1935, à une latitude aussi septentrionale, il faisait déjà froid. Ils se mirent à la queue leu leu, firent ce qu'ils pouvaient pour se rendre présentables, et s'efforcèrent d'entonner des chants de marche et des slogans, bien qu'ils eussent à peine la force d'ouvrir la bouche. Le vent aigre les couvrait de tourbillons de poussière. Ils étaient entrés dans Wuqi au crépuscule. Huang n'en avait pas cru ses yeux : une rue unique, longue d'une centaine de mètres, entre deux collines basses, quelques maisons en piteux état et des grottes troglodytes à l'air misérable. C'était donc ça, Wuqi ? Il s'était raccroché un court instant à l'espoir qu'ils s'étaient trompés de route et allaient poursuivre leur chemin. Mais il vit bientôt sur l'entrée d'une grotte le slogan familier, « Vive le parti communiste ! ». Rares étaient les habitants à avoir osé sortir de chez eux, et ils les regardaient sans rien dire, l'air aussi ahuris qu'eux. « Ils devaient se demander si c'était vraiment cela, l'Armée rouge. Nous ressemblions davantage à des groupes de manœuvres en haillons. En plus, nous ne comprenions rien à leur dialecte. Nous nous regardions en silence. »

Il y avait bien trop peu de grottes pour héberger toute la troupe. Ils durent s'allonger dans ce qui leur restait de vêtements usés, à flanc de colline et à la belle étoile, par une froide nuit d'automne. Huang se demanda avec abattement en contemplant le ciel noir ce qu'ils étaient venus faire dans ce trou. Tous ses camarades râlaient. Ils auraient dû se réjouir d'être sortis de la prairie, d'être hors d'atteinte des Tibétains comme des troupes de Tchang, et assurés qu'il n'y aurait plus de marches forcées. Ils n'en avaient pas moins beaucoup de mal à comprendre pourquoi on les avait fait marcher une année, subir tout ce qu'ils avaient subi, pour atterrir dans ce village perdu. Huang se languissait de son propre village, où il y avait tout ce qu'il désirait, et qui était tellement plus agréable, avec ses arbres, ses champs fertiles, et ses rivières. « N'importe quel bled du Sud aurait été préférable à ce trou sinistre » m'affirma-t-il. Comme toujours, la question prioritaire était le ravitaillement. Il ne voyait vraiment pas comment ils pourraient survivre en pareil endroit.

Braun n'était pas plus enthousiaste. La misère du nouveau soviet, qui couvrait à peine le tiers de la superficie de la base du Jiangxi, l'inquiétait.

> *Depuis la plus haute Antiquité, cette région est la plus pauvre et la plus arriérée de toute la Chine... Ses habitants n'ont pas grand-chose pour se nourrir et se vêtir, même l'eau leur manque... La zone est souvent ravagée par la sécheresse ou les inondations. La presse nationaliste prédisait pour s'en réjouir que l'Armée rouge ne pourrait jamais y survivre. On n'y trouverait pas de quoi la nourrir ou l'habiller, et peu d'hommes pour en regarnir les rangs. Cette marche du Sichuan au Nord-Ouest avait été une marche de la mort, annonçait-elle* [1].

Mais ce que pensait Braun n'avait plus la moindre importance. Il aurait pu aussi bien s'inquiéter du fait que la 1re Armée était en passe de disparaître. Elle avait fondu, de 86 000 hommes au départ, à seulement 4 000 maintenant. Un rapport nationaliste a montré que plus d'un millier de combattants rouges s'étaient rendus en septembre à leur sortie de la prairie, et ce dans un seul comté. Certains avaient choisi de rester sur place, d'autres de rentrer chez eux. Ils en avaient tout simplement eu assez d'avancer vers l'inconnu, et s'étaient éclipsés à la première occasion.

L'arrivée de Mao et son armée dans le nord du Shaanxi a toujours été expliquée comme ayant été presque le fruit du hasard. En sortant de la prairie, la première ville sur leur route dans le Gansu avait été Hadapu, un centre commercial actif, connu en particulier pour la collecte et la distribution des herbes médicinales. Les représentants de sociétés de pharmacie traditionnelle de tout le pays qui y résidaient étaient en contact avec leurs régions d'origine. Les anciens combattants n'avaient pas oublié l'étape d'Hadapu. Chacun d'eux y avait reçu un dollar d'argent, de quoi s'acheter cinq poulets, et ils y avaient fait leur premier vrai repas depuis des mois. Un ordonnance avait ramené à ses chefs des petits pains à la vapeur enveloppés dans du papier journal, où l'on pouvait lire un article qui faisait état d'une menace rouge sur le Shaanxi. Mao était tombé des nues. Il ne savait pas jusqu'alors que les communistes étaient aussi implantés dans cette province. Voilà vers où ils pouvaient se diriger !

Je consultai les numéros de juillet et août des journaux distribués à Hadapu à l'époque. Ils étaient en effet remplis d'articles sur les bandits rouges du nord du Shaanxi. On lisait par exemple dans le *Quotidien de Dagong* à la date du 23 juillet 1935 :

> *Les bandits communistes ne connaissent plus de limites au Shaanxi. Ils sont présents dans chacun des vingt-trois comtés de la province. Ils en contrôlent huit totalement, et dix en partie. Et ils sont désormais assez puissants pour étendre leur influence sans avoir recours à la violence.*

Mais la véritable histoire de la découverte du Shaanxi par Mao est moins romantique. Le directeur du Musée de l'Armée rouge de Hadapu me révéla qu'il y avait dans la 1re Armée un jeune homme du nom de Jia Tuofu. Originaire du Shaanxi, il avait été dépêché à Shanghai au début de 1934 pour rendre compte des activités du parti communiste dans la province. La direction du parti s'étant réfugiée à Ruijin, il l'y avait suivie, et avait été ainsi embarqué dans la Longue Marche. Arrivé à Hadapu, et constatant que la direction n'avait toujours aucune idée où aller, il avait parlé à Mao de la base rouge dans sa province. Jusqu'à ce moment-là, Mao n'avait eu d'autre stratégie que de se rapprocher de l'Union soviétique en marchant vers le Nord. Il avait été extrêmement soulagé de découvrir une région où il n'aurait pas à recréer une nouvelle base à partir de zéro pour s'y implanter. Il s'était enthousiasmé : « C'est une base formidable ! Allons-y ! » Pour lui, la Marche avait trouvé son terme. Du moins c'est ce qu'il prétendit plus tard, et la version qu'en diffusa sa propagande. Comme toujours, les choses s'étaient passées de manière assez différente en réalité.

Mao établit le QG de sa 1re Armée à Baoan, à deux journées de marche de Wuqi. La localité s'appelle aujourd'hui Zhidan, du nom du héros révolutionnaire local, Liu Zhidan, qui avait mis sur pied le Soviet du Shaanxi, et fait de Baoan la capitale du Nord des Rouges. Les longues heures passées dans le train et le bus que je pris pour m'y rendre à partir de Xian me laissèrent tout le temps de méditer sur le souvenir que Huang avait gardé du paysage. Je me dis que je l'aurais sans doute préféré comme il avait dû être à son époque. Aujourd'hui d'innombrables terrasses ont été taillées dans les collines grises et brunes pour nourrir une population qui ne cesse de croître. L'eau manque toujours. Les plantes font peine à voir, les tiges de maïs faméliques ne dépassent pas la grosseur d'un pouce et ne portent pas plus d'un épi à leur extrémité. Les rendements moyens de la région ne dépassent pas la tonne à l'hectare, très loin de ce qu'on obtient partout ailleurs en Chine. J'eus de la peine en constatant que tous les efforts déployés pour construire ces terrasses et prendre soin de ces champs sont si mal payés de retour. Le comté de Zhidan reste un des plus pauvres du pays, le revenu annuel moyen des paysans n'y dépasse pas les 130 €. Ils ne survivent que grâce aux subventions étatiques.

Le gouvernement assure avoir des plans de développement ambitieux, mais il n'y a là rien de bien nouveau. Pour oublier ce paysage déprimant, je me concentrai sur les slogans badigeonnés sur tous les murs et façades des villages que nous traversions. La télévision a beau avoir atteint les foyers les plus reculés, cette méthode de communication, mise au point par l'Armée rouge, reste très utilisée dans les campagnes chinoises. Les caractères sont si énormes qu'il n'y en a parfois qu'un seul par bâtiment. Leurs couleurs sont criardes, genre rouge sanglant, rose, vert ou bleu vif. Ils sont si difficiles à effacer qu'on en voit qui remontent à plusieurs décennies, tels « Vive la dictature du prolétariat ! », « Gloire aux parents de petites filles ! » ou « Bienvenue aux réformes économiques ! ». Le plus récent répète inlassablement « Restaurons les vertes montagnes et les claires rivières de la Chine du Nord ! ». On aimerait qu'il soit autre chose qu'un slogan.

L'accueil que me réserva Zhidan fut agréable, ce qui n'avait pas été le cas pour celui que Huang y avait reçu. On était visiblement ravi de me voir, et je ne tardai pas à comprendre pourquoi. Il y avait si peu de travail que les chauffeurs de taxi en venaient presque aux mains pour le privilège de me transporter sur deux kilomètres pour quelques centimes. L'artère principale de la ville était propre et bien entretenue, bordée d'immeubles neufs et de magasins, d'écoles et d'usines modestes qui souvent portaient le nom du héros local Liu Zhidan. Je ne pouvais oublier que j'étais dans la Terre Jaune en raison de la poussière qui recouvrait tout. Mais la scène était très différente de celle que l'Armée rouge avait trouvée en 1935. Un des responsables du Corps auquel Huang appartenait a laissé une description saisissante de Zhidan :

> *Les ravages de la pauvreté y étaient visibles... Les gens étaient misérables. Même les loups étaient affamés, et ils se glissaient souvent en ville la nuit en*

quête de nourriture. Il nous fallait placer une bassine ou un broc contre la porte, et garder un bâton à portée de main près du lit. Les loups faisaient tomber le broc en essayant d'entrer, et nous sautions hors du lit pour les chasser[2].

Je m'enregistrai à la réception du tout nouvel Hôtel Zhidan, un trois étoiles. J'étais crasseuse de poussière, et me ruai sur la douche. Il n'en sortit qu'un mince filet de liquide brunâtre. Je me demandai si la canalisation avait été reliée à un champ de pétrole, puisqu'on dit que l'eau, quand elle est rare, vaut aussi cher que l'or noir. Et il ne manque pas de pétrole dans le comté de Zhidan, pas plus que dans tout le reste du Nord Shaanxi. Les Annales des Han l'avaient relevé dès le Ier siècle de notre ère. Les archives expliquent que le produit sert « aux lampes et à soigner les cicatrices », ainsi qu'à produire de l'encre à partir de la suie laissée par sa combustion. Dans les années 20, des pétroliers américains en avaient entamé l'exploitation, avant que l'Armée rouge les chasse de la région. Aujourd'hui, le pétrole est la bouée de sauvetage du comté.

J'attendis que l'eau devienne propre, au lieu de quoi elle cessa complètement de couler. La réception me fit savoir que les douches n'étaient possibles que le soir après huit heures. Et c'était un vrai luxe, ne devais-je pas tarder à découvrir. Un grand nombre des paysans locaux ne se lavent encore aujourd'hui qu'une fois l'an, à la veille du Nouvel An lunaire. Je compris mieux la coutume locale toujours vivace qui veut qu'une femme choisisse un époux en fonction de la distance séparant la maison de ce dernier d'un point d'eau. Avec une logique imparable, les femmes n'ont aucune envie de passer le restant de leurs jours à la corvée d'eau. La malédiction va peut-être être enfin bientôt levée, le comté ayant investi dans l'achat de quatre missiles et d'un canon à faire tomber la pluie des nuages. Je doute un peu que cette bataille contre la nature puisse en fait être victorieuse. Mao et les siens, eux, avaient bien failli essuyer une défaite en ces lieux.

La situation s'était dégradée à peine l'Armée rouge enfin installée. L'hiver était redoutable, la température tombait souvent en dessous de - 10 °C la nuit. Lin Biao avait envoyé un télégramme urgent à Mao depuis le front où il devait arrêter les forces nationalistes qui marchaient sur la base du Shaanxi. « Il nous manque 2 000 uniformes d'hiver, j'ai plus de 1 000 hommes hospitalisés pour des maux liés au froid[3]. » Il n'y avait évidemment pas d'uniformes en stock. Lin Biao ne savait plus que faire. Il avait alors trente et un ans, et était reconnu pour être un des meilleurs généraux de l'Armée rouge. Il avait acquis le surnom de « Général Invincible » car il n'avait pratiquement jamais perdu un engagement. Mais à présent, il ne voyait plus comment s'en sortir. De désespoir, il demanda à être relevé de son commandement. Mais ce n'était pas le genre de Mao de baisser les bras. Il lui suggéra de lancer un raid contre la riche province voisine du Shaanxi, en franchissant le fleuve Jaune pour aller chercher ravitaillement et ressources. Cela permettrait de surcroît de s'ouvrir une brèche vers la Mongolie et, au-delà, l'Union soviétique. La plupart des chefs militaires étaient opposés au plan de Mao. L'Armée rouge n'avait pas encore récupéré, ni reconstitué ses forces. Le fleuve risquait de se révéler infranchissable. « Et même si nous réussissons à traverser ? Que se passera-t-il si les troupes de Tchang accentuent leur pression sur notre base ? Nous risquons de ne plus pouvoir y revenir » écrivit l'un d'eux à Mao. Qui lui répondit : « Je ne peux rien vous promettre[4]. » Ce qui ne l'empêcha pas de lancer la manœuvre, et même d'en prendre lui-même le commandement. Il se rendait sur le front, à la fin février 1936, quand il se retrouva pris dans la première tempête de neige de l'année. Les soldats étaient frigorifiés, on aurait pu croire Mao tendu et inquiet de la suite des événements. Tout au contraire, il étala son optimisme et sa largeur de vues en se mettant à rédiger un de ses meilleurs poèmes :

> *Voilà le flot puissant du fleuve Jaune*
> *Saisi par les glaces d'une rive à l'autre.*
> *Les montagnes y dansent en serpents d'argent*
> *Les collines sont des éléphants au teint de cire qui chargent.*
> *La terre le dispute en grandeur au ciel*
> *En cette journée splendide.*
> *Drapé de blanc, paré de rouge,*
> *Celui-ci m'enchante toujours davantage.*

Il poursuit en rappelant que cette terre à la beauté si prenante a suscité l'hommage de plus d'un héros. Il cite les souverains les plus fameux de l'histoire impériale chinoise, mais les compte pour quantité négligeable, y compris

> *Cet orgueilleux Fils du Ciel*
> *Gengis Khan*
> *Qui ne savait que tendre l'arc pour abattre les aigles,*
> *Lui aussi n'est plus qu'un fantôme !*
> *Si vous cherchez de vrais héros,*
> *Ils sont de notre temps.*

Sans doute avait-il à l'esprit les combattants de l'Armée rouge. Ou peut-être ne pensait-il qu'à lui-même.

Il revint déçu de la rive orientale du fleuve Jaune au bout de deux mois. Il avait ramassé 30 000 dollars d'argent, à peine de quoi entretenir quelques mois de plus son armée, et ses 6 000 nouvelles recrues. Il n'était pas parvenu à s'ouvrir un couloir qui aurait permis d'acheminer l'aide soviétique à travers la Mongolie intérieure. Il s'était heurté aux Japonais, présents en force dans le nord de la Chine, qui bloquaient toutes les voies possibles. Sur le chemin du retour, Liu Zhidan, qui l'avait accueilli dans la base rouge du Shaanxi, était mort d'une balle en pleine poitrine.

Un grand mystère continue d'entourer la mort de Liu, mais je n'ai rien appris qui puisse l'éclaircir. Je visitai sa tombe, à flanc de colline à l'extérieur de la ville, dans une oasis de pins verdoyants autour d'une mare, un site exceptionnel au beau milieu des collines de loess jaune. L'arche funéraire paraît immense en un lieu si encaissé, presque digne d'une tombe impériale. Érigé en 1940, rebâti à plusieurs reprises depuis cette date, il témoigne du respect et de l'affection que les habitants gardent pour leur héros local, disparu trop tôt à l'âge de trente-trois ans.

Il avait étudié à l'Académie militaire de Whampoa sous les ordres de Tchang Kaichek, mais avait rejoint les communistes pour aider les plus déshérités. Il s'en prenait aux riches, y compris aux membres de son puissant clan, et assassinait les fonctionnaires corrompus, redistribuant le produit de leurs rapines. Son nom suffisait à faire fuir les puissants, et à redonner espoir aux misérables. Quelques mois à peine avant l'arrivée de Mao et des siens au Shaanxi, une purge avait été pourtant lancée, prétendument sur ordre du Comité central, contre Liu et ses proches. Encore aujourd'hui personne ne semble savoir qui en avait réellement donné l'ordre, mais la majorité du Comité central était resté avec Mao pendant la Marche. Liu avait été jeté en prison, plusieurs centaines de ses partisans exécutés. Mao était arrivé en sauveur, mettant fin à la purge tout en prenant le pouvoir dans la base. Liu avait été tué d'une balle dans la poitrine six mois après. Par la suite, Mao ne fit qu'un bref commentaire sur cette affaire : « Je n'ai rencontré le camarade Liu Zhidan qu'à une seule reprise. C'était un bon communiste, sa mort héroïque a été accidentelle. » Vraiment ? Les deux plus proches lieutenants de Liu avaient eux aussi trouvé la mort peu après l'un après l'autre. Les fondateurs de la base rouge du Shaanxi avaient ainsi tous disparu.

L'histoire officielle du parti communiste ne lui attribue d'ailleurs même pas un rôle de premier plan dans la création de cette base décisive, en dépit de l'importance de son mausolée. Le lieu ne se voit accorder d'importance qu'en raison des six mois qu'y ont passés Mao et les principaux dirigeants du parti. Ils avaient vécu à quelques centaines de mètres de la tombe de Liu, dans des grottes creusées dans la colline. Illuminées par les rayons du soleil d'automne, celles-ci me parurent spacieuses et bien ventilées. Leurs portes de bois sculptées alignées les unes à côté des autres venaient d'être repeintes. Le verre avait remplacé le papier aux fenêtres, et l'on ne voyait pas un grain de poussière sur les tables et les *kangs*, ces plates-formes de boue séchée qui servent de lit. Ces grottes ne sont en fait pas du tout d'un modèle ordinaire. Je crus même un instant avoir pénétré sur un plateau de cinéma, tant elles étaient brillamment éclairées. Une équipe de télévision était en effet en train d'y interviewer un vieux paysan, aussi animé qu'un squelette dans son vêtement tout neuf, avec sa serviette immaculée nouée sur le crâne comme les locaux ont coutume de le faire tout au long de l'année. Il racontait d'une voix chevrotante qu'enfant, il avait croisé Mao qui se promenait dans le village, et que le grand dirigeant lui avait témoigné la plus grande gentillesse.

L'équipe était en train de filmer une série télévisée pour le soixante-dixième anniversaire de la Longue Marche. J'étais curieuse de voir comment ils s'y prenaient, et ce qu'ils avaient prévu de filmer à Zhidan. Dès que l'interview fut terminée, j'abordai le réalisateur, un homme amical et jovial, dont le visage déjà âgé s'éclairait d'un sourire ironique. En temps ordinaire, une équipe chinoise responsable d'une série télévisée aussi importante reçoit toute l'assistance requise des autorités locales. Elle a accès à des documents que je n'aurais eu aucune chance de voir. Et dix personnes sont prêtes à l'aider à mettre en œuvre la moindre de ses idées. Le matin même je m'étais rendue au Bureau des retraites pour demander l'adresse d'anciens de la Longue Marche résidant dans le comté. Je m'étais entendu répondre qu'ils étaient tous morts. Je pensais que le réalisateur pourrait m'indiquer d'autres pistes. De plus, j'avais envie de discuter avec lui et son équipe de leur vision des problèmes que soulève la Longue Marche.

« Vous avez vu ce vieillard ? » Le réalisateur désignait le paysan, manifestement plus à l'aise à présent qu'il s'était débarrassé de sa veste neuve et de sa serviette blanche. « Il vient de se plaindre que l'Armée rouge avait coupé tous leurs arbres pour faire du feu durant l'hiver, et qu'elle avait fait de Zhidan un endroit encore plus invivable que le village ne l'était avant son arrivée. Intéressant, n'est-ce pas ? Je m'étais souvent demandé moi-même comment l'Armée rouge avait fait pour survivre dans un endroit pareil. Mais vous pouvez être certaine que son témoignage ne sera pas diffusé. Ce qu'il dit est la pure vérité, et tout cela remonte à soixante-dix ans. Mais ça n'est pas bon pour l'image de l'Armée rouge, surtout maintenant qu'on fait si grand cas de l'environnement. »

Je lui parlai de mes interrogations sur la mort de Liu Zhidan.

« Je suppose que vous êtes allée voir sa tombe. Nous l'avons filmée hier. La version officielle des événements est que Mao a sauvé Liu Zhidan et le Soviet du Shaanxi en mettant fin à la purge. En réalité bien sûr, ce sont eux qui ont sauvé Mao et l'Armée rouge. L'historien local du parti nous a confié, en privé, qu'il ne croit pas que la mort de Liu ait été un accident. Peut-être a-t-il raison. »

Il poursuivit dans la même veine : « Vous avez déjà entendu l'*Orient rouge* ? » Cet air était encore plus connu que l'hymne national quand j'étais jeune. J'avais dû le chanter chaque jour pendant au moins dix ans, pour célébrer notre Grand Dirigeant, le Président Mao.

*Mao Zedong est à la Chine
Ce qu'est l'Orient rouge
Au soleil levant.
Il fait le bonheur du peuple,
C'est lui qui nous a sauvés.*

« Il s'agit en réalité d'une chanson populaire du Shaanxi en l'honneur de Liu Zhidan. Les gens du coin le vénéraient à tel point qu'ils le comparaient au soleil. Après sa mort, on a simplement remplacé son nom par celui de Mao. »

Les chants populaires du Shaanxi sont réputés dans toute la Chine. Les habitants de la région les appellent « airs tristes » ou « ballades sans but ». Ceux qui les chantent vous percent le cœur, ils y mettent toute la nostalgie accumulée depuis le sein de leur mère, comme pour exorciser la monotonie stérile de la Terre Jaune, comme s'ils n'avaient pas d'autre moyen de faire sentir le désespoir qui peut s'emparer de qui vit sur une terre aussi hostile. Leur liberté de ton évoque pour moi un berger et son troupeau errant sur le plateau jaune, l'écho de son chant se répercutant dans les vallées encaissées et les falaises de loess sans fin. On y perçoit la puissance crue du primitif qui puise aux sources les plus profondes. Je n'avais jamais su jusqu'alors que l'*Orient rouge* n'avait pas été composé pour Mao.

« Moi non plus, j'ai appris ça au cours de mes interviews. Mais cette information ne sera pas dans le documentaire non plus. »

Il n'avait donc pas le droit, lui fis-je remarquer, de parler de la purge, ni de la mort peut-être pas si accidentelle de Liu Zhidan, ni de l'origine de l'*Orient rouge*, ni des déserteurs, de la lutte pour le pouvoir, ou des pillages en quête de nourriture. Et encore moins des véritables motivations de la Longue Marche.

« C'est exact » approuva-t-il, avec un vigoureux hochement de tête. « J'aimerais briser les tabous, faire quelque chose de nouveau et de surprenant, surtout sur une aventure aussi audacieuse, héroïque et tragique que la Longue Marche. Mais la télé est la voix du parti, comme vous le savez bien. Je suis obligé de suivre la ligne qu'on m'impose sur un thème aussi important. »

Alors, quelle était la ligne ?

« Vous la connaissez aussi bien que moi. Tout tient dans le discours que Mao a prononcé en arrivant au Shaanxi » conclut-il en prenant congé pour reprendre son travail, en interviewant un autre paysan. Bien sûr, je connaissais le discours auquel il faisait référence. Mao l'avait prononcé, avec son audace habituelle, en décembre 1934, alors que l'Armée rouge s'était à peine remise de son épuisement. C'est là qu'il avait pour la première fois parlé de « la Longue Marche ».

> *Douze mois durant, l'ennemi nous a soumis aux survols et aux bombardements aériens incessants de nuées d'avions. Il nous a encerclés et poursuivis, coincés et interceptés, avec des centaines de milliers de soldats. Nous avons dû affronter des périls et relever des défis innombrables. Pourtant, sur nos seules deux jambes, nous avons franchi plus de 25 000 li et traversé de long en large onze provinces. Posons-nous la question : l'histoire a-t-elle jamais connu marche comparable à la nôtre ? Non, jamais. La Longue Marche est un manifeste. Elle a prouvé au monde entier que l'Armée rouge est une armée de héros... La Longue Marche est un acte de propagande. Elle a proclamé à plus de 200 millions d'êtres humains dans onze provinces que leur seule voie vers leur libération est celle que trace l'Armée rouge... La Longue Marche fut une semeuse de graines, elle a planté de nombreuses graines qui germeront, pousseront, fleuriront, et porteront leurs fruits, assurant une abondante récolte dans le futur. En un mot, cette Longue Marche a été une victoire pour nous, une défaite pour l'ennemi*[5].

Mao avait donné le ton, mais il voulait faire de sa Longue Marche une épopée de chair et de sang inoubliable, qui confirmerait sa version. Il ordonna au Département politique de rassembler des récits de simples soldats qui décriraient ce qu'ils avaient vécu durant cette Marche. Une jeune femme devenue un écrivain célèbre, Ding Ling, qui avait elle aussi gagné le Shaanxi, avait eu la tâche de les mettre en forme. Elle se rendit compte que :

> *... les témoignages affluaient du Nord comme du Sud, de l'Est et de l'Ouest, ils parvenaient d'une distance de plusieurs milliers de li, et parfois même des confins du désert. Ils étaient couchés sur du papier paraffiné, du papier ordinaire, des tracts rouges ou verts, des bouts de papier tachés, froissés, ou tout poussiéreux. Récit après récit contant des batailles stupéfiantes, le franchissement nocturne de la rivière Wu, la traversée de la rivière Dadu, la seconde prise de Zunyi, tout y est raconté, et de la manière la plus authentique qui puisse être. Un volume monumental, plus de 300 000 mots, en a été tiré, et sera prochainement proposé aux lecteurs impatients* [6].

Cent récits qui correspondaient à ce que voulait Mao furent sélectionnés, et le livre publié en 1938. Soixante-dix ans plus tard, ce que nous savons de la Longue Marche provient toujours pour l'essentiel de ces récits. Les événements décrits, les batailles, les thèmes mis en avant, les victoires, l'importance accordée à tel ou tel fait, l'analyse de leur impact sur le reste du monde, l'héroïsme exalté, l'invincibilité et la vision stratégique de Mao, tout cet ensemble forme la base des manuels dans lesquels j'ai étudié l'Histoire, comme la plupart des Chinois.

Ces histoires étaient bien sûr bouleversantes. Mais la majorité des soldats étaient illettrés, et il n'était pas facile à l'époque d'avoir accès aux imprimés. Mao ordonna par conséquent qu'on compose un chant spécial consacré à la Longue Marche, sur le principe qui avait été appliqué tout au long de la Marche elle-même. Le *Chant de la Longue Marche* comporte treize strophes, chacune consacrée à un mois de l'année, et aux exploits de l'Armée rouge ce mois-là, la dernière strophe résumant toute l'aventure. Tous les soldats étaient capables de le chanter, et tous virent peu à peu la Longue Marche comme le chant la décrivait. Celui-ci influença progressivement leurs souvenirs. Tous les anciens combattants que j'ai rencontrés le connaissaient par cœur, et certains l'entonnaient en plein milieu de nos entretiens. Un jour j'ai demandé à Wu la propagandiste ce qu'elle avait fait cet été-là. Elle fit une pause, puis se mit à me chanter : « Quand juillet est arrivé, nous avons atteint la région du Nord-Ouest. Le fleuve coule, l'orge pousse, pourquoi devons-nous souffrir ? Pour combattre les Japonais, et sauver la Chine ! » Elle enchaîna avec août : « En août, nous avons repris la route, défiant les grands froids du pays des neiges, et l'obstacle infranchissable de la grande prairie. Car nous sommes l'invincible Armée rouge. »

La vision de Mao avait été absolument extraordinaire sur ce point. Transformer ce qui avait été en réalité une retraite, la Longue Marche, en une victoire historique avait été en soi un coup de propagande génial. En avoir fait le mythe fondateur de la Chine communiste démontre un sens politique, un don pour la propagande, un optimisme et une confiance en soi que peu d'hommes possèdent.

Ce génie de la propagande n'était pas venu à Mao soudainement. Il s'y était intéressé très tôt dans sa carrière. Il avait avoué à un proche qu'il n'avait jamais été attiré que par deux professions, l'enseignement et le journalisme. À l'université de Pékin, il avait suivi les conférences de journalistes connus, et, de retour dans sa ville natale, s'était lancé dans la publication de magazines voués à la diffusion des idées nouvelles. Lors de la première tentative de coopération entre communistes et nationalistes, il avait été placé par intérim à la tête du ministère de la Propagande nationaliste. Il y avait si bien réussi qu'en deux mois à peine il avait su s'y rendre indispensable. C'est lui qu'on avait chargé en 1929 de rédiger les instructions pour la propagande de l'Armée rouge et du parti communiste, après qu'il était entré en conflit avec d'autres chefs militaires sur la manière de commander l'Armée rouge. Il avait expliqué que ses soldats n'appartenaient pas à une armée ordinaire, mais à une armée dont les objectifs étaient avant tout politiques. Ils ne combattaient pas uniquement pour remporter des victoires militaires. Ils devaient par conséquent savoir s'adresser à la population, la pousser à s'organiser, l'armer, et l'aider à mettre en place sa propre administration, avec ses propres objectifs. Si elle négligeait ces activités, l'Armée rouge n'aurait plus de raison d'être, et les batailles qu'elle livrerait n'auraient plus aucun enjeu. Les instructions de Mao allaient dans le détail du nombre de membres que devaient compter les équipes de propagande, le type d'individu qui devaient y être recrutés, et l'organisation de leurs activités.

Pendant la Longue Marche, l'Armée rouge avait suivi ces instructions à la lettre. Le quotidien *L'Étoile Rouge* était la clé de voûte de son plan. Cela peut paraître incroyable, mais la presse à imprimer lithographique est la seule chose dont l'abandon n'a été envisagé à aucun moment, au travers de toutes les épreuves de la Marche. Il fallait pourtant une douzaine d'hommes pour la transporter. Par la suite, on l'avait remplacée par une presse à paraffine. Tout au long de la Marche, vingt-huit numéros de *L'Étoile Rouge* ont été publiés, chacun de quatre pages, et 30 000 mots. Le rédacteur en chef en était Deng Xiaoping qui, à l'âge de trente ans, était déjà un expert ès propagande. *L'Étoile Rouge* diffusait les instructions du parti, et exaltait l'héroïsme des combattants. Il donnait aussi des conseils pratiques sur la manière de faire face au manque de chaussures, de se soigner en cas de maladie, et d'éviter les conflits avec les minorités ethniques. On n'hésitait pas non plus à y étaler les problèmes, tels le manque de discipline, l'absence d'hygiène corporelle, le zèle excessif dans les confiscations de biens, et les désertions. Dans un éditorial du 11 novembre 1934, Deng écrivait par exemple :

> *Ces derniers jours de marche, la discipline dans nos rangs s'est relâchée... On chie n'importe où, on jette un peu partout la paille de sa litière, on se sert chez les gens sans leur en demander la permission, et tout cela est fréquent... Le peuple n'a que faire de nos belles paroles, il nous juge sur nos actions. Une armée indisciplinée n'attirera jamais sa sympathie, et encore moins son soutien. Toute la propagande du monde n'y changera rien*[7].

Il avait aussi beaucoup à dire au sujet de la propagande.

> *L'Armée rouge a toujours eu pour point fort de peindre des slogans sur les murs. Mais bon nombre d'unités ont négligé de le faire depuis que nous sommes en marche. Elles n'effacent même plus les slogans réactionnaires. Elles se contentent d'en effacer quelques mots, ou de les barrer d'un trait de peinture. Mais nos slogans à nous, où sont-ils ? C'est une mission de la plus haute importance, et on ne doit pas l'oublier*[8].

La franchise et l'honnêteté dont faisait preuve *L'Étoile Rouge* me parurent rafraîchissantes. On y lisait la pensée d'un homme libre, et je doutai que certains des éditoriaux de Deng ou des articles du quotidien pourraient être publiés en Chine aujourd'hui. Il y a quelques années de cela une petite maison d'édition chinoise a sorti *Clairons de l'Histoire : un demi-siècle de promesses sacrées*, un recueil d'articles et d'éditoriaux tirés du *Quotidien de la Chine nouvelle* et de *Libération*, les deux principaux journaux communistes des années 1930-1940. Nombre d'entre eux avaient été rédigés par Mao, Zhou Enlai et d'autres dirigeants du parti qui tous y défendaient la liberté d'information et d'expression. Cet ouvrage fut interdit. Malheureusement, ce que les responsables de jadis prônaient est devenu intolérable. Le parti était, il est vrai, encore jeune à l'époque. Il est devenu plus réaliste depuis.

L'Étoile Rouge fixait la ligne des équipes de propagande, composées de dix à vingt militants de base dans chaque unité. Elles étaient structurées en trois groupes, agit-prop et prises de parole, spectacles, et affichage. Wu n'avait pas oublié les instructions qu'elle avait reçues après avoir été versée dans le groupe des spectacles : « Nous sommes l'armée des ouvriers et des paysans. La propagande est une arme. Combattons pour les soviets, dénonçons l'horreur de la société en place, célébrons les vertus de la Chine nouvelle, chantons la révolution et contribuons à en donner une image héroïque. » Wu n'avait cessé de chanter tout au long de la Marche, aussi enjouée et sonore que la pie, cet oiseau que les Chinois appellent l'Oiseau du Bonheur. Mais ses chansons n'étaient pas choisies au hasard dans le répertoire traditionnel. Elle me demanda si j'avais déjà entendu « *Le parfum du jasmin embaume le mois d'août* ». Je l'avais appris moi aussi, à l'école primaire. C'est un air à la mélodie et aux paroles joyeuses, dont l'entrain me rappelait les fêtes du Nouvel An lunaire quand j'étais enfant. Nous la chantâmes de concert :

> *Le jasmin embaume le mois d'août,*
> *Quand les drapeaux rouges flottent au vent.*
> *Accrochez banderoles et lampions, encore plus haut*
> *Pour célébrer l'éclat glorieux du monde nouveau.*

Quand nous eûmes cessé de chanter, Wu reprit le même air, mais en y mettant des paroles entièrement différentes.

*La petite carpe aux lèvres rouges charnues
A remonté le courant de la rivière.
Elle a franchi tous les filets et toutes les écluses
Pour revenir te voir, petit frère !*

Je restai sans voix. On ne m'avait jamais dit que ce chant très connu de l'Armée rouge avait été à l'origine une chanson d'amour. « Comme tout le monde connaissait cet air, il était facile d'en apprendre les nouvelles paroles et d'en retenir le message » m'expliqua-t-elle avec un grand sourire. « On aidait à apprendre tout en divertissant. »

Les spectacles étaient plus difficiles à monter. Des saynètes avaient été spécialement écrites pour montrer l'exploitation des paysans par les grands propriétaires, comment Tchang Kaichek trahissait la nation, la manière dont les épouses poussaient leur mari à s'engager dans l'Armée rouge, et l'échec des nationalistes dans leur poursuite des communistes, où ils n'attrapaient au final rien d'autre que de vieilles sandales. Wu baissa la voix comme pour me confier un secret. Ils avaient aussi d'autres tours dans leur sac. En arrivant dans chaque ville ou village, ils s'employaient à dresser la liste des résidents les plus riches et puissants. Puis elle se maquillait avec les moyens du bord, du saindoux comme fond de teint, du charbon de bois pour se faire de gros sourcils, du papier rouge détrempé pour se farder, et des vêtements récupérés chez des riches comme déguisement. Ils tendaient un drap pour servir de rideau, et faisaient brûler des branches de pin pour éclairer la scène. Le succès était garanti. « Ils étaient abasourdis que nous soyons au courant de tant de détails de leurs difficultés et souffrances quotidiennes, et étonnés que nous puissions créer une pièce de théâtre à leur sujet aussi rapidement. »

Elle en riait encore. « Ils ne savaient pas que nous jouions toujours la même pièce, en nous contentant de changer le nom du grand propriétaire ou du seigneur de la guerre selon l'endroit où nous étions ! »

Quand elle le pouvait, Wu donnait un coup de main aux colleurs d'affiches. À son avis, ceux-ci avaient la tâche la plus pénible. Ils devaient remplir un quota quotidien de 50 affiches minimum, qui pouvait être porté jusqu'à 200. Dès l'entrée de l'Armée rouge dans une nouvelle localité, il fallait en couvrir les murs d'affiches et de banderoles avec des slogans tels que « Ouvriers, paysans, égorgez les porcs des riches, servez-vous dans leur grenier pour fêter le Nouvel An ! », « Soutenons l'Armée rouge ! », « À bas Tchang Kaichek ! » ou « Seul le communisme pourra sauver la Chine ! ». À Zunyi, l'équipe de propagande avait peint ou apposé 18 400 slogans en deux jours, bariolant les murs de la ville [9]. Les nationalistes eux-mêmes n'en avaient pas cru leurs yeux. Un fonctionnaire avait rapporté à ses supérieurs : « Les bandits rouges font un énorme effort de propagande. Leurs slogans couvrent toutes les rues, la plus petite allée, chaque fenêtre, chaque bout de mur, et le moindre centimètre carré d'espace utilisable. Comment s'étonner que les gens les suivent comme l'eau descend la rivière [10] ? »

Lorsque l'encre venait à manquer, l'équipe de propagande raclait le fond des woks et la suie dans les cheminées. S'ils n'avaient pas assez de papier, ils utilisaient des pages arrachées aux livres de compte des propriétaires, aux livres de prière bouddhistes, les papiers votifs destinés aux défunts, voire des lamelles de bambou qu'ils confiaient à la rivière pour atteindre la population sur des kilomètres en aval. En hiver, l'affichage était plus compliqué. La colle durcissait dès qu'on l'étalait. Ils avaient dû mettre au point une nouvelle technique. Les œufs frais gelaient moins vite. Ils en cassaient dans l'eau, et étalaient cette mixture. L'affiche s'y collait, et il n'était pas facile de l'arracher.

Les œufs étaient convoités par les soldats affamés, mais personne n'osait les leur dérober.

La propagande fut un des grands succès de la Longue Marche. C'était le moyen le plus efficace pour rassurer la population, lui expliquer le programme des communistes, et gagner sa confiance. Les paysans, comme tout le monde, appréciaient qu'on mette un peu de couleur et de spectacle dans leur vie misérable. Ils trimaient toute l'année, avec le Nouvel An lunaire pour seul moment de repos. Le village se cotisait alors pour inviter une troupe itinérante d'opéra traditionnel qui donnait une semaine ou deux de représentations. Ils étaient très bon public pour n'importe quelle œuvre de propagande, pourvu qu'elle soit distrayante. Le divertissement était particulièrement prisé à la fin d'une réunion de lutte, au cours de laquelle on avait redistribué aux pauvres un outil, une chemise ou quelques kilos de riz saisis chez les riches. Ou bien les jours de marché, quand l'Armée rouge égorgeait quelques porcs pris aux grands propriétaires, les cuisait dans de grandes marmites au milieu de la place du village, et en distribuait la viande. Wu invitait les badauds à se servir, et leur promettait qu'ils mangeraient tous les jours aussi bien pour le restant de leur vie s'ils s'engageaient dans les rangs de l'Armée rouge. Un grand nombre de jeunes signaient sur-le-champ, sans même rentrer chez eux prévenir leurs parents.

Depuis des siècles, les dirigeants s'employaient à maintenir les masses dans l'ignorance, en vertu du principe qu'elles se révolteraient si elles en savaient trop. Les communistes renversaient cette politique, ils voulaient précisément que les masses se révoltent. La propagande et l'alphabétisation y contribuaient. Les efforts déployés dans ce domaine étaient réellement considérables. Des cours étaient organisés non seulement à l'intention des soldats, mais aussi des enfants et des femmes. Des campagnes d'alphabétisation de masse, et des campagnes de représentations dramatiques étaient menées. Le Soviet du Jiangxi avait pu revendiquer la création de 3 000 écoles primaires, et de 66 000 cours du soir. L'alphabétisation expliquait probablement la circulation des quotidiens et des magazines : 40 000 exemplaires distribués pour *La Chine rouge*, 28 000 pour *La Vérité de la Jeunesse*, 17 000 pour *La Lutte* et 17 000 pour *L'Étoile rouge*[11]. L'enseignement ne cessa pas pendant la Marche elle-même, comme se le rappelait Huang : « Nous n'arrêtions jamais d'apprendre. Vous ne me croirez peut-être pas, mais chaque semaine, je mémorisais de nouveaux idéogrammes, en profitant en particulier des jours de repos. » Il ne se contentait pas d'apprendre des mots nouveaux, bien évidemment. Les idées communistes faisaient partie de la leçon, pour l'aider à comprendre pourquoi on ne pouvait plus accepter que les choses restent en l'état.

L'atout maître des communistes, néanmoins, avait été de faire passer la Longue Marche pour une croisade anti-japonaise. Avant même de quitter le Jiangxi, le parti avait dépêché une avant-garde anti-japonaise, expliquant que :

> ... *L'Armée rouge ne saurait laisser la nation tomber sous la domination impérialiste japonaise sans réagir. Elle s'opposera à ce que les traîtres nationalistes bradent la Chine tout entière. Elle ne tolérera pas les massacres et les viols de masse perpétrés par les impérialistes japonais contre le peuple chinois... L'avant-garde anti-japonaise est prête à s'allier sans aucune exclusive à toutes les forces disposées à combattre les Japonais par les armes*[12].

Cette colonne, forte de 6 000 hommes, avait emporté plus de 1 600 000 exemplaires de cette déclaration ainsi que d'autres ouvrages de propagande, et avait pénétré au cœur de la zone sous contrôle nationaliste. Les forces de Tchang l'avaient rapidement anéantie. Son chef, Fang Zhimin, avait été exhibé dans une cage après avoir été capturé, puis il avait été exécuté. Jusqu'à leur dernier souffle, lui et ses hommes avaient cru que leur mission était vraiment de combattre les Japonais. Ils n'avaient pas su que leur fonction véritable était de faire diversion, pour laisser à l'Armée rouge le temps de s'enfuir. Il en était de même pour tous les anciens combattants que j'ai rencontrés. Tous croient à ce jour encore qu'ils ont marché vers le Nord pour rejoindre le front anti-japonais. « Pour quelle autre raison aurions-nous abandonné notre base dans le Sud fertile pour nous rendre dans ces contrées désertiques ? C'est là qu'il fallait arrêter l'impérialisme japonais » m'expliqua Wu, absolument certaine de son fait. Elle entonna aussitôt pour prouver sa thèse un des chants anti-japonais qu'elle avait enseignés aux soldats comme aux paysans :

> *Nous vous rendrons vos terres et vos forêts,*
> *C'est pour vous que nous nous battons.*
> *Chérissez votre haine du Japon,*
> *Venez à nos côtés combattre le Japonais.*

Huang lui aussi se rappela deux immenses peintures qu'il avait vues sur la façade d'un édifice public dans le Guizhou. Sur la première, Tchang guidait par la main les Japonais vers la Grande Muraille ; sur la seconde, il dépeçait la carte de la Chine en plusieurs morceaux pour en offrir un à un officier japonais brandissant un sabre. La légende en était *Tchang trahit la patrie*. « Notre haine de Tchang ne fit que croître après avoir vu ces peintures. Nous avancions vers le Nord pour aller y combattre les Japonais, alors que Tchang Kaichek ne levait pas le petit doigt contre eux. Au contraire, il gaspillait tout son trésor et ses munitions pour tenter de nous anéantir, ce salaud ! »

Cette propagande anti-japonaise transforma ce qui était une déroute de l'Armée rouge démoralisée en une marche héroïque pour le salut de la patrie. Elle donna aux troupes communistes l'impression que la campagne avait un objectif sans lequel l'armée aurait eu toutes chances de se désintégrer. Et, ce qui était tout aussi important, elle lui attira la sympathie et le soutien de la population. Où qu'ils aillent, les communistes mettaient en avant cette rhétorique anti-japonaise. « Cette propagande très élaborée doit être reconnue comme l'expression d'une stratégie politique hors pair. Elle a été pour une bonne part dans le succès final de cet exode héroïque » écrivit Edgar Snow de manière prophétique. « En un sens, cette migration de masse a été la plus formidable opération de propagande armée de l'Histoire... Je pense que l'avenir prouvera que cela aura probablement été l'héritage le plus durable des Rouges [13]... »

Snow n'était pas conscient, en écrivant ces mots, qu'il rendait lui-même un service incommensurable aux communistes. Ce natif de Kansas City s'était embarqué encore jeune pour Shanghai en 1928, dans l'espoir d'assouvir son immense curiosité pour les affaires du monde, et de céder à ce qu'il qualifiait lui-même de « séduction de l'Orient ». C'était l'année qui suivait le grand massacre des communistes par Tchang. Snow, qui n'avait que vingt-six ans, était un jeune journaliste, idéaliste et facilement impressionnable, qui écrivait pour le *Herald* de Londres et le *Sun* de New York. La misère qu'il découvrit en Chine le révolta d'emblée. Après s'être rendu dans une région frappée par la famine dans le nord du pays en 1929, il écrivit :

> *Vous a-t-il jamais été donné de rencontrer un homme, un homme honnête qui travaille dur... et qui n'a pas trouvé de quoi se nourrir depuis un mois ? C'est la plus déchirante des visions. Sa chair, déjà rongée par la mort, flotte sur sa carcasse toute ridée. Elle laisse paraître chaque os de son squelette, ses yeux vides ne voient plus rien... S'il a de la chance, voilà longtemps qu'il a vendu sa femme et ses filles, comme pratiquement tout ce qu'il possédait, jusqu'à la charpente de sa maison et à ses propres vêtements.*

Il s'en trouve même parfois un qui a sacrifié l'ultime bout de tissu qui protégeait sa décence. Il titube devant vous sous le soleil incandescent, et ses testicules flétris balancent comme des olives séchées, en un ultime et ironique rappel que cette chose a jadis été un homme [14] *!*

En 1931, il en était venu à écrire : « J'ai vu tant de souffrance et de malheur que mon sang en est contaminé. » L'agression japonaise et l'impuissance de Tchang à prendre les choses en main lui étaient insupportables. Son gouvernement incarnait à ses yeux l'apogée de la corruption, de l'incapacité et de l'injustice. La seule préoccupation de ses responsables était de s'en mettre plein les poches, et d'empêcher le peuple de se rebeller. La Chine avait besoin de changement, et Tchang ne semblait pas l'homme de la situation. Se pouvait-il que les communistes offrent une solution ? On en savait peu sur leur compte, en raison de la censure nationaliste. Tchang surveillait étroitement les médias, et menait la vie dure aux journalistes du genre de Snow. Après sept ans de séjour en Chine, celui-ci était toujours incapable de répondre aux questions les plus élémentaires au sujet des communistes. Qui étaient-ils ? À quoi ressemblaient-ils ? Transportaient-ils dans leurs valises des bombes artisanales ? Quelles étaient leurs motivations ? Pourquoi étaient-ils parvenus à résister neuf années durant face à un ennemi aux forces infiniment supérieures ? Comment vivaient-ils ? Quelle était leur influence réelle ? Snow constatait avec dépit que « ... cela fait pas mal de temps qu'il ne s'est pas trouvé un observateur non communiste qui puisse répondre à ces questions de manière crédible, avec exactitude et en apportant des faits qu'il a pu lui-même constater ».

Le voyage de Snow dans la base rouge du Shaanxi ne dut rien au hasard. J'avais toujours cru qu'il en avait pris l'initiative, mais ce n'est pas tout à fait le cas. Il avait certes essayé de s'y rendre, mais il n'y parvint qu'après que Mao et le parti communiste eurent décidé qu'ils avaient besoin de quelqu'un comme lui. Leur but était d'embarrasser les nationalistes en amenant un journaliste qui sympathisait avec leur cause à mettre en avant leurs positions anti-japonaises, de manière à améliorer leur image. Le monde prêterait davantage attention à ce qu'écrirait un journaliste occidental, non communiste mais digne de confiance, dans les médias en Chine et à l'étranger. Pour cela Mao s'adressa à Song Qingling, la veuve de Sun Yatsen qui était aussi, comble d'ironie, la belle-sœur de Tchang, en lui demandant de lui indiquer un journaliste occidental sympathisant. Celle-ci avait lu, et apprécié, les articles de Snow sur la Chine, et s'était prise d'amitié pour lui. Elle proposa son nom à Mao.

Celui-ci ne laissa rien au hasard, dictant dans le moindre détail la manière dont la visite devrait être organisée : « Sécurité, secret, cordialité et tapis rouge [15] » avait-il résumé. Il exigea qu'on loge le journaliste dans la plus belle grotte de Baoan, rebaptisée pour l'occasion Maison d'Hôtes du ministère des Affaires étrangères. Le guide du Musée de Mao m'indiqua comment m'y rendre. La porte en était close, mais de l'extérieur, on voyait qu'elle était vaste, luxueuse et moderne, le sol pavé en faisant une habitation digne du XXᵉ siècle. Après que Mao et les autres dirigeants avaient quitté Baoan, les grottes qu'ils avaient occupées, et que je venais de visiter, avaient été abandonnées aux chèvres. Par la suite, elles avaient servi de cellules où des criminels étaient emprisonnés. Les gardes rouges qui avaient débarqué en 1966 avaient « rééduqué » la population, critiquant les autorités locales et exigeant qu'on fasse de ces grottes un sanctuaire où l'on puisse venir vénérer le Dirigeant Suprême. Pour ce qui était de Snow, ils n'avaient pas trop su quoi faire. C'était un étranger, un Américain qui plus est, et, pour eux, tout étranger ne pouvait être qu'un impérialiste. Des paysans occupaient la grotte où ce dernier avait résidé, ils l'ignorèrent.

Debout devant cette grotte, je m'essayai à imaginer les sentiments que Snow avait dû éprouver à son arrivée dans la zone rouge, son excitation, ses craintes, ses incertitudes. Il ne s'était sûrement pas attendu à être accueilli par toute la direction communiste, à l'exception de Mao, sous des banderoles et au son d'un orchestre militaire. « C'était la première fois de ma vie qu'un gouvernement au grand complet et une ville entière venaient à ma rencontre pour me souhaiter la bienvenue. J'en fus fortement ému[16]. » Des produits de luxe, tels du café, du lait et des cigarettes, d'ordinaire à peu près introuvables, lui étaient fournis. Des soldats avaient été formés pour s'occuper de cet étranger si important. Ils devaient lui être agréables, ne rien laisser au hasard, et répondre à ses besoins de la manière la plus méticuleuse. Un messager particulier se chargeait d'acheminer les lettres qu'il adressait à son épouse, qui résidait à Pékin, et on fit venir de la capitale un traducteur émérite. Zhou Enlai lui proposa un programme de visite de quatre-vingt-dix jours, durant lequel il pourrait se rendre sur le front, et s'entretenir avec les dirigeants aussi bien que les militants de base. Mais ses questions devraient être soumises à l'avance, et le Bureau politique coordonnerait les réponses qui y seraient données.

Mao le reçut peu après son arrivée, et l'entretien se prolongea jusqu'à deux heures du matin. Il ne se trompa pas sur son compte, le décrivant

> ... *le visage émacié, avec un petit côté Lincoln... Il me parut à la fois passionnant et complexe. Il avait la simplicité naturelle du paysan chinois, un sens de l'humour très développé, et le goût de la franche rigolade... Mais quelque chose en lui laisse deviner qu'il est capable de brutalité quand il la juge nécessaire... [Je ressentis] en sa présence la force du destin... Rien*

de spectaculaire ni d'immédiat, mais une vitalité primitive puissante. On sent qu'il tient son aura, quelle qu'elle soit, de sa capacité exceptionnelle à synthétiser et exprimer les exigences les plus immédiates de millions de Chinois, et en particulier de la paysannerie... S'il est vrai que ces exigences, et le mouvement qui les porte, sont une force susceptible de régénérer la Chine, Mao Zedong peut devenir un très grand homme dans une perspective historique [17].

Snow voulait aussi interroger Mao sur sa propre vie. Celui-ci y était réticent. Quelle importance cela pouvait-il bien avoir pour la révolution ? Il lui expliqua qu'un petit côté personnel serait très efficace pour convaincre les lecteurs occidentaux d'oublier leurs préjugés anticommunistes. Mao finit par accepter. C'est ainsi qu'au fil de plusieurs soirées dans les deux pièces de sa grotte, il lui accorda sa première et sa seule interview où il a abordé sa jeunesse. Le secrétaire particulier de Mao servait d'interprète. Les notes prises par Snow sur la base de sa traduction étaient retraduites en chinois, puis relues et corrigées par Mao. Par la suite, ce dernier prit la précaution supplémentaire d'exiger de relire tout ce que Snow écrivait, et il ne se gênait pas pour changer ou réécrire des passages. Zhou Enlai et d'autres dirigeants agissaient de même, ce qui ne plaisait guère au journaliste. Le 26 juillet 1937, il écrivit à son épouse, qui avait rejoint l'Armée rouge au Shaanxi : « Ne me parle plus de ces gens qui nient ce qu'ils m'ont pourtant dit... Avec toutes les coupes qu'ils m'imposent, ça commence à ressembler à du Byron [18]. »

Mao et Zhou Enlai lui ouvrirent toutes les portes et s'appliquèrent à ce que son séjour dans la base rouge soit vraiment inoubliable. Il ne vivait certes pas dans le luxe, mais il était privilégié. Il passait son temps à monter à cheval, à jouer au tennis ou aux cartes. Il se mit même à enseigner les jeux d'argent. Le plat de base était du millet, bouilli, sauté ou frit, accompagné de temps à autre de porc ou de brochettes de mouton. Pour varier l'ordinaire, il fit de gros efforts pour se procurer tous les ingrédients d'un gâteau au chocolat, remplaçant le beurre par du saindoux. Il en sortit une pâte informe, mais il la mangea quand même avec plaisir. « J'avais l'impression d'être en vacances » avoua-t-il.

Ses rencontres avec les dirigeants communistes l'impressionnèrent réellement, et pas seulement Mao, mais aussi Zhou Enlai, Peng Dehuai, Bo Gu, Zhang Wentian et bien d'autres. Ces hommes et ces femmes avaient tous à peu près le même âge que lui. Ils étaient jeunes, optimistes, résolus et ardents. Il se lia véritablement à eux. Il fut tout aussi séduit par les simples soldats qu'il suivit à l'occasion d'un périple de quatre mois sur le front. Ils marchaient, s'amusaient, chantaient et assistaient à des spectacles chaque soir. « Ils n'avaient pas l'air du tout de craindre d'être bientôt anéantis » nota-t-il, en faisant référence aux menaces de plus en plus pressantes de Tchang contre la base rouge du Shaanxi. Quand il les comparait aux nationalistes, il avait l'impression de respirer un bol d'air. Il était aussi à l'aise avec eux, dit-il, « que s'ils avaient été mes compatriotes... Mon espoir pour ce pays avait été ravivé par cette petite bande de survivants de la Longue Marche, et l'impression qu'ils m'avaient donnée, d'eux-mêmes et de leur programme, était tout à fait positive... Je n'avais qu'admiration pour leur courage, leur dévouement, et leur résolution inflexible de diriger la Chine vers son salut, ainsi que pour la compétence évidente, le sens politique et l'honnêteté personnelle de leurs chefs [19] ».

Sa sympathie pour l'Armée rouge et les communistes transparaît clairement dans *Étoile rouge sur la Chine*. Les personnages en sont admirables. Leur abnégation, leur force d'âme, leur esprit indomptable et leur foi en leur étoile, leur confiance absolue en la victoire finale, y sont rendus de manière vivante et attirante. Je me souviens de l'exaltation qu'avait soulevée en moi ma première lecture de cet ouvrage. Son style journalistique est à la fois direct et évocateur, et, pour couronner le tout, l'auteur est profondément concerné par son sujet. Son enthousiasme, son engagement et sa volonté de remplir une mission m'avaient emballée. Aujourd'hui encore j'avalerais sans réticence son récit, comme des millions de lecteurs l'ont fait, si je ne savais rien de ce qu'avait réellement été la Marche.

Snow était bien conscient de tenir un scoop. Mais le retentissement d'*Étoile rouge* le surprit quand même. Aux États-Unis, le magazine The New Republic écrivit que « revient à Edgar Snow l'honneur d'avoir réalisé ce qui restera peut-être comme le plus grand reportage journalistique de ce siècle[20] ». Un autre commentateur se demanda « comment des œuvres de fiction pourraient rivaliser avec des livres comme celui-ci qui est si profondément ancré dans les événements les plus importants de notre époque[21] ? ». Rien d'étonnant à ce qu'un général américain ait pu ensuite remarquer que la seule force des communistes chinois leur venait en fait de ce que les journalistes américains disaient d'eux au public[22]. Au Royaume-Uni, il se vendit 100 000 exemplaires du livre en quelques semaines à peine.

Ce livre changea du tout au tout l'opinion que les Occidentaux avaient de Mao et des communistes. Son titre même soulignait la conviction sous-jacente de l'auteur que ceux-ci étaient destinés à jouer un rôle essentiel dans la guerre contre le Japon, et au-delà. Le biographe de Snow remarqua avec raison qu'« il s'agit d'un ouvrage sans équivalent, à la fois tour de force journalistique et document qui a directement influé sur l'Histoire dont il rendait compte. Il faut bien y voir l'instrument politique qui fit découvrir la révolution chinoise et ceux qui la faisaient aux lecteurs du monde entier[23] ». Mais c'est aussi un indice de l'intelligence de Mao et de son extraordinaire capacité à se projeter dans l'avenir, qui lui permirent de faire passer une retraite pour une victoire, et de la transformer en un symbole si puissant de la puissance du communisme que ses effets s'en font encore sentir à ce jour.

La publication du livre en chinois, avec la coopération entière de Snow, contribua également à forger l'opinion que les Chinois se faisaient des communistes et de l'Armée rouge. Ils savaient enfin qui étaient les Rouges, à quoi ils ressemblaient, et ce qu'ils voulaient. C'est à la lecture de Snow que plus d'un jeune révolutionnaire qui vivait dans la zone sous contrôle nationaliste décida de rejoindre les communistes au Shaanxi. Parmi ceux-ci, il y eut notamment Jiang Qing, alors starlette à Shanghai, qui devait devenir la troisième épouse de Mao. La publication marqua le début de la renaissance du parti communiste chinois. Mao en fut profondément reconnaissant à Snow, et lui fit les plus hautes louanges qu'un Chinois puisse imaginer. L'importance d'*Étoile rouge sur la Chine*, dit-il, n'avait pas été moindre que celle de Yu le Grand, l'empereur mythique auquel la légende attribue le mérite d'avoir maîtrisé les inondations, et sauvé le peuple chinois[24]. Génie de la propagande, et convaincu de la puissance de la plume, Mao n'avait cependant pas imaginé que celle de Snow pourrait avoir un impact aussi considérable. Elle modifia radicalement le sort de l'Armée rouge, du parti communiste et le sien propre.

11.

La fin de la Marche.

« Nous avons jeté fusils et paquetages à terre, et nous sommes jetés dans les bras les uns des autres. On riait, on sautait en l'air, on esquissait des pas de danse. J'étais aux anges. J'ai fondu en larmes en embrassant un soldat de la 1re Armée. Nous avons dévalé sur Huining comme un fleuve qui aurait rompu un barrage. » La mère Wang se remémorait cette journée inoubliable du 10 octobre 1936. « La porte de la vieille ville était entièrement recouverte d'affiches colorées et de drapeaux, on aurait dit la chambre d'un jeune marié le jour de ses noces. Pétards et tambours faisaient un énorme vacarme. » Les soldats se pressaient comme ils le pouvaient sur la place devant le temple de Confucius. De grands braseros à essence, allumés devant l'estrade, chassaient l'obscurité et la fraîcheur mordantes de l'air du soir. Les soldats portaient encore les uniformes légers avec lesquels ils avaient quitté le Sud, souillés et tout déchirés, et des couvre-chefs informes, mais personne n'y prêtait la moindre attention. Seule comptait l'atmosphère chaleureuse si réconfortante de cette première réunion des 1re, 2de et 4e Armées. Les discours leur remontèrent encore un peu plus le moral.

Zhu De, commandant en chef de l'Armée rouge, lut le télégramme adressé aux trois armées par le Comité central et la Commission militaire. « L'union des trois principales Armées rouges pour participer au front anti-japonais sera décisive... Nous allons nous battre pour protéger le Nord-Ouest, le Nord, puis l'ensemble de la Chine. » Le communiqué de la 4ᵉ Armée était tout aussi mobilisateur : « Nous voici réunis, et nul ne peut contester que c'est en soi déjà une grande victoire... Camarades ! Marchons côte à côte. Les traîtres à la patrie et les impérialistes japonais tremblent déjà de nous voir unis. La victoire nous attend[1]. »

Assise au milieu de la foule, Wang était submergée par un sentiment d'intense soulagement. Elle avait du mal à croire qu'elle avait survécu à tant de bombardements, de batailles, de faim, de maladies et de mort, et qu'elle avait enfin retrouvé ses vieux compagnons de la 1ʳᵉ Armée. Beaucoup, certes, manquaient à l'appel. La 4ᵉ Armée à laquelle elle appartenait à présent avait elle aussi perdu la moitié de son effectif. Mao, depuis le Shaanxi, proclama « Huining, ville de la paix, où l'union des Armées rouges annonce le retour de la paix en Chine ». Le 10 octobre 1936 est, depuis lors, commémoré comme le jour où la Longue Marche a pris fin. L'exposition qui y est consacrée, dans l'ancien temple de Confucius, devenu Musée de la réunion, se conclut par cette proclamation : « Cette réunion consacra l'échec complet des campagnes d'encerclement et de poursuite des Armées rouges par Tchang. Elle fut le tournant décisif sur la route de la victoire de la révolution communiste. »

J'espérai plus modestement rejoindre à Huining un autre voyageur qui avait entrepris, lui aussi, de refaire la route de la Longue Marche. Nous nous étions rencontrés à Ruijin, devant la résidence de Mao. Son uniforme trempé de sueur, son énorme sac à dos et la détermination qui se lisait sur son visage m'avaient intriguée. J'avais découvert qu'il suivait le même itinéraire que moi. « Il y a pas mal de gens qui ont refait la route de la Longue Marche : un ancien combattant, des descendants de ceux qui y ont pris part, des journalistes, des étrangers, et même un paysan, mais pas un seul soldat. J'en ai eu honte. Quand même, les Marcheurs étaient avant tout des soldats ! J'ai décidé d'être le premier militaire à refaire la route. Et d'être plus rapide que tous les autres qui l'ont suivie » m'avait-il expliqué. Il était pressé, car il n'avait que six semaines de permission.

Je lui avais souhaité bonne chance, nous avions échangé nos numéros de téléphone, et nous étions promis de rester en contact pour nous informer mutuellement de notre progression, chaque fois que ce serait possible. Avant nos adieux, il avait ajouté que je pouvais être fière : « Vous serez la première femme à avoir refait la Longue Marche. » Je n'en étais pas certaine, mais il avait insisté : « Si, si, vous êtes la première. Aucune autre Chinoise n'a essayé. » Je n'y avais jamais pensé. Ce n'était quand même pas une compétition. Mon seul but était de comprendre les difficultés que les soldats avaient affrontées, les obstacles qu'ils avaient surmontés, et comment ils y étaient parvenus, ainsi que le regard qu'ils jetaient aujourd'hui sur leur expérience passée. L'important pour moi était de répondre à la question du bilan qu'on peut faire de cette extraordinaire odyssée. Je ne ressentais aucune fierté particulière d'avoir réussi dans mon entreprise, même si le voyage n'avait pas toujours été une promenade de santé. J'avais connu des moments difficiles, bien sûr, mais il aurait été ridicule de ma part de les comparer avec les privations et les dangers effroyables qu'avaient connus les Marcheurs. Je n'avais pas eu à crapahuter mètre après mètre, ployant sous un énorme fardeau, à travers montagnes et marécages, comme lui-même avait choisi de le faire, au moins en partie.

Il m'avait téléphoné de loin en loin, et m'avait raconté ce qui l'avait le plus marqué : une nuit glacée qui l'avait surpris sans manteau ; l'épuisement de devoir aller aussi vite ; la pauvreté qu'il avait constatée tout au long de sa route ; des villes et des villages miraculeusement préservés ; le désintérêt total des habitants pour leur passé ; la beauté saisissante des hautes montagnes et des prairies sans fin qu'il avait traversées ; son étonnement devant la manière dont Mao avait guidé comme par miracle l'Armée rouge parmi les pièges nombreux tendus par les hommes ou la nature ; et l'admiration sans bornes qu'il ressentait pour ces soldats, qui avaient réussi ce qui paraissait impossible. Je lui avais demandé s'il pensait qu'il aurait pu accomplir la Longue Marche dans les conditions d'antan. « Jamais ! » m'avait-il franchement répondu. « Les soldats de nos jours sont des enfants gâtés. Pour commencer, nous n'avons pas la foi qui animait les Marcheurs. Nous nous serions demandé pourquoi nous faisions tout cela. Nous ne serions certainement pas capables de supporter pareilles épreuves, et nous aurions sans doute déserté. Même à supposer que nous ayons tenu bon jusqu'au bout, Tchang Kaichek aurait à coup sûr mis au jour nos plans, et il nous aurait anéantis. De nos jours plus personne ne sait garder un secret. »

« Pourtant, vous êtes en train de le faire » lui avais-je fait remarquer.

« J'en suis loin » avait-il modestement répliqué.

Et pourtant, sa ténacité, sa détermination, et son honnêteté me rappelaient celles des Marcheurs. Si tous les soldats avaient pu lui ressembler, on aurait pu dire que les Marcheurs n'avaient pas versé leur sang en vain, que leur énergie s'était perpétuée, et que l'armée chinoise était invincible. J'avais prévu de lui dire tout cela à Huining, ou lors d'un autre rendez-vous. Mais j'avais été trop lente, nous ne nous sommes jamais revus.

Je le regrettai, mais cela n'avait pas grande importance. Wang, elle, avait vu sa vie s'effondrer à Huining. Elle y apprit que son mari était toujours vivant, mais qu'il se trouvait au Shaanxi, avec Mao. Elle en pleura de bonheur, regrettant ne pas avoir d'ailes pour prendre immédiatement son envol et aller le rejoindre. Elle n'avait plus de nouvelles de lui depuis la rupture entre les 1re et 4e Armées, quatorze mois auparavant. Tout ce temps, elle avait gardé pour elle ses sentiments. Trop de ses camarades mouraient tout autour d'elle. Elle alla voir Zhang Guotao. « Je lui dis que nous avions gagné, et qu'il était temps pour moi de reprendre mes études interrompues à Ruijin. Je sollicitai son autorisation de me rendre à l'Université de l'Armée rouge, au Shaanxi. »

Zhang Guotao, qui, selon Wang, était un chef bienveillant, lui répondit qu'il avait d'autres chats à fouetter. Elle fut un peu vexée de sa réponse, mais pas vraiment surprise. Elle occupait un poste de direction au sein de la 4ᵉ Armée et savait par conséquent que la réunion de leurs forces était pour Zhang autant, sinon plus, un motif d'inquiétude qu'une raison de se réjouir. Un an plus tôt, après sa rupture avec Mao et la 1ʳᵉ Armée, il avait mis sur pied un Comité central provisoire. Lequel avait aussitôt mis Mao, Zhou Enlai et les autres dirigeants du parti en accusation, pour avoir détruit l'unité de l'Armée rouge, cessé de croire en la révolution communiste, et pris la fuite en direction de l'Union soviétique. Il avait de son côté mis le cap au Sud, dans l'espoir de créer une base dans la plaine de Chengdu. Mais son projet s'était heurté à l'opposition résolue des seigneurs de la guerre de la région qui défendirent âprement leur territoire, avec l'assistance du gros des forces que Tchang avait lancé à la poursuite de l'Armée rouge. Il se tourna ensuite vers l'ouest du Sichuan, région majoritairement peuplée de Tibétains. Mais il lui fallut y renoncer après avoir constaté la pénurie totale de nourriture et de toute ressource dans les régions tibétaines.

Mao, de son côté, s'activait pour pousser Zhang à dissoudre son Comité central provisoire, et le rejoindre au Nord. Le premier secrétaire du parti, Zhang Wentian, reconnut plus tard que « nous l'avons petit à petit amené à sortir de son trou... en lui envoyant un si grand nombre de messages, qu'il finit par accepter[2] ». Le personnage-clé de ce complot fut Lin Yuying, qui venait tout juste d'arriver de Moscou, envoyé en mission par le Komintern pour reprendre contact avec le parti communiste chinois, avec lequel tout contact avait cessé depuis deux ans. Lin n'avait aucun mandat autre que celui de messager, mais Mao le convainquit d'intervenir auprès de Zhang Guotao, et de proposer à ce dernier une solution comme si elle avait l'aval du Komintern. La 4ᵉ Armée de Zhang formerait le « Bureau sud-ouest » du Comité central, et la 1ʳᵉ Armée de Mao son « Bureau nord-ouest ». L'un et l'autre auraient un statut égal, et on s'en remettrait au Komintern pour décider plus tard à qui serait confiée l'autorité suprême.

Lin ayant servi leurs fins, Mao et ses partisans l'expédièrent en zone contrôlée par les nationalistes, afin qu'il ne puisse révéler la supercherie. On n'entendit plus jamais parler de lui. Mais sa médiation avait réussi, et Zhang accepta de venir au Nord. Il expliqua que « toutes les décisions du Komintern ont valeur de décret divin, je ne pouvais qu'y obéir ». Il savait pertinemment que l'indépendance du parti communiste chinois n'était qu'un faux-semblant, et qu'il était en fait un satellite de Moscou. De plus, les pertes très lourdes subies par la 4ᵉ Armée avaient de quoi l'inquiéter : il avait perdu 40 000 hommes et femmes au fil des combats, ou en raison de la pénurie de nourriture et de médicaments. Il n'avait pas vraiment le choix.

Alors même que Zhang faisait ses préparatifs pour le rejoindre, Mao lui envoya un message, lui confirmant ce dont il se doutait déjà depuis un moment : « Les ravines [de la base du Shaanxi] sont profondes et totalement dénudées d'arbres. L'érosion du sol est terrible, peu de gens y vivent. Le transport y est difficile, et une armée nombreuse éprouvera des problèmes à s'y déplacer... Les récoltes sont très maigres. On manque de grains tout autant que d'hommes. Une troupe nombreuse ne peut espérer survivre dans ce coin très longtemps[3]. » Cet aveu avait dû faire plaisir à Zhang. Mao et les siens s'étaient bien trompés ! Le Shaanxi ne valait pas mieux que l'ouest du Sichuan pour y établir une base. Ils avaient tous deux commis une erreur d'appréciation. Mao ne pourrait pas lui faire trop de reproches. Si Zhang avait été informé plus en détail de la misère totale dans laquelle Mao et ses hommes survivaient depuis un an, il aurait sans doute été encore plus satisfait.

Il ne pouvait pas savoir qu'ils avaient trouvé leur sauveur en la personne de Zhang Xueliang, le Jeune Maréchal, celui-là même qui avait chassé la 4e Armée de sa base dans les monts Dabie, au centre du pays. Le Jeune Maréchal a été un des seigneurs de la guerre les plus pittoresques, et un des acteurs les plus controversés, de l'histoire chinoise au XXe siècle. Il avait été chassé de sa région natale par les Japonais en septembre 1931, et avait mis ses 100 000 hommes au service de Tchang. Il avait d'abord reçu l'ordre de combattre la 4e Armée de Zhang Guotao, puis de s'occuper des troupes de Mao au Shaanxi. Il n'avait en fait aucune envie de se battre contre les communistes. Les campagnes qu'il avait menées contre la 4e Armée avaient certes été victorieuses, mais elles lui avaient coûté très cher. Peu après l'arrivée de Mao et de son armée aux abois dans le Shaanxi, ses forces avaient eu quelques accrochages avec elle, et il y avait perdu une division entière. Il craignait par conséquent ce dont les Rouges seraient capables s'ils accumulaient assez d'hommes et de moyens, une fois qu'ils se seraient remis de l'épuisement de leur marche. De plus, il était sensible à leurs appels à lutter contre les Japonais. Il aurait préféré que Tchang cesse de combattre les communistes, et l'aide à repousser les Japonais, afin de recouvrer sa terre natale. Il attendait cela depuis cinq ans déjà, mais Tchang insistait pour se débarrasser d'abord des communistes avant de se lancer contre les Japonais. Le jour qu'il attendait ne viendrait peut-être pas davantage que celui où le fleuve Jaune renverserait son cours. Cela méritait considération.

L'imposant palais de Zhang, sur l'avenue Jiangguo à Xian, était son QG. De là, il était censé diriger la campagne finale d'anéantissement de l'Armée rouge dans le

Nord-Ouest. Je fis un crochet pour le visiter, bien que le parcours de la Longue Marche n'ait jamais approché Xian. Mais les événements dont le palais de Zhang avait été le théâtre avaient décidé du sort des communistes, et de celui de la Chine moderne. Tout au fond d'une antique allée, c'était un ensemble de trois bâtiments rococo, à la décoration foisonnante, flamboyante et surchargée, ce qui seyait à celui qui en avait été le propriétaire. Le Jeune Maréchal, âgé de trente-six ans, était célèbre pour son goût pour le plaisir, le jeu et les aventures. Sa résidence accueillait une fête permanente. Il habitait avec son épouse, sa concubine et son fils dans l'aile occidentale ; son entourage dans le bâtiment voisin, tandis que l'aile orientale hébergeait ses invités. Un panneau dans la salle d'exposition indique que Zhou Enlai avait été un des hôtes de ces lieux. Mais il ne disait pas un mot de l'agent communiste qui y vivait en permanence, ce que la plupart des gens ignorent. Il maintenait une liaison radio quotidienne avec Mao et les communistes, depuis la résidence même du commandant en chef de la campagne qui avait pour but leur extermination.

Le Jeune Maréchal était parvenu à la conviction que seuls les Russes étaient assez puissants pour l'aider à chasser les Japonais. Il rêvait que Moscou l'aide à récupérer ses territoires perdus, et peut-être même le soutienne pour qu'il devienne le nouveau maître de la Chine. Il prit contact avec eux, mais il ne leur inspirait aucune confiance. Ils le manipulèrent de sorte qu'il apporte son aide à Mao et son armée. Ce dernier, de son côté, encouragea le Jeune Maréchal à poursuivre ses approches. Les communistes désignèrent un officier de liaison, qui devint un de ses proches collaborateurs. Le Jeune Maréchal se rendit dans son avion privé jusque dans le nord du Shaanxi, pour y rencontrer en secret Zhou Enlai. Il lui proposa même à un moment d'adhérer au parti communiste. Ils convinrent d'un plan pour proclamer un gouvernement rival de celui de Tchang, qui serait basé dans le Nord-Ouest, avec le Jeune

Maréchal à sa tête, et l'Union soviétique pour alliée. Un émissaire de premier plan fut dépêché à Moscou pour présenter ce plan. Le Jeune Maréchal prit son avion pour se rendre personnellement à Lanzhou et organiser le voyage de cet émissaire.

Hélas, Staline rejeta ce plan. Il ne voyait pas en ce play-boy devenu seigneur de la guerre l'homme capable de diriger la Chine. Il continuait de miser sur Tchang, qu'il considérait seul capable de réunifier le pays. Il fallait que Mao engage des pourparlers avec Tchang. Si la Chine venait à se désintégrer, cela ferait le jeu des Japonais, et l'Union soviétique serait inévitablement entraînée dans un conflit avec Tokyo que Staline voulait éviter à tout prix. Il avait assez à faire avec la menace que faisait peser Hitler. Le Jeune Maréchal, ignorant tout de la décision de Moscou, poursuivit la mise en œuvre du plan qui, pensait-il, lui permettrait de réaliser ses ambitions, et de sauver les communistes.

Il donna ordre à ses troupes de rester à bonne distance de l'Armée rouge, et s'arrangea pour que tous les mouvements de ses forces, ainsi que tous les plans stratégiques de Tchang, soient communiqués aux communistes par télégraphe. Ils devaient quand même faire semblant de continuer à se battre, mais ils se restituaient le jour même tout prisonnier qu'il leur arrivait de faire. Il y eut certes quelques accrochages, car tous les officiers du Jeune Maréchal n'avaient pas été mis dans la confidence. Un des chefs de l'Armée rouge lui télégraphia un jour : « Il y a eu des combats. Je renvoie tous les hommes que j'ai capturés à votre division, mais nous gardons leurs fusils et leurs munitions. J'espère que vous n'y verrez pas d'objection[4]. » Beaucoup plus grave, en raison de la confusion et des malentendus, un des commandants des troupes du Jeune Maréchal laissa les forces de Tchang pénétrer dans la base rouge du Shaanxi, et s'emparer du QG communiste près de Baoan. Les dirigeants ne s'échappèrent que de justesse.

Le Jeune Maréchal maintenait l'Armée rouge sur pied grâce au ravitaillement qu'il recevait de Tchang. Les communistes n'avaient qu'à faire connaître leurs besoins, et il les satisfaisait, qu'il s'agisse d'armes ou de munitions, de tenues d'hiver, de matériel radio, de médicaments, d'argent ou de son avion personnel. Des friandises, cigarettes, chocolat et lait condensé, arrivaient à Zhidan par camions entiers, à la grande joie de Mao, intoxiqué à la nicotine, et des autres dirigeants. Deng Xiaoping en particulier guérit de la typhoïde grâce au lait condensé. Les 10 000 tenues hivernales fournies par le Jeune Maréchal sauvèrent l'Armée rouge pendant son premier hiver dans le Nord, lui évitant de mourir de froid. Mais son aide la plus précieuse fut financière. Pour la seule année 1936 il prêta aux communistes – sans s'attendre à être jamais remboursé – plus de 700 000 *fabi*, la monnaie nationaliste, somme colossale puisque leurs dépenses pour l'ensemble de l'année 1937 ne dépassèrent pas 560 000 *fabi*. Zhou Enlai lui exprima sa profonde gratitude en lui écrivant : « Vous nous traitez à l'évidence comme des membres de votre propre famille, vous nous mettez sur le même pied. Nous nous sentons frères. Nous ne pourrons jamais assez vous remercier[5]. » Ce n'est pas pour autant qu'il lui révéla que Staline ne voulait pas de lui.

Mao pour sa part continuait de presser Moscou de soutenir son alliance avec le Jeune Maréchal. Il fit parvenir une demande d'assistance urgente. Il s'agissait, outre de couvrir des besoins vitaux, de montrer à son allié que Moscou le prenait au sérieux, et pouvait soutenir leur front uni. Début septembre 1936, Staline autorisa une livraison d'armes à l'Armée rouge. Mao avait sollicité une assistance mensuelle de 3 millions de dollars, des avions, de l'artillerie lourde, des obus, des fusils, des mitraillettes, des canons anti-aériens, des ponts mobiles, ainsi que des conseillers soviétiques pour piloter les avions et diriger l'artillerie. Les Russes confirmèrent en octobre à Mao qu'ils allaient lui envoyer une aide importante, même si elle ne couvrait pas tout ce qu'il avait demandé. Elle serait acheminée vers le Ningxia, la province de la Mongolie chinoise la plus proche de la Chine occidentale.

Mao et Zhang Guotao se mirent d'accord pour marcher de concert sur le Ningxia. Leurs armées combinées franchiraient le fleuve Jaune, occuperaient le Ningxia et y réceptionneraient l'aide soviétique. Ce plan convenait à Zhang. S'il pouvait mettre la main sur ces livraisons, sa position en deviendrait beaucoup plus forte. La 4ᵉ Armée, qui était de loin la plus puissante des trois Armées rouges, serait le fer de lance de la campagne. Un Régiment féminin d'avant-garde fut créé pour mobiliser le soutien des populations locales. Chen Changhao, le commissaire politique de la 4ᵉ Armée, convoqua la mère Wang quelques jours après la réunion des trois armées. « Le parti a décidé, après mûre considération, de te confier le commandement du Régiment féminin d'avant-garde. C'est un grand honneur que de remplir cette mission cruciale à notre succès. Retrousse tes manches. Le parti compte sur toi. » Wang comprit pourquoi elle n'avait pas été autorisée à rejoindre son mari.

Cette promotion la plongea dans la confusion. Tout, sa formation, son sens de la discipline, ce qu'elle avait déjà traversé, la poussait à accepter ce nouveau défi. Mais son cœur la tirait dans une tout autre direction. Elle n'avait passé que deux nuits avec son mari, elle avait à peine vingt-trois ans, et elle brûlait d'être de nouveau à ses côtés, en sa compagnie, dans ses bras. Pourtant, elle fit passer le parti avant l'amour. Elle s'attela derechef à mobiliser ses troupes. Comme tous les officiers de la 4ᵉ Armée, elle savait que la bataille serait rude. Cela faisait un an qu'ils ne cessaient de marcher et de combattre, malgré le manque de ravitaillement. Ils étaient au repos depuis moins d'une semaine, et il leur fallait déjà repartir au front, pour une bataille décisive, qu'ils ne pouvaient se permettre de perdre.

« Nous allons nous rapprocher du grand frère soviétique, recevoir son aide, et inaugurer une nouvelle étape de la révolution. Ce sera l'ultime bataille. Nous devons être prêtes à l'honneur de sacrifier notre vie pour assurer la victoire finale. » Ses 1 300 combattantes prêtèrent solennellement serment. Wang était certaine qu'elle supporterait d'être séparée de son mari encore quelques mois. En réalité, il lui faudrait attendre cinquante-cinq ans pour le revoir.

Ils engagèrent la bataille du Ningxia, sous couvert de la nuit, le 24 octobre 1936. Une douzaine d'embarcations transportèrent le QG, le 30e Corps et le Régiment féminin sur l'autre rive du fleuve Jaune. Le 9e Corps était censé les accompagner, mais Mao lui ordonna d'attendre. Le 31e fit la traversée, puis fut rappelé. Mao ne cessait de déplacer ses unités. Il garda le gros de l'Armée rouge, les 1re et 2de Armées ainsi que les deux corps d'élite de la 4e sur la rive Sud, alors que la confrontation décisive devait avoir lieu sur la rive Nord. Le commandant en chef de la 4e Armée et Cheng Changhao, son commissaire politique, qui ne comprenaient plus rien aux ordres et contre-ordres de Mao, le supplièrent de faire au plus vite traverser l'ensemble de la 4e Armée. « Sinon, l'ensemble de notre campagne au Ningxia risque d'être mis en échec. Nous allons avoir le plus grand mal à nous frayer un chemin, à assurer nos arrières, et à simultanément combattre l'adversaire [6]. » Ils ne savaient pas que le véritable objectif de Mao était de préserver sa propre armée, la 1re, tout en faisant porter à la 4e tout le poids des attaques ennemies. Au bout de deux semaines, la campagne du Ningxia dut être abandonnée. Mais le QG et trois des corps d'armée de la 4e, qui avaient déjà franchi le fleuve, n'en furent pas informés. Ils continuèrent d'avancer vers l'Ouest, poursuivant leur offensive. Ils étaient devenus la Légion de l'Ouest. La faiblesse de ses effectifs la condamnait par avance.

Mao se résolut en désespoir de cause à écrire personnellement à des généraux et des politiciens influents du camp nationaliste susceptibles de faire pression sur Tchang pour qu'il se concentre sur la lutte anti-japonaise. Une de ces lettres contient l'appel suivant :

> *Voilà une douzaine d'années, depuis les monts Jinggang, que nous nous combattons. Il est temps de conclure une trêve. Notre volonté de coopérer avec vous pour lutter contre les Japonais est sincère. La nation tout entière nous y appelle. Je suis certain que, en tant que patriotes, vous réagissez comme nous... Si nous parvenions à un accord, vous pourriez réduire vos pertes et économiser vos forces pour les consacrer au combat anti-japonais* [7].

Il se disait disposé à envoyer Zhou Enlai à Nankin pour y engager des négociations. Les communistes étaient même prêts à accepter leur intégration dans l'armée de Tchang, si ce dernier cessait ses attaques contre eux, leur concédait une base, et assurait leur ravitaillement. Mais à ce point de l'histoire, Tchang n'était prêt à aucun compromis. Il imposa des conditions si draconiennes qu'elles étaient inacceptables pour les communistes. Il pensait qu'ils étaient à sa merci, que le moment était venu d'en finir avec eux. « Quels termes croient-ils donc être en mesure de négocier ? » ricana-t-il [8].

L'Armée rouge fut contrainte de demander au Jeune Maréchal 100 000 dollars d'argent supplémentaires. Moscou en avait promis 350 000, mais ils n'arriveraient pas au Shaanxi avant plusieurs mois. Il fallait prendre d'autres décisions radicales. Les femmes intégrées à la 4ᵉ Armée qui étaient parvenues jusqu'au Shaanxi furent informées qu'on n'avait plus besoin d'elles, d'autant que la bataille finale contre les Japonais était imminente. Elles savaient pertinemment que c'était un mensonge. Et elles n'étaient pas du tout disposées à se laisser mettre ainsi à la porte. Comment pouvait-on les traiter de la sorte après tout ce qu'elles avaient enduré ? « Les grands propriétaires traitent leurs journaliers avec plus de respect ! » se mirent-elles à hurler. Certaines d'entre elles s'en prirent même aux officiers à coups de poing. Ordre fut donné aux soldats de les maîtriser et de les ligoter. Puis on les libéra avec deux dollars en poche, et l'ordre de disparaître. Elles refusèrent, et suivirent l'armée en marche pendant plusieurs jours, jusqu'à ce qu'on finisse par les réintégrer dans la colonne centrale [9].

Fin octobre, Mao envoya un message désespéré à Moscou. « L'Armée rouge n'a plus d'autre choix que de retourner au Sichuan ou au Hubei, si elle veut avoir une chance de survie... Notre situation est des plus difficiles. Nous n'avons plus un sou. Nous ne pouvons pas battre monnaie. Zhang Xueliang n'a plus d'argent à nous prêter [10]. » Sans compter que son aide ne pouvait pas être trop visible. Tchang le soupçonnait depuis un moment déjà de traiter en secret avec les communistes. Il avait débarqué à Xian pour prendre lui-même le commandement de la bataille finale contre eux, comme il l'avait fait lors de la dernière campagne au Jiangxi. Il prévoyait même de substituer sa propre armée aux forces de Zhang. Ce dernier était dans une situation de plus en plus intenable. Il ne pouvait plus protéger les communistes, ni les ravitailler comme par le passé. Il lui fallait choisir – se joindre à eux ou se retourner contre eux.

Personne n'avait la moindre idée de comment en sortir, Mao pas plus qu'un autre. Il avait cru que la base du Shaanxi pourrait entretenir son armée, et il s'était trompé. Un de ses aides se souvint d'avoir trouvé sur son bureau un carnet aux pages complètement recouvertes de deux slogans : « Vive le parti communiste ! Vive le communisme ! » « Il était extrêmement inquiet, c'était évident [11]. » Il y avait de quoi. Son plan s'était soldé par un échec complet. Le 13 novembre 1936, le Bureau politique prit la décision d'envoyer ce qui restait de l'Armée rouge vers l'Est, au Hebei, ou vers le Sud, au Henan et au Hubei, d'où la 4e Armée était venue, pour essayer d'y constituer une base. Ils allaient devoir battre en retraite, et attendre un an encore, avant de revenir dans le Nord-Ouest. La Longue Marche n'était donc pas terminée. Moscou et le Jeune Maréchal en furent informés.

Le 12 décembre 1936, avant l'aube, une fusillade éclata autour de la villa où résidait Tchang Kaichek, dans des thermes à l'extérieur de Xian. Tchang parvint à s'échapper en sautant par la fenêtre, puis en escaladant le mur d'enceinte, en chemise de nuit, et sans son dentier. Protégé par deux serviteurs et une douzaine de ses gardes du corps, il s'enfuit vers les collines qui surplombaient la station thermale. Il ne pouvait pas aller bien loin, car il s'était blessé au dos et au genou en s'enfuyant. Il se cacha dans l'anfractuosité d'un rocher, mais fut bientôt encerclé par un détachement de 120 hommes lancés à sa poursuite. Il sortit de sa cachette, mains en l'air, pieds nus sur le sol enneigé, le visage bleui par le froid qui le faisait trembler. Les hommes du Jeune Maréchal venaient de l'enlever, et de le faire prisonnier. L'épisode est passé à l'Histoire sous le nom de l'« Incident de Xian[12] ».

Quand il reçut confirmation de la capture de Tchang, le Jeune Maréchal en ressentit un énorme soulagement. Tout s'était donc déroulé selon ses plans. Tchang était son prisonnier. Il était à présent en mesure de venir à la rescousse de l'Armée rouge, et de réaliser ses ambitions. Quand Mao lui avait fait savoir que l'Armée rouge allait quitter le Shaanxi et reprendre sa Longue Marche, il en avait été aussi inquiet que les communistes. Il croyait encore que l'aide soviétique n'allait pas tarder, et que les communistes allaient l'aider à attaquer les Japonais. En s'emparant de Tchang, il venait de rendre un immense service à l'Armée rouge. Moscou ne pourrait que lui en savoir gré, et n'avait plus d'autre choix que de le soutenir. Ce coup de poker était bien son genre.

« Ma philosophie, c'est le jeu » proclamait-il. « Il m'arrive de perdre une fois ou deux, mais tant que je peux rester autour du tapis vert, je sais que la roue tournera et que le moment viendra où je récupérerai ma mise [13]. »

Il invita aussitôt les communistes à venir à Xian pour discuter du sort de Tchang, et de l'après-Tchang. Mao fut complètement abasourdi par le télex que lui tendit l'opérateur radio. Même dans ses rêves les plus fous, il n'avait jamais imaginé le Jeune Maréchal capable d'un coup aussi audacieux. La minute suivante, il éclata de rire. Les autres dirigeants se pressèrent dans sa grotte, et jubilèrent eux aussi. La réaction de Zhu De fut immédiate : « Qu'y a-t-il à discuter ? Butons ce salopard, on verra après ! » Tous convinrent que c'était ce qu'il y avait de mieux à faire [14].

Mais Staline, que Mao avait informé de ce qui se passait, en avait été scandalisé. Loin d'approuver l'enlèvement, il fit envoyer aux communistes un télégramme des plus sévères, qui commençait par cette mise en garde : « Quelles que soient les motivations du Jeune Maréchal, ses actions ne peuvent objectivement qu'affaiblir le front antijaponais, et encourager l'agression japonaise contre la Chine. » Il leur enjoignit « de prendre une position de principe pour une résolution pacifique de cette crise ». La *Pravda* dénonça un coup d'État servant les intérêts des impérialistes nippons, et accusa le Jeune Maréchal de plonger la Chine dans le chaos sous prétexte de résister au Japon. Soumis à la pression moscovite, les communistes réagirent à l'Incident de Xian sans faire aucune mention de leur promesse de soutenir un nouveau gouvernement avec le Jeune Maréchal à sa tête. Mao lui-même, malgré son cynisme habituel, s'en voulut de lâcher Zhang de cette façon. « Il a besoin de tout notre soutien, et nous ne le soutenons que du bout des lèvres [15]. »

La réaction de Staline et des communistes foudroya le Jeune Maréchal. Ils lui avaient fait croire jusqu'au bout qu'ils soutiendraient son plan. Il comprit aussitôt qu'il avait perdu son pari, et tout ce qu'il avait misé. Le gouvernement de Nankin menaçait de bombarder Xian, les forces nationalistes marchaient sur la ville. La guerre civile approchait de jour en jour. Et le pays tout entier, bien loin de l'applaudir, l'accusait au contraire d'avoir brisé l'unité nationale face à l'agression japonaise. Au lieu d'être salué en héros, il jouait le rôle du traître. Zhou Enlai arriva enfin à Xian, à bord de l'avion personnel du Jeune Maréchal. Il lui fit part des ordres reçus de Moscou, passant sous silence les mots les plus durs du télégramme de Staline, mais aussi ses propres promesses antérieures de soutien. Le Jeune Maréchal eut l'impression d'être devenu lui-même otage, sans aucune perspective de pouvoir se sortir d'affaire.

Quel qu'ait été son état d'esprit, il n'avait plus d'autre choix que d'aller de l'avant. Il réunit les principaux acteurs du drame au palais Zhang pour trouver une issue à la crise. Il y avait là autour de lui le seigneur de la guerre local, le général Yang Hucheng, le beau-frère de Tchang, Song Ziwen, et Zhou Enlai. Ces quatre hommes négocièrent âprement quatorze jours durant les conditions de la libération de Tchang, qui était en résidence surveillée dans un bâtiment voisin. L'accord fut conclu le jour de Noël 1936. Les forces nationalistes se retireraient du Nord-Ouest, qui resterait sous le contrôle du Jeune Maréchal et de l'Armée rouge. Le gouvernement de Nankin serait remanié, pour y renforcer le poids de la faction anti-japonaise. Tous les prisonniers politiques seraient libérés. Les nationalistes cesseraient leurs offensives contre l'Armée rouge. Le parti communiste serait légalisé. La mobilisation nationale contre le Japon serait décrétée. Et un rapprochement avec la Russie, les États-Unis et la Grande-Bretagne engagé.

À l'évidence, les communistes sortaient grands vainqueurs de la crise. Ils avaient obtenu tout ce qu'ils voulaient, sans rien concéder. Leur seul regret était de ne pas avoir obtenu un document écrit, l'accord étant resté oral pour sauver la face de Tchang, qui ne voulait pas donner l'air d'avoir cédé au Jeune Maréchal et aux communistes. L'Incident de Xian mit fin à la fuite sans fin de l'Armée rouge. Tchang abandonna la croisade anti-communiste qu'il menait depuis dix ans. Le parti communiste et l'Armée rouge avaient été sauvés à la dernière minute, et leurs perspectives d'avenir s'étaient considérablement améliorées. Ils n'étaient plus des « bandits », mais une force reconnue comme légitime, dotée de sa propre armée et d'un territoire sûr dans le nord-ouest du pays, et assurée de recevoir régulièrement des subsides et des fournitures de Tchang. En ce sens, l'Incident de Xian mit le véritable point final à la Longue Marche. Il n'est peut-être pas exagéré d'affirmer, comme l'a fait un biographe de Tchang Kaichek, que « si l'Incident de Xian n'avait pas eu lieu, Mao n'aurait pas survécu, et encore moins succédé à Tchang comme maître de la Chine [16] ».

Mais Tchang s'en était bien sorti, lui aussi. Il était apparu comme un héros patriotique, prêt à braver la mort pour son pays et son peuple. Il avait fait savoir qu'il avait rédigé son testament, et l'avait communiqué à son épouse. Mais il garda secret son accord avec le Jeune Maréchal et les communistes. À son retour à Nankin, des foules vinrent spontanément l'acclamer, et le concert de pétards se prolongea toute la nuit. Il n'hésita pas à violer par la suite la plupart des termes de l'accord qu'il avait conclu, mais respecta ce qui avait le plus d'importance aux yeux des communistes : il cessa de les combattre, et en fit ses alliés contre les Japonais. Six mois plus tard, le 7 juillet 1937, le Japon déclarait officiellement la guerre à la Chine.

Le Jeune Maréchal raccompagna Tchang à Nankin. Zhou Enlai l'avait pourtant prévenu que Tchang ne le laisserait jamais en repartir. Il resta prisonnier pendant plus d'un demi-siècle, et ses 100 000 hommes furent absorbés dans l'armée nationaliste. Comme tout le monde, je me demandais pourquoi il s'était jeté dans la gueule du loup. Pouvait-il ignorer le sort qui lui serait réservé après ce qui était arrivé ? Il n'en parla plus jamais du restant de sa vie. Je fis quand même le voyage à Taiwan pour l'y rencontrer, dans la dernière année de sa vie. La recommandation généreuse d'un ami journaliste me valut d'être invitée à lui rendre visite dans sa résidence d'un quartier tranquille de Taipei. La maison était des plus simples, aucun garde n'y était en évidence. Un homme répondit à mon coup de sonnette, et m'ouvrit la porte. Il s'adressa à moi avec un accent prononcé qui me fit penser aussitôt qu'il devait être originaire de la ville natale du Jeune Maréchal, dans le nord-est de la Chine, et devait être à son service depuis fort longtemps. Le Jeune Maréchal m'attendait au salon, assis aux côtés de Mme Zhao Yidi, sa compagne depuis plus de soixante-dix ans.

J'avais donc en face de moi l'homme que j'avais toujours considéré comme un héros, celui qui avait sauvé l'Armée rouge et le parti communiste, changé le cours de l'histoire de la Chine contemporaine, et dont Zhou Enlai lui-même avait assuré que « sa réputation sera éternelle ». Je savais qu'à Taiwan, par contre, on ne lui avait jamais pardonné d'avoir trahi Tchang Kaichek. L'image que j'avais conservée de lui était celle d'un jeune et beau général en uniforme, qui irradiait l'assurance et même l'arrogance, celles d'un homme promis aux plus hautes destinées. Je n'arrivais pas à croire que j'avais bien affaire au même homme. L'âge n'était pas seul en cause. Il évoqua ces événements des années 30 comme s'il me racontait une vieille histoire qui ne le concernait en rien. Je finis par l'interroger sur la question délicate de l'Incident de Xian. Il m'écouta avec attention, puis se contenta de me répondre : « Il y a des choses qu'on n'arrive jamais à expliquer tout à fait. Et d'autres qu'il vaut mieux taire. » Quand je lui demandai ce qu'il pensait vraiment des communistes, il m'offrit très poliment : « Encore un peu de thé ? » Je n'insistai pas, le message était clair. Son silence, et le fait qu'il ne soit jamais retourné en visite sur le continent, suffisaient.

L'entretien dura trois heures, durant lesquelles Mme Zhao Yidi demeura modestement muette, sauf pour l'aider à retrouver une date ou un nom, et demander au serviteur de resservir du thé. Elle avait été une beauté extraordinaire à l'âge de 15 ans, il en avait fait sa concubine, et elle était devenue le grand amour de sa vie. Il avait trouvé dans son affection, son dévouement et son attention, la force de continuer à vivre. Sa conversion au christianisme lui avait également apporté une certaine paix de l'âme. Le Jeune Maréchal est mort en 2001, à l'âge de 100 ans Il a assuré jusqu'à la fin que ses raisons pour enlever Tchang avaient été « totalement désintéressées ».

Quand je me rendis finalement au palais Zhang à Xian, je pus y lire, à la fin de l'exposition qui lui est consacrée, ce jugement :

> *L'Histoire n'oubliera jamais qu'il a été un vrai patriote, qui a voué sa vie à l'indépendance et à la libération de son pays. Il a su juger correctement la volonté de son peuple, et aller dans le sens de l'Histoire. Il fut un grand Chinois, en dépit de ses faiblesses.*

C'était bien là l'image que le Jeune Maréchal, tout autant que les communistes, souhaitait laisser au monde.

12.

La Légion de la Mort.

Zhong, l'opérateur radio de la Légion de l'Ouest, était penché sur son récepteur sans fil et déchiffrait l'extraordinaire message codé qui lui arrivait, de si loin qu'il en était presque inaudible. Il lui semblait comprendre que Tchang avait été enlevé, mais ce devait être une erreur de décryptage. Les murs de la maison de torchis où il était installé étaient criblés des trous des obus qui continuaient de pleuvoir tout autour. Les troupes des deux seigneurs de la guerre musulmans, Ma Bufang et Ma Buqing, tentaient de s'emparer de Yongchang depuis plusieurs semaines. Zhong vérifia le message capté à trois reprises. Il ne pouvait y avoir aucun doute. Il le reporta sur une feuille de papier, et se rua au-dehors. À peine était-il sorti de la maison qu'un obus s'y abattit et la pulvérisa. Il parvint à se dégager des débris, essuya le sang qui coulait sur son visage, et repartit en courant vers le poste de commandement. À la lecture du télégramme, un grand sourire illumina le visage anxieux de son chef. Il ne fallut pas longtemps pour que des cris de joie éclatent dans les rangs de l'Armée rouge à travers toute la ville, à la grande stupéfaction des troupes musulmanes qui l'assiégeaient. Quel motif pouvaient-ils avoir de se réjouir, alors que leur défaite était imminente ? Bientôt les haut-parleurs des assiégés se mirent à beugler : « Cessez le feu !

Votre généralissime, Tchang Kaichek, a été fait prisonnier. »

« Nous étions fous de joie. Nous nous battions depuis deux mois contre les deux Ma. Il gelait, nous n'avions presque pas de nourriture ni de munitions. Un grand nombre de nos camarades avaient déjà été tués. Nous ne savions pas trop combien de temps nous pourrions encore tenir. Pas très longtemps, à mon avis, parce que nous étions sur le point de mourir, de faim et de froid sinon d'autre chose. Maintenant nous allions enfin pouvoir sortir de ce lieu maudit, et rentrer chez nous » se souvenait avoir pensé Zhong. En réalité, leurs ennuis étaient très loin d'être terminés.

Ils étaient même au bord de la catastrophe. La Légion de l'Ouest, qui avait été lancée à travers le fleuve Jaune pour aller récupérer l'aide russe, allait être anéantie à peine deux mois plus tard par les forces des deux Ma. Les 20 800 hommes et femmes qui en faisaient partie seraient tous tués ou faits prisonnier, à l'exception de 400 d'entre eux. Cet épisode tragique a été complètement occulté de l'histoire de la Longue Marche, excepté une brève mention critique. Cette dissimulation a une raison simple : Mao avait décidé que le drame de la Légion de l'Ouest avait été la conséquence de la stratégie de Zhang Guotao. « [Zhang] avait peur des forces de Tchang. Il avait peur des impérialistes japonais » décréta Mao. « Sans l'assentiment du Comité central, il avait entraîné ses troupes au-delà du fleuve Jaune, pour se tailler un sanctuaire dans le Nord-Ouest, sur lequel il régnerait, et pourrait négocier avec le Comité central un partage du pouvoir. C'était une politique erronée, et vouée à l'échec[1]. » Une fois que Mao en avait décidé, plus personne n'avait plus jamais pu discuter du sujet.

Tout au long des cinquante années qui suivirent, remettre en cause cette version des faits équivalait à défier Mao, un crime de lèse-majesté. Les quelques ouvrages qui en parlaient furent interdits. Les anciens combattants de la

Légion, considérés comme des traîtres. Les universitaires qui osaient s'y intéresser de trop près reçurent des mises en garde du parti, et placés sous surveillance policière. Mais, comme dit le proverbe, on n'étouffe pas un feu en l'enveloppant de papier. Aujourd'hui, enfin, la vérité commence à se faire jour. Des témoignages d'anciens combattants ont été les premiers à briser le tabou, non sans provoquer une tempête lors de leur publication. La nouvelle *Histoire du parti communiste*, qui date de 2002, comporte un bref passage, où il est admis que la Légion de l'Ouest n'a pas agi dans le cadre d'un complot de Zhang Guotao, comme Mao l'avait prétendu, et qu'elle n'avait fait qu'obéir aux ordres du Comité central. Deux volumes de messages échangés entre celui-ci et la Légion venaient tout juste de paraître quand je me suis mise en route. L'histoire complète de la tragédie reste à écrire, mais au moins n'est-elle plus taboue.

J'entamai la dernière étape de mon périple en prenant le train à Xian pour me rendre dans la province du Gansu, dans l'ouest de la Chine. C'est là que la Légion avait été anéantie. La terre paraissait être déjà entrée en hibernation, dure, gelée par les froids de novembre. Un village de 50 à 100 âmes, aux habitations de torchis, apparaissait de loin en loin au milieu de champs soigneusement cultivés, mais aussi desséchés qu'une falaise de craie. On avait déjà rentré la maigre récolte d'orge et de blé, et on la voyait sécher sur les aires de battage et sur les toits. Les peupliers se dépouillaient de leur feuillage d'or. Moutons et chèvres, qui d'ordinaire errent sur le sol aride du Gobi, se bousculaient à leur pied pour le brouter.

Les archives provinciales du Gansu, à Lanzhou, la capitale provinciale, furent ma première escale. Elles se trouvaient dans un bel immeuble moderne, et le personnel s'en révéla très efficace. Les dossiers concernant la Légion de l'Ouest furent déposés sur ma table de travail dans les dix minutes qui suivirent ma requête écrite. Ils conteniaent des télégrammes du QG de la Légion, les communiqués hebdomadaires de l'armée musulmane citant les combats, les victoires et les pertes subies, les interrogatoires d'ex-officiers de cette armée, des rapports du gouvernement local sur les activités des bandits rouges, des coupures de journaux nationalistes, des photos de cadavres mutilés de soldats de la Légion et de charniers, et des enquêtes auprès de survivants à travers toute la province. L'ensemble illustrait à quel point la Légion avait été condamnée d'emblée.

Les confessions d'anciens officiers musulmans, qui avaient été des cibles naturelles de toutes les campagnes politiques lancées après 1949, représentaient la plus grande partie de ce matériau. Elles avaient évidemment été extorquées, surtout celles qui commençaient en citant Mao, du genre « Qui se confesse a droit à la clémence, qui s'obstine sera plus sévèrement puni », ou « Toutes nos paroles, et tous nos actes, doivent être conformes aux intérêts du peuple... ». Les déclarations conservées dans ces dossiers épais étaient fort monotones. Les auteurs paraissaient s'être mis d'accord pour tous raconter les mêmes choses. À la longue, je les parcourais sans rien en retenir. Mais, juste au moment où j'allais décider de m'épargner leur lecture, j'eus l'impression d'avoir reçu une décharge électrique à la lecture des interrogatoires de Ma Gelin, qui avait commandé les forces spéciales des deux Ma. Ils contenaient un dossier sur la mère Wang, où il décrivait comment elle était devenue sa maîtresse, et l'avait aidé à s'occuper des 130 détenues dont il avait eu la charge.

J'eus du mal à en croire mes yeux. Je venais de découvrir dans les archives d'une province lointaine, enfouies au milieu d'un monceau de vieux documents, des informations qui auraient pu changer la vie de la première de tous les survivants de la Longue Marche que j'avais rencontrés. Quel degré de confiance accorder à ces déclarations, cependant ? Il était certes peu probable que l'homme ait tout inventé. Le viol d'une officier supérieure de l'Armée rouge était un crime qui pouvait lui coûter très cher. En lisant d'autres déclarations, je tombais d'ailleurs sur des accusations du même ordre contre Wang. J'en fus bouleversée. La femme que j'avais rencontrée avait la foi communiste chevillée au corps, son abnégation paraissait totale, et elle avait un tempérament d'acier, au point qu'elle m'était apparue une exception parmi les anciens combattants. Si elle avait fait ce dont on l'accusait, il me fallait savoir pourquoi.

Ma Gelin mentionnait dans sa confession une autre prisonnière, Li Wenying, torturée pour avoir refusé de se laisser faire par ses hommes. Une véritable héroïne, celle-là. Je me demandai s'il s'agissait de cette femme sur laquelle j'avais lu un article dans un journal chinois que j'avais apporté avec moi.

Après deux journées très fructueuses aux archives, je me rendis au bureau des retraites pour savoir s'il y avait des anciens de la Longue Marche dans le Gansu. Le bureau se trouvait lui aussi dans un immeuble très moderne, un gratte-ciel qui venait d'être tout juste terminé. Le jeune homme qui m'accueillit m'impressionna lui aussi par son efficacité, son ouverture d'esprit et sa volonté d'être aussi utile qu'il pourrait l'être. Oui, m'indiqua-t-il, il restait au Gansu près d'une centaine d'anciens de la Longue Marche qui percevaient une retraite de l'État, c'était un record national. Un grand nombre d'entre eux vivaient dans la région de Linxia, d'où les deux Ma et leurs partisans étaient originaires. Beaucoup de prisonniers, hommes et femmes, de la Légion avaient été offerts comme butin à des officiers musulmans, et étaient entrés dans leur famille comme serviteurs, concubines ou épouses. Je le remerciai pour cette information, et lui demandai s'il avait par hasard dans son registre une certaine Li Wenying. « Bien sûr, elle vit dans le comté de Wuwei » me répondit-il aussitôt, avant de lever les yeux pour me regarder en face. « Mais à votre place, j'irais plutôt à Linxia. Vous aurez plus de chances d'y trouver des anciens qui n'ont pas tout oublié. Vous savez, tout ça s'est passé il y a soixante-dix ans... »

Suivant son conseil, je pris un bus pour Linxia l'après-midi même. La route traversait un paysage sec et sinistre, où les arbres étaient rares. Des bergers menaient leurs troupeaux de chèvres à travers des champs de maïs tout juste moissonnés, qui venaient de donner leur maigre récolte automnale. La population changeait au fur et à mesure qu'on approchait de Linxia. Les hommes portaient une calotte blanche, les femmes se couvraient la tête d'un foulard, bleu ou noir, et blanc pour les plus âgées et les jeunes filles. On passait mosquée après mosquée. Certains villages en comptaient deux ou trois au milieu des maisons de torchis, dans le style traditionnel des temples chinois, ou au contraire d'inspiration arabe. La majorité paraissaient flambant neuves. Le guide que j'avais consulté en recensait plus de 1 700 à Linxia, soit davantage que le nombre d'écoles, ce qui valait à la localité le surnom de « Petite Mecque chinoise ». Les musulmans de la région remontaient aux commerçants venus d'Arabie et de Perse, dès le VIIe siècle, par la Route de la Soie. Au fil de ses conquêtes en Asie centrale, Gengis Khan avait installé dans le nord-ouest de la Chine, en particulier dans cette région, un grand nombre de musulmans capturés. Linxia est une des deux Zones autonomes musulmanes du pays, un tiers de son 1,8 million d'habitants se réclamant de l'islam. J'y arrivai à l'heure de la prière de la mi-journée, le *dhuhr*. Les rues étaient désertes, l'appel des muezzins retentissait à travers toute la ville. Sur le chemin du Bureau des retraites, je passai devant trois immenses mosquées, toutes pleines à craquer de fidèles, des centaines d'entre eux débordant même sur les trottoirs.

J'en conclus que j'avais une chance de trouver quelqu'un au Bureau des retraites, mais l'unique fonctionnaire présent n'avait visiblement aucune envie de m'aider. Il voulut savoir pourquoi je voulais rencontrer ces gens-là, s'enquit de l'objet de mon enquête, et me fit savoir qu'il était délicat de parler aux musulmans. Il me soupçonnait vraisemblablement d'être une journaliste venue fouiner pour dénoncer les problèmes locaux, tels le trafic de drogues, le crime organisé, la fréquentation scolaire très basse, et les récriminations des musulmans à l'encontre des Hans, et vice-versa. Je lui assurai à plusieurs reprises que je n'avais d'autre but que de parler à des anciens de la Longue Marche, mais il ne voulait rien entendre. « Ils n'y connaissent rien. Ils ne savent même pas lire ni écrire. Certains d'entre eux prétendent même avoir rencontré Mao et d'autres hauts dirigeants, mais je crois plutôt qu'ils ont perdu la tête » me fit-il savoir sans lever le nez de ses dossiers. Je m'assis et attendis. Il finit par m'indiquer l'exemplaire du quotidien local qui se trouvait sur son bureau. Il consacrait une page entière à un ancien combattant de la Longue Marche qui vivait dans la région. « Le journal est justement en train de publier toute une série sur ces anciens combattants. Je n'ai pas gardé tous les numéros, mais j'en ai la majorité. Je peux vous les donner, ça vous évitera d'avoir à aller les rencontrer. » Après avoir jeté un œil à un des articles, je pris les journaux et m'en allai, prête à me prosterner devant lui, comme on le fait en Chine pour exprimer la plus profonde gratitude. Je n'avais jamais eu accès à autant d'anciens combattants vivants d'un seul coup, dans la même ville, et accompagnés de tout le travail préparatoire sur leur biographie. C'était un trésor tombé du ciel.

 Le journal avait déjà publié une douzaine de portraits d'anciens combattants qui tous vivaient dans les environs. Ils étaient arrivés à Linxia après la défaite de la Légion de l'Ouest, et n'en étaient jamais repartis. Certains ne semblaient pas très en forme, et leur histoire paraissait incomplète. Mais les souvenirs de quelques-uns d'entre eux étaient si bien racontés que j'étais impatiente de pouvoir les rencontrer. Je parvins à les retrouver grâce aux indications que les articles contenaient.

 Ma Haidiche, quatre-vingt-treize ans, vivait dans un bourg à l'extérieur de la ville de Linxia avec son petit-fils adoptif, l'épouse de celui-ci et leurs enfants. Elle portait le foulard, comme toutes les femmes musulmanes de Linxia. Je la trouvai assise sur un tabouret dans sa cour, toute voûtée et les yeux larmoyants. Elle releva la tête pour me regarder, mais ne parut pas me voir. Ce n'est que lorsque sa petite-fille adoptive lui dit que j'étais venue pour parler avec elle de la Légion de l'Ouest qu'elle se redressa un peu sur son siège, et que son regard s'anima. Elle m'invita à entrer dans la maison, d'une voix étonnamment forte pour une personne d'apparence si frêle. « Elle devient une tout autre personne dès qu'on lui parle de cela. Mais ses vieilles histoires n'intéressent plus grand monde » m'expliqua la jeune femme.

« Vous êtes vraiment venue de Pékin pour me voir ? » s'étonna-t-elle, tout en s'escrimant pour m'offrir des pommes, des oranges, des graines de pastèque et des bonbons. « Ah, si vous saviez ce que nous avons subi ! Je ne sais plus par où commencer. Mais mangez, mangez. Il faut vous nourrir » insista-t-elle. « Vous savez, j'ai tellement peur d'avoir faim que je mange cinq fois par jour. » Les Marcheurs, pour la plupart encore des adolescents à l'époque, avaient davantage souffert de la faim que du froid, des maladies, et même que de la crainte de mourir. Pendant la Longue Marche, elle avait été chargée du ravitaillement, car elle commandait une compagnie de l'intendance de la 4e Armée. Je remarquai que cela avait dû tenir de la mission impossible. « Ça avait été dur dans la prairie, mais là, nous avions au moins de l'herbe pour nous nourrir, et l'eau ne manquait pas. C'était la partie la plus facile de la Marche, en comparaison de la suite. » Elle s'arrêta pour me peler une pomme.

« Je ne comprends toujours pas pourquoi on nous avait envoyés dans cette région » reprit-elle. « C'est si misérable, ici. Jusque dans les années 50, on y mourait encore de faim. Il n'y a que ces dernières années que notre vie s'est un peu améliorée, qu'on a de quoi manger dans nos bols, et un peu d'argent en poche. Les habitants de la région n'auraient jamais pu nourrir les dizaines de milliers de bouches supplémentaires que nous étions. Regardez autour de vous. Cet endroit ressemblait à la Lune autrefois. Même pas un brin d'herbe à mâcher. Pas un seul riche à exproprier. Rien à manger, rien pour s'habiller, rien pour se loger, pas de munitions pour se battre, rien du tout, vous parlez d'une base ! Et quand je pense qu'en chemin, notre équipe de propagande nous chantait "Le Nord Gansu est un paradis. Les récoltes y sont abondantes, le ravitaillement assuré. Nous vaincrons les Ma quand nous le voudrons." »

Je l'invitai à me chanter d'autres chansons de propagande qu'elle se rappelait avoir entendues avant d'arriver au Gansu. Il ne lui fallut pas plus d'une seconde pour entonner : « Les Ma, ces bandits, sont loin de leur foyer et manquent de munitions. Leurs hommes sont fourbus, leurs chevaux efflanqués, leur foi vacille. Ce n'est pas en priant soir et matin qu'on peut se sauver. » Elle ne put qu'ajouter après cela : « En réalité, c'est nous qui étions dans cette situation, pas les Ma. »

Les soldats de l'Armée rouge s'emparaient de tout ce qu'ils trouvaient, par pur désespoir. Elle n'oublierait jamais, avoua-t-elle, le visage d'une vieille femme à qui elle avait arraché des mains, avec l'aide d'une camarade, un sac de farine de maïs, probablement tout ce qui lui restait comme nourriture. La vieille s'y était férocement accrochée, les suppliant de le lui laisser au nom de ses quatre enfants. Sa camarade avait fini par l'abattre d'une balle. Les gens du coin, me dit-elle, ont un proverbe : « Trois jours sans manger font un voleur de l'homme plus honnête. » « La faim avait fait de nous des assassins » murmura-t-elle d'une voix à peine audible. Ils s'étaient partagé le soir même le contenu du sac – quelques cuillères pour chaque soldat, accompagnées d'une gorgée d'eau. Elle n'avait pas pu les avaler, hantée par la vieille femme qu'ils avaient tuée pour survivre. Et pour combien de temps ?

L'alimentation n'était pas le seul problème, l'eau manquait tout autant. Sa compagnie n'avait pas droit à plus d'un baril par jour. Ils avaient les lèvres gercées, des ampoules dans la bouche, et la langue si sèche qu'ils ne parlaient plus qu'avec difficulté. La farine de maïs ou d'orge grillée n'était que de la sciure, impossible à avaler, quand on ne pouvait pas la mélanger à de l'eau. À la fin de chaque repas, elle avait les larmes aux yeux, un goût de sang dans la bouche, l'estomac vide. On en était arrivé au point de distribuer, fin janvier 1937, 50 grammes de viande de cheval et un demi-bol d'eau boueuse comme festin du Nouvel An. Certains buvaient même l'urine de leurs chevaux.

Les munitions étaient aussi rares que la nourriture. Chaque soldat ne recevait que cinq balles avant chaque bataille. Puis on diminua ce quota à trois balles. « Nous allions dans les villages échanger de l'opium contre du cuivre ou du bronze, pour en faire des balles. Mais il n'y avait pas tant de poignées de portes en bronze que cela. Sans balles, nos fusils n'étaient pas plus utiles que des bouts de bois. » Elle soupirait de découragement en refaisant ce constat.

Je lui demandai pourquoi ils ne se servaient pas chez l'ennemi, comme ils l'avaient fait par le passé.

« C'est vrai. Une partie de nos armes avaient été prises aux forces de Tchang. Nous l'avions même surnommé pour cette raison notre Intendant en chef » reconnut-elle en souriant pour la première et unique fois de l'après-midi. « Mais ça ne se passait pas comme cela ici. Les troupes des Ma nous épuisaient peu à peu. Elles étaient bien ravitaillées en viande de mouton, et leurs manteaux d'agneau retourné leur tenaient chaud. Ils étaient en forme, et ils avançaient à quatre pattes, car ils étaient tous montés à cheval. Alors que nous n'avions que nos deux jambes, presque rien à manger, et à peine une chemise sur le dos. Pendant que nous marchions de nuit, ils dormaient sur leurs deux oreilles. Puis ils nous rattrapaient sans effort. Le terrain est tellement plat par ici. Nous n'avions même pas eu le temps de souffler, encore moins de préparer notre défense, leur artillerie nous pilonnait déjà. Avant que nous ayons pu monter une contre-attaque, ils avaient déjà fui dans un nuage de poussière. Nous ne pouvions que les regarder disparaître en les injuriant. Jamais ils n'approchaient à notre portée. Nous ne pouvions rien contre eux. »

Comme notre conversation touchait à sa fin, je sortis l'article du journal la concernant. Elle n'eut pas l'air aussi intéressée que je l'aurais cru. Elle y jeta un œil, puis se tourna vers moi comme si j'étais de la famille. « Ma fille, laisse-moi te poser une question, même si je ne suis pas sûre d'avoir raison de le faire. » Quand elle avait évoqué l'existence qu'elle avait menée soixante-dix ans auparavant, elle s'était exprimée sans la moindre hésitation. Maintenant, elle cherchait ses mots. Quand les journalistes du quotidien local étaient venus l'interviewer, elle leur avait fait part du problème qu'elle avait avec sa retraite. Les anciens de la Longue Marche devaient toucher une pension de 28 € par mois. Or elle n'avait jamais touché plus de 5 € par mois, et le plus souvent 2 € ou même moins que cela. Les trois derniers mois, elle n'avait même plus rien reçu. « Ai-je dit quelque chose qui leur a déplu, quelque chose de mal ? » m'interrogea-t-elle. « Tout s'est passé exactement comme je vous l'ai raconté. C'était comme ça. Je ne mens jamais. Allah nous l'interdit. Vous qui venez de Pékin, faites-leur savoir que je ne dis que la vérité. Si j'ai dit quelque chose d'interdit, je suis prête à le rectifier. »

Ma tristesse était immense, il me fallut retenir mes larmes. Elle n'était pas la première à me dire cela, mais je ne pouvais rien pour elle. Dans certaines provinces, les fonctionnaires ne sont pas payés pendant des mois, faute d'argent. Ils détournent les retraites qu'ils sont chargés de verser. Je m'efforçais de la rassurer, en lui affirmant que la situation allait s'améliorer et qu'elle n'avait aucune raison de s'inquiéter de ce qu'elle avait raconté. Le gouvernement, lui dis-je, ne laisserait jamais tomber les anciens de la Longue Marche, elle recevrait tôt ou tard ce à quoi elle avait droit. Mais j'avais tellement honte de mon impuissance que je pris congé un peu comme si je m'enfuyais. Une fois partie, les larmes me vinrent aux yeux. Elle ne demandait pas grand-chose au regard de tous les sacrifices qu'elle avait consentis pour la révolution, mais même cela lui était refusé.

Feng Yuxiang, quant à elle, me dit qu'elle touchait sa retraite, mais celle-ci était d'à peine 1 € sur les 30 € auxquels elle avait droit. Elle aussi avait fait partie du Régiment féminin. À l'âge de quatre-vingt-cinq ans, il lui fallait encore travailler la terre. J'arrivai chez elle, dans une maison en bout de village, alors qu'elle déchargeait des tiges de maïs d'une charrette. Sa coiffe blanche se soulevait dans le vent d'automne. Ses joues étaient aussi rouges que des pommes, à cause de l'effort ou du froid. « Entrez, entrez donc, on gèle. Ne restez pas dehors » m'invita-t-elle, avant même que j'aie pu lui expliquer qui j'étais. Elle interrompit ce qu'elle faisait, alla se laver les mains, et me pressa d'entrer. La maison était toute neuve, vide. La toiture, mal jointe, laissait passer l'air froid, et le vent faisait vibrer le chaume.

« Venez. Ôtez vos chaussures et montez sur le *kang*. Vous y serez au chaud » me lança-t-elle avant de s'éclipser. Je grimpai sur la plate-forme, qu'on chauffe en hiver au charbon ou au bois à partir de la cuisine. En un clin d'œil je sentis la chaleur monter sous moi. Feng reparut, une théière et une tasse à la main, le sourire aux lèvres. « Buvez un peu de ce thé. Il vous réchauffera complètement. Vous n'avez pas l'habitude de ce froid. » Elle me tendit la tasse, me rejoignit sur le *kang* et tira un duvet sur nos jambes en le bordant soigneusement.

Comment Feng et ses camarades avaient-ils pu survivre avec les uniformes légers qu'ils portaient depuis le Sichuan ? lui demandai-je. Ils étaient arrivés ici exactement à la même époque, en novembre 1935, et l'hiver avait été très rude cette année-là. Les habitants se souvenaient avoir vu des oiseaux tomber du ciel les ailes couvertes de gel. « C'était vraiment l'enfer. Nous n'avions rien connu de semblable depuis le début de la Longue Marche, même en franchissant le mont Jiajin. Rien n'était comparable à ce que nous avons souffert ici, dans le couloir de Hexi. Et nous n'y étions absolument pas préparés » me raconta-t-elle, tirant un coin du duvet sur elle. « Le sol gelé était dur comme de la pierre, nous ne pouvions pas y creuser de tranchées. Avec nos doigts gourds, c'est à peine si nous arrivions à presser la détente de nos fusils. Voilà pourquoi tant des nôtres furent tués, bien plus que dans tout autre bataille à laquelle j'avais participé au cours de la Marche. Pour échapper à l'ennemi, nous devions souvent nous déplacer de nuit, quand la température descendait à moins 30 °C, le vent nous transperçait comme un couteau. J'ai eu mes règles au pire moment. Le sang qui coulait a gelé sur mes pantalons, qui sont devenus si durs qu'ils me blessaient aux jambes quand je marchais en essayant de ne pas me laisser distancer. » Rien que d'évoquer l'hiver fatal de 1936, elle frissonnait encore. Elle remonta le duvet jusqu'au cou, comme si nous étions de nouveau dehors. « Nous étions dans un tel état que la faim et le froid nous auraient achevés, même s'il n'y avait pas eu de combats. »

La vengeance des Ma avait été terrible. Quand ils avaient fini par s'emparer de Yongchang, après deux semaines de siège et de bombardements, ils y avaient trouvé plus de 2 000 blessés de la Légion de l'Ouest. Ils ne les tuèrent pas, et ne les torturèrent pas davantage. Ils se contentèrent de les déshabiller, de les entraver, et de les abandonner où ils étaient. Le lendemain matin, ils étaient tous morts de froid. J'avais pu voir des photos de leurs corps gelés, recroquevillés, les poings crispés, et pour certains d'entre eux, serrés les uns contre les autres dans une tentative désespérée pour se réchauffer.

Notre conversation se poursuivit jusqu'au soir. Il me fallait prendre le dernier bus pour Linxia. Quand j'ouvris la porte, un tourbillon d'air glacé m'enveloppa, et je me mis aussitôt à frissonner, tout en attachant les boutons de mon parka. « Vous n'êtes pas assez habillée » s'exclama Feng. « Laissez-moi vous trouver un manteau. » Je lui expliquai que ma veste était faite d'un matériau spécial qui me tiendrait chaud même dans la neige. Elle le palpa avec curiosité, et soupira. « Si nous avions eu ce genre de vêtement, il y a soixante-dix ans, les hommes des Ma n'auraient pas pu nous faire grand mal. » J'eus tout loisir de réfléchir à son récit en attendant le bus à l'orée du village. Même avec mon parka en goretex, et deux pulls, j'étais gelée. Le froid dans le Nord-Ouest ne ressemblait à rien de ce que j'avais connu en Chine. Il transperçait jusqu'à l'os. Peut-être le climat n'était-il pas seul en cause. La pensée des souffrances endurées par les Marcheurs sur cette terre sans pitié me glaçait le sang.

Je trouvai un peu de chaleur chez Ma Fucai. J'avais roulé quatre heures sur des chemins de campagne et des routes à peine tracées, pour me retrouver devant un petit portail décoré de pins verts et de grues blanches, symboles de longévité. Je reconnus le Marcheur que je cherchais dans un vieillard à barbiche et calotte blanches qui était en train de décortiquer des épis de maïs. Je lui tendis l'article le concernant accompagné d'un petit mot de recommandation, qu'il accepta avec un grand sourire. Il appela sa femme, puis cria quelque chose que je ne compris pas. Une voix de jeune femme lui répondit, puis elle apparut, suivie de deux enfants, par un trou dans le mur qui séparait les deux maisons. « L'épouse de mon fils cadet, et mes deux petites-filles » m'annonça-t-il avec fierté. En un clin d'œil, la petite cour se remplit d'au moins une douzaine d'hommes, de femmes et d'enfants, tous membres de la grande famille Ma. Les hommes s'éclipsèrent rapidement, mais les femmes se passèrent de main en main le journal, chacune d'elles y allant de son commentaire au milieu des éclats de rire.

Ma ne réapparut qu'une heure plus tard. Il revenait de la mosquée, et s'excusa de m'avoir fait attendre. On était en pleine période de ramadan, et il devait prier cinq fois par jour. J'avais appris dans l'article qui lui avait été consacré qu'il était pourtant d'origine Han, et qu'il avait vu le jour dans le Sichuan. Il s'était engagé dans l'Armée rouge à quinze ans, et avait servi comme estafette dans l'unité des télécommunications de la 4ᵉ Armée. Depuis quand était-il musulman pratiquant ?

« Oh, longtemps ! Près de soixante-dix ans » me répondit-il. Il m'expliqua qu'il avait été emmené dans ce village peu après avoir été capturé. « Ils ont changé mon nom de famille, de Wang à Ma, et m'ont donné un nouveau prénom, Fucai, Chance et Prospérité. Ici, tout le monde a le même patronyme. Puis je suis devenu musulman, comme mon patron. Celui-ci a été exécuté après la libération. Il avait exploité les pauvres et combattu l'Armée rouge, disait-on. En attendant, je m'étais vraiment mis à croire en Allah. »

Pourquoi s'était-il engagé dans l'Armée rouge ? « Pour un bol de riz, un toit au-dessus de ma tête, un lopin de terre, et pour que pauvres et riches soient traités de la même manière. C'est ce qu'on nous avait promis quand je me suis enrôlé. » Il demanda à sa femme de ramener de l'eau pour le thé, avant de reprendre : « Le *Petit Livre rouge* de Mao n'est pas très différent du Coran, au fond. Tous les deux nous commandent de faire le bien, d'éviter le mal, d'aider les pauvres, et de contribuer à ce que le monde soit meilleur. Dommage qu'on ne puisse plus acheter le *Petit Livre rouge* aussi facilement qu'avant, sinon je conseillerais bien à mes fils de le lire. »

Quelle était, à son avis, la raison de la cruauté des Ma envers les soldats de l'Armée rouge ?

Ma Fucai répondit sans la moindre hésitation. « Vous voyez bien que cette terre est bien trop pauvre pour nourrir beaucoup de gens. Ils devaient se débarrasser de nous, s'ils voulaient survivre. C'est pour cela que leurs soldats étaient si courageux, à tel point que nous pensions qu'ils étaient drogués. Rien à voir avec les troupes des seigneurs de la guerre que nous avions combattues auparavant. Ici, nous n'avons pas fait une seule recrue. »

Une autre raison déterminante de la haine des Ma à l'encontre de la Légion de l'Ouest, poursuivit Ma Fucai, était l'animosité qui opposait les musulmans aux Hans. Il n'en avait pris la mesure qu'après avoir vécu un certain temps dans la région. Le Nord-Ouest abritait la plus forte concentration de musulmans de toute la Chine. Ceux du Gansu et du Shaanxi s'étaient rebellés, en 1862, contre les Qing, la dernière dynastie impériale, dont l'armée avait mis quinze ans à les écraser. Les chefs des Impériaux devaient ramener les têtes de leurs ennemis pour obtenir les récompenses promises, mais ils en avaient trop coupé pour toutes les ramener à Pékin. Ils avaient fini par en trancher les oreilles, et à en faire des colliers qu'ils envoyaient à la capitale. La moitié des deux millions de musulmans qui habitaient le Gansu à l'époque avait été massacrée. Ce n'était pas tout. Les villages qui avaient abrité les rebelles avaient été incendiés, leurs champs dévastés, et leurs habitants exilés aux confins de l'empire, pour y être détenus comme des prisonniers. « Vous comprenez, la haine accumulée était comme un volcan prêt à entrer en éruption à la première occasion » conclut Ma. « Ils ne se battaient pas seulement pour protéger leur terre, ils luttaient aussi pour leur foi. »

Il tint à me faire visiter sa mosquée avant mon départ. De petite dimension, elle était d'une architecture ravissante et, avec ses toits aux tuiles traditionnelles d'un vert profond, paraissait sur le point de s'envoler. De la hauteur où elle se trouvait, on avait une vision panoramique sur le village. On apercevait les deux autres mosquées, qui appartenaient à des écoles coraniques rivales. « Elles sont plus grandes, mais la nôtre a la plus jolie vue » me fit remarquer Ma avec fierté, ajoutant qu'il comptait bien l'agrandir. Chaque famille, dit-il, avait contribué à 30 kilos de céréales, et travaillé bénévolement à la construction de cet édifice. « À l'époque, nous ne pouvions pas faire plus. Mais dans l'avenir, nous aurons assez d'argent pour bâtir la plus grande mosquée, pas seulement du village, mais de tout le district. Hélas, je ne pense pas que je serai encore de ce monde ce jour-là. » Il en fit le constat sans la moindre trace d'amertume dans la voix ou sur le visage. Il se faisait vieux, le moment approchait pour lui de s'en aller. « La vie est bien courte. Le Coran exige de nous tellement de choses que je n'arriverai jamais à toutes les accomplir. » Son plus grand regret restait d'être trop pauvre pour pouvoir contribuer davantage à l'extension de sa mosquée, et à l'aide aux familles les plus déshéritées du village.

Regrettait-il parfois de s'être engagé dans l'Armée rouge ?

« Jamais » m'assura-t-il, sans la moindre hésitation. « Ma famille était si pauvre que si je n'étais pas entré dans l'Armée rouge, je serais peut-être mort de faim de toute manière. Mais je ne m'attendais pas à souffrir autant. » Il s'arrêta puis, pensif, ajouta : « Il y a tant de gens bien dans le monde que je suppose que le Ciel doit être surpeuplé. Mais s'il n'y a pas de place pour moi là-haut, je prie Allah de m'épargner au moins de revivre ce que j'ai enduré dans la Légion de l'Ouest. »

Le dicton veut que pour réussir en quoi que ce soit, il faille s'assurer l'aide du Ciel, de la Terre et des Hommes. Le Ciel représente le climat, ou la saison. La Terre, les conditions matérielles. Et les Hommes sont évidemment la condition du soutien populaire. Les trois anciens combattants que je venais de rencontrer m'avaient aidée à comprendre pourquoi la Légion de l'Ouest n'avait eu aucune chance de s'en sortir. La seule vraie question restait de savoir pourquoi Mao lui avait ordonné de se battre jusqu'au dernier homme, alors qu'il savait qu'elle n'avait de son côté ni le Ciel, ni la Terre, ni les Hommes.

Je quittai Linxia pour gagner l'ouest du Gansu, champ de la dernière bataille de la Légion de l'Ouest. Ma première étape était Wuwei, où les Ma avaient eu leur QG, et où résidait Li Wenying, la femme dont l'employé du bureau des retraites de la province m'avait confirmé qu'elle était toujours en vie. Le journal ne donnait pas son adresse, mais précisait qu'elle vivait dans la vieille ville, près d'une église. Il ne me fut pas bien difficile de trouver cette dernière, un modeste bâtiment en briques de style occidental du début du XXe siècle. J'interrogeai le réparateur de vélos au coin de la rue pour savoir s'il la connaissait. « Oh, la vieille Li, sûr, mais elle ne tient pas en place. Elle est sortie très tôt ce matin et n'a pas reparu. Revenez à l'heure du dîner, profitez-en pour visiter la ville d'ici là. »

Je suivis son conseil. J'avais déjà traversé cette ville, mais sans m'y arrêter. Elle a plus de 2 000 ans d'histoire. À l'âge d'or de la Route de la Soie, elle était célèbre pour abriter de très nombreux étrangers, tout autant que pour les produits exotiques qu'on y trouvait, et sa musique hybride aux influences les plus diverses. Encore aujourd'hui, ses habitants font preuve de goût. L'argent seul ne peut expliquer la beauté de son temple de Confucius, miraculeusement préservé, ou l'état de conservation parfait de son monastère bouddhiste, pas plus que l'aération des avenues et de la nouvelle place centrale. On sent là l'orgueil tiré de racines qui plongent dans l'Antiquité.

Je revins voir le réparateur de vélos à cinq heures du soir. Il n'avait pas revu la vieille Li. Je suggérai qu'elle était peut-être rentrée chez elle à son insu. « Parce que vous croyez peut-être qu'elle a des ailes, et qu'elle a pu voler par-dessus ma tête ? Non, personne ne peut passer par ici sans que je le voie, l'allée est trop étroite » répliqua-t-il avec assurance. Il me conseilla, si c'était urgent, de laisser un mot sur la porte de son appartement. Je ne pouvais pas le rater. La porte en était décorée d'un slogan : « L'Armée rouge ne craint pas les épreuves de la Longue Marche. Dix mille précipices et torrents ne pourront pas l'arrêter. » Le cadre de la porte était bardé d'une autre inscription : « Suivez la direction du parti. » La lumière filtrait par la lucarne. Je décidai de frapper à la porte.

Deux vieilles dames apparurent dans l'embrasure. L'une, petite et vive, se tenait au premier plan. L'autre, debout derrière elle, était grande et réservée. Je pariai en mon for intérieur que Li était la petite. Sa grosse veste molletonnée la rendait encore plus trapue. Elle était tout sourire. Ses petits yeux, et les rides profondes de son visage, étaient bien ceux de sa photo dans le journal. Avait-elle réellement quatre-vingt-sept ans ? me demandai-je en la regardant.

Je lui tendis l'article que lui avait consacré le journal. Elle eut vraiment l'air surprise de s'y voir. « C'est moi. C'est bien moi » approuva-t-elle, en montrant la photo à sa compagne silencieuse, et en gloussant de plaisir comme une gamine. « Je suis vraiment moche ! Regarde mes cheveux, je suis toute décoiffée. J'ai l'air d'une folle. »

« Comment ça, tu as l'air d'une folle ? Mais tu *es* folle » se contenta de commenter sa compagne sans élever la voix, avant d'aller faire du thé.

« Espèce de vieille chipie, je vais te mettre dehors ! » cria Li en la suivant des yeux. « Elle vient me tenir compagnie tous les soirs » m'expliqua-t-elle, se retournant vers moi. Elle était allée visiter le caveau qu'elle avait acheté dans un cimetière à la périphérie de la ville. « Je me demande bien pourquoi le ciel me laisse vivre si longtemps alors que tant de mes amis sont morts si jeunes » commença-t-elle à pleurnicher, avant de se ressaisir et d'essuyer ses larmes. « Mais quelle idiote je fais ! Je ne devrais pas vous embêter avec pareilles bêtises. Vous n'avez pas fait tout ce chemin pour écouter mes jérémiades. »

Je lui assurai que tout ce qu'elle avait à raconter m'intéressait. « Vous risquez de devoir passer trois jours et trois nuits ici, dans ce cas. Et encore, je ne suis pas sûre que ça suffira. Non, vous n'aurez jamais le temps d'écouter le récit de mes souffrances, car il est interminable. » Je compris que j'étais tombée sur une femme prête à ne rien dissimuler. Un assez grand nombre des anciens combattants que j'avais rencontrés avaient été réticents à parler d'eux-mêmes. Ils ne comprenaient pas que je m'intéresse à eux, alors que même leurs propres petits-enfants ne témoignaient pas le moindre intérêt pour leurs histoires. Il m'avait souvent fallu passer de longues heures à parler de tout et de rien avec eux avant qu'ils commencent à se livrer. Li la combattante réagissait de manière très différente. Elle ne demandait qu'à raconter. Mais il me faudrait attendre le lendemain, me prévint-elle. « Il est déjà tard. Je vous dirai tout demain matin. Je ne voudrais pas que vous fassiez des cauchemars. »

Je respectai son souhait. Il ne m'avait pas fallu plus de quelques minutes pour percevoir en elle une femme déterminée autant que réfléchie. Il ne m'aurait servi à rien de la brusquer. Mais avant de partir je ne pus m'empêcher de lui poser la question qui me brûlait le bout de la langue. Avait-elle connu Wang Quanyuan ? « Bien entendu ! Elle était notre chef » réagit-elle sans me laisser terminer ma question. « Elle est toujours en vie ? »

Je fis signe de tête que oui.

« Nous nous sommes vues pour la dernière fois il y a vingt ans. La télévision centrale tournait une émission sur le Régiment féminin à l'occasion du cinquantième anniversaire de la Longue Marche. Ils avaient invité une douzaine d'entre nous. Quand je l'ai vue s'approcher, j'ai failli lui cracher au visage : "Alors, pas encore morte, espèce de sorcière ?" Mais je me suis mordu la langue et je me suis retenue. Je me suis contentée de lui demander comment elle allait. Je ne l'oublierai jamais. C'est une trop longue histoire. Je vous la raconterai plus tard. »

Je rentrai à l'hôtel, mais j'étais bien trop excitée pour trouver le sommeil. Je ne pouvais m'empêcher de regarder ma montre toutes les heures. La nuit fut très longue, avant que l'aube finisse par poindre. Je m'habillai en vitesse, et me dépêchai vers l'église. À ma grande surprise, Li était déjà debout dans l'air vif du petit matin, en train de discuter avec le réparateur de vélos. « Elle vous attend depuis une heure » me dit-il sur un ton de reproche. « Elle n'a pas arrêté de me demander si vous n'étiez pas passée par là sans que je vous aperçoive. »

« Tu n'as jamais été un très bon guetteur » l'interrompit-elle. « Hier, je suis rentrée en taxi, et tu ne m'as même pas vue. Tu lui as assuré que je n'étais pas à la maison. Occupe-toi plutôt de tes vélos » conclut-elle en riant de bon cœur. Elle ramassa son sac, rajusta son foulard, et me prit par l'épaule. « Tu n'es pas habillée assez chaudement. Aujourd'hui, nous allons à Yongchang. C'est là que nous avons livré une de nos plus féroces batailles. » Je la rassurai en lui montrant que je portais plusieurs couches de vêtements, et nous hélâmes un taxi.

La route passait par ce qu'on appelle le couloir de Hexi. Il relie le cœur de la Chine du Nord au désert du Taklamakan, à l'Ouest. Je n'ai pas vu région plus pelée durant tout mon voyage sur la route de la Longue Marche. Le sol gris du Gobi s'étale sur des dizaines de kilomètres, sans un arbre, sans végétation, ni le moindre signe de vie. Les seules choses qui accrochent le regard sont les neiges lointaines des monts Tianshan au Nord, et les ondulations des monts Qilian au Sud. La traversée d'un village est un événement rare. Il était aisé de voir que la Légion de l'Ouest n'aurait jamais pu survivre dans ce couloir. On ne fait qu'y passer, on ne peut y rester.

Mao savait évidemment que le couloir du Hexi était un piège. Lors des discussions au commandement de la

1re Armée pour savoir comment sortir de la prairie, quelqu'un avait suggéré la route du Gansu. Mao s'y était fortement opposé. Dès le mois d'août 1935, il avait expliqué au Bureau politique que c'était une région désertique, inhabitable, où il était impossible d'envisager établir une base. « Il y fait trop froid, et les ressources y sont rares. Peu de Hans y résident, la majorité de la population est composée de musulmans que nous ne pourrons pas enrôler. De plus, ils se soulèveront contre nous si nous entrons sur leur territoire[2]. » Je comprenais de moins en moins pourquoi, dans ce cas, il avait exigé que la Légion de l'Ouest l'occupe.

Je profitai que la route était longue pour en apprendre plus sur Li. Elle était née, comme Wang, dans une famille très pauvre, et avait été vendue comme future épouse quand elle n'avait que sept ans. Sa belle-famille ne l'avait jamais correctement traitée. Elle avait fait deux tentatives de suicide, et avait été sauvée à deux reprises, la première fois parce qu'elle était tombée de l'arbre auquel elle s'était pendue, ayant mal noué la corde ; la seconde parce qu'un paysan qui passait par là avait plongé pour la sortir de l'étang où elle s'était jetée pour se noyer. Un jour, en allant au marché, elle avait croisé des soldats en uniforme entourés de curieux. Un d'eux avait grimpé sur un banc, et s'était lancé dans un discours. En s'approchant, elle avait eu la surprise de constater que ce soldat avait une voix de femme. Une femme ? Comment pouvait-elle oser prendre la parole en public ? Comment pouvait-elle avoir ainsi abandonné son foyer ? Et quelle sorte d'armée pouvait bien accepter une femme dans ses rangs ? « L'Armée rouge ! » s'était écriée l'oratrice. Elle avait guidé la petite main de Li sur ses lobes d'oreille pour lui faire vérifier qu'ils étaient bien percés, et qu'elle aussi avait porté jadis des boucles d'oreilles. « Tu vois que je suis une vraie femme. L'Armée rouge accepte tous les volontaires. Viens avec nous, petite sœur. Plus jamais tu n'auras faim ! » Li s'était engagée sur-le-champ. Elle avait été affectée dans un premier temps à la fabrication de tentes et d'uniformes dans les services de l'intendance de la 4e Armée. Par la suite elle avait été transférée dans l'équipe de propagande. Quand le Régiment féminin avait été créé, elle avait été une des 1 300 combattantes sélectionnées pour en faire partie.

Son regard était dur, mais elle était songeuse, en regardant le paysage défiler par la fenêtre de la voiture. Soudain, la route s'engagea entre deux rangées de maisons en briques, qui abritaient des restaurants, des motels, des salons de coiffure et des garages. Cela changeait des petits hameaux de maisons en torchis perdus dans la monotonie du Gobi que nous venions de dépasser. On pouvait même se prendre pour un voyageur arrivant dans une oasis lors d'une traversée du désert. Li était devenue silencieuse, je compris vite pourquoi. C'était là précisément que la Légion de l'Ouest avait tenté d'établir sa base. Elle indiqua au chauffeur de taxi un temple devant lequel se garer. « Allons-y. Nous sommes à Sishi Li. C'est là que se trouvait notre QG lors de la bataille ! »

« Il y a quelqu'un ? » cria-t-elle en pénétrant dans la cour.

Un vieillard sortit de la cabane du concierge qui occupait un des coins de la cour. « Ravi de vous revoir, sœurette » lui lança-t-il, l'accueillant avec un sourire.

« Tu as les clés ? La jeune dame arrive de Pékin, et je voudrais lui montrer le temple. » Le concierge nous fit signe de le suivre dans l'escalier très raide. Une petite foule surgie de nulle part nous suivit.

Le temple était minuscule. Le sanctuaire principal abritait une statue de l'Empereur Céleste, flanqué de deux divinités tutélaires. Les offrandes sur l'immense autel se limitaient à quelques pommes et trois bâtons d'encens. « Je t'ai pourtant déjà dit qu'il ne fallait pas brûler d'encens ici » gronda Li, enfonçant un doigt dans les côtes du vieillard. « Tu vas finir par mettre le feu à notre héritage révolutionnaire. »

« Tu as raison, sœurette, absolument » murmura-t-il. « Mais ça fait des siècles que les gens viennent prier ici. Je ne peux pas les en empêcher. Et puis, on a besoin d'argent pour entretenir l'endroit. Le gouvernement ne nous donne pas un centime. »

« Le fric, toujours le fric ! Vous n'avez que ce mot-là à la bouche. Nous nous sommes fait tuer pour vous, et vous n'êtes même pas capables de prendre soin de cet endroit. Bon sang, il n'y a même pas un panneau pour rappeler l'histoire de la Légion de l'Ouest. » Elle s'était mise à lui hurler dessus.

« Mais tout est bien expliqué sur le monument à l'extérieur » tenta-t-il de l'amadouer.

Le coup de colère de Li me plongeait dans l'embarras, mais je la comprenais fort bien. Elle aurait préféré qu'on vénère, au lieu de divinités et de déesses, les âmes de ses camarades. Le communisme n'a que faire de divinités, elle avait assez souvent chanté l'hymne du parti pour le savoir. « *Ni Dieu, ni Sauveur Suprême.* » Le bonheur ne dépend que des hommes. Alors, comment oser comparer Dieu aux héros et aux héroïnes de la Légion de l'Ouest ? D'autant qu'après 1949, et pendant très longtemps, Li elle-même avait été mise à l'index. Vénérer les héros de la Légion de l'Ouest avait été longtemps tout aussi mal vu que prier Dieu. Elle ne pouvait afficher la fierté qu'elle tirait de son passé que depuis une quinzaine d'années. Sa colère, et la frustration qui en était la cause, ne visaient pas le vieux concierge. Elle avait tout simplement besoin de prendre sa revanche pour toutes les injustices dont elle avait été victime.

J'étais quand même gênée qu'elle s'en prenne ainsi au gardien. Je l'interrompis en m'intéressant au rôle qu'avait joué le temple pendant la bataille. « Là » dit-elle en montrant la statue près de laquelle elle se trouvait. « C'est là que la nuit le commandant se reposait, à même le sol. L'autel servait de bureau pendant la journée. Une division entière campait autour du temple et dans le village. »

Elle m'affirma que celui-ci avait à l'époque un aspect très différent. Il se composait de trois groupes d'habitations entourés d'épais murs d'enceinte. Les villageois vivaient à l'abri de ces fortifications par crainte des bandits. « Pour eux, ces enceintes étaient des protections. Elles sont devenues des cimetières pour nous » constata Li. « Nous y avons été pris au piège. Nous ne pouvions rien faire d'autre que subir les bombardements. Nous n'avions nulle part où nous cacher. Personne ne comprenait ce que nous étions censés défendre. En cas de percée de l'ennemi, nous n'avions aucune retraite possible. Nous étions pris comme des rats, mais nous avions ordre de tenir. Les Ma nous avaient sous la main comme si nous avions été des fauves en cage. »

Un des généraux commandant la Légion avait été tout aussi exaspéré par la stratégie suivie. « Ne me parlez pas de ces putains de fermes fortifiées, ça me fait m'étrangler de rage. Pour livrer bataille, il faut occuper des positions d'où l'on puisse mener des attaques aussi bien que monter une défense, aller de l'avant comme battre en retraite. Mais ces fortifications ne nous servaient à rien. Un bataillon entier ne suffisait pas à en assurer la défense. Un régiment pas davantage... À quoi bon tenir une position isolée ici et là ? Une base de ce genre ne servait absolument à rien... Bande de salopards. Je me suis battue tout du long, au Hubei, au Hunan, au Sichuan. Et tout ça pour me venir me faire baiser dans ce trou à rats [3]. »

La division qui défendait le village avait été à court de munitions et de nourriture après seulement trois jours de combats. Deux enceintes fortifiées sur trois étaient tombées, avec de nombreux tués parmi leurs défenseurs. Les rescapés étaient parvenus à se replier vers Yongchang, à 60 kilomètres à l'Ouest, en faisant le coup de feu tout du long. Le concierge intervint pour confirmer qu'il n'avait pas pu reconnaître son propre village quand il y était revenu de sa cachette dans la montagne. « Ça n'avait plus rien d'un village. Tous les toits étaient effondrés, des cadavres s'entassaient un peu partout, le long des murs ou empilés les uns sur les autres, criblés de balles. Je suppose qu'ils s'en étaient servis pour en faire des remparts. Les hommes des Ma avaient emmené leurs morts. Il ne restait que ceux de l'Armée rouge, bien plus de 500, que les chiens sauvages étaient en train de déchiqueter à belles dents. Ils avaient le museau et les crocs rouges de sang, les yeux injectés, et le ventre si rempli qu'ils pouvaient à peine courir. D'ailleurs, impossible de les chasser de là. À coup sûr, ils n'avaient jamais fait pareil festin. » Son père et d'autres villageois avaient quand même dû disputer les cadavres aux chiens pour les jeter dans la fosse qu'ils avaient reçu l'ordre de creuser.

Le commandant en chef de la Légion de l'Ouest, Xu Xiangqian et son commissaire politique Chen Changhao ne comprenaient eux non plus rien à ce qui se passait. Tout d'un coup, ils avaient reçu pour instruction d'abandonner l'idée de récupérer l'aide soviétique, pour la mission évidemment impossible de créer une nouvelle base à Yongchang. Ils avaient intercepté des messages télégraphiques entre les deux Ma d'où il ressortait clairement que ceux-ci ne les attaqueraient pas s'ils se contentaient de traverser leur territoire, mais qu'ils feraient tout pour les anéantir s'ils tentaient d'y implanter une base. Les Ma avaient juré de « sacrifier 10 000 hommes plutôt que de céder un pouce de notre terre ». Ils étaient à la tête de forces six fois plus nombreuses que la Légion de l'Ouest. Xu en informa la Commission militaire, mais Mao persista à exiger qu'il établisse une base en plein cœur du territoire des Ma. Ce n'est que des années plus tard que Xu comprit la logique de Mao, qui était de faire diversion pour fixer les troupes de Tchang, ce qui soulagerait la pression sur l'Armée rouge dans le Shaanxi, et lui permettrait de se dégager pour poursuivre la

Longue Marche. Le problème est qu'il avait seulement reçu l'ordre, sans la moindre explication.

Après l'Incident de Xian, Mao avait ordonné à la Légion de revenir vers l'Est, de manière à accroître la pression sur Tchang. Elle était au beau milieu des préparatifs pour lever le camp quand un nouvel ordre était parvenu de Mao : cap à l'Ouest, pour aller récupérer l'aide soviétique. Quelques jours plus tard, contrordre. Il leur fallait rester sur place, et installer une autre base. Les négociations avec Tchang n'avaient pas encore abouti, il ne fallait donc pas qu'ils se précipitent vers l'Ouest. Cet ordre ne tint pas plus de dix jours avant que Mao leur demande de le rejoindre. Il voulait pouvoir élargir le territoire sous contrôle des communistes pour conforter sa position dans les discussions en cours avec Tchang. Dès qu'un accord fut trouvé, il en revint à son plan initial : la Légion de l'Ouest devait rester où elle était, et y mener des actions de guérilla.

Cette valse-hésitation d'ordres et de contrordres avait été fatale à la Légion. Chaque fois qu'elle s'arrêtait quelque part, elle subissait des attaques. Après la bataille de Yongchang eut lieu celle de Gaotai. Le 5e Corps fut anéanti jusqu'au dernier de ses 3 000 hommes, et la tête de son commandant exhibée au bout d'une pique à la porte du village. Linze, un village voisin, tomba ensuite aux mains des Ma après trois jours de combats intenses. Puis ce fut le tour de Nijiaying, un ensemble de quarante-deux fermes fortifiées, où 4 000 hommes perdirent la vie en une semaine. La Légion était à court de nourriture, de médicaments et de munitions. Elle avait autant de mal à assurer la survie de ses hommes qu'à repousser les vagues d'assaillants de l'armée des Ma. Xu Xiangqian et Chen Changhao, dans un télégramme à Mao, lui annoncèrent que leur situation était désespérée, l'implorant qu'il leur envoie des renforts, et des instructions claires. Mao se contenta de critiquer leurs tactiques : « J'ai l'impression que vous ne concentrez pas assez vos forces. À mon avis, vous devriez rassembler vos

18 000 hommes dans un rayon de 20 kilomètres, pas davantage. Qu'ils attaquent ou battent en retraite comme une seule unité. Si vous décidez de livrer bataille, jetez-y toutes vos forces. Après deux ou trois engagements de ce type, vos problèmes seront résolus [4]. »

Xu et Chen plaçaient leurs espoirs en Zhang Guotao pour qu'il parvienne à convaincre Mao. Grave erreur. Comme on dit en Chine, Zhang était un Bouddha aux pieds d'argile, incapable d'assurer sa propre survie. Le commandement de la 4e Armée lui avait été retiré, et Mao le tenait à sa merci. Zhang expédia un télégramme à Xu et Chen, leur assurant que « les ordres de la Commission militaire à la Légion de l'Ouest ont toujours été sages... Ce serait une grave erreur de votre part de juger erronée la ligne du Comité central, ou de contester la direction [5] ».

Ils devaient se débrouiller seuls. Ils finirent par décider de suivre leur plan de départ, et de marcher vers l'Ouest pour se rapprocher de la frontière soviétique. Cette initiative leur valut une critique virulente de Mao, au nom du Comité central et de la Commission militaire :

> *La situation périlleuse dans laquelle vous vous trouvez n'est qu'en partie le résultat de problèmes de logistique et de ravitaillement. Elle résulte aussi de votre propre manque de confiance en votre capacité à vaincre l'ennemi et à remplir la mission qui vous a été fixée ; les chefs de la Légion de l'Ouest ne peuvent s'en remettre totalement à l'attente d'aides et de renforts extérieurs... Un examen de vos forces et de celles de l'ennemi ne peut qu'amener à la certitude de votre victoire. Le Comité central espère sincèrement que vous allez sérieusement considérer les échecs et les pertes que vous avez subis, en tirer la leçon, reconnaître vos erreurs passées et présentes, et obéir à nos ordres dans un esprit d'auto-critique bolchevique* [6].

Au parti communiste et dans l'Armée rouge, les erreurs militaires étaient pardonnables, mais une critique politique équivalait à une sentence de mort. Le commissaire politique Chen Changhao, ancien bras droit de Zhang Guotao, avait déjà été la cible des critiques de Mao. Mais les erreurs qu'il avait pu commettre par le passé quand il servait sous Zhang n'avaient rien à voir avec la situation présente. Vingt mille hommes et femmes avaient livré une lutte à mort pour protéger le parti et l'Armée rouge. Ils voulaient à présent décrocher pour échapper à une mort certaine. Pour quelle raison le leur refusait-on ? Il n'arrivait pas à le comprendre. Et il savait la Légion de l'Ouest condamnée avant même qu'elle livre sa dernière bataille.

Il ordonna quand même à ses troupes de retourner à Nijiaying, comme Mao l'avait ordonné. Les cadavres des leurs jonchaient encore le terrain, les habitants avaient tous fui, les trous d'obus criblaient les murs des maisons à moitié effondrées, les puits étaient remplis de boue, tous les arbres avaient disparu, ils avaient été abattus pour faire du feu. Ils avaient pénétré dans un cimetière pour y attendre la mort. Quarante jours durant, ils repoussèrent les assauts de 70 000 soldats des deux Ma. Quand le Comité central se résolut enfin à leur envoyer du secours, il était trop tard. L'ordre de dépêcher des renforts fut de toute manière annulé cinq jours après avoir été donné. La Légion de l'Ouest avait été sacrifiée.

Xu et Chen ne furent même pas informés que les renforts qu'on leur avait promis n'arriveraient jamais. Pas plus qu'on ne leur avait dit que l'idée d'une bataille pour le Ningxia avait été abandonnée, ni que l'Armée rouge allait reprendre sa Longue Marche en quête d'une autre base. Dans ses Mémoires, Xu affirme qu'il n'avait appris tout cela que cinquante ans plus tard, dans les années 80[7]. Personne n'aurait pu se battre dans des conditions pareilles, les yeux bandés, comme l'avaient été Xu et Chen.

Soixante-dix ans après les faits, les historiens n'ont toujours aucune idée de la raison qui a poussé Mao à laisser anéantir les deux cinquièmes de l'Armée rouge. Peut-être n'avait-il réellement pas su comment en sortir. Peut-être aussi avait-il voulu tout simplement se débarrasser de la Légion de l'Ouest, pour éviter que Zhang Guotao ne soit en position trop forte quand il déclencherait contre lui son ultime offensive. Des erreurs monumentales furent commises par-dessus le marché. 20 000 hommes et femmes qui avaient survécu à tous les périls de la Longue Marche en payèrent l'addition par leurs souffrances, et finalement leur mort.

Il y avait eu une dernière bataille. Xu et Chen s'étaient enfin résolus à désobéir à Mao, et à prendre la fuite vers les montagnes pour tenter de sauver ce qui pouvait l'être de leur armée. Li la combattante s'en souvenait dans les moindres détails, tout comme Wang. Le combat s'était déroulé à Liyuankou, un col étroit dans les monts Qilian. Wang avait voulu convaincre Xu Xiangqian de confier l'arrière-garde au Régiment féminin, pour qu'il couvre la retraite. Xu avait refusé, sachant quel serait le sort réservé aux 800 combattantes en cas de capture. « Mais je l'avais convaincu que si nous devions décrocher, il nous serait plus facile en tant que femmes de nous enfuir. » Chacune d'elles reçut cinq balles et deux grenades.

« Nous avions à peine pris nos positions de combat que les Ma ont fondu sur nous au galop, vague après vague. Leurs chevaux soulevaient des nuages de poussière qui obscurcissaient le soleil. Nous ne pouvions même plus voir les cavaliers, mais nous les entendions hurler. Nous avons ouvert le feu quand ils ont été sur nous, et nous les avons repoussés. Au bout d'une heure d'affrontements, nous n'avions plus de munitions. Nous nous jetions sur les jambes des chevaux et des cavaliers avec nos poignards, nos baïonnettes, des ciseaux, des pierres et même avec nos dents. Au beau milieu de la bataille, une des nôtres parvint à couper le jarret d'un cheval, et à faire chuter son cavalier. Elle l'acheva en lui écrasant le crâne d'une pierre, mais commit l'erreur fatale de crier de joie. Les soldats des Ma comprirent à ce moment-là à qui ils avaient affaire. Ils se mirent à crier : "En avant, frères ! Attrapons ces femmes bandits rouges pour en faire nos concubines !" Ils mirent bas de leur monture pour nous capturer vivantes. Ils étaient si nombreux que nous avons vite été submergées. Plus de 500 des nôtres avaient été tuées, mais nous avions donné au QG et au gros de l'armée le temps de s'échapper. » Wang ne savait pas que ces rescapés n'étaient pas plus de 400.

Zhong, l'opérateur radio et Ma Fucai s'étaient enfuis dans la montagne avec le personnel du QG, qui avait été réparti en trois groupes selon l'importance stratégique de chacun. « J'ai reçu ordre de briser mon émetteur-récepteur, et de m'échapper comme je le pourrais » se souvint Zhong. Ma avait été affecté dans une autre unité. « Nous avons eu ordre de nous diriger vers l'Est, droit vers les lignes ennemies » raconta-t-il. « Nous refusions d'y aller, certains hurlaient de rage, mais les fusils étaient braqués sur nous. On nous a interdit de suivre les autres. Je n'avais même pas d'arme. J'imagine qu'ils nous utilisaient comme leurres. » En compagnie de quelques autres hommes, il avait tourné en rond dans la forêt pendant plusieurs jours. Pour ne pas geler vivants, ils avaient fini par allumer un feu, dont la fumée les avait trahis.

Wang, accompagnée d'une demi-douzaine de ses officiers, se fraya un chemin et gagna la forêt en faisant le coup de feu. Mais sa fuite n'avait été rendue possible que par un groupe de combattantes, certaines blessées, qui l'avaient suppliée de partir pendant qu'elles retarderaient l'avance des hommes des Ma. Elles s'étaient suicidées en se faisant sauter sur un stock de grenades. « Je suis partie en larmes. Je savais ce qui allait se passer. Nous étions déjà loin dans la montagne quand nous avons entendu l'explosion. Nous n'avions survécu que grâce à leur sacrifice. » Mais en marchant dans la montagne, les fugitives avaient laissé des empreintes dans la neige, qui les avaient dénoncées.

La propagandiste Wu chercha à s'échapper en sautant du haut d'une falaise, mais elle ne réussit qu'à se fouler la cheville. Quand les soldats musulmans la trouvèrent, ils la passèrent à tabac. Ma Haidiche se dissimula trois jours et trois nuits dans les rochers. Puis elle entendit des appels : « Camarades, les renforts sont arrivés pour nous secourir. N'ayez crainte. Vous pouvez sortir de vos cachettes. » « J'ai vraiment cru que j'étais sauvée » se souvint-elle, les yeux clos. « Nous fûmes plusieurs à sortir de nos trous. Les hommes des Ma nous violèrent toutes, l'une après l'autre. Ils tuèrent certaines prisonnières sur-le-champ, les dénudèrent et accrochèrent leurs cadavres aux branches des arbres. » Li la combattante parvint à s'échapper en compagnie de son chef de bataillon et d'une femme blessée à l'estomac qu'elles essayèrent de porter. Elle se lamentait d'être un fardeau trop lourd qui les ralentissait. Dès qu'elles s'endormirent, elle avala de l'opium et mourut. Li et son commandant finirent par être capturées dans un village où elles étaient entrées pour mendier de la nourriture. Elle tenta de s'interposer pour protéger son officier, ce qui lui valut d'être aussitôt violée.

On peut comparer la Longue Marche à une symphonie, avec l'histoire de la Légion de l'Ouest comme final pathétique. La quasi-totalité des hommes et femmes qui la composaient furent tués ou faits prisonnier en à peine quatre mois. On compta 7 000 morts sur le champ de bataille, et 9 200 prisonniers, le plus grand nombre de soldats de l'Armée rouge jamais capturés. 5 200 d'entre eux furent massacrés ; 4 000 autres, les plus jeunes et les plus vigoureux, incorporés dans l'armée des Ma, avant d'être par la suite envoyés à Tchang, au titre de contribution des Ma à l'effort de guerre anti-japonais. L'Armée rouge en profita pour demander à Tchang de les lui restituer, ce qu'il fit, puisqu'ils étaient désormais ses alliés. Deux mille légionnaires environ parvinrent à s'enfuir, et à regagner leurs villages d'origine au Hubei, au Jiangxi et au Sichuan. Deux mille autres, estime-t-on, finirent par s'installer dans le Nord-Ouest après avoir été remis en liberté.

Wu la propagandiste, Ma Haidiche, Feng Yuxiang et bien d'autres furent emmenées à Xining, où les Ma avaient leur QG. En chemin, elles furent violées chaque soir par leurs gardiens. Celles qui tentaient de résister étaient brutalement exécutées. Wu assista à la mort de l'une de ses camarades, abandonnée entièrement nue sur la glace. À Xining, on les employa dans une usine de laines appartenant aux Ma. Elles y travaillaient quinze heures par jour, puis, le soir venu, étaient livrées aux soldats, une par compagnie, pour qu'ils prennent leur plaisir toute la nuit. Elles furent ensuite « offertes » comme butin, respectivement à un ordonnance, un cuisinier et un palefrenier de l'armée des Ma. Le mari de Wu, qui la trouvait souillon, la revendit à un colporteur. Le cuisinier emmena Ma Haidiche dans son village natal à Linxia. Quand il se rendit compte qu'elle ne pouvait plus avoir d'enfants, il la répudia. Feng Yuxiang fut achetée par le patron d'une fumerie d'opium qui en fit cadeau à son cousin, un homme de trente ans plus âgé qu'elle.

Ma Fucai, quant à lui, fut versé dans le « régiment supplémentaire » des Ma, c'est-à-dire envoyé aux travaux forcés. 2 850 prisonniers de la Légion de l'Ouest étaient utilisés à la réfection des routes, au creusement de canaux d'irrigation, au défrichage, dans les mines, à la remise en culture de terres abandonnées et aux plantations dans les champs. Au bout d'une année, la moitié d'entre eux étaient morts. Ma avait encore du mal aujourd'hui à repenser à tout ce qu'ils avaient souffert. « Ils nous faisaient travailler plus dur que des bêtes de somme, et ne nous donnaient que deux bols de bouillie de maïs par jour. Nous tombions comme des mouches, et j'ai moi-même enterré trente hommes de mon bataillon. » Certains s'étaient suicidés, d'autres avaient tenté de s'évader. Un des fugitifs, un de ses amis, avait eu pour punition les pieds broyés sous des rochers après avoir été repris. Il n'avait pas tardé à décéder. Ma ne devait d'avoir survécu qu'à un officier, responsable du camp de prisonniers, qui l'avait pris comme ordonnance, puis l'avait offert comme esclave à sa famille à Linxia.

Zhong, l'opérateur radio, fut amené en présence du chef d'un régiment des Ma. Il lui demanda d'où il venait, et quelle fonction il avait. Il répondit qu'il était originaire du Jiangxi, et était ordonnance. Il savait qu'il s'exposerait à la torture, et à une mort certaine, s'il révélait qu'il servait en réalité comme radio. Le commandant venait tout juste d'acquérir une concubine, native elle aussi du Jiangxi. Il décida d'expédier Zhong et deux prisonnières chez lui, à Xining, comme domestiques. La concubine s'était entichée de Zhong, qu'elle trouvait vraiment mignon. Elle prit soin de lui, et s'assura qu'il était convenablement nourri. Au bout de deux ans de cette vie, le commandant lui avait ordonné de le rejoindre à l'armée. Il s'était débrouillé pour s'échapper et s'était caché dans la chambre de la concubine. Elle avait subtilisé un sauf-conduit, lui avait donné toutes ses économies, et l'avait placé dans une caravane de marchands qui partait pour la côte. Il était rentré chez lui après quatre mois de voyage.

La mère Wang, Li la combattante et 130 autres femmes de leur Régiment furent jetées en prison à Wuwei. Les gardiens, contrairement à ce qui s'était passé auparavant, ne profitèrent pas d'elles, et ne se vengèrent pas pour les morts dans leur camp en les brutalisant. Elles avaient de quoi manger, et on les laissait tranquilles. Les responsables de la prison avaient désigné Wang pour organiser leur vie. Elles reçurent des vêtements, et eurent même droit à des douches et à des séances de cinéma. Elles paraissaient être tombées sur des hommes, pas sur des monstres. Elles se demandaient pourquoi elles étaient si bien traitées, jusqu'au jour où tout devint clair. On les mena dans le jardin de la résidence de

Ma Buqing. Il était rempli d'officiers. Un aide de Ma prit la parole : « Vous ne le savez sans doute pas, mais nationalistes et communistes ont décidé d'unir leurs forces dans cette heure de crise pour la nation, et de combattre ensemble sous le drapeau du généralissime Tchang Kaichek. Comme gage de notre sincérité, les prisonnières dont les noms suivent vont être remises en liberté. » Les femmes écoutèrent en silence les noms égrenés, tout en remarquant qu'à chaque nouveau nom, un des officiers s'approchait de celle qui avait été désignée. Elles comprirent tout d'un coup qu'en fait de libération, elles venaient de leur être offertes comme épouses ou concubines. Elles laissèrent éclater leur colère contre cette mascarade, s'agrippant les unes aux autres pour résister, et abreuvant d'insultes les officiers qui tentaient de les emmener de force. Trente d'entre elles furent enlevées, les autres renvoyées en prison.

Les cent femmes qui restaient, dont Wang et Li, se mirent à discuter de ce qu'elles pouvaient faire. Il n'y avait aucun doute qu'elles étaient destinées à connaître le même sort que les trente premières. Beaucoup d'entre elles crachaient de dégoût rien que d'en parler. « Il s'agissait des hommes que nous avions combattus, ceux-là mêmes qui avaient tué et violé nos camarades » s'énerva Li, dont la colère était intacte soixante-dix ans après. « C'étaient des animaux sauvages, même pires que des animaux. Et nous allions devoir coucher avec eux, et les servir ? Nous avions frôlé la mort à plus d'une reprise, mais ça, c'était pire que la mort. Je préférais la mort. » Wang n'avait pas été d'accord avec elle. « Nous avons tenu le coup dans les pires situations » avait-elle argumenté. « La révolution a encore besoin de nous. Qui reste en vie peut continuer le combat. Je vous suggère de bien réfléchir. Obéissons, et nous trouverons toujours l'occasion de nous enfuir. N'oubliez jamais que vous appartenez à l'Armée rouge. »

Wang fut la première à partir, chez un général de brigade. La plupart de ses camarades suivirent son exemple.

Li avait été offerte à un haut cadre, déjà marié et de quarante ans son aîné. Quand il vint la chercher, elle se mit à hurler, à se débattre et elle le mordit. Horrifié, il ne voulut plus entendre parler d'elle. « Plus un homme ne voulait de moi après ça. Ils avaient trop peur que je leur donne un coup de couteau pendant leur sommeil la première nuit où nous coucherions ensemble. Ils préférèrent me mettre à la rue. » Un colporteur prit pitié d'elle, et il trouva un Han qui voulut bien la prendre pour femme. Elle n'avait plus jamais quitté Wuwei.

Elle resta silencieuse un bon moment, puis me regarda. « Tu m'as demandé ce que je pensais de Wang Quanyuan, tu te souviens ? Eh bien, voilà, maintenant tu le sais. Je la déteste, à cause de ce qu'elle a fait. Je ne le lui ai jamais pardonné. » Je la comprenais. Elle avait survécu, mais n'avait jamais cessé de souffrir. « Pourquoi m'en suis-je tirée, alors que tant de mes camarades sont morts ? » ne cessait-elle de se demander. Elle aurait préféré mourir. Et elle ne changerait jamais d'avis pour ce qui concerne Wang.

Cette dernière était finalement parvenue à s'enfuir, au bout de trois ans, de chez le général dont elle était devenue la concubine. Elle avait gagné Lanzhou, où l'Armée rouge avait un bureau. L'homme qui l'avait reçue l'avait longuement dévisagée. Pour le parti, quiconque avait mis trois ans pour rejoindre son poste était nécessairement suspect. « Nous ne réintégrons personne après si longtemps » lui fit-il savoir d'un ton glacial. « C'est le règlement. »

« Je fondis en larmes. Je n'avais jamais pleuré sous la torture ni les humiliations de l'ennemi. Mais comment ne pas pleurer quand ce sont vos propres camarades qui se méfient de vous ? » Soixante-dix après, sa voix s'étranglait encore de sanglots. « J'ai vécu l'heure la plus noire de mon existence à ce moment-là. »

« Arrête de pleurer » lui avait intimé l'homme en l'écrasant d'un regard inflexible. « Je te l'ai déjà dit, nous ne te reprendrons pas avec nous. Point final. Voilà cinq dollars d'argent. Nous savons que tu t'es battue pour la révolution. Cela t'aidera à rentrer chez toi. »

Le visage noyé de larmes, Wang l'avait fixé droit dans les yeux, elle s'était mise au garde à vous, et lui avait dit : « Je te demande de faire savoir au parti que Wang Quanyuan lui restera toujours loyale. Je lui appartiens à jamais. »

Elle avait tourné les talons, et s'en était allée.

Épilogue

Au début de mon périple, je me disais souvent, après une journée de route, ou dix kilomètres de marche pour tenter de retrouver un ancien combattant : « Si tu trouves ça dur, songe à la Longue Marche. Quand tu es fatiguée, n'oublie pas tes ancêtres révolutionnaires. » Je trouvais dans cette pensée un réconfort, et de quoi m'encourager à aller de l'avant.

Au bout d'une année, cependant, en approchant du terme de mon voyage, ma perception de ce slogan avait totalement changé. J'avais tout appris de la Longue Marche dans mon enfance – la traque des nationalistes, les neiges du mont Jiajing, le cuir rongé contre la famine dans la prairie. Pourtant rien ne m'avait préparée à entendre une grande partie de ce que les anciens combattants m'avaient raconté. En particulier ce qui touchait aux obstacles monstrueux qu'ils avaient dû affronter, du fait de leurs ennemis certes, mais aussi de leurs propres camarades. La question revenait, lancinante : « Comment se fait-il que la Longue Marche ait été pour eux si différente ? Et que j'en aie tout ignoré ? » Je me replongeai dans les archives, les mémoires publiés, les souvenirs d'autres anciens combattants pour tout recouper. Et j'ai acquis ce faisant la conviction qu'ils disent la vérité, et qu'ils ont raconté la véritable histoire de ce que fut Longue Marche, une version qui rend enfin justice à ceux qui l'ont accomplie. Les épreuves qu'ils avaient affrontées ont été bien plus terribles que ce qu'on m'en avait enseigné, et leur réussite d'autant plus exceptionnelle.

La détermination farouche dont ils ont su faire preuve paraît presque incompréhensible. Rien ne les avait découragés : ni la faim et la recherche frénétique de nourriture, ni l'hostilité des Tibétains, ni le sort qu'avaient connu bien des femmes. Ni même le fait d'atteindre ce qu'on leur avait présenté comme étant le but de leur Marche, pour apprendre ensuite qu'il leur faudrait repartir vers d'autres souffrances, car la terre promise ne l'était pas vraiment. En dépit de tout, ils avaient continué d'avancer. S'ils avaient eu des doutes, ils les avaient fait taire. Ils avaient été au courant des purges, et des désertions. Pourtant leur fidélité était demeurée totale, et ils étaient allés toujours plus loin. Le genre d'hommes et de femmes qu'ils étaient explique que la révolution ait fini par triompher. Ils avaient été plongés dans un fourneau, et en étaient ressortis des hommes et des femmes d'acier.

Mao a dit que la Longue Marche n'avait pas été un but en soi, mais un premier pas. Je peux maintenant donner un autre sens à cette formule-là également. C'est durant cette Marche qu'il s'empara du pouvoir absolu, pour ne plus le lâcher jusqu'à sa mort. Pendant les quarante ans qui avaient suivi, il lança le peuple chinois dans de nouvelles longues marches. Elles durèrent plus longtemps, et furent bien plus meurtrières que la Marche elle-même. Nous, Chinois, avons souffert en partie parce qu'on nous a caché les raisons de la première Marche, c'est-à-dire l'échec des bases rouges. On a dissimulé les leçons qu'il fallait tirer de cet échec, en les noyant sous la glorification de l'événement. En Chine, les choses n'ont toujours pas changé sur ce point.

Le pire est que rares ont été les survivants à ne pas avoir connu après la Marche des tourments encore pires que ceux auxquels ils avaient survécu. Généraux, cadres du parti, simples soldats – pratiquement tous ceux que j'ai mentionnés dans ce récit ont été victimes de la frénésie des campagnes politiques. Leurs malheurs se lisent comme une sinistre litanie.

La mère Wang, chassée de l'Armée rouge, passa les cinquante années qui suivirent dans une quête déchirante pour réintégrer le parti. Elle fut clouée au pilori, et parfois au sens littéral du terme, sous les accusations de trahison, d'espionnage pour le compte des nationalistes, et d'avoir été la concubine d'un général ennemi. Elle ne se laissa jamais briser. La lutte contre l'injustice était sa vocation. En 1989, elle finit par obtenir une retraite, et à être réhabilitée et réintégrée au parti communiste, mais seulement pour la période qui a commencé en 1949. Je m'étonnai devant elle de sa loyauté envers le parti, après tout ce que celui-ci lui avait fait endurer. « Je n'ai pas d'autre famille. Je ne peux que l'aimer » me répondit-elle. Elle est une des très rares personnes à avoir participé à toutes les phases de la Longue Marche, ayant successivement appartenu aux 1re, 2de et 4e Armées, ainsi qu'à la Légion de l'Ouest. Sa vie est à elle seule une histoire presque complète de la Chine des soixante-dix dernières années, infiniment plus riche que ce que ce livre a pu en rapporter.

Le soldat Huang fut promu au rang d'officier après la Marche. Mais il était paysan dans l'âme. Il démissionna pour regagner son village, où il travailla trente ans, parvenant à peine à nourrir sa famille. Son sort ne s'améliora qu'en 1979, quand la propriété privée de la terre fut rétablie. « Je suis aujourd'hui aussi riche qu'un propriétaire foncier d'antan » constate-t-il en s'en amusant. Son seul objectif désormais est de vivre jusqu'à cent ans, pour jouir de l'existence dont il avait toujours rêvé.

Liu l'ordonnance regrette ne pas être allé jusqu'au bout de la Marche. « Si j'y étais parvenu, je serais aujourd'hui une huile à Pékin, avec ma propre voiture et mes gardes du corps. Au lieu de quoi, je croupis dans ce village. » Je ne suis pas certaine qu'il ait raison. Il ne voit que les récompenses, pas les épreuves que les Marcheurs ont subies pour les mériter, et il oublie qu'ils ont mis leur vie en jeu. Je le soupçonne d'avoir pris la fuite dès que les choses avaient chauffé sur la Xiang. Il est fait de sable, pas d'or.

Chen l'infirmier passa sa vie entière dans le corps médical de l'armée. Le *Petit Livre rouge* de Mao reste son livre de chevet, il en lit quotidiennement des pages. Il assure qu'on peut y trouver toutes les réponses aux problèmes qui se posent à nous. Dans son cas, cela a marché en tout cas. Les gardes rouges l'avaient accusé d'être un expert bourgeois. Ils l'avaient arrosé, et obligé à rester debout dans l'air glacé. Il s'était alors souvenu des paroles de Mao : « Les masses en colère ne connaissent pas de bornes, mais leurs objectifs sont justes. » Il avait défié les gardes rouges, en leur rappelant : « Vous ne pouvez pas m'intimider. Moi, j'ai survécu à la Longue Marche. »

Lors de ma visite, Zhong le radio a exhibé une pile volumineuse de lettres. Il s'agissait de copies de celles qu'il n'avait cessé d'expédier à toutes les administrations et à tous ceux dont il pensait qu'ils pourraient l'aider à obtenir sa réhabilitation. Avant même la révolution culturelle, il avait été pendant des années la cible d'humiliations et d'attaques presque quotidiennes, qui avaient visé aussi sa femme et ses enfants. « On n'arrêtait pas de me demander comment j'avais pu m'échapper de chez les Ma. Qui m'avait donné autant d'argent pour rentrer chez moi ? La concubine ? Avais-je couché avec elle ? Ça ne cessait jamais. » Il avait fallu que son ancien chef, qui par la suite devait devenir président de la République chinoise, intervienne en personne après avoir lu un de ses courriers. Zhong emmène souvent son fils se promener dans le jardin du Musée des Martyrs de Xingguo. « J'aurais pu être un de ces martyrs. J'ai eu de la chance de m'en sortir. »

Après la victoire de la révolution, Wu la propagandiste fut elle aussi accusée pendant dix-sept ans d'avoir été un traître et d'avoir déserté, sans autre raison que le fait qu'elle avait appartenu à la Légion de l'Ouest. Quand la révolution culturelle avait éclaté, en 1966, excédée, elle avait décidé de contre-attaquer. Elle était entrée dans le Corps des rebelles de la Longue Marche, qui avait pris d'assaut le Bureau provincial d'aide sociale, en exigeant que justice soit rendue. Ils s'étaient emparés du responsable du parti, l'avaient ligoté et passé à tabac. « Nous nous vengions de la manière dont il nous avait traités. » Elle était persuadée qu'il détournait l'argent de sa retraite, et qu'il se servait des accusations portées contre elle pour dissimuler son escroquerie. « Je ne pouvais pas imaginer qu'il ne faisait en fait qu'obéir aux ordres venus d'en haut. » Elle n'avait obtenu d'être reconnue comme ancienne de la Longue Marche, et de toucher une retraite, qu'en 1986, un demi-siècle après l'anéantissement de la Légion de l'Ouest.

Le plus heureux de tous les Marcheurs que j'ai rencontrés est Sangluo. J'avais eu du mal à croire qu'il avait réellement participé à la Marche. Il s'était totalement assimilé à la vie dans la prairie et à la culture tibétaine. L'Armée rouge s'était fait haïr au Tibet, et l'avait payé très cher. Lui avait su se faire aimer, pour sa générosité, son honnêteté, son esprit de tolérance et son absence complète de préjugés. Il avait réussi à dépasser les douleurs et les pertes qu'il avait subies.

Li la combattante, qui avait tellement souffert aux mains des hommes des deux Ma, et qui leur avait si héroïquement résisté, a été la plus maltraitée de tous. Accusée elle aussi d'être « un traître et un déserteur », elle n'a jamais obtenu le moindre emploi. Elle a survécu, et nourri ses enfants, en faisant les poubelles. Pendant la révolution culturelle, elle avait été arrêtée, battue et fouettée des heures durant, quotidiennement. « Les gardes rouges étaient pires que les hommes des Ma. Ils voulaient vraiment me tuer. J'essayais de les raisonner, en leur disant que j'avais fait la Longue Marche, et qu'ils n'avaient pas le droit de me traiter de la sorte » me raconta-t-elle, encore frémissante d'indignation. « Ils répondaient qu'ils ne faisaient qu'obéir aux ordres de Mao. J'ai cessé de résister à la torture, et j'ai voulu me suicider à de nombreuses reprises. La mort me paraissait facile, et si attirante. Mais je ne pouvais pas passer à l'acte. L'idée de mourir pour rien, après tout ce que j'avais vécu, me révoltait. » Elle aussi avait été finalement réhabilitée, en 1986.

Feng Yuxiang, Ma Haidiche et Ma Fucai sont les plus pauvres de la bande. Quand je l'ai rencontrée, Feng venait tout juste d'emménager dans une maison après avoir passé toute sa vie dans des étables ou des taudis. Elle n'avait qu'un toit qui fuyait et quatre murs, mais c'était une maison. Ma Haidiche, trop pauvre, n'avait même pas pu offrir de dot à sa fille adoptive. Et il avait fallu treize années d'économies à Ma Fucai pour payer le creusement d'un puits. Ceux qui vivent dans des villages éloignés peuvent se sentir heureux de toucher une partie de la retraite à laquelle ils ont droit, quand ils en ont une. Elle leur avait été refusée pendant cinquante ans. À leurs yeux, le préjudice matériel avait été moins pénible que le refus de reconnaître leur statut. S'ils avaient été considérés comme les Marcheurs qu'ils étaient, ils auraient pu aller la tête haute, et jouir du respect des autres. Au lieu de quoi, ils avaient été persécutés et leur histoire niée. « Le ciel ne voit donc pas les injustices qui s'étalent sous sa voûte ? » s'exclama Feng.

La plupart ne sont pourtant pas aigris. Ma Fucai fit devant moi la comparaison entre son sort et celui des officiers, des généraux et des cadres dirigeants qu'il avait connus. « Je m'en suis plutôt mieux sorti qu'eux. Ils nous ont menés à la victoire, mais ils ont tous été punis, tous sauf Mao et Zhou Enlai. Je ne peux pas me plaindre, n'est-ce pas ? » Il énuméra : « Prenez les chefs des trois armées de la Longue Marche. Ils sont tous arrivés au sommet, avant de connaître la chute. Zhu De, notre commandant en chef, a été dénoncé comme seigneur de la guerre par les gardes rouges. Le chef de notre armée, Xu Xiangqian, a connu l'exil, et notre commissaire politique, Chen Changhao, a été poussé au suicide pendant la révolution culturelle, pour la seule et unique raison qu'ils avaient servi tous deux sous les ordres de Zhang Guotao. Peng Dehuai a été torturé à mort pour avoir osé critiquer Mao. He Long a lui aussi été assassiné, on lui a donné du glucose alors qu'il était diabétique. Et Xiao Ke a passé des années en camp de travail. »

Il aurait pu ajouter une longue liste d'autres dirigeants qui avaient combattu aux côtés de Mao, jusqu'à la victoire, et étaient tombés en disgrâce par la suite. Zhang Wentian et Wang Jiaxiang, par exemple, les deux hommes qui l'avaient aidé à reprendre le pouvoir à Zunyi ; Liu Shaoqi, devenu président de la République ; Yang Shangkun, un autre chef de l'État ; Deng Xiaoping, limogé et rappelé à trois reprises par Mao, avant de réussir finalement à mettre la Chine sur la bonne voie ; Liu Bocheng, qui avait été chef d'état-major de l'Armée rouge ; et Wang Shoudao, l'homme qui avait épousé la mère Wang pendant la Longue Marche, et qui était devenu gouverneur du Hunan, puis premier secrétaire du parti dans le Guangdong. La liste n'en finit pas. Heureusement, ceux qui ont survécu à Mao ont pu être réhabilités, et ont pris les commandes de la Chine.

Il y avait deux exceptions majeures : Zhang Guotao et Lin Biao. Le premier savait le sort qui l'attendait après avoir perdu sa lutte pour le pouvoir contre Mao. Il passa aux nationalistes, et finit ses jours à Toronto, seul et sans ressources, dans un asile pour vieillards. Lin Biao était devenu le dauphin de Mao. Mais il s'était retourné contre lui, et avait été accusé d'avoir fomenté son assassinat après avoir perdu sa confiance. Il a trouvé la mort en 1971 dans un avion qui s'est écrasé au sol alors qu'il tentait de se réfugier en Union soviétique.

Otto Braun avait reçu l'ordre de quitter la Chine en 1939, et de garder le secret sur ce qu'il y avait fait. Dans un premier temps, il avait gagné l'Union soviétique. Lorsque l'avion russe était venu le récupérer, il s'était précipité à son bord, et avait refusé de bouger de son siège tant qu'il n'avait pas décollé. Il est rentré en Allemagne de l'Est en 1954 et, dix ans plus tard, a publié ses Mémoires, qui incluent des passages au vitriol sur Mao.

 Rudolf Bosshardt resta passionné par la Chine, même après en avoir été expulsé. Il avait le sentiment de n'avoir pas œuvré en vain. Il avait confié sa paroisse à son fidèle assistant, le diacre Tang, qui devint président du conseil des chrétiens du Guizhou, et forma nombre de cadres catholiques dans cette province. De retour dans sa cité natale, Manchester, Bosshardt en anima l'église chrétienne chinoise. À sa mort, en 1993, le général Xiao Ke, celui qui l'avait pris en otage, envoya ses condoléances à la famille de celui qu'il qualifia de « vieil ami du peuple chinois ».

 Edgar Snow vit son *Étoile rouge sur la Chine* interdit en Chine après la révolution. En dépit de tout le soutien qu'il avait apporté aux communistes, Mao, devenu le dirigeant suprême, ne pouvait tolérer les rares critiques que Snow y faisait de ses actions ou de celles de l'Armée rouge. On alla le rechercher plusieurs années plus tard, et, invité à Pékin, il apparut en 1970 à la tribune de la place Tian Anmen au côté de Mao qui présidait le défilé de la Fête nationale. Ce dernier avait de nouveau besoin de lui, cette fois pour faire passer à Nixon un signe de sa volonté de normalisation avec les États-Unis. Deux années plus tard, il envoya une équipe médicale chinoise en Suisse au chevet de Snow, peu avant que celui-ci décède.

*
* *

 Les participants à la Longue Marche ont su combattre, persévérer, vaincre la faim et le découragement, et tenir. Ils ont été des milliers et des milliers à relever le défi, faisant preuve d'un courage et d'une abnégation sans équivalent dans l'histoire de la Chine, et peut-être même du monde. Après avoir survécu à pareille épreuve, ils auraient été capables d'autres exploits, si on leur en avait laissé la possibilité. Leur héroïsme, leur idéalisme, leur optimisme et leur foi nous ont été inculqués, et donnés en exemple. J'y trouve encore une source d'inspiration. Mais il ne faut oublier aucun des autres aspects de la Marche, et en tirer la leçon, au-delà de l'attitude exemplaire des Marcheurs. C'est certainement ce qu'ils auraient voulu.

Remerciements

Je suis profondément reconnaissante à tous ceux qui m'ont aidée au cours de mon voyage et dans l'écriture de ce livre, en particulier RHC, qui n'a cessé de m'encourager, avec une patience infinie.

Bibliographie

Académie artistique de l'armée populaire de libération, *Zhongguo renmin jiefangjun wenyi shiliao xuanbian (hongjun shiqi)* (Documents artistiques choisis de l'armée populaire de libération (période de l'Armée rouge), Jiefangjun chubanshe, Pékin, 1986.

Archives centrales, *Guomingdang jun zhuidu hongjun changzheng Dangan ziliao xuanbian* (Documents choisis sur la poursuite et les attaques de l'Armée rouge par les nationalistes), 2 vol., Archive Press, Pékin, 1987.

Archives centrales et Archives provinciales du Jiangxi, *Jiangxi geming lishi wenxian huiyi 1933-1934* (Recueil de documents historiques sur la révolution au Jiangxi, 1933-1934), Nanchang, 1992.

Archives provinciales du Jiangxi, *Zhongyang geming genjudi dangan ziliao xuanbian* (Recueil d'archives de la base révolutionnaire centrale), Jiangxi renmin chubanshe, Nanchang, 1982.

Benton, Gregor, *Mountain Fires : the Red Army's three-year war in South China, 1934-1938*, University of California Press, Berkeley/Oxford, 1992.

Bosshardt, Rudolf (avec Piaget R.A.), *Prisonniers des soldats rouges en Chine*, 1937 (trad. de *The Restraining Hand*, Hodder and Stoughton, Londres, 1936).

Braun, Otto, *A Comintern Agent in China 1932-1939*, trad. de *Chinesische Aufzeichnungen* par Jean Moore, C. Hurst, Londres, 1982.

Bureau d'études historiques du parti du Guizhou, *Hongjun changzheng he dangde minzu zhengce* (La Longue Marche et la politique des nationalités du parti communiste), Guizhou minzu chubanshe, Guiyang, 1993.

Bureau de recherches du chef d'état-major, Service des communications, armée populaire de libération, *Hongjun de ermu yu shenjing* (Les oreilles et le système nerveux de l'Armée rouge), Académie militaire, Pékin, 1991.

Cai Boyi, *Suweiai zhi jianli jiqi bengkui, 1931-1934* (Fondation et destruction du soviet, 1931-1934), National University of Politics, Taipei, 1969.

Cai Tingkai, *Cai Tingkai zizhuan* (L'autobiographie de Cai Tingkai), Heilongjiang renmin chubanshe, Harbin, 1982.

Cai Xiaoqian, *Jiangxi suqu, hongjun xi cuan huiyi* (Le Soviet du Jiangxi : Souvenirs de la fuite vers l'Ouest de l'Armée rouge), Communist China Research Magazine, Taipei, 1970.

Chen Bojun, *Diary 1933-1937* (Journal 1933-1937), Renmin chubanshe Shanghai, 1987.

Chen Bojun, Tong Xiaopeng, Wu Yunpu et Zhang Ziyi, *ChangZheng riji* (Journaux de la Longue Marche), Wenxian chubanshe, Pékin, 1986.

Chen Jin, *Changzheng xunsi lu* (Réflexions sur la Longue Marche), non publié, 1990.

Chen Ronghua et He Youliang, *Zhongyang suqu shilue* (Brève Histoire du soviet central), Shanghai sheke chubanshe, 1992.

Chen Yungfa, *Zhongguo gongchangdang geming qishi nian* (Soixante-dix années de révolution communiste en Chine), Lianjing Press, Taipei, 2001.

Cheng Zhongyun, *Zhang Wentian zhuan* (Biographie de Zhang Wentian), Dangdai chubanshe, Pékin, 2000.

Comité éditorial « Xinghuo liaoyuan », *Xinghuo liaoyuan congshu* (Une étincelle peut mettre le feu à la plaine), Jiefangjun chubanshe, Pékin, 1986.

Comité pour la collecte des documents de l'histoire du parti communiste chinois et Archives centrales, *Zunyi Wenxian* (Documents sur Zunyi), Renmin chubanshe, Pékin, 1985.

Commission historique de la 4e Armée, *Zhongguo gongnong hongjun disi fangmianjun zhanshi ziliao xuanbian* (Documents choisis sur l'histoire de la 4ᵉ Armée de l'Armée rouge), Jiefangjun chubanshe, Pékin, 1992.

Commission historique de la 2ᵈᵉ Armée, *Zhongguo gongnong hongjun dier fangmianjun zhanshi ziliao xuanbian* (Documents choisis sur l'histoire de la 2ᵈᵉ Armée de l'Armée rouge), Jiefangjun chubanshe, Pékin, 1991.

Dai Xiangqing et Luo Huilan, *Futian shibian shimo* (Origine et épilogue de l'Incident de Futian), Henan renmin chubanshe, Zhengzhou, 1994.

Départements de la culture du Sichuan, Yunnan et Guizhou, *Chuan qian dian bian hongse wuzhuang wenhua shiliao xuanbian* (Documents choisis sur les unités rouges au Sichuan, Yunnan et Guizhou), Guizhou renmin chubanshe, Guiyang, 1985.

Département politique de la 1ʳᵉ Armée, *Zhongguo gongnong hongjun di yi fangmian jun changzheng ji* (Documents sur la Longue Marche de la 1ʳᵉ Armée), Renmin chubanshe, Pékin, 1955.

Dong Hanhe, *Xilujun chenfu lu* (La défaite de la Légion de l'Ouest), Gansu renmin chubanshe, Lanzhou, 1995.

Dong Hanhe, *Xilujun nuzhanshi mengnan ji* (Histoire des prisonnières de la Légion de l'Ouest), Jiefangjun chubanshe, Pékin, 2001.

Farnsworth, Robert, *From Vagabond to Journalist : Edgar Snow in Asia, 1928-1941*, University of Missouri Press Columbia/ Londres, 1996.

Fei Peiru, *Zhongguo gongnong hongjun di yi fangmian jun changzheng shishi rizhi* (Chronique quotidienne de la 1ʳᵉ Armée), Guizhou renmin chubanshe, Guiyang, 1999.

Fenby, Jonathan, *Generalissimo : Chiang Kai-shek and the China He Lost*, Free Press, Londres, 2003.

Gao Enxian, *Zhongguo gongnong hongjun weisheng gonzuo lishi jianbian* (Histoire des services de santé de l'Armée rouge chinoise), Renmin junyi chubanshe, Pékin, 1987.

Geng Biao, *Geng Biao huiyilu* (Mémoires de Geng Biao), Jiefangjun chubanshe, Pékin.

Gong Chu, *Gong Chu jiangjun huiyilu* (Mémoires du général Gong Chu), Ming Bao Monthly Press, Hong Kong, 1978.

Griffin, Patricia, *The Chinese Communist Treatment of Counterrevolutionaries*, 1924-1949, Princeton University Press, Princeton, 1976.

Guo Chen, *Teshu liandui* (Une compagnie exceptionnelle), Nongcun duwu chubanshe, Pékin, 1985.

Guo Dehong et Zhang Shujun (éd.), *Hongjun changzheng shi* (Histoire de la Longue Marche), Liaoming renmin chubanshe, Shenyang, 1996.

Guo Menglin, *Xilujun, xuezhu de fengbei* (La Légion de l'Ouest, un monument bâti dans le sang), Gansu renmin chubanshe, Lanzhou, 2002.

He Changgong, *He Changgong huiyilu* (Mémoires de He Changgong) Jiefangjun chubanshe, Pékin, 1987.

He Chengming et Zhu Yongguang, *Zhongguo gongnong hongjun xilujun wenxian juan* (Documents d'archives sur la Légion de l'Ouest de l'Armée rouge chinoise), 2 vol., Gansu renmin chubanshe, Lanzhou, 2004.

He Youliang, *Zhongguo suweiai quyu shehui biandong shi* (Histoire des changements sociaux dans les zones soviétiques chinoises), Dangdai chubanshe, Pékin, 1996.

Huang Daoxuan, « Di wuci fan weijiao shibian yuanyin taixi » (Les raisons de l'échec dans la Cinquième campagne, analyse des facteurs non militaires), *Jindaishi yanjun* (Études d'Histoire moderne), n° 5, 2003.

Huang Daoxuan, « Di wuci fan weijiao zhonggong junshi zhengce zai lijie » (Un nouveau regard sur la stratégie militaire communiste pendant la Cinquième campagne), *Lishi Yanjun* (Études historiques), n° 1, 2006.

Huang Guozhu *et al.* (éd.) *Wo de changzheng* (Ma Longue Marche), 2 vol., Jiefangjun chubanshe, Pékin, 2005.

Huang Jijie et Chen Fulin (éd.), *Xin guixi shi* (Histoire des seigneurs de la guerre Gui), Guangxi renmin chubanshe, Nanning, 1991.

Huang Kecheng, *Huang Kecheng zishu* (Huang Kecheng par lui-même), Renmin chubanshe, 1994.

Jung Chang et Jon Halliday, *Mao, l'histoire inconnue*, Gallimard, 2006 (trad. de *Mao, the Unknown Story*, Jonathan Cape, Londres, 2005).

Kampen, Thomas, *Mao Zedong, Zhou Enlai, and the evolution of the Chinese communist leadership*, Nordic Institute of Asian Studies, Copenhague/Curzon Press, Richmond, 1999.

Kampen, Thomas, « The Zunyi Conference as one more step in Mao's rise to power », *China Quarterly*, n° 117, 1989.

Kuo, Warren, *Analytical History of the Chinese Communist Party*, 4 vol., Institute of International Relations, Taipei, 1968.

Lee, Lily Xiao Hong et Sue Wiles, *Women of the Long March*, Allen and Unwin, St Leonards, N.S.W., 1999.

Li Anbao, *Changzheng yu wenhua* (La Longue Marche et la Culture), Dangjian duwu chubanshe, Pékin, 2002.

Li Xing, « Le problème des céréales pour l'Armée rouge dans la prairie », *Tibet Studies*, n° 1, 2003.

Li Yimang, *Mohu de yingping : Li Yimang huiyilu* (L'écran brouillé : les mémoires de Li Yimang), Renmin chubanshe, Pékin, 1992.

Liang Zheng, « Tucheng zhanyi » (La bataille de Tucheng), dans *Hongjun zai Guizhou* (L'Armée rouge au Guizhou), Bureau d'études historiques du Guizhou, Guizhou renmin chubanshe, Guiyang, 1984.

Liu Tong, *Bei Shang* (Marchez vers le Nord), Jiangxi renmin chubanshe, Nanchang, 2003.

Liu Ying, *Zai lishi de jiliu zhong* (Dans le tourbillon de l'Histoire), Dangshi chubanshe, Pékin, 1992.

Lyall, Thomas Leslie, *A passion for the Impossible : The China Inland Mission, 1865-1965*, Hodder and Stoughton, Londres, 1965.

Ma Xuanwei, *Sichuan junfa hunzhan* (Les guerres des seigneurs de la guerre du Sichuan), Sichuan shekeyuan chubanshe, Chengdu, 1984.

Mao Zedong, *Mao Zedong nongcun diaocha wenji* (Écrits choisis sur les enquêtes rurales), Renmin chubanshe, Pékin, 1983.

Mao Zedong, *Mao Zedong Xuanji* (Œuvres choisies de Mao Zedong), Renmin chubanshe, Pékin, 1965.

Ministère de la Culture, *Changzheng zhong de wenhua gongzuo* (Le travail culturel pendant la Longue Marche), Beijing tushuguan chubanshe, Pékin, 1998.

Mo Wenhua, *Mo Wenhua huiyilu* (Mémoires de Mo Wenhua), Jiefangjun chubanshe, Pékin, 1994.

Peng Dehuai, *Peng Dehuai zishu* (Notes autobiographiques de Peng Dehuai), Renmin chubanshe, Pékin, 1981.

Saich, Tony et van de Ven, Hans (éd.) *New Perspectives on the Chinese Communist Revolution*, M. E. Sharpe, Armonk, NY, 1995.

Salisbury, Harrison, *The Long March : the untold story*, Macmillan, Londres, 1985.

Schram, Stuart, *Mao Zedong*, Penguin, Harmondsworth, 1966.

Smedley, Agnes, *China's Red Army Marches*, Lawrence & Wishart, Londres, 1936.

Smedley, Agnes, *La Longue Marche, mémoires du maréchal Zhu De*, Richelieu/Imprimerie nationale, Bordeaux, 1969 (trad. de *The Great Road : the Life and Times of Chu Teh*, Monthly Review Press, New York/Londres, 1972).

Snow, Edgar, *Étoile rouge sur la Chine*, Stock, Paris, 1965 (trad. de *Red Star Over China*, Victor Gollancz, Londres, 1937).

Snow, Edgar, *La Longue Révolution*, Stock, Paris, 1973 (trad. de *The Long Revolution*, Hutchinson, Londres, 1973).

Su Yu, *Su Yu zhangzheng huiyilu* (Mémoires des années de guerre de Su Yu), Jiefangjun chubanshe, Pékin, 1996.

Tchang Kaichek, *Lushan xunlian ji* (Essais sur l'entraînement à Lushan), New China Publishing House, Nankin, 1947.

Tchang Kaichek, *Xian zongtong jiang gong sixiang yanlun zongji* (Pensées et Discours complets du défunt Président Tchang), vol. 11, History Committee of the Central Committee of Kuomintang, Taipei, 1984.

Thomas, S. Bernard *Season of High Adventure*, University of California Press, Berkeley/Los Angelès/Londres, 1996.

Tong Xiaopeng, *Fengyu sishi nian* (Quarante années d'orages), Zhongyang wenxian chubanshe, Pékin, 1994.

Van de Ven, Hans, *War and Nationalism in China 1925-1945*, RoutledgeCurzon, Londres, 2003.

Wang Jianying, *Zhongguo gongnong hongjun fazhan shi jianbian, 1927-1937* (Introduction à l'Histoire de l'Armée rouge chinoise, 1927-1937), Jiefangjun chubanshe, Pékin, 1986.

Wang Ping, *Wang Ping huiliyu* (Mémoires de Wang Ping), Jiefangjun chubanshe, Pékin, 1992.

Wang Tingke, *Hongjun changzheng yanju* (Recherches sur la Longue Marche), Sichuan shehui kexue chubanshe, Chengdu, 1985.

Wang Xingjuan, *He Zhizhen de lu* (Biographie de He Zhizhen), Zuojia chubanshe, Pékin, 1988.

Watson, Jean, *Bosshardt, a Biography : the story of a Christian missionary caught up in Mao's Long March*, Monarch Books, Great Britain, 1995.

Wei, William, *Counterrevolution in China : the Nationalists in Jiangxi during the Soviet Period*, University of Michigan Press, Ann Arbor, 1985.

Wu Xiuquan, *Wangshi cangsang* (Mon passé tumultueux), Shanghai wenyi chubanshe, 1992.

Xu Xiangqian, *Lishi de huigu* (Regard en arrière sur l'Histoire), Jiefangjun chubanshe, Pékin, 1998.

Xue Yue, *Jiaofei jishi* (Récits de l'extermination des bandits), Wenxian chubanshe, Taipei, 1962.

Yan Daogang « Jiang Jeshi zhuidu changzheng hongjun de bushu jiqi shibai » (Plans et échecs de Tchang Kaichek pour poursuivre et éliminer l'Armée rouge), dans *Wenshi ziliao xuanji* (Sélection des récits historiques), n° 62, Wenshi ziliao bianjibu, Pékin (sans date).

Yang, Benjamin, *From Revolution to Politics : Chinese Communists on the Long March*, Westview Press, Boulder/San Francisco/Oxford, 1990.

Yang, Benjamin, « The Zunyi Conference as One Step in Mao's Rise to Power : A Survey of Historical Studies of the Chinese Communist Party », *China Quarterly*, n° 106, 1986.

Yang Kuisong, *Mao Zedong he Mosike de enen yuanyuan* (Mao Zedong, une relation d'amour-haine avec Moscou), Jiangxi renmin chubanshe, Nanchang, 2005.

Yang Kuisong, *Xian shibian xintan* (Retour sur l'Incident de Xian), Dongda tushu gongsi, Taipei, 1995.

Yao Jinguo, *Zhang Guotao zhuan* (Biographie de Zhang Guotao), Renmin chubanshe, Xian, 2000.

Young, Helen, *Choosing Revolution : Chinese women soldiers on the Long March*, University of Illinois Press, Urbana, 2001.

Yuan Lishi, *Xue se liming* (Une aube sanglante), Jinling chuban gongsi, Hong Kong, 2002.

Zeng Zhi (ed.) *Changzheng nuzhanshi* (Combattantes de la Longue Marche), vol. 1, Beifang funu chubanshe, Changchun, 1986.

Zeng Zhi, *Yige geming de xingcunzhe* (Un survivant de la révolution), Guangdong renmin chubanshe, Guangzhou, 2000.

Zhang Guotao, *Wo de huiyi* (Mes mémoires), 2 vol., Dongfang chubanshe, Pékin, 2004.

Zhang Xueliang « Penitent Confession on the Xian Incident », *Chinese Studies in History*, ME Sharp, Armonk, New York, printemps 1989.

Zhou Wenqi et Zhu Liangru, *A Special and Tricky Subject : the Chronology of the Relationship between the Comintern, the Soviet Union and the Chinese Communist Party 1919-1991*, Zhongyang wenxian chubanshe, Pékin, 1993.

Notes

1. Assécher l'étang pour attraper les poissons

1. Kuo 1968, vol. 2, p. 614.
2. Mao 1982, p. 351.
3. Jiangxi 1933, Circulaire.
4. He 1987, p. 191.

2. La stratégie de la tortue

1. Kuo 1968, vol. 2, p. 438.
2. Liu Shaoqi, *Struggle*, n° 53 ; 3 mars 1934.
3. Smedley 1972, p. 239.
4. Cai 1982, p. 245.
5. Huang 2003, p. 80-113.
6. *Ibid.*
7. Wei 1985, p. 112-116.
8. Cai, 1970.
9. Chen 1987, p. 304.
10. Archives centrales et Archives provinciales du Jiangxi 1992, p. 107.
11. Salisbury 1985, p. 44.
12. Tchang 1947, p. 18.
13. Zhou et Zhu 1993, p. 241.
14. Braun 1982, p. 46.
15. Huang 2006.

16. Braun 1982, p. 68.
17. *Red Star*, n° 33, 22 avril 1934.
18. *Red China*, n° 240, 3 octobre 1934, p. 16.
19. Geng 1991, p. 129.

3. Quand l'eau remonte vers la source

1. Gong Chu 1978, p. 395-399.
2. *Ibid.*
3. Yang 2005, p. 29.
4. *Ibid.*
5. Dai et Luo 1994, p. 114-119.
6. Cité par Jung et Halliday 2005, p. 98.
7. Smedley 1972, p. 261.
8. Fenby 2003, p. 256.
9. Huang 1994, p. 100.
10. Chen 2001, p. 286.
11. Archives provinciales du Jiangxi 1982, p. 320.
12. Griffin 1976, p. 34.
13. *Struggle* n° 39, 19 décembre 1933.
14. Gong 1978, p. 431-443.
15. *Ibid.*
16. Liu 1992, p. 56.

4. Les brumes de la rivière Xiang

1. Huang et Chen 1991, p. 313-317.
2. *Ibid.*
3. Yan (sans date), p. 15.
4. Cai 1970, p. 210.
5. Chen 1987, p. 325-326.
6. Cai 1970, p. 216.
7. Liu 2004, p. 9.
8. Commission d'Histoire de la 2de Armée 1991, p. 140.
9. Guo et Zhang, 1996, p. 93.
10. Alan Bennett, *The History Boys*.

11. Mo 1994, p. 246.
12. Salisbury 1985, p. 101.
13. Chen et He, 1992.
14. Braun 1982, p. 90.

5. *Nourritures spirituelles*

1. Chen, 1990, p. 135.
2. *Ibid.*, p. 56.
3. Bosshardt 1936.
4. *Ibid.*, p. 91.
5. *Ibid.*, p. 251.
6. *Ibid.*, p. 252.
7. *Ibid.*, p. 120.
8. Xiao Ke 1989, préface à l'édition chinoise de Bosshardt.
9. Commission d'Histoire de la 2de Armée 1991, p. 137.
10. Lyall 1965.
11. Bosshardt 1936, p. 287.
12. *Ibid.*, p. 76-78.
13. *Ibid.*, p. 272.
14. *Ibid.*, p. 272-273.
15. *Ibid.*, p. 234.
16. Xiao Ke 1989.

6. *Repartir de zéro*

1. Cai, 1970, p. 296.
2. Benton 1992, p. 68.
3. Salisbury 1985, p. 120.
4. Zhang Wentian, discours, parti communiste chinois, p. 78.
5. Salisbury 1985, p. 111.
6. Liu 2003, p. 88.
7. Salisbury 1985, p. 123.
8. Snow 1937, p. 392.
9. Cheng 2000, p. 78.

10. Interview avec Huang, p. 194.
11. 1ʳᵉ Armée 1955, p. 23.
12. Liang 1984, p. 27-35.
13. Bureau de recherches 1991.
14. Guo 1985, p. 202.
15. Liang 1984, p. 38.
16. Braun 1982, p. 114.
17. Documents d'archives de la seconde période de la guerre révolutionnaire, cités par Liu 2003, p. 9.
18. Braun 1982, p. 144.
19. Cheng 2000, p. 220.
20. Kampen 1989, p. 134.

7. Faites la guerre, pas l'amour

1. Young 2001, p. 111.
2. *Ibid.*, p. 39.
3. *Ibid.*, p. 33.
4. Zhang 2004, vol. 2, p. 275.
5. Fenby 2003, p. 200.
6. Yao et Su 2000, p. 186-187.
7. He Libo, *Earth Magazine*, n° 22, 2002.
8. Salisbury 1985, p. 80.
9. Zhang 2004, vol. 2, p. 202.

8. Le feu et la glace

1. Lee et Wiles 1999, p. 97.
2. Snow 1937, p. 194.
3. He 1987, p. 347.
4. Interview avec Ma Xuanwei, auteur de *Guerre des seigneurs de la guerre du Sichuan*.
5. *Ibid.*
6. Snow 1937, p. 196.
7. Salisbury 1985, p. 224.

8. Notes d'une interview avec le général Li Jukui, Archives provinciales du Sichuan.
9. *Ibid.*
10. Yuan 2002, p. 459.
11. Journal de Tong Xiaopeng dans Chen *et al.* 1986, p. 131.
12. Braun 1982, p. 123.
13. Zhang 2004, vol. 2, p. 135.
14. *Ibid.*, p. 310.
15. *Ibid.*, p. 321-322.
16. Liu 1992, p. 79.
17. Braun 1982, p. 168.
18. Commission d'Histoire de la 4e Armée 1992, p. 139.
19. Liu 1992, p. 83.
20. Xu 2001, p. 453.
21. Wu 1992, p. 137.
22. Cai 1970, p. 377.
23. Zhang 2004, vol. 2, p. 268.
24. Zhu Yu, *Problèmes du débat sur le télégramme secret*, non publié.
25. *Ibid.*

9. Sur la terre du Tibet

1. Bureau d'Histoire du parti du Guizhou 1993, p. 289-290.
2. *Ibid.*, p. 288.
3. *Sichuan and Tibet Frontier Quarterly*, mai 1935.
4. Braun 1982, p. 126.
5. Li 2003, p. 87.
6. Wang 1992, p. 109.
7. Chen 1987, p. 146-147.
8. Liu Zhong, Mémoires non publiés.
9. *Ibid.*
10. Journal de Tong Xiaopeng 1986, p. 142-145.
11. Commission d'Histoire de la 2de Armée 1991, p. 156.
12. Salisbury 1985, p. 270.
13. Journal de Tong Xiaopeng 1986, p. 148.

14. Hung *et al.* 2005, vol. 1, p. 91.
15. *Ibid.*, vol. 2, p. 656.
16. Archives du comté de Luhuo.
17. Li 2003, p. 90.

10. De la poussière à l'or

1. Braun 1982, p. 148.
2. Wang 1992, p. 142.
3. Liu 2003, p. 166.
4. Peng 1981, p. 211.
5. Mao Zedong 1965, vol. 1, p. 256-257.
6. Armée populaire de libération 1986, p. 576
7. *Étoile rouge*, n° 3, 11 novembre 1934.
8. *Ibid.*
9. Ministère de la Culture 1998, p. 99.
10. *Ibid.*
11. Cai 1970, p. 129-131.
12. Su Yu 1988, p. 111.
13. Snow 1937, p. 120.
14. Thomas 1996, p. 80.
15. Jung et Halliday 2005, p. 137.
16. Thomas 1996, p. 137.
17. Snow 1937, p. 81.
18. Jung et Halliday, 2005, p. 199.
19. Thomas 1996, p. 147.
20. Farnsworth 1996, p. 311.
21. *Ibid.*
22. Thomas 1996, p. 1.
23. *Ibid.*, p. 189.
24. Jung et Halliday 2005, p. 139.

11. La fin de la Marche

1. Commission d'Histoire de la 4ᵉ Armée 1992, p. 666.
2. Liu 2003, p. 211.

3. Xu 2001, p. 494.
4. Yang 1995.
5. *Ibid.*, p. 96.
6. Yuan 2002, p. 52.
7. Liu 2003, p. 285.
8. Yang 1995, p. 238.
9. Liu Xuezhi, *Avant et après la démobilisation*, in Comité éditorial Xinghao Liaoyuan 1986, Série n° 5, p. 303.
10. Yang 1995, p. 235.
11. Li 1992, p. 241.
12. Yang 1995, p. 227.
13. Jung et Halliday 2005, p. 187-188.
14. Zhang 2004, p. 391.
15. Yang 1995, p. 355.
16. Fenby 2003, p. 12-13.

12. La Légion de la Mort

1. Dong Hanhe, *Projet d'une histoire de la Légion de l'Ouest*, non publié, p. 422.
2. Liu 2003, p. 101.
3. Guo 2002, p. 38.
4. Yuan 2002, p. 243-244.
5. Liu 2003, p. 345.
6. Yuan 2002, p. 367.
7. Xu 2001, p. 391.

Table des matières

Avant-propos 9

1. Assécher l'étang pour attraper les poissons 13
2. La stratégie de la tortue 41
3. Quand l'eau remonte vers la source 69
4. Les brumes de la rivière Xiang 93
5. Nourritures spirituelles 117
6. Repartir de zéro 147
7. Faites la guerre, pas l'amour 173
8. Le feu et la glace 203
9. Sur la terre du Tibet 233
10. De la poussière à l'or 261
11. La fin de la Marche 293
12. La Légion de la Mort 313

Épilogue 351

Remerciements 361
Bibliographie 363
Notes 371

*Ce volume a été composé
par Facompo à Lisieux (Calvados)*

Impression réalisée sur CAMERON par
BRODARD ET TAUPIN
La Flèche
en août 2006

Imprimé en France
Dépôt légal : septembre 2006
N° d'édition : 84229/01 – N° d'impression : 37133